应用型高等院校经管类规划教材

公共关系学教程

Course of Public Relations

主　编　邵继红　李桂陵

副主编　邓　隽　胡乐炜

WUHAN UNIVERSITY PRESS
武汉大学出版社

图书在版编目(CIP)数据

公共关系学教程/邵继红,李桂陵主编. —武汉:武汉大学出版社,2015.12
应用型高等院校经管类规划教材
ISBN 978-7-307-17311-8

Ⅰ.公… Ⅱ.①邵… ②李… Ⅲ.公共关系学—高等学校—教材
Ⅳ.C912.3

中国版本图书馆 CIP 数据核字(2015)第 293846 号

责任编辑:陈 红 责任校对:汪欣怡 版式设计:马 佳

出版发行:**武汉大学出版社** (430072 武昌 珞珈山)
(电子邮件:cbs22@whu.edu.cn 网址:www.wdp.com.cn)
印刷:黄石市华光彩色印务有限公司
开本:787×1092 1/16 印张:21.5 字数:508 千字 插页:1
版次:2015 年 12 月第 1 版 2015 年 12 月第 1 次印刷
ISBN 978-7-307-17311-8 定价:39.00 元

目　录

目录

3

理 论 编

公共关系学，是以促进了解为基础，内求团结、外求发展的管理哲学。

■ 第一章
绪 论

☞ 学习目的与要求

理解公共关系的内涵、公共关系状态、公共关系意识、公共关系活动。

掌握公共关系的基本特征、主要职能。

了解公共关系与"庸俗关系"、宣传、商业广告、销售的区别。

 引例

企业需要公关，公关产生效益

日本东京一家贸易公司有一位秘书小姐专门负责为客商购买车票。客商中有一位德国人，是一家大公司的商务经理，经常请她购买来往于东京与大阪之间的火车票。不久，这位经理发现：每次去大阪时，座位总在右窗口，返回东京时又总在左窗边。这位经理问小姐什么缘故，秘书小姐笑着回答："车到大阪市，富士山在您的右边；返回东京时，富士山又到了您的左边。我想，外国人都喜欢日本富士山的壮丽景色，所以我替您买了不同位置的车票。"德国人听了大受感动，他想："对这么微不足道的小事，这家公司的职员都能想得这么周到，那么，跟他们做生意还有什么不放心的呢？"于是，他决定把同这家日本公司的贸易额由原来的 400 万马克提高到 1200 万马克。

公关的应用范围非常广泛，公关从业人员必须具备市场观念，一切活动都来自于市场，由市场来检验。公共关系学作为一门通过传播沟通塑造良好企业形象的有关经营管理艺术的专门学科，其理论研究和广泛的应用以及它对社会经济、政治、文化等诸多方面的促进作用，越来越引起世人的瞩目，已成为社会科学研究领域的一支突起的异军。

资料来源：http://www.doc88.com/p-1816818564225.html.

第一节　公共关系与公共关系学

一、公共关系的含义

公共关系一词源自英文的 Public Relations ，简称 PR，public 可译作"公共的"、"公开的"，也可译作"公众"，relations 则直译作"关系"。因此中文表述可称为"公共关系"，也可称为"公众关系"。目前国内大都称为"公共关系"，实际上叫做"公众关系"在含义上更准确些，因这个词的本义就是指一个组织与公众之间的关系或社会组织与生存环境的关系。公共关系的具体工作就是处理各种各样的公众关系。

公共关系的确切含义是什么呢？在一百多年的公共关系实践和理论探讨中，人们从不同的角度给它下过许多种定义，从不同的侧面反映了人们对公共关系本质的不同认识。

（一）部分国外学者关于公共关系的定义

为了加深对公共关系含义的理解，在这里我们集中介绍一些影响较大的公共关系定义。

《韦伯斯特二十世纪新辞典》（1976 年版）给公共关系的定义是："通过宣传与一般公众建立的关系，公司、组织或军事机构等向公众报告它的活动、政策等情况，企图建立有利于公共舆论的职能。"这个定义有三个要点：第一，强调公共关系是通过宣传而建立的公众关系；第二，重视组织向公众报告情况，以便在公众中建立有利于组织的舆论环境；第三，注意到公共关系是组织的一种职能。但这个定义忽视了公众的利益，没有提到应随时将公众的信息反馈给组织。

1978 年在墨西哥城召开的各国公共关系协会世界大会上发表的《墨西哥声明》将公共关系定义为："公共关系活动是分析趋势，预测结果，为组织领导者提供咨询，完善行动计划方案的一门艺术和社会科学。这种活动既服务于组织又有益于公众。"此定义的精髓在于：首先它强调了公共关系活动是分析趋势、预测结果、提供咨询、完善行动计划，明确了公共关系的职能和范围；其次，它认为公共关系活动既服务于组织又有益于公众，反映了公共关系的基本原则；同时它指出公共关系活动是艺术和社会科学的统一。但此定义没有说明公共关系活动是通过传播而开展的一种社会组织与公众之间的信息交流活动。

美国的公共关系业务通讯刊物《公共关系通讯》1982 年给公共关系所作的界定是："公共关系是评价公众态度，为个人或组织的政策及工作程序与公众利益建立认同关系，制订和执行行动计划，以求得公众理解和接受的管理职能。"这一定义直接点明公共关系

理
论
编

活动是为组织决策和行动服务的管理职能，肯定公共关系是一种公众关系，既要以公众利益为前提，又要使其活动为公众所理解和接受。但是该定义没有明确指出社会组织与公众的信息交流关系。

1984年英国公共关系学会把公共关系定义为：在组织和它的公众之间建立和维持相互了解的、有目的、有计划的持续过程。这一定义简短而明晰，强调了公共关系活动是社会组织和公众之间的相互了解、双向沟通；强调了公共关系活动的目的性、计划性、长期性和持续性。但此定义仍没有说明组织与公众之间的信息交流活动；同时，对公共关系的职能也没有作出较全面的说明。

美国著名的公共关系学家卡特利普和森特也在1984年给公共关系作了界定：公共关系是以相互满意的双向传播为基础，以好名声和负责任的行为影响舆论的有计划的努力。此界定的优点是：第一，明确地指出公共关系是以信息传播交流为基础的双向沟通；第二，强调了组织的信誉和公共关系活动的联系；第三，说明了公共关系活动的计划性。此界定的不足之处也是显然的，它没有涉及公共关系活动对组织管理的职能作用等问题。

此外，还有许许多多关于公共关系的定义。例如，1976年，在美国公共关系研究和教育基金会的赞助和主持下，一批公共关系学者查阅了大量的资料，采访了83名公共关系活动家，收集了472个公共关系定义，经过分析研究，由美国社会学家哈罗博士归纳出一条全面而冗长的定义：公共关系是一种独特的管理职能，它帮助一个组织建立并维持与公众之间的交流理解、认可与合作；它参与处理各种问题与事件；它帮助管理部门了解民意，并对之做出反应；它确定并强调企业为公众利益服务的责任；它作为社会趋势的监视者，帮助企业保持与社会变动同步；它使用有效的传播技能和研究方法作为基本的工具。此定义全面、详尽，有一定的代表性，但作为一条定义来讲，缺乏简明性。

（二）国内部分学者对公共关系的定义

公共关系在我国发展的历史并不长，人们对公共关系含义的理解也是多种多样的。

我国港台地区对公共关系的研究起步较早，一些学者提出了许多有关公共关系的定义，其中较有代表性的定义是以下两种：一是台湾传播学者李茂政提出的。他认为："公共关系是一项管理职能，它评估公众态度，企求个人或组织的政策和程序与公众利益趋于一致，并且规划及执行有关争取公众了解和被公众接纳的行动方案。"二是台湾公共关系学专家祝振华提出的。他说："公共关系学，是以促进了解为基础，内求团结、外求发展的管理哲学。"

在我国大陆，随着公共关系理论和实践的发展，人们对公共关系含义的认识也越来越丰富。中山大学王乐夫认为："公共关系是一种内求团结、外求发展的经营管理艺术。它通过有计划的、积极而持久的努力，使本机构的各项政策符合广大公众的需要，从而在公众中树立起良好的形象，并在此基础上，建立和维护机构与公众的相互了解，争取相互合作，以获得共同利益。"《公共关系学导论》的作者居延安提出："公共关系是一个社会组织用传播手段使自己与公众相互了解和相互适应的一种活动或职能。"还有的学者认为："公共关系是指一个组织与它的公众之间运用传播手段而建立起互相理解和互相合作的社会关系。""公共关系是一个组织运用各种沟通和传播手段，加强组织与其公众之间相互联系、了解和支持，维护和提高组织形象和声誉，以促进组织目标实现而进行的一项管理活动。它既有利于组织，又有利于社会公众利益"等等。

在公共关系学者们对其定义进行理论探讨的同时，公共关系的众多实践者还总结出了一大批"格言式"的关于公共关系的通俗说法，如：公共关系是说服和左右社会大众的技术；公共关系是争取对你有用的朋友；公共关系即通过建立良好的人际关系来辅助事业的成功；公共关系是信与爱的运动；公共关系就是促进善意；公共关系是百分之九十靠自己做得对，百分之十靠宣传；广告是要大家买我，公共关系是要大家爱我；公共关系就是讨公众喜欢；等等。

（三）公共关系的定义

分析以上各有特色的种种定义，我们可以从以下几方面理解公共关系。

首先，公共关系是一种公众关系。现代各种社会组织都具有开放性的特点，它们与社会环境相互依存，能否取得社会公众的支持对于社会组织的发展至关紧要，因此，社会组织必须通过公共关系活动来处理各种公众关系。这样，从对象方面看，公共关系活动的对象就是与组织有着某种利益联系，并发生各种关系的人群或组织。正因为公共关系在本质上是一种公众关系，也就决定了公共关系不仅是一门科学，而且是一门艺术，它需要掌握公众的不同心理和行为特点，掌握时机，有针对性地开展活动；也决定了公共关系的主体——社会组织的决策和行动既要有利于组织本身，也要有利于公众。

其次，公共关系是一种传播活动。社会组织利用公共关系活动来处理各种公众关系，基本的方法、手段就是传播和沟通。社会组织通过及时、准确、全面的双向传播，一方面使组织的各种决策和行动的信息传递给社会公众，从而得到社会公众的理解和支持，并引导公众，在公众中形成有利于组织的舆论环境，给公众留下良好的组织形象；另一方面则是社会组织积极主动地到社会公众中去，搜集公众的各种信息、要求及变化趋势，并据此向组织领导者提供决策咨询，从而使社会组织的新决策和新行为既符合社会公众的利益，又符合本组织的发展要求。正是在公共关系的双向传播沟通活动过程中，组织与环境、组织与公众之间的关系得到了改善、巩固和加强。

最后，公共关系是一种管理活动。从目的方面看，公共关系活动的目的是促进组织目标的实现；公共关系的目标应该与组织的总目标是一致的，因此，公共关系人员总希望通过有效的活动来促进组织和环境、公众的相互理解、相互适应，从而成功地实现组织总目标。从性质方面看，公共关系是社会组织为实现其组织目标而从事的一项管理活动或职能。不过，公共关系的管理活动和职能具有不同于其他管理活动的特点，它侧重于对组织内外"人"的因素的管理和协调，例如，公共关系人员利用双向沟通，一方面了解到公众与市场的信息，为组织决策提供咨询；另一方面向公众宣传组织的信息和形象，使组织与公众之间建立起支持和合作的关系，有利于组织的发展。正是在这种基础上，有的学者认为公共关系是一种管理哲学。

由此，我们将公共关系定义为：公共关系是社会组织为了塑造自身的良好形象，运用传播媒介的信息沟通与其公众建立的利益互惠关系。

理
论
编

二、公共关系的内容

在现实生活中，公共关系的内容广泛而复杂，为了进一步阐明这一概念，我们可以从五个层次来理解公共关系所包含的丰富内容。

（一）公共关系状态

公共关系状态就是社会组织与其公众之间的联系状态。这是从静止的角度来看待组织与公众的关系。某个组织的公关状态主要是通过公众的评价或舆论的评估所表现出来的，而公众的评价或舆论的评估又是根据该组织与公众、环境互动的行为而作出的。任何一个社会组织，只要它与环境、公众发生过交往，就一定存在着公共关系状态。从质上看，公关状态有好、坏、一般等区分。从公关主体的自我意识上看，公关状态又分为单纯的公关状态和活动中的公关状态两类。所谓单纯的公关状态，即公关主体尚未意识到的公关状态。这种单纯的公关状态，又被称为自然的公关状态，是一种不自觉的、没有积极行动的公关状态。当然，在这种状态下，也可能和公众有较好的关系，但因为这是一种不自觉的状态，所以，它不可能长久保持或巩固下去。在市场经济竞争相当激烈的条件下，这种单纯的公关状态是应该避免的。所谓活动中的公关状态，即公关主体已经意识到，并通过开展各种公关活动来与公众建立良好关系的公关状态。显然，活动中的公关状态是一种公关主体自觉的行为所带来的状态，它反映出公关主体——社会组织已经认识到组织与公众关系的重要性，并力求通过公关活动来改善与公众的关系，以取得公众的支持与合作，这正是现代社会各种社会组织发展自己所必需的公关状态。

（二）公共关系意识

公共关系意识即关于利用公共关系这种现代管理方法来处理社会组织内外各种事务的总体观念。现代社会组织的生存发展，不仅取决于其本身的经营运行，而且还取决于它同整个社会的协调和平衡。在当今科学技术不断创新，社会经济迅速发展，市场竞争空前激烈的条件下，社会组织的经营运行必须根据社会环境的变化、社会公众的需求而具体决策和操作。这就要求社会组织的领导者必须从公共关系的角度来运筹帷幄，这就需要有公关意识。公关意识包括一系列的具体观念，其中基本的观念是以下四种。第一，注重信誉和形象的观念。市场经济中的竞争往往首先表现在产品和服务的竞争上。然而，当市场竞争发展到更高阶段时，组织间信誉和形象的竞争就首当其冲了。这时，信誉和形象就成为一个社会组织谋求生存、争取发展的重要基础和条件。良好的信誉和形象可以给社会公众带来信心和信任，可以给组织赢得众多公众真诚的支持和合作；反之，则可能使组织失去公众的支持。正因为这一点，人们把良好的信誉和形象称为"无形"的资产。第二，尊重公众的观念。社会组织要在公众中树立良好的形象和信誉，要得到社会各界的了解和支持，就应该在从事任何活动的同时，既考虑本组织的利益，又考虑社会大多数公众的利益，以公众利益为最高出发点和行动的归宿。第三，强调信息交流的观念。社会组织要在激烈的市场竞争中争取社会公众的支持，就必须通过各种传播渠道和社会公众保持密切的联系，既将自己的信息传递给公众，宣传自身，引导公众；又要及时地了解公众与市场的各种动向，从而调整自身的决策和行为。第四，坚持整体、长期的观念。任何一个社会组织和外部环境的关系都是长期的，也是多方位的。要想使社会组织始终得到社会公众的支持，组织本身必须长期地、有计划地、积极地根据公众的要求来经常调整、完善自我，必须站在长期、整体的利益上来考虑组织的发展，而不能只看到眼前的或局部的利益。

（三）公共关系活动

公共关系活动简称公关活动，就是一个社会组织为了与公众保持或建立良好关系而开展的各种活动。公关活动有许多不同的类型，我们可从三个方面进行具体划分。第一，根据工作人员的特点，可将公关活动分为专门性公关活动和日常性公关活动。专门性公关活动是由专职公关人员利用一定的方法和技术，为实现特定的公关目标而有计划地开展的活动。日常性的公关活动则是为了维护组织形象、搞好与公众的关系，组织公关人员及员工所开展的经常性的工作。专门性公关活动和日常性公关活动对于每个社会组织来讲都是不可缺少的，两者是相辅相成的关系。一般来讲，专门性公关活动能较快地在公众中树立良好的组织形象，而日常性公关活动又是专门性公关活动的前提和基础。第二，根据工作方式的特点，还可将公关活动分为宣传型公关活动、征询型公关活动、交际型公关活动、服务型公关活动和社会型公关活动。第三，根据社会组织与社会环境之间的适应程度，又可将公关活动分为建设型公关活动、维系型公关活动、防御型公关活动、矫正型公关活动和进攻型公关活动。对于后两种划分的公关活动，我们将在以后的章节中具体阐述。

（四）公共关系职业或行业

随着公关活动的多样化，某些专门从事公共关系的岗位和人员便应运而生了，这就是公关职业。公共关系作为一种新兴的职业，首先是在美国出现的。目前，公共关系的从业人员大都集中在某社会组织的公共关系部或独立的公共关系公司中。随着公共关系从业人员的不断增多，社会上也出现了许多公共关系协会、研究会，它们与大专院校联合举办各种短期或长期的培训、讲习活动，向在职的管理人员推广公关知识，为企业推荐或培训公关人员。

（五）公共关系学科

随着公共关系实践的不断丰富、深入和发展，有关公共关系的知识和理论也在不断地积累和扩展，以至于形成了一门新型的社会学科。

三、 公共关系学的界定

公共关系学是一门研究现代公共关系的现象、规律和方法的学科，是一门新兴的综合性的应用学科。

总的来说，公共关系学的研究对象是社会组织的公共关系。这种公共关系不同于一般社会关系或人际关系，而是社会组织与特定相关的公众之间的关系。另外，这种公共关系是一种自觉的、有计划的、长期而积极的公共关系活动，不同于一般的没有被意识到的公共关系状态。具体地讲，公共关系学的研究对象包括：第一，研究社会组织与"公众"之间的关系，以及如何妥善地处理这些关系；第二，研究社会组织与公众之间沟通和传播的规律，以及如何正确使用各种沟通渠道和传播工具；第三，研究公共关系作为社会组织的一种管理职能的具体规律。

围绕着研究对象，公共关系学的研究范围极为广泛，研究内容极为丰富，概括起来主要有以下几个方面：（1）公共关系的发展历史，包括公共关系实践和理论两个方面的发展。（2）公共关系的系统、结构及要素。（3）公共关系的特征和职能。（4）公共关系的工作程序、组织机构及人员培养。（5）公共关系实务技巧和具体应用。

公共关系学也具有自身的特点。首先公共关系学是商品经济高度发展的产物，是现代经济与社会活动空前复杂的产物，是为适应现代社会组织管理需要而产生的，因此，它具有应用性很强的特点。同时，公共关系学的形成和发展，与近百年来许多学科的新发展有着密切的联系，是对这些学科理论的应用和发展，所以，它又具有综合性很强的特点。

公共关系学作为一门综合性的现代边缘学科，其形成和发展，与系统学、管理学、传播学、心理学、社会学、市场学等学科的发展有着密切的联系，它吸收了这些学科的研究成果，同时又发展了这些学科及其应用领域。

第一，系统科学的建立和发展为公共关系学提供了重要的指导思想。系统科学认为，事物都是以系统的形式存在的，任何事物都有其内在结构、层次和要素，并与外界环境不断地进行物质、能量和信息的交换。公共关系学则具体地把社会组织和公众看成是有机统一的开放系统，它和社会环境之间不仅有物质的交换，而且有信息的交流。系统与环境、组织与公众的信息沟通影响着组织和公众双方的态度和行动。同时，公共关系活动中广泛应用了系统科学中的系统方法、信息方法、反馈方法和优化方法等。

第二，公共关系学是现代管理科学发展的重要成果。管理科学从 20 世纪初开始，经历了古典管理理论、行为科学学派和当代管理理论几个阶段。从行为科学开始，人们越来越重视管理中人的因素，逐渐从单纯的技术管理发展到强调人际关系的"人性管理"。当代的管理理论都将组织内部人际关系是否协调，作为衡量管理绩效和水平的重要内容。公共关系的兴起，进一步扩展了当代管理理论重视人际关系协调的内容和范围。一方面，公共关系追求组织内部公众关系的协调一致；另一方面，它更要求组织与外部公众关系的和谐统一。因此，公共关系强调内求团结和外求发展，达到组织与内外环境的紧密配合，以推动组织的发展。正是在这种意义上，许多管理学者认为，公共关系属于管理学的范畴。

第三，传播学的迅速发展为公共关系学提供了完善的理论基础。传播学作为一门完整的学科，是在 20 世纪 40 年代末崛起的。它专门研究人与人之间信息交流的基本现象和规律，为以传播为基本手段的公共关系活动的开展提供了重要的理论支柱。如：传播学中的人际传播、组织传播、公众传播、大众传播等传播行为的研究，直接和公共关系学的内容有关。而传播学中关于传播过程的结构及模式、传播效果等的研究成果对于公共关系学的研究有重要的指导意义。因此，国外常有人将公共关系学纳入传播学的范围。

第四，社会学的理论研究也为公共关系学的发展提供了理论前提。社会学的研究范围极其广泛，它对社会组织、群体、社区、人际关系等发展特点和规律的研究，充实了公共关系学的基本内容。社会学中关于社会调查的基本方法，可以直接用于公共关系状态及活动的具体调查。

第五，公共关系学还吸收了其他学科的成果。心理学，特别是社会心理学为公共关系指出了认识公众心理特点，预测公众心理发展趋势的理论和方法。市场学将公共关系作为一种重要的促销策略加以研究；公共关系学则从市场学中吸取了市场调查和预测的技术和方法，并把销售作为公共关系的具体应用领域。逻辑学、演讲学、语言学、民俗学等学科，为公共关系的具体应用提供了不可缺少的基础知识。

第二节　公共关系的特征

公共关系是一定的社会组织和特定相关的社会公众之间的相互关系。在现实生活中，任何社会组织和外部环境的联系都是多方面的。以某工厂为例，它有与企业内部职工的关系，与顾客或消费者的关系，与原材料和能源供应者的关系，与投资者的关系，与政府机关的关系，与上级主管部门的关系，与财政、金融、税务部门的关系，与各种中间商的关系，与新闻部门的关系，与各种社会团的关系，与工厂所在社区的关系，等等。这些和该工厂有关系的组织或个人都是工厂的公众，该工厂的活动带动了他们之间的相互关系。这些关系反过来会影响该工厂的各种活动，成为该工厂的社会环境，并形成社会气候。对于一个社会组织来讲，在众多的关系中，如果有某一方面关系被忽视或没有得到妥善处理，就可能带来许多意想不到的问题；与此相反，如果各种关系都处理得当，就能为组织的发展创造好的条件，使组织左右逢源。因此，公共关系实际上是一种社会组织赖以生存、发展的社会关系网络，组织开展有效的公共关系活动就是要减少或缓和组织自身与社会的摩擦，为组织的生存和发展创造良好的社会环境和社会气氛。那么，公共关系具有哪些基本特征呢？我们可以从以下几方面来进行分析。

一、公共关系旨在树立良好的组织形象

从公共关系的基本目标看，公共关系的第一个特征是：要为一定的社会组织机构在社会公众中树立良好形象。

公共关系的最终目标就是促进组织目标的实现。公共关系的基本目标则是为组织创造一个最佳的公共关系状态、良好的社会环境，使组织在社会公众中具有良好的形象和声誉。一个组织在公众中的形象和声誉，对于该组织目标的实现有着重要的影响。如果一个组织在公众中有良好的形象和声誉，就为其产品或服务创造了一种消费信心，为新产品或新的服务项目的推出和成功提供了保证，为吸引社会投资、寻求可靠的原料和能源供应、保留和引进人才、寻找稳定而有利的销售或服务渠道等创造了优越条件，也有助于增进政府、各种团体及所在社区对组织的了解和支持。例如：某家超市以它丰富多样的商品、热情周到的服务赢得了顾客公众的称赞，那么这家超市在公众心目中就有了"信得过"的好形象，就能得到公众和社会舆论的理解和支持，实现兴旺发达的总目标。

因此，公共关系就是要通过具体活动来为一定的社会组织机构在社会公众中树立良好

的形象和声誉，为组织交朋友、结良缘，创造成功的人际关系、和谐的人事气氛和最佳的社会舆论，以得到社会各界的了解、信任、支持和合作。

二、真诚互利是建立良好公共关系的基本原则

从公共关系的基本原则看，公共关系的第二个特征是：在开展公共关系的活动中，社会组织和公众之间要真诚合作、互利互惠。

与一般的人际关系不同，公共关系不是以血缘、地域为基础的，而是以组织与公众之间的利益交换为基础的。社会组织要在公众中树立良好的形象，得到社会各界的了解和支持，就应该既考虑本组织的利益，又考虑公众的利益，做到平等相待、互利互惠，而不能为了本组织的利益不择手段、不顾后果地轻视甚至损害社会公众及他人的利益。因此公共关系强调"和自己的公众对象一同发展"，强调本组织利益与公共利益的平衡协调；根据双方利益的共同点建立平等互利的真诚合作关系。与此相反，那种损人利己的短期行为，一锤子买卖的做法最终必然损害组织自身的形象和信誉。

真诚合作，互利互惠这一基本原则，可以具体化为以下几条原则：

第一，真实性原则，即公共关系活动要以客观事实为基础，要及时、准确、全面、公正地向组织和公众报告信息。在市场经济环境中，社会组织和它的环境总是处在不停的变化之中，这就要求社会组织在调查研究的基础上，及时地向组织和公众报告各种信息，一方面使组织掌握公众的要求，以调整组织的决策和行动；另一方面也使公众了解组织的状况，以保持或改变公众对组织的态度。在公共关系活动中，向组织和公众提供的信息首先必须是准确真实的，即有一说一，既不夸大，也不缩小。只有准确真实的信息才能得到组织和公众的信任。如果隐瞒事实、报喜不报忧、添油加醋、敷衍了事，就不可能维持组织和公众的长期合作。同时，向组织和公众提供信息还要求全面、公正，即要向人们提供事实的全部，而不只是某一个侧面。同时，在处理组织和公众双方的关系时，应该不偏不倚，给以同等的机会和条件。这样，才能达到组织与公众的真诚合作，才能在公众中真正树立良好的组织形象和信誉。

第二，以公众利益为出发点的原则。公共关系也是公众关系，离开了公众，就谈不上公共关系，因此，要达到组织和公众之间真诚合作、互利互惠，就必须以公众利益为出发点。首先，要了解公众、研究公众，掌握组织决策和行为对公众的影响以及公众对组织行为的态度。在此基础上，组织要以公众的利益为出发点，结合公众的态度、要求来调整组织的决策和行为。例如，某市交通部门在做出自行车不准违章带人的规定并付诸实施后，经过调查，发现部分公众需要解决学龄前儿童乘车难的问题，因此，在全面考虑的基础上，部分地修改了上述规则，允许自行车在一些路段上带乘学龄前儿童。这些规则再次实施后，很快地得到了公众的支持和配合。

第三，科学性和艺术性统一的原则。社会组织要在公众中树立良好的形象和声誉，和公众建立长期、和谐的合作关系，需要一定的技巧和手段，因此有人认为公共关系是一种为社会组织设计、创造美好形象的艺术。但是现代化组织的公共关系活动，不能光凭直觉、经验来进行，而必须借助于现代科学的理论和方法，也就是在公共关系活动的开展

中，做到科学性和艺术性的统一。这种统一首先表现在对社会组织与公众相互作用、相互影响过程的考察中，了解公众对组织决策和行为的反应以及组织对公众反馈信息的态度，既需要科学和调查，也需要灵活地运用。例如：某市一家大型商场为了了解顾客公众对本组织的态度，专门进行了一次请顾客公众为商场评选最差营业员的公共关系活动。这次活动就达到了科学性和艺术性的统一，既使用了科学的调查方法，又在调查的主题上引起了公众的极大兴趣。通过这项活动，这家商场既了解到了公众对组织的态度，也得到了公众的理解和支持，在社会上树立了良好的形象，又在一定程度上促进了内部职工的工作热情，收到了"一石三鸟"的效果。科学性和艺术性统一的原则还表现在组织决策和组织行动中，社会组织在了解了公众的态度及变化后，在占有各种具体的材料和数据基础上，就需要用科学的分析方法来进行比较、分析、判断，进而做出新的决策和行动。在决策和行动的过程中，也贯穿着灵活性。同时，在公共关系的大量活动中，也需要运用先进的科学措施和方法。然而，针对公众的具体情况选用何种措施和方法，又需要艺术性原则的指导。

三、 双向沟通、内外结合的方法

从公共关系的基本方法看，公共关系的第三个特征是：组织和公众的双向沟通，内外结合。

公共关系是组织和公众之间的相互关系，要达到良好的公共关系状态，需要运用许多方法、手段和技巧，但最重要的是要达到社会组织和公众的互相理解，而这是由双方在信息上的沟通所导致的。和一般的宣传工作、商品广告不同，公共关系不仅需要信息的传播，而且特别强调社会组织和公众的双向沟通、互相反馈。所谓双向沟通，即一方面组织要了解，吸取民意、舆论中对本单位的态度或反应，以调整、改善本身；另一方面，组织要采取各种方法把本单位的方针、政策、服务内容对外传播，使公众认识、了解进而支持组织的决策和行为。所谓互相反馈，就是指组织和公众的双向沟通是一个不断互相作用、互相影响的发展过程。正是在这种组织和公众双向沟通、互相反馈的过程中，双方得到了越来越多的相互理解和合作。

要争取良好的公共关系状态，还需要做到组织内部和外部的密切配合。这就是说，一个组织的公共关系包括两个方面，既有和外部公众的互相理解、互相支持，又有和内部公众的互相协调、互相合作。而且，做好内部公众的公共关系工作是整个公共关系活动的基础。现在有一些社会组织，特别是一些工商企业的对外公共关系活动开展得非常出色，但内部公众没有协调一致，从而影响了整个组织活动的开展。因此，公共关系强调组织和公众的内外结合，这也是公共关系作为组织管理的一种职能的基本要求。

四、 着眼未来，着手平时的方针

从公共关系的基本方针看，公共关系的第四个特征是，开展公共关系活动要着眼于长远，着手于平时。

任何一个社会组织和其公众之间的良好关系，都不是一蹴而就的，它需要长期坚持不懈的努力，不断地加以维护、调整和发展。因此，公共关系和急功近利的思想是格格不入的，那种"平时不烧香，临时抱佛脚"的做法，对于组织的良好形象和信誉将会带来极大的损害。一般地讲，公共关系活动是从组织的长期利益考虑的，具有战略性的意义。这是因为，通过公共关系活动在公众中树立起的组织形象是一个整体形象，它可以从各方面协调组织和公众的关系，创造组织发展的最优条件。而这种效果不是一时就能建立起来的，而需要平时点点滴滴的努力。所以，公共关系特别强调着眼于长远、着手于平时的基本方针。这一方针首先表现在，组织中的每一个成员都要正确处理和外部公众的相互关系，自觉地维护和树立组织的形象及声誉。公共关系不仅仅表现在一些大规模的活动上，更多的是贯穿在组织成员的日常工作中。例如，工厂的每一道工序、每一个工种都通过其产品和公众发生联系，组织成员认真负责地做好本职工作，就是对公众负责和维护组织的形象、声誉。超市商店的每一位工作人员都能为顾客热情周到地服务，这本身就体现和反映了组织的整体形象。如果其中有个别人对顾客粗暴无理，对组织整体形象就是一种损害，也就影响了超市商店和公众的良好关系。

着眼于长远、着手于平时这一方针还表现在组织在处理与外部公众相关的任何一件事情时，都要从长远利益着想，不拘泥于眼前的利益或代价，而且要将公众的利益放在首位，才可能在需要时得到公众的真诚支持与合作。例如，哈尔滨的某家饭店地处偏僻，但生意兴隆，其奥秘就在于，他们在每一件事情的处理上都考虑到了顾客的利益，很好地处理了组织和公众的关系。他们在经营上坚持"三不变"：价格不变，质量不变，数量不变，在顾客中赢得了信誉，带来了顾客盈门、利润丰厚的效果。

第三节　公共关系的辨析

在现实生活中，公共关系和许多其他的社会现象是相互联系、不易区别的。为了加深对公共关系的全面认识，应该对公共关系这一现象进行辨析，认清公共关系与其他有关社会现象的异同。

一、公共关系与"庸俗关系"

所谓"庸俗关系"，是指以个人或小团体利益为目的而进行的"拉关系"活动。这种关系以损公肥私，损害社会、公众乃至国家的利益为目的，极大地污染了社会风气。因此，人民群众对它非常愤恨。

公共关系虽然也讲"关系"，但是它和"庸俗关系"有着本质的区别。

（一）两者产生的条件不同

公共关系是现代商品经济高度发展、信息传播量急剧增加，社会经济和政治活动空前复杂的产物。由于商品生产高度发达，传统的卖方市场逐步转变为买方市场，企业之间出现了竞争，消费者有了选择的余地。社会组织在公众中的形象或信誉的好坏，直接影响着该组织的生存和发展，因此，公共关系就成为社会组织和公众之间相互联系的桥梁。现代社会是信息社会，在信息传播量急剧膨胀的情况下，社会组织需要公共关系在信息群中及时、准确、全面地把外界信息捕捉、反馈回来，并把自己的信息及时、有效地传播到社会公众中去。在现代社会经济和政治活动空前复杂的状况下，各种社会组织都面临着许多纵向和横向的联系，要及时、恰当地处理和协调这些关系，就需要一批熟知社会民意舆情的公共关系人员。公共关系学正是在这些实践的基础上产生的。

"庸俗关系"则是在社会生产力水平低下，商品经济不发达，物资供应和服务极不充分的条件下产生的。由于商品经济不发展，社会总体上还处于卖方市场，物资供不应求，企业的产品不愁销路，在这种条件下，企业之间缺少竞争，不需要考虑组织在公众中的形象和声誉问题，组织也无需和公众相互沟通。这时的竞争主要是在消费者中进行，人们往往为了得到某些产品或物质，千方百计地"拉关系"、"走后门"，从而导致某些人趁机以权谋私、损公肥私，损人利己，搞"庸俗关系"。

（二）两者的活动方式不同

公共关系是光明正大地运用一切公开、合法和符合社会道德准则的手段与方法，为组织的发展创造良好的人事环境和社会舆论。它主要是借助信息传播的各种手段和方法，有效地进行组织和公众的双向沟通，一方面向社会各界公众及时、有效地传递各种必要的信息，另一方面向组织决策者提供社会公众的反应和社会环境变动的预报，建立双向的信息反馈网络，提高组织管理的科学性和效率，使社会公众对组织的工作予以支持与合作。它采用的主要手段是各种传播工具：网络、报纸、杂志、广播、电视等。

而"庸俗关系"则是偷偷摸摸地通过不正当的方式和途径，甚至用违法乱纪的手段，为满足个人或小集团的私利服务。搞"庸俗关系"主要使用一些物质手段，如紧俏商品、金钱、好工作、好房子、升级晋职等。这种以物质利益为诱饵谋取一己私利的"庸俗关系"损害了国家、公众的利益，是受到民意舆论谴责的，也是为党纪国法所不容的。因此，"庸俗关系"只能在阴暗角落中进行。

（三）两者的目的、对象和效果不同

公共关系的根本目的是通过树立良好的组织形象和信誉，追求组织与社会公众相一致的利益，在不损害公众利益的基础上谋求组织的发展。因此，公共关系是社会组织同各种社会公众之间的一种公开的社会关系。从实际效果看，公共关系注重建立组织和公众之间长期的合作和支持关系，从长远的利益着想，从一点一滴的小事做起，不计较眼前的得失，追求组织和公众的整体利益，巩固社会的安定和发展，有利于社会物质文明和精神文明的发展。

"庸俗关系"的根本目的是，以损公肥私，侵犯他人、公众和社会利益为前提，谋取个人或小集团的利益。所以，"庸俗关系"主要是各种偷偷摸摸、躲躲闪闪、见不得人的私人关系。从它的实际效果看，那种损人利己、以权谋私的现象既不利于国家和集体，又违反了党纪国法，最终是害人又害己；同时，"庸俗关系"的种种表现败坏了社会风气，破坏了社会道德以及正常的人际关系，它也是与社会主义制度的根本原则相违背的。

从以上几方面可以清楚地看到，公共关系和"庸俗关系"是根本不同的，我们必须划清两者的界限，通过发展健康的公共关系，杜绝"庸俗关系"的滋生条件，使社会组织与外界的相互联系正规化、制度化、科学化，使这种相互联系建立在公开的、符合国家法令和社会道德规范的基础上，从而减少或消除以权谋私、损公肥私、损人利己的现象。

二、 公共关系与宣传

宣传是争取使某种主张、信念或信仰得到人们理解和支持的一系列活动。它和公共关系在某些具体工作方法和内容上有相似或交叉之处，两者都需要运用广播、电视、报刊等大众传播工具。但公共关系和宣传之间存在着显著的区别。

（一） 两者在性质、对象方面的区别

宣传基本上属于政治思想工作的范畴，它是思想政治工作的手段和工具。因此，一般地讲，宣传工作是面向社会全体公众的，它的对象是社会全体成员；而就某个组织来讲，其宣传工作主要是针对内部公众的，它的具体对象是组织的全体职工。

公共关系工作则属于组织经营管理或行政管理的范畴，它直接参与管理过程，是组织管理的重要组成部分。公共关系的对象只是那些与组织有着某种利益关系并发生各种联系的人们，即组织的内外公众。

（二） 两者在目的、内容方面的区别

宣传工作主要为政治服务，多用于思想教育和意识形态方面，它的目的是改变和强化人们的心理状态或精神状态，争取人们对某种主张和信仰的支持。因此，宣传的主要内容是党和国家的指导思想、路线、方针、政策，以及社会道德方面的教育等；就某个具体组织而言，宣传的内容还包括对组织内部成员进行组织方针政策的宣传和有针对性的具体思想政治工作与激励工作，使职工保持高度积极性，完成组织的各项任务。

公共关系工作则主要是为经济工作和业务工作服务的，它贯穿于组织管理的全过程，具有多方面的功能，多用于信息交流、协调关系、决策咨询等方面。从它的目的看，对外通过协调组织和外部公众的关系，树立组织的良好形象，提高组织的知名度；对内通过妥善处理组织和内部公众的关系，团结职工，鼓舞士气。因此，公共关系工作的主要内容是对外传播组织的经营服务方针、业务范围等组织的具体事实，使公众了解和支持组织；搜集并分析公众对组织活动的反应，提供领导决策的参考意见；协调内外公众的关系，处理纠纷事件，等等。

（三） 两者在活动方式方面的区别

宣传工作的主要手段是运用大众传播媒介和人际沟通，如：用网络、广播、电视传播党的方针、政策，印发杂志、书籍、小册子作为学习材料，在组织内部通过个人走访、座谈会等进行思想教育。但传统的宣传工作的活动方式主要是单向传播，希望和要求人们接受某种主张或信仰。

公共关系工作的主要手段也是大众传播媒介和人际沟通，但其活动方式是一种双向的沟通，既要向公众及时、准确、有效地传递组织信息，又要随时搜集、整理公众的意见并及时作出反馈，调整自己的行动，以满足公众的要求。因此，公共关系强调建立双向的信息交流网络。

从以上对比中可以看到，宣传和公共关系是两种不同的社会现象，不能把它们看成是一回事。然而在目前的实际工作中，公共关系和宣传又是相互补充、相互促进的。第一，宣传工作为公共关系工作奠定了基础。在改革开放开始的时候，许多社会组织特别是企业不自觉地开展了带有公共关系色彩的业务宣传工作，为公共关系工作的开展打下了良好的基础。第二，公共关系为社会组织宣传工作开辟了新领域，增添了新内容，提供了新方法，使宣传工作从单纯的思想政治领域扩大到经营管理领域，为业务工作服务，使宣传工作在以思想教育为主的基础上，增添了双向信息传播的内容，使宣传工作也开始使用民意测验、趋势预测、信息反馈、环境监测等科学的定量分析方法，使宣传工作建立在更加科学的基础之上。

三、 公共关系与广告

关于广告的概念，有两种解释。从广义上看，广告即"广而告之"的意思。从狭义上看，则是指以盈利为目的的商业广告，即为了推销产品或服务，借助传播媒介开展的宣传活动。

然而，不管从哪个角度看，公共关系都与广告有着密切的联系。从前者看，公共关系也需要做广告，这一点我们将在后面的章节里专门论述。从后者看，公共关系同商业广告之间存在着重大的区别，但也有一定的联系。公共关系与商业广告的主要区别有以下几方面：

（一）目的和对象不同

商业广告的目的是要在最短的时间里，在最大的范围内，直接推销某种产品或服务。因此，商业广告的对象是最有可能成为产品或服务的客户，他们只不过是组织公众的一部分，即消费者、批发商等。

公共关系工作的目的，不是要推销某个具体的产品或某种具体服务，它的目的是要树立整个组织的形象和声誉，增进组织和公众的相互了解和支持，从而实现组织目标。所以，公共关系的对象比商业广告的对象要广泛得多。

（二）传播过程不同

公众关系和商业广告都要利用传播，但两者在传播的内容、原则、方式和周期上有着很多明显的区别。

商业广告所传播的内容主要是关于某种具体产品或具体服务的信息，它的首要传播原则是引人注目，使具体产品或具体服务广为人知，并激发人们的购买欲望，达到扩大销售和服务的目的。为了达到引人注目的目的，商业广告可以采用文学、艺术、新闻等各种传播方式，也可以采用虚构、夸张、比喻等手法，以激起人们的兴趣，加深人们的印象。商业广告是推销某种具体的产品和服务，而产品和服务是经常更新和变动的，这就决定了商业广告的周期也是短暂的，往往一个时期集中宣传一种产品或服务，因而商业广告带有比较明显的季节性和阶段性。

公共关系所传播的内容主要是关于组织的整体形象及全部状况，包括组织的经营方针、服务宗旨、业务范围、技术水平、人员装备，等等。所以，它的首要传播原则是真实可信，绝不能有任何虚假，当然，在公共关系传播中，也要讲究引人注目，但"引人注目"是以真实性为前提的。这也就决定了公共关系的传播方式是靠事实说话，即利用新闻稿、纪录片、电视片、新闻发布会、记者招待会、报刊等进行传播。树立组织的形象和信誉不是一朝一夕的事情，因此，公共关系的传播周期相对于商业广告来讲，是长时间的。

（三）地位和效果不同

商业广告属于经营管理过程的销售环节，它所处的地位是局部性的。因此，商业广告的效果也是局部的，它只影响某项产品的销路，一般对全局没有决定性的影响。商业广告的效果可以直接通过销售额的变化表现出来，是可以测量的。

公共关系则贯穿于经营管理的全过程，它工作的好坏，关系到整个社会组织的信誉和形象，关系到组织事业的成败。因此，公共关系在经营管理中处于全面性的地位。公共关系工作的效果往往不是直接的，可能一时难以衡量，但公关工作的好坏对组织的整体效益和长期活动有着重大的影响。

商业广告和公共关系之间的联系主要表现为：一方面，总是先有商业广告而后有公共关系；先有产品或服务的推销而后有组织形象的推销。另一方面，商业广告应该接受公共关系的指导，即公共关系在确定商业广告的宣传主题、宣传对象、传播工具和传播周期等方面应参与其决策过程。

四、公共关系与销售

销售和公共关系之间的关系极为密切。首先，公共关系和销售都是商品经济高度发达的产物。其次，公共关系的几种重要公众——顾客、消费者的总和构成了销售的对象。另外，公共关系和销售都需要使用传播工具和技巧，与其对象相互沟通。而且，两者都坚持利己必须先利人的原则。因此，许多社会组织，特别是企业都重视并且使用公共关系作为促进销售的重要手段。同时，由于公共关系思想的指导，市场销售的观点也发生了变化。组织不仅要向顾客提供商品或服务的信息，而且也必须了解市场信息、消费者的意见和要求，不断地改进产品，以适应市场的需求，从而加强社会组织与公众的双向沟通和联系，进一步推动市场销售。

销售和公共关系的区别首先表现在两者的目的和范围上。销售的目的是通过满足顾客的需要而取得利润；公共关系的目的则是在公众中树立组织形象，发展良好的公众关系。所以，销售的范围主要限于企业等社会组织，而公共关系是每一个社会组织都要面临的。

其次，两者使用的手段不同，销售中主要是采用商品广告，还有各种促销方法，如派员推销、有奖销售、折价销售，展览或邮购销售、售后服务等方式；而公共关系主要是运用传播沟通媒介。最后，两者的工作对象不同。销售的对象是顾客、消费者、批发商、零售商，这只是和组织发生关系的公众的一部分。公共关系的对象则包括和社会组织发生关系的所有公众。

总之，销售的中心是要大家"买我"，而公共关系则是要大家"爱我"，两者是有很大区别的。因此，公共关系可以作为销售中的一种高级促销手段，销售则只是公共关系实践的一个侧面。

第四节　公共关系的主要职能

公共关系作为"内求团结、外求发展"的经营管理艺术，有着多种多样的职能。其主要的职能有以下六种，即收集信息、建议咨询、传播沟通、交往引导、协调关系、处理危机等职能。

一、收集信息

公共关系的最基本职能之一就是代表社会组织，及时、准确、全面地了解各种与本组织有关的信息，把这些信息收集起来，进行加工处理，以便于组织决策者作出新的正确的决策。

在信息量迅速增多的当今社会中，一个处于市场经济发展前沿的现代社会组织，要在强手如林的竞争中立于不败之地，就必须经常地收集和分析各种与组织发展相关的信息，从而不断地根据环境的变化，及时地调整组织的政策、策略和行为，以增强组织自身的适应力和竞争力。公共关系正是适应这种需要而大显身手的。一个组织的公关部门的主要任务之一，就是收集信息。

从公共关系工作角度看所需要收集的信息主要有以下几个方面：

第一，环境信息。包括社会政治、经济、法律、文化、科学、教育等有关方面发展的信息，还包括党和国家、地区的决策信息。这些信息往往直接关系着社会组织的宏观发展战略和经营方针，因此必须以极大的注意力和极敏锐的观察力去收集、整理、研究这些环境信息。

第二，市场信息。包括市场的现状与前景，本组织的产品与服务在市场上的占有率，市场对同类产品与服务的需求和变化，市场消费者需要同类产品的心理状况、购买动机、经济能力、行为特点、购买周期等。这些信息将给社会组织的生产和经营决策提供有力的市场依据，以避免盲目生产经营。

第三，公众信息。与以上两类信息相联系，社会组织还应时刻注意收集与本组织息息相关的各类公众的各种信息。公众信息主要是内部公众信息和外部公众信息两大类。内部公众信息包括组织员工、股东等方面的各种情况。外部公众信息包括消费者、顾客、合作者、竞争对手、社区、新闻界、政府部门等方面的各种情况。

第四，组织形象信息。良好的组织形象是一种无形的资产。公关工作的中心就是树立良好的组织形象，因此，收集组织形象信息是公关工作的主要职能之一。组织形象表现在许多方面，这一点我们将在以后的章节中专门论述。但从收集组织形象信息方面来看，主要包括五个层次：一是产品形象信息；二是服务质量信息；三是管理水平信息；四是发展规模与前景信息；五是外部形象信息，如名称、商标、广告、徽标、建筑物、工作服、代表色、包装等。

二、 建议咨询

建议咨询是公共关系的第二种主要职能。社会组织的公关人员在收集各种信息的基础上，对这些信息加以去粗取精、去伪存真、由表及里、由此及彼的分析整理，得出新的发展预测，向组织领导层和有关职能部门提出建议咨询，为组织管理的决策提供科学的依据。公关人员提供的建议咨询主要包括以下内容：

第一，关于社会环境变化趋势的预测和咨询。一个社会组织的生存和发展，必定要受到社会政治、经济、法律、文化、科学、教育等环境的制约和影响，这是不以某一社会组织的主观意向为转移的。这些环境又总是处于运动变化之中。它们的存在状态和变化程度，有时候是明显的，如政府立法机关用条文形式颁布有关法律法令；有时候则比较隐蔽，如整个社会成员的文化科学素质的提高；有时候表现为突发性的变动，如自然灾害、战争的发生；有时候却表现为渐进性的变动，如社会习惯、风气的某些改变。这些都要求公关人员对社会环境的变化进行经常性的监测，对收集到的各种环境信息进行分析、预测，并据此向组织决策层提出建议咨询。

第二，关于社会组织方针、政策和计划的建议咨询。社会组织的方针、政策和计划，是组织所有活动能否健康开展的前提，它既要体现组织自身的状况和利益，又必须体现市场发展与社会公众的状况和利益，并使二者达到统一。因此，公关部门必须根据所收集到的市场信息和公众信息，对本组织的方针、政策和计划作出仔细、客观、全面的分析预测，并提出实施或发展调整的建议咨询。

第三，关于组织形象的建议咨询。在商品经济高度发展，竞争越来越激烈的情况下，组织形象愈来愈成为促进或制约组织发展的重要因素。有良好的组织形象，就必将取得众多公众的信任和支持，获得社会各界的理解和帮助，不断地提高组织的竞争能力。否则，组织将失去公众的支持，在激烈竞争中被淘汰。因此，公关人员在收集了关于本组织形象方面的信息后，应进行认真的分析评估，并提出改进、调整或发展组织形象的建议、咨询以及可行性方案，以供组织决策层参考。

三、 传播沟通

公共关系的第三种主要职能是传播沟通，就是通过公关人员或有关途径、方法，将有关本组织的信息传送给社会公众，让公众知晓自己，提高组织在公众中的知名度和美誉度，以争取更多公众的信任和支持。

在现代社会中，由于竞争激励，信息量增多，市场变化发展快，社会组织要想始终获得社会公众的认同和支持，就不能抱有"好酒不怕巷子深"的传统观念，而应该树立"好酒也得勤吆喝"的市场经济观念，主动积极地向社会公众推销自己、宣传自己，扩大本组织在公众中的影响。

公共关系对公众的传播沟通必须是真实的、可靠的，来不得半点虚假，这是公共关系的基本原则。国外一公关专家曾指出，良好的公共关系是优良行为与诚实、正确报道的结合。这说明公共关系的主要职能之一是传播沟通，但这种传播沟通是建立在社会组织对公众负责的优良行为和真实的报道基础上的。只有这样，才能在对公众的传播沟通中获得公众的理解和帮助，才能树立组织的良好形象。

由于社会组织的发展是长期的，组织和市场、公众的联系也是持续不断的，社会组织要想长期获得公众的合作和支持，使自身不断发展，对公众的传播沟通就不能中断。所以，作为公关主要职能的传播沟通是一项长期持久的工作。当然在不间断的传播沟通中，应根据环境、公众、市场以及组织自身的变化，来调整传播沟通的具体内容和重点。

传播沟通工作是一项操作性很强的工作，它还涉及利用各种传播媒介，采用各种传播方式，选择不同传播时机，借用各种沟通方法等问题，这些都是公共关系学这门学科的重要内容，我们将在以后的章节详细论述。

四、交往引导

公共关系的第四种主要职能是交往引导。在现代社会生活中，社会组织要想更快地发展，必须广结人缘、加强与社会各界的交往。要达到这一目的，不仅要依靠公关人员的积极工作，还需要教育引导组织的全体员工树立全员公关意识，以自觉的行动来树立组织的良好形象和信誉，赢得社会公众的好评和支持。

在市场经济条件下，由于各种横向联系增多，社会组织和外界的联系愈来愈丰富了，社会交往的频率愈来愈快了，交往的内容也愈来愈广泛了。频繁的社会交往活动，往往就是组织广交朋友的过程，也是组织了解社会、市场、公众的过程，也是组织对外宣传自己的过程，还可能隐藏着组织发展的机会或契机。因此，公共关系非常重视社会交往活动，对于经常性的社会交往活动，如公众的来访、来信、来电与投诉，都要求公关人员热情接待、妥善处理。除此以外，还应采取不同的方式和手段与社会公众交往，以联络感情，增进相互了解，如举办各种联谊活动，组织公众参观，召开记者招待会、信息交流会，举办展览会、经验交流会，以及开展售后服务等。在此基础上，公关人员还需别出心裁，根据不同的时间、地点、场合，出奇谋、想新招，开展专题活动，扩大与外界的交往，使组织具有更加广泛的社会影响。

如果说公共关系的社会交往主要是针对组织的外部公众来讲的话，那么对于内部员工来讲，公共关系非常重视对其的引导作用。两者的不同之处就在于，通过交往来引导外部公众支持组织，通过引导来教育内部员工维护组织。两者的目的又都是相同的，都在于树立组织的形象和声誉。

良好的组织形象不仅要靠组织内专职公关人员的工作，更重要的是需要社会组织内部全体成员共同而持久的努力。而社会组织内部的和谐和统一，不会自然而然地形成，它需要领导者和公关人员进行一系列的引导和教育工作才能达到。公共关系的这一职能，首先是强调要对全体员工进行重视组织形象和声誉的引导教育；要设法培养和激发组织内每个员工的主人翁精神，使之产生对组织强烈的归属感和责任感；并使每个员工懂得本职工作与组织形象、声誉的紧密联系，使每个员工在本职工作中做到时时处处考虑到公众利益，树立"顾客第一"、"信誉第一"的思想，保证产品质量，提供优质服务，还应在全体员工中开展公共关系知识和技能的培训，使他们掌握各种建立良好公共关系的实际本领和知识，包括文明礼貌语言，交际礼仪，交谈方式，谈判技巧，顾客心理，市场状况，产品状况，组织发展规划、战略、方针及历史等等，使全体员工能在自己的岗位上，在与外界的交往中，自觉地开展公关工作，主动宣传、介绍组织的各种方针和行动，疏通组织与公众交流的渠道，全方位地树立组织的良好形象。

五、协调关系

公共关系的第五种主要职能是协调关系。现代社会组织是一个复杂的有机整体，它既有内在联系，又处在与外界发生各种联系的巨大的关系网络之中，是一个开放的系统。与各类公众之间频繁而又复杂的联系，需要公共关系人员根据环境、条件的不同，根据组织自身的发展、变化，适时地、有针对性地进行协调，以保证组织与公众之间和谐的关系。协调关系主要包括两个方面的工作，一是协调组织内部的关系，二是协调组织与外部环境、外界公众的关系。

协调组织内部的关系，首先是配合组织领导者协调好各职能部门之间的关系。组织的各个职能部门只有相互默契、相互配合，才会产生良好的管理效果。职能部门之间的分离、摩擦和矛盾，往往都会打乱组织的正常工作秩序。公关人员应配合领导进行部门之间的协调工作，如为职能部门提供有关信息，帮助它们彼此沟通关系，加强平时的联系，营造一种相互支持、相互信任、相互谅解、团结合作的气氛。其次是协调组织内部领导和员工的关系。组织内的领导者和员工之间，往往会由于管理和生产中的种种问题而发生分歧和矛盾。公关人员有责任做好这方面的协调工作。具体可从两方面入手：一方面，要经常向组织领导者反映员工的意见和要求，协助领导制定好各种密切领导与群众联系的措施；另一方面，积极向员工宣传组织的方针、政策，传达领导者的意见，对有关问题作一些必要的解释，以消除可能发生的误解。通过这样的双向沟通，可以使组织内部成员上下协调，互相配合，做好组织的各项工作。

协调组织与外部环境、外部公众的关系，这是公关工作协调职能最为重要的部分。由于社会组织与外部环境、外部公众所处的地位不同，各自有着不同的利益，因此在各种问题上都可能发生认识上的差异和行为上的冲突。同时，组织的方针、策略、决策和行为将对外部环境、外部公众产生种种影响，而外部环境和外部公众的变化对社会组织也产生着直接影响。公关人员的协调任务就是，保证社会组织和外部环境、外部公众的关系在动态交往中不断地达到平衡、稳定，使组织在和谐的关系环境中实现自身的目标。这种协调的方式是多种多样的，如根据外部信息调整组织的行动，与外部公众进行协商谈判等。值得注意的是，在协调组织与外部环境、外部公众的关系时，绝不能只考虑本组织单方面的利益，而应以公众利益为出发点，本着实事求是的态度，才能真正协调好双方的关系。

六、处理危机

公共关系的第六种主要职能是处理危机。社会组织与所处环境及内外部公众之间，难免会发生矛盾、冲突、纠纷，如果这些矛盾、冲突、纠纷没有得到协调和解决，就会影响社会组织与环境、公众之间的良好关系，有时甚至会危及组织形象，损害组织声誉，这就出现了公关危机。公关危机问题如果不及时排除，对社会组织危害极大，它将妨碍产品的销售、市场的巩固和扩大，严重时还可能影响到组织的生存与发展。因此，组织领导者及公关人员应高度重视对公关危机问题的处理。

出现公关危机问题，可能有多方面的原因，或者是组织自身的行为造成的，如产品或服务质量有问题，市场经营出现差错等等；或者是公众方面的种种原因造成的，如公共与社会组织之间的不了解而引起的公众偏见，社会流言对公众的影响，等等。但是不管哪种原因引起的矛盾、冲突、纠纷乃至危机事件，社会组织及其公关人员都应从维护组织良好形象的角度去考虑和解决问题，保持冷静态度，首先查清事实真相；同时在保证公众利益的基础上，与有关公众如当事者，新闻媒介等保持联系，设法缓和公众的对立或不满情绪；其次应尽量全面客观地收集有关公众的意见和社会舆论，处理好善后工作；最后，还必须通过传播渠道和社会公众进行沟通，以维护或恢复本组织在公众中的良好形象和声誉。

本章小结

公共关系是社会组织为了塑造自身的良好形象，运用传播媒介的信息沟通与其公众建立的利益互惠关系。

在现实生活中，公共关系的内容广泛而复杂，包含五个层次的丰富内容：公共关系状态、公共关系意识、公共关系活动、公共关系职业或行业、公共关系学科。

公共关系状态是社会组织与其公众之间的联系状态。公共关系意识是关于利用公共关系这种现代管理方法来处理社会组织内外各种事务的总体观念。公共关系活动是一个社会组织为了与公众保持或建立良好关系而开展的各种活动，公共关系活动有不同类型。公共关系学是研究公共关系活动的特征、规律及其方式、方法的一门学科。

公共关系的基本特征是：（1）从公共关系的基本目标看，公共关系是为一定的组织机构在社会公众中树立良好形象。（2）从公共关系的基本原则看，在开展公共关系的活动中，组织和公众之间要真诚合作、互利互惠。（3）从公共关系的基本方法看，公共关系是组织和公众的双向沟通，内外结合。（4）从公共关系的基本方针看，开展公共关系活动要着眼于长远，着手于平时。

公共关系与"庸俗关系"有着本质的区别：两者产生的条件、活动方式、目的、对象和效果均不同。宣传和公共关系在某些具体工作方法和内容上有相似或交叉之处，在性质、对象、目的、内容、活动方式等方面存在着显著的区别。公共关系与商业广告的主要区别有以下几方面：（1）目的和对象不同。（2）传播过程不同。（3）两者在传播的内容、原则、方式和周期上有着很多明显的区别。（4）地位和效果不同。销售和公共关系之间的关系极为密切，许多组织，特别是企业都重视并且使用公共关系作为促进销售的重要手段。销售和公共关系的区别首先表现为：两者的目的和范围、使用的手段、工作对象不同。

公共关系主要的职能有：收集信息、建议咨询、传播沟通、交往引导、协调关系、处理危机等。

 关键概念

公共关系（Public Relations）

公共关系意识（Public Relations Consciousness）

公共关系活动（Public Relations Activities）

公共关系职能（Public Relations Function）

复习思考题

1. 如何理解公共关系的内涵？
2. 简述公共关系的内容。
3. 公共关系的基本特征有哪些？
4. 公共关系为组织在社会公众中树立良好形象时应注意什么？
5. 公共关系与"庸俗关系"有哪些区别？
6. 简述公共关系与商业广告的主要区别。
7. 简述销售和公共关系的异同。
8. 简述公共关系的主要职能。

案例分析

2014年2月21日，央视《证券资讯》频道执行总编辑兼首席新闻评论员钮文新发博文《取缔余额宝！》称，"余额宝是趴在银行身上的'吸血鬼'，典型的'金融寄生虫'"。

钮文新认为，余额宝冲击的是整个中国的经济安全。因为，当余额宝和其前端的货币基金将2%的收益放入自己兜里，而将4%到6%的收益分给成千上万的余额宝客户的时候，整个中国实体经济、也就是最终的贷款客户将成为这一成本的最终买单人。

对此，网友纷纷予以驳斥，网友康宁1984：钮文新错在高估了余额宝的破坏力，低估了银行体系的适应能力。余额宝只是一条金融系统中的鲶鱼而已，由于第三方支

第
一
章

绪

论

付做个人金融业务处于三不管地界，仍然只是短期的监管套利，并没有在总量上影响到国家金融体系安全，更何况从近来腾讯微信给予支付宝的压力看，互联网公司同样不能免于被互联网颠覆的风险，没有必要急于对这些尚未深入金融市场的创新做出严格限制。

2月22日凌晨，支付宝官方发长微博《记一个难忘的周末》幽默回应。支付宝则表示，余额宝加上增利宝，一年的管理费是0.3%，托管费是0.08%，销售服务费是0.25%，利润只为0.63%，除此之外再无费用。并对吸血鬼一说加以调侃称："老师您能别逗了吗？我查了下，2013年上半年，16家国内上市银行净利润总额达到6191.7亿元人民币，全年起码翻一番，12000亿元吧？"

2月22日，阿里小微金融服务集团首席战略官舒明称：即使与总规模约10万亿元的银行理财产品相比，货币市场基金也不到其总规模的1/10。很难想象，规模如此之小的货币市场基金会对市场整体利率水平产生巨大的影响，会"严重干扰利率市场"。

2月23日下午，《证券时报》记者对钮文新进行独家专访，他回应称，我质疑的不是余额宝，而是类似于余额宝的这样一种商业模式。钮文新认为，在判断对错之前，首先应该具备一个正义的、全社会的立场，而不是所谓狭义的"提高了老百姓收益"的问题。如果在商品市场或股票市场中出现类似的操纵行为，那无疑会得到几乎一致的指责，监管层也会迅速干涉。钮文新说，现在商业银行也在做类似的事，但这都是被逼无奈的。银行不这样做是"等死"，做了可能是"找死"。银行才是"钱"的最终经营者，因为有贷款在经营链条上，各种风险都包含于其中。所以可以说，余额宝这样的模式是一种"金融寄生虫"。

资料来源：中国公关网.

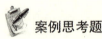

案例思考题

试运用公共关系职能的相关原理评析该案例。

第二章
公共关系的演变发展

理解公共关系兴起的原因，艾维·李的公共关系原则，伯尼斯的公共关系思想，双向对称的公关模式。

掌握公共关系演变经过的阶段，公共关系的作用以及公共关系的发展趋势。

 引例

《奔跑吧兄弟》成功的公关策略

《奔跑吧兄弟》是浙江卫视引进韩国 SBS 电视台综艺节目 *Running Man* 推出的大型户外竞技真人秀节目，由浙江卫视和韩国 *Running Man* 制作团队 SBS 联合制作，双方采取混编团队的方法进行，最终呈现的效果，既有 *Running Man* 中的特色游戏，也成为中国版区别于原版的独特之处。

第一方面节目更多地融入了当地文化元素，打造中国特色的"跑男"文化。第二方面把握受众心理变化，加入社会热点元素。节目在内容设计和嘉宾参与方面结合当前社会热点和舆情走向考虑，设计悬念性、趣味性和时代感兼备的游戏任务，尽量多选择一些舆论认同度和关注度较高的明星艺人加入。

第三方面是注重健康理念的传播，提升节目正能量。"娱乐"与"健康"是《奔跑吧兄弟》的两个关键词。在节目中，导演组有意识地强化了明星和普通人通力合作，永不言弃的拼搏精神。

节目自播出以来，受到观众的热捧，2015年1月9日晚，浙江卫视《奔跑吧兄弟》收获了4.206%的收视率，继连续两周收视破三后再攀新高。

从公共关系的角度，剖析《奔跑吧兄弟》受到观众热捧，反向如此热烈的原因有以下两点：

（1）该节目应用了公共关系原理中的整合营销传播。节目播出的时间是在周五晚上，这正是小周末的时间，观众有很大空闲时间，而节目的宣传力度十分强大，无论在网络上，还是在生活上，随处可见该节目的宣传，使《奔跑吧兄弟》在开播之前就受到了高度关注。

（2）该节目是从韩国引进，在韩国就有较高知名度，国内知晓人数也不少，有一定的群众基础。另外，它保留了原有节目的基本模型，同时加入了一些当地文化元素，打造中国特色的"跑男"文化。同时把握受众心理变化，加入社会热点元素。节目在内容设计和嘉宾参与方面结合当前社会热点和舆情走向考虑，设计悬念性、趣味性和时代感兼备的游戏任务，尽量多选择一些舆论认同度和关注度较高的明星艺人加入。各位嘉宾性格迥异，参与游戏时碰撞出许多火花，让观看此节目的观众觉得趣味性极强。

公共关系作为现代社会的一项方兴未艾的事业，已经显示出了强大的生命力。追溯公共关系的历史轨迹，展望这项事业的未来前景，有助于我们更深入地认识和把握公共关系的特点、规律及实际运用。

第一节　公共关系的产生与发展

公共关系作为一种职业活动，起源于20世纪末与21世纪初，距今只有近百年的历史。但它的孕育却经历了一个漫长的历史过程。在这一过程中，积累了许多处理组织与组织之间、组织与社会大众之间关系的经验，汇集了大量如何处理这些关系的方法、手段、策略、技巧以及具体形式，为公共关系在近代的产生和兴起提供了深厚的历史文化基础。

公共关系的史前史中有着许多至今还为人们津津乐道、引以为据的实例资料。例如，考古学家曾在伊拉克发现过公元前1800年时的一种农业公告，它告诉农民如何播种、灌溉和收获庄稼，说明当时古埃及、波斯等国的统治者已经懂得如何来宣传自己，沟通民众，制造有利于自己统治的舆论。而使徒保罗和彼得通过布道演讲、发放各类函件等活动宣传基督教，释迦牟尼走遍印度半岛广泛宣传佛教教义，孔丘率众弟子周游列国，鼓吹儒家学说等，都是成功的传播沟通实例。特别是我国春秋战国和汉末三国时期，由于当时诸侯割据，群雄争霸，各个不同的利益集团面对纵横复杂的环境，策动多方联络，广施外交之术，取信义于民众，争取有用的朋友，从而演出了一幕幕精彩纷呈的富有公关谋略特色的多国之间纵横捭阖的历史剧。这些古代沟通传播活动造就了一批能言善辩之士，除了以上所提到的人物外，还有古希腊的德摩斯梯尼、我国的商鞅、蔺相如、诸葛亮等人；而亚里士多德则详细地总结了人类如何运用语言来影响听众思想和行为的经验，写出了《修辞学》一书。不仅如此，在这些活动中，还积淀了许多丰富的思想材料，如："天时不如地利，地利不如人和"，"以和为贵"、"己所不欲，勿施于人"，"取信于民"，"精诚所至，金石为开"等，这些都成为现代公共关系中的重要准则。

但是以上这些丰富的实例并不是现实的公共关系。公共关系作为一种新的社会观念和管理活动，是与商品经济的高度发展紧密联系在一起的，是与广泛的社会传播的发展联系在一起的，也是与社会政治、文化等的现代发展联系在一起的。正因为如此，19世纪后期的美国在具备了这些条件的基础上，成为现代公共关系事业的发源地。

一、公共关系产生的序曲

美国是公共关系发生得最早的国家，早在18世纪后期的立宪运动中就出现过类似现代公共关系的一些活动。当时美国通过宪法，需要将宪法送交国会讨论，并被2/3以上的州制宪会议批准，这就需要进行大量的宣传工作。而哈米尔顿等人在这方面做了大量的传播活动。他们发表文章，进行演讲，利用各种传播媒介和手段沟通公众，最后促使国会和公众通过并接受了宪法。哈米尔顿等人争取公众舆论的传播沟通活动已具有了鲜明的公共关系色彩，它强有力地推动了美国立宪运动的发展。因此有的学者认为哈米尔顿是美国公共关系的始祖，并提出：赢得宪法认可的运动可算是美国公共关系领域上有史以来最伟大的工作。

而报刊宣传活动则进一步扩展了舆论对社会的影响作用。报刊宣传活动风行于美国19世纪中叶，起源于19世纪30年代的"便士报运动"。1833年，本末明·戴伊创办了第一份面向广大群众的通俗化报纸——《纽约太阳报》，从而掀起了一场便士报运动。这在美国报业史上是一个具有里程碑意义的时期。美国以大众为读者对象的通俗化报纸就是在这个时期诞生的。由于便士报价格低廉，一便士即一美分就可买到一份报纸，使得一般的劳动大众都买得起，因此报刊发行量大增，随即引起广告费迅速上涨。便士报的广泛发行给了那些急欲宣传自己的公司、组织以可乘之机，这些公司、组织便通过这些廉价的便士报大力传播自己的信息，以便引导社会公众。但是有些公司或组织为了节省广告费，便雇用专门人员来编造一些离奇的新闻，神化自己，以此来扩大组织影响。而报界为了迎合下层读者的阅读心理，也乐于接受和发表。这样两相配合，出现了影响极大的报刊宣传活动。当时报刊宣传活动的特点是为宣传而宣传，只是强调单向地传播组织信息，而对公众利益并不给予考虑，以至于有的报刊宣传员为了追求宣传效果，甚至弄虚作假，不择手段地愚弄公众，其代表人物就是巴纳姆。巴纳姆的信条是："凡宣传皆好事。"他为了使自己的马戏团出名而且生意兴隆，极力编造离奇的"神话"，人为地引起公众的争论，故意制造引起轰动的奇闻怪事来刺激公众的好奇心，吸引公众的注意，扩大自己马戏团的影响。这种欺骗公众的报刊宣传一旦被揭露，就会遭到公众的抛弃，显然是不能维持长期良好效果的。因此这次报刊宣传活动从反面为公共关系传播必须注重真实性提供了借鉴。

随着社会舆论、新闻媒介传播对社会影响作用的扩大，美国政治领域的一些人越来越

第一章 公共关系的演变发展

多地利用传播和沟通来动员和争取公众的支持。在 19 世纪 60 年代的南北战争中，交战双方都使用了一些类似公关技巧的手段来争取民众。共和派领袖林肯总统发表了大量的演说，运用各种传播手段动员工人、农民、黑奴和资本家等民众，形成对共和派有利的舆论支持，这些对于打败南方农奴主的分裂活动，取得战争的胜利发挥了重要的作用。为此，美国历史学家把这次农奴主和共和主义者之间的战争描绘为一场舆论战争、争取人心的战争和真正的公共关系战；甚至称林肯为杰出的公关专家。同时在 19 世纪后期的美国总统竞选活动中，也出现了政治活动家利用传播争取公众和舆论支持的趋势。例如杰克逊虽然出身低微，经济实力也不雄厚，但他却以个人良好的形象和平等的态度取得了社会公众的大力支持而两度入主白宫。这些都说明公众舆论在美国政治生活中变得举足轻重，能否取得公众舆论的支持，已成为统治者成败与否的关键之一。

总之，在美国近代发展中已逐步形成了倡导自由、重视舆论的特点，其政治领域和舆论界的种种活动为现代公共关系的产生奏响了序曲。

二、现代公共关系的开创

19 世纪末，美国经济得到迅速发展，其工业生产已从世界第四位跃居第一位，产品占全世界的 1/3。同时，美国的生产和资本急剧集中，进入垄断资本主义时期，出现了一些大型垄断组织，它们控制了国家的经济命脉，特别是在铁路、金融、钢铁、煤炭、石油等行业中，80% 以上被少数大财团所垄断。这些垄断集团巧取豪夺，肆无忌惮地搜刮民膏，完全不顾社会公众的利益，对雇员、顾客和其他社会公众普遍采取敌对的态度，使阶级矛盾以及垄断集团与社会公众之间的矛盾日益激化。这种状况引起社会舆论界的强烈不满，随着社会"反托拉斯"呼声的增高，许多有正义感的新闻界人士纷纷利用报刊揭露不法垄断集团相互勾结、相互倾轧、损害公众利益的丑闻。大量的揭丑文章、批驳文章形成了强大的社会舆论攻势。据统计，仅 1903 年至 1912 年，就有 2000 多篇专揭丑闻的文章发表，还有不少的漫画和社论。这就是有名的揭丑运动，又称"扒粪运动"。这一运动使一些有劣迹的垄断集团声名狼藉，遭到社会公众的唾骂，甚至危及企业的生存。严峻的形势迫使许多大企业的经营者开始认识到，企业若想顺利发展，就必须改善与社会公众的关系，必须有一个良好的舆论环境。因此，为了取得公众的谅解，许多企业开始聘请有关人士协助企业与公众建立良好关系，并为企业做宣传，以便树立企业新的良好形象。

同时，鉴于巴纳姆欺骗社会公众的报刊宣传活动的教训，许多企业也意识到制造假新闻欺骗公众的做法是不可能真正宣传自己的好名声的。要想真正处理好企业与公众的关系，树立好形象、好名声，最有效的方法是真诚地考虑公众的需要，并向公众传播真实的信息。

在这种背景下，被誉为"公共关系之父"的艾维·李开创了现代公共关系的事业。艾维·李是佐治亚州一个牧师的儿子，毕业于普林斯顿大学。他早年受雇于美国报业大王赫斯特的《纽约日报》，后在《纽约时报》和《纽约世界报》当记者。在几年的记者生涯中，他敏锐地感觉到，尊重民众的集体智慧，真实坦诚地公布事实真相的重要性。

1903 年，艾维·李创立了第一家公共关系咨询事务所，专门为企业或社会组织提供传播与宣传服务，协助客户建立和维持与公众的联系。1906年，他遇到了一个可以发挥其才干的好机会。当时美国无烟煤业工人大罢工，老板们用尽百般计策仍无法诱使工人们复工，他们相互指责、推卸责任，整个无烟煤业陷入一片混乱。艾维·李被聘请来解决和协调劳资关系、资方和新闻界的关系。在接受聘请时他提出了两个先决条件：第一，他必须有权和这一行业的最高层管理者接触，能影响最高层的决策过程；第二，在他认为必要时，他有权向全社会公开全部事实真相。他提出的这两个条件在当时是前所未有的。但在持续的罢工和强大的社会舆论压力下，无烟煤业的老板们只好接受了艾维·李提出的这两个条件。

在解决罢工问题期间，艾维·李通过报界发表了著名的《原则宣言》，第一次确立了公共关系的职业目标——"我们的计划是代表企业单位及公众组织就对公众有影响且为公众乐闻的课题向报界及公众提供迅速而准确的消息"，并且系统地提出要为新闻界提供真实素材，要向公众介绍企业或组织的运作情况。艾维·李积极协助新闻记者了解罢工情况，安排劳资双方接受记者的采访。而劳资双方又都通过报纸，了解到对方的态度和立场，以及社会舆论对整个事业的看法。最后，双方在相互了解的基础上，同时做出让步，解决了若干具体问题。在艾维·李的帮助下，笼罩在企业与公众关系上的神秘和冷漠的气氛被驱散了，企业又恢复了生产。

同年，宾夕法尼亚铁路公司的铁路主干线发生了一次严重事故。惊恐万状的董事们邀请艾维·李处理善后事宜。他再次坚持改变传统做法，反对遮遮掩掩，认为这只能使事情复杂化，因为血已洒在路上，伤者的悲泣是掩盖不了的。他立即作出了安排，然后派车接记者们前来采访，让记者了解事故的原因，目睹铁路公司为处理此事正在做出的种种努力。各有关人员均诚实地回答记者的问题，向记者们解释技术性问题，并提出系统检查铁路的路基，以保证不再发生类似事件；安慰和抚恤死难者家属，为受伤者支付治疗费用。这样，他把一桩铁路惨案变成了一次成功的公共关系活动。当第一批有关该事故的专稿公开见报后，公司的董事们惊愕地发现，这家公司得到有史以来最公正的善意的评价，大大地改善了公司的形象。艾维·李从此名声大振，先后被美国电话电报公司、公平人寿公司、洛克菲勒集团等多家巨型公司聘请。他处理劳资纠纷和社会摩擦的成功向社会证明：只要让公众充分了解事实真相，公众不但可以谅解你，而且还会喜欢你、支持你。

艾维·李的宣传思想就是"说真话"、"公众应被告知"。他认为，一家公司、一个组织要获得好的声誉，就必须把真情告诉公众。如果真情的披露对公司、组织不利，那么就应该调整公司或组织的行为。艾维·李的重要功绩就在于，他确立了两个重要的公共关系原则：公开事实真相；公共关系实务的动力来自最上层。艾维·李的活动不但让社会大众了解到公开事实真相所带来的好处，而且把公共关系实务当成一种管理方法，要求以实际行动争取公众的支持。

艾维·李的公关咨询工作仍然存在着很大的局限。对于公众的舆论缺乏科学的调查和论证，只是凭经验、直观进行工作。因此，有些人说艾维·李的公关工作有艺术，而无科学。尽管如此，他将"公众利益与诚实"带进了公共关系领域，使公共关系学这门学科从对一些简单问题的探讨上升为探求带有某些规律性的原则和方法，大大地推进了这门学科的发展。他对这门学科的贡献远远超过了他以前的任何人。

三、公共关系的发展

艾维·李开创了公共关系事业，但是由于种种原因，公共关系事业当时并没有迅速发展成一门有组织的职业和科学。

20世纪20年代开始，公共关系在美国得到了迅速的发展。首先是企业界纷纷认识到公共关系的重要性并先后开始了公共关系工作。紧接着其他社会组织如宗教机构、政府机构等也先后开始了公共关系工作。公共关系在美国社会的经济、政治生活中越来越受到人们广泛的重视。同时，在公共关系理论发展中也有了许多成绩，出版了一些专著，并在一些大学中开设了公共关系学课程。正如1924年美国《芝加哥论坛报》社论所指出的：在这一时期，"公共关系已经成为一种专门职业、一种艺术和一门科学"。不仅如此，公共关系还跨出了美国国界，从美国传入英国。

在这一时期，促使公共关系走向职业正规化、科学理论化的重要人物，是著名的公共关系理论家和实践家爱德华·伯尼斯。伯尼斯是奥地利人，1891年生于维也纳。在他刚满周岁时，父母移居美国。伯尼斯是奥地利著名心理学家弗洛伊德的外甥，受舅舅的影响，他一生致力于将社会科学理论应用于公共关系的研究。他是美国第一批接受公共关系实践的学者。他深入研究了公共关系产生的原因和当时的状况，并于1923年将其研究成果写成《舆论之凝结》一书。在书中他提出了"公共关系咨询"的概念和公共关系的原则。他认为，"公共关系咨询"有两重作用：一是它能推荐导致工商企业执行合乎社会要求的行为的政策。二是它能通过宣传这些政策和行为，为企业赢得公众的好感和支持。他认为公共关系人员应促使企业履行社会责任和义务。同年，他在纽约大学开设公共关系学课程。伯尼斯不仅是理论家，同时也是一位公共关系实践家。1913年他被聘为福特汽车公司公共关系部经理，指导公司执行了一系列职工和社会服务计划，开创了企业承担社会责任的先河。第一次世界大战时美国参战后一周，伯尼斯又受威尔逊总统之聘，成为政府"公共信息委员会"成员，卓越地完成了向国内外新闻媒介提供美国参战的背景和解释材料的任务。伯尼斯一生致力于公共关系的研究和运用，于1952年写了教科书《公共关系学》。他同妻子合作进行公共关系咨询，他还受多位美国总统、实业界巨子的委托，帮助他们成功地塑造了形象。

在公共关系的实践中，伯尼斯发展了艾维·李尽可能向公众提供信息的思想，进一步提出，要了解公众的喜好、要求和态度，然后再根据公众的意愿进行有的放矢和投其所好的工作。伯尼斯这种以"投公众所好"为核心的公关思想，使艾维·李时期的单向提供信息的公共关系模式发展为注意公众反应、注重信息反馈、调整信息传播和行为的公共关系模式。

1995年伯尼斯在美国去世，他毕生从事公关理论的研究和实践，其贡献就在于把公共关系从新闻出版界分离出来，使之逐渐形成较系统的理论，并为构成一门完整的学科奠定了基础。历史学家埃里克·戈尔德曼评价伯尼斯时认为，伯尼斯同公共关系这门学科的发展方向保持了一致，并且考虑得更深远、更全面。无疑，伯尼斯为提高公共关系的正规化、科学化作出了重大的贡献。

四、公共关系的兴盛

第二次世界大战以后，公共关系这个新兴行业、新兴学科随着世界经济的迅速发展，随着美国在战后对世界影响的增加而迅速兴盛起来，其影响遍布全世界。公共关系在实践和理论上的发展也被推向一个新的高度。

自伯尼斯之后，公共关系以其特有的魅力，在美国迅速得到了发展。据统计，1950年全美国的各种公共关系人员共2000人，1960年增至30000多人，1970年达75000多人，1976年已超过100000人。美国劳工部统计，到1985年公共关系人员达到134000人。由于对公共关系人员需求量的增加和职业水准的提高，公共关系的教育事业也得到了蓬勃发展。全美国1955年有28所学校设置了"公共关系"专业，66所学校开设"公共关系"课程。到1978年，则多达292所大学教授公共关系学，其中10所大学设博士学位，23所设硕士学位，93所设学士学位。1968年，从事公共关系学习的学生成立了"美国公共关系学生协会"，拥有80多所院校的3000多名学生。公关专业的学生毕业后，大多投身到美国庞大的公共关系从业队伍中。1977年的一项调查资料表明，在全美的公共关系从业人员中有54%具有学士学位，29%的人有硕士学位。1980年后，全美最大的500家大企业中，有近90%设有自己的公关部，有专职的从业人员。此外，美国社会上还有2000多家专业的公共关系公司，其中不乏世界知名的大型跨国公司。公共关系的教育也开始按企业、政府部门、新闻界等不同行业细分并逐步向纵深发展。1948年，"美国公共关系协会"（the Public Relations Society of America，PRSA）成立，它是全美公共关系人员的最高级组织。1978年，美国公共关系协会大会重新修订通过了《公共关系人员职业规范守则》，作为维护职业信誉、职业道德的"行业法律"。

在西欧，许多国家如英国、法国、意大利、德国等在第二次世界大战后恢复和发展经济时，纷纷效仿美国的经营和管理，"公共关系"也被作为一种有效的经营管理手段而被利用。这些国家的一些企业，在复兴和建设过程中广泛利用公共关系来取得社会公众的支持和配合，如开放工厂以争取公众的支持，扩大交往，取得投资等。西欧诸国在利用公共关系这一经营管理手段时，很注意利用公共关系理论教育和提高公共关系人员的素质。他们把公共关系当作一种社会科学，并在学校中专门培养公关人才。同时，一些广告从业人员或报业出身的公关人员则将公共关系手段中的传播活动与广告密切地结合运用，收到了良好的效果。在英国，全国性的公共关系协会1948年宣告成立。1968年，著名的公共关系专家弗兰克·杰夫金斯在英国国内开办了公共关系学校，讲授公共关系课程，同时从事公共关系的理论研究，并取得丰硕成果。1940年，公共关系传入加拿大。1947年，蒙特利尔和多伦多分别成立了公共关系协会。1946年，法国的大公司开始应用公共关系，同年，荷兰出现了首批公共关系事务所。20世纪50年代初，芬兰、意大利等国家相继成立了公共关系协会。1959年5月，欧共体（欧盟的前身）成员国联合成立了欧洲公共关系同盟，并于1965年在雅典通过了《国际公共关系道德法则》，又称为《雅典法则》。

1950年以后，在北美和欧洲之外的其他地区，如中美洲、南美洲、大洋洲的澳大利亚、新西兰和非洲的南非等地区和国家，也出现了公共关系顾问这一工作或职务。1966

年，泛美公共关系协会在南美洲成立，成员来自南美各个国家的公共关系组织。在非洲，1975年，由肯尼亚、埃及、尼日利亚、赞比亚、加纳、南非等国的公共关系组织组成的非洲公共关系协会联盟在肯尼亚首都内罗毕宣告成立。

随着经济的不断发展和管理的迫切需要，公共关系也逐渐地被亚洲一些国家和地区引入和使用。日本是亚洲各国较早发展公共关系的国家，第二次世界大战后进驻日本的美国盟军总部的民间情报教育局，经由地区军政长官，下令各府县单位设立"公共关系办公室"这一行动使公共关系的观念与技术，正式传播到日本。日本电通公司为公共关系在日本的发展做了许多工作，他们搜集海外有关公关事务的资料加以研究，将其研究成果提供给各企业机构广告宣传负责人，以使其灵活使用于广告宣传方面，从而产生了所谓"公共关系广告"的新的广告形态。后来，日本以缓和劳资对立，争取投资为出发点，进一步利用公共关系的各种手段，使日本的公共关系活动得到迅速发展。第二次世界大战后，公共关系也传入了中国香港。驻港英军设立了公共关系机构（Public Relations Officer），负责将有关军方的资料提供给新闻界。20世纪50年代初，香港政府成立了公共关系部门，发布有关政府的消息。同时，香港成立了公共关系学会，开办了公共关系讲习班，并正式把"Public Relations"翻译成汉语的"公共关系"。20世纪60年代伴随着日本以及其他东南亚国家和地区经济的飞速发展，公共关系发展速度也异常迅速，并引起了国际公关界的重视。为了规范公共关系的发展，很好地协调彼此之间的关系，1967年，印度、菲律宾、韩国、新加坡和我国的香港、台湾地区，建立了泛亚公共关系协会。

1955年，国际公共关系协会（简称IPRA）在英国伦敦成立。该协会每年2次的理事会和各种专业讨论会以及每3年一次的世界公关大会，对于加强世界各国公关界的相互联系，促进专业交流，增进彼此了解，起到了积极作用，推动着国际公关事业不断向前发展。到1985年，该会已有60多个国家和地区的760名会员。"国际公共关系"热方兴未艾。美国汤姆生公司总裁预测，在未来的年代中，国际公共关系事业将是发展最快的产业之一。

公共关系产生后，在短短几十年内，从一国到世界、从资本主义国家到不同体制国家的多样化发展，是时代进步的标志，同时也证明了公共关系本身的价值。

随着公共关系实践活动范围越来越广，公共关系的理论研究也日趋成熟。在这一阶段公共关系理论发展中的主要代表人物是美国的卡特利普和森特。他们在前人研究的基础上，总结了公共关系实践中的新经验，于1952年出版了《有效公共关系》一书，在这本著作中，他们提出了一种公关新模式："双向对称"模式。卡特利普和森特认为：公共关系就是一个组织为与公众建立良好关系而使用传播的方法。而这种传播一方面要把组织的想法和信息向公众进行说明和解释，另一方面又要把公众的想法和信息向组织进行说明和解释；在这种"双向对称"的传播沟通中，同时考虑组织和公众的共同利益，减少双方的误解和摩擦，从而增进相互间的理解和支持，使双方结成一种友好和谐的关系。显然，这一新模式是对前两个阶段公共关系理论研究的综合和发展，它为公共关系在现阶段的实践活动提供了有力的理论指导。

进入20世纪90年代后，随着全球经济一体化的推进，公共关系国际化的趋势日益得到加强，国际公共关系的重要性也愈来愈多地为人们所认识。各国经济的发展面临着更加激烈的国际竞争，要在竞争中取胜，就必须具备主动适应环境变化的能力，因而有必要对其他国家的政治制度、经济环境、文化传统、社会习俗等进行深入的了解研究，并在此基础上采取相应且行之有效的对策。1995 年召开的美国公关协会第 48 届年会认为：一个缺乏国际公关意识的公关人员不可能是一个适应现实和未来社会的合格公关人员。伴随着经济和科技的迅速发展，当前国际公关早已超出了早期主要围绕出口产品进行的公共关系活动，扩展为国际政治、国际经济和国际文化交流等众多领域的公共关系活动，促使国际新兴公关市场的形成，当然国际范围内公共关系职业化水平也有了很大提高。

第二节　公共关系在中国

在我国，较早接受公共关系的是港台地区。随着我国改革开放的深入，以及社会主义市场经济的发展，从 20 世纪 80 年代初开始，公共关系逐渐被引入大陆地区，并且在较短的时间内得到了迅速的传播和发展。我国的公关事业正在稳定健康地发展。

一、我国公共关系的兴起与发展

长期以来，我国社会处于封闭式的结构之中，人际关系处于禁锢状态，因而一般机构和人们的观念中根本不存在公共关系的概念，也就不可能去自觉地运用公共关系的理论和方法扩大自身的影响，发展自己的事业。宁愿把自己关进与世隔绝的"象牙之塔"，而不愿把自己的机构办成与社会公众广泛联系和互相了解的"玻璃之屋"。这种不开明、不开化的状态和市场经济的发展是不相适应的。

20 世纪 60 年代前后，我国香港和台湾的经济进入了高速繁荣期，成为"亚洲四小龙"的成员。伴随着经济的高速发展，现代公共关系相继被引入这两个地区并得到快速发展。

在台湾，交通系统 1958 年设立了公关职能部门。1974 年，第一家公关公司——联合太平洋国际公司成立，并迅速发展，1993 年，就已拥有资本约 1 亿元台币。在联合太平洋国际公司的带动下，粤美、康帕斯等一批专业水平高、实力较强的公关公司相继成立。进入 90 年代后，台湾的航空、旅游、餐饮等行业的许多企业设立了自己的公关部。公关业成为台湾岛内的热门职业。1994 年 4 月 5 日，由台湾"公共关系基金会"创办的第一份公关专业期刊——《公关》杂志问世。

香港的公共关系从一开始就具备了比较高的起点，最早的公关公司是海外大型的跨国公司设立的分公司，它们聘用受过专业训练的人员从事公共关系工作。到 90 年代初期，香港具有国际服务水平和规模的公关公司就已近 30 家，还有许多小型公关公司。此外，各类型的企业，特别是服务行业的企业也都纷纷成立了自己的公共关系机构。伴随着公共关系实务的不断发展，香港的公关教育、培训以及理论研究水平都有了很大的提高，使公共关系的社会影响和实际作用不断扩大，为其后公共关系在内地的引入和传播奠定了基础。

随着对外开放的扩大，经济体制改革的发展，我国内地企业逐渐摆脱了"行政保姆"

的束缚，成为独立的商品生产者和经营者，企业间的横向联系日益增加；企业与市场、企业与公众的联系越来越密切；同时，随着我国社会主义市场体系的不断完善、扩大，社会的经济信息量日益增多，为了更好地开拓市场、占领市场，众多企业必须自觉地利用公共关系这一经营管理手段为自己收集信息、处理横向关系、处理和公众的关系，使自身具有更强的竞争能力、适应能力，以更好地在市场经济中发展自己。正是这种改革开放的内在动力，使得公共关系作为一种新的管理方法、新的理论和职业在我国内地迅速地传播和发展起来。

　　1978年我国实行"对外开放，对内搞活"的政策后，西方的先进科学技术及管理方法逐渐被引入我国内地。在我国南方创办了深圳等经济特区，开放了沿海众多的城市，外资外商纷纷来华进行贸易和投资。80年代初，公共关系首先在深圳、广州兴起，外资企业一般都在企业内部设立公共关系部。此后，沿海和内地许多企业纷纷效仿。例如，广州花园酒店聘请美国企业管理硕士林美玲女士担任公共关系部经理；北京长城饭店也成立了公共关系部，并且制定了《长城公共关系指南》。在我国，国有企业中最早开设公共关系部的是广州白云山制药厂，该厂每年拨出总产值的10%作为"信誉投资"，以提高企业的知名度。白云山制药厂的创举引起国内许多国营、集体企业的关注。

　　公共关系在企业界的兴起，引起了国内新闻界、学术界的关注。1984年12月26日，《经济日报》以"如虎添翼"为标题，报道了广州白云山制药厂的公关工作，并配发了"认真研究社会主义公共关系"的社论。接着，《文汇报》、《北京日报》、《广州日报》等30多家报刊先后报道、介绍了我国公共关系事业的兴起和发展状况。

　　与此同时，一些海外公关公司开始进入中国内地市场。1984年，美国伟达公关公司率先在北京设立办事处。1985年，美国的博雅公关公司进入中国内地并促成了我国内地第一家公关公司——中国环球公关公司的诞生。同年，中法公关公司成立，这是我国内地第一家合资公关公司。

　　这时，许多学者开始研究公共关系学，翻译公共关系学的著作，介绍国外公共关系发展现状，举办公共关系讲习班，培养公共关系人才。1985年，深圳大学成立了全国第一个公共关系学专业；珠海市也成立了我国内地第一所由政府主办的公共关系学研究机构——应用传播学研究所；上海、北京等地先后成立公共关系协会。中山大学、复旦大学、南京大学、兰州大学、清华大学、北京大学等都开设了公共关系课程。1987年2月原国家教委在广州召开经济管理类专业目录审议会，会上提出建立公共关系专业，并把公共关系学课程列为若干专业学生的必修课或选修课。到90年代初期，遍布全国的公共关系教学网络已基本形成。1998年，我国首届公关专业本科毕业生从中山大学毕业。目前，几乎所有的大中专院校都开设有公共关系课程，使公共关系在大中专学生中得到普及和传播。此外，全国各地的公关协会以及社会上有资质的培训机构也开设了形式多样的公关培训班，为社会培养不同层次的公关人才。另外，20世纪80年代后期，在我国正式出版的公共关系学教材和专著有100多种；到1993年底则增加到300多种。而从1994年至2004年10月公开出版的各类公共关系学著作达274部，涉及公共关系学、公共关系实务，还有一些分支理论如公关心理学、公关传播学、公关语言学、公关信息学、公关礼仪学、公关策划学、公关调查学、公司公共关系学、国际公共关系学等。

1987年，中国公共关系协会成立。1991年，中国国际公共关系协会成立。1995年，中国高等教育管理研究会公共关系专业研究会成立。之后，各省及各大中城市都相继成立了公共关系协会。为了确保行业内的信息沟通和实现行业自律，自1988年起，我国每年都要召开一次全国省市公关组织联席会议。在1992年于武汉召开的第四届联席会议上，还正式通过了《中国公共关系职业道德准则》，标志着我国公共关系事业日益走向成熟。

一些省市的公共关系协会还创办了自己的刊物，如浙江公共关系协会于1988年1月创办的《公共关系报》以及后来西安创办的《公共关系》和石家庄创办的《公关世界》等。这些均为公关教育、学术交流和理论探讨提供了场所和组织保证，对加速公关理论知识传播，提高公关理论水平起到了积极的作用。

随着我国改革开放的进一步深入，社会主义市场经济的不断发展和壮大，公共关系在我国呈现出了蓬勃发展的局面。短短的几年内，公共关系在我国由南向北，由东向西，由沿海地区向内陆地区，由大城市向中小城市迅速地推广传播开来，并取得了令人瞩目的成绩，一大批借助于公关而蜚声于海内外的优秀企业脱颖而出。1991年5月5日，在北京人民大会堂隆重举行的"中国十年杰出企业公关评优颁奖大会"上，广州白云山制药厂、康巴丝集团等39家企业，分别获得最佳和优秀企业公关奖。中央有关领导同志特别给大会发出了贺词，认为中国公共关系事业的发展，是我国改革开放的必然趋势，它以新型的管理科学协调社会各方面联系，调动多种积极因素，促进了社会主义建设，在未来的奋斗中，它一定会有更好的发展前景。1997年，公关员被国家正式列入《中国职业大典》，成为一个正式的职业。目前，公关原则和公关技巧已被广泛运用于各行各业，公关从业人员数以万计，专业公关公司已有上百家。据中国国际公共关系协会年度调查报告，2007年度中国公共关系服务市场（不包括港澳台地区）继续保持快速增长势头，整个行业年营业额估测为108亿元人民币，比上年度的80亿元人民币增长了35%。

2008年11月14日，由国际公共关系协会主办、中国国际公共关系协会（CIPRA）承办的第十八届世界公共关系大会在人民大会堂开幕。全国人大常委会副委员长韩启德、何鲁丽，外交部、商务部、国务院新闻办等中国政府有关方面负责人，以及来自全球50多个国家和地区的700多名正式代表出席了大会开幕式。中国国际公共关系协会会长李道豫大使主持了会议，国际公共关系协会2008年度主席罗伯特·格鲁普到会致开幕词，全国人大常委会副委员长韩启德、外交部部长杨洁篪则在会上发表了热情洋溢的讲话。本届大会的主题是"公共关系——构建全球化时代的和谐社会"。第十八届世界公共关系大会的成功举办无疑为中国公共关系业的腾飞和提升创造了绝佳契机，对中国公关咨询业市场以及企业、政府乃至整个社会产生深远影响。

二、公共关系与社会主义市场经济

公共关系于20世纪80年代初在我国内地兴起，并在短短的几十年时间内广泛地传播开来，是有其内在原因的。从根本上讲，公共关系是建立、发展和完善社会主义市场经济的必然要求。改革开放30多年来，我国的生产力提高较快，商品市场日益繁荣，并逐渐地由卖方市场转向买方市场，从而使市场竞争日趋激烈。在迅速发展的社会主义市场经济条件下，企业作为相对独立、自主经营的商品生产者，如何协调与消费者、其他社会公众的关系，如何通过收集信息、传播信息，创造有利于自己的舆论环境，扩大企业在公众中的影响等，都成为增强企业竞争能力的重要问题。而发展公关事业正可以满足和适应发展社会主义市场经济的种种需要，以促进整个国民经济的发展。

（一）公共关系可以从微观上对企业产生作用，能促进企业巩固和扩大市场

其一，公共关系可以为企业设计、塑造、宣传良好的信誉和形象。市场竞争的发展规律是从产品竞争开始，逐渐上升到企业形象的竞争。也就是说，在社会主义市场经济条件下，企业巩固和扩大市场既要抓产品，也要抓组织形象。而这两者都直接联系着社会公众对企业的评估。公共关系作为一项系统工程，对企业的产品、人员的行为以及其他标志既要做统一、独特的形象设计，又要通过具体操作，从各方面来塑造这一形象。还要利用各种公关活动，宣传、推销这一形象，提高组织形象在社会公众中的知名度和美誉度，从而争取公众的支持和信任，进而扩大和巩固市场。

其二，公共关系通过加强信息交流，为企业提供开辟市场的决策咨询。市场的主体是顾客公众。企业面向市场，也就是面向公众。企业要开辟市场必须了解市场及公众信息。公共关系的主要职能就是收集信息、建议咨询。良好的公共关系可以为企业带来众多的市场、公众信息，为企业捕捉经营时机，改善市场环境，开辟潜在市场供决策咨询。

其三，公共关系可以通过交往引导、协调关系、处理危机，为企业创造和谐的舆论环境。任何企业都面临着众多公众关系，各种不同的公众有着不同的利益要求和特点，而公共关系则本着对内求团结、对外求发展的原则，专门来研究分析、处理解决这些关系，使公众成为企业的支持者、合作者和朋友。当企业与公众之间发生摩擦、矛盾，出现危机时，则可通过公共关系妥善解决问题，使企业化险为夷。公共关系所做的这些活动既使企业和市场、公众之间保持了良好关系，也为企业的发展创造了和谐的舆论氛围。只有这样，企业才能真正赢得顾客以及其他公众的长久信赖，才能开辟更大的市场，取得自身的成功和发展。

（二）公共关系可以从宏观上对整个社会市场经济的发展产生作用，能推动整个宏观市场的发育

第一，公共关系的开展，有利于在整个社会中树立文明的市场经济观念，提供市场经济发育的文化背景。从本质上讲，公共关系是一种市场经济高度发展条件下产生的文化和观念。它所要求的尊重公众、公众至上、利己先利人、和公众对象共同发展的原则正是社会主义市场经济所必需的文明市场观念，这些观念为经济领域中平等、民主、参与的意识，公众及舆论监督的意识提供了前提和基础。同时，公共关系所要求的注重形象和信誉、着眼于长远、反对急功近利等观念，为社会主义市场经济条件下的社会全面发展提供了一定的文化背景。

第二，公共关系的开展可以促进社会公益事业，树立良好的社会风气，推动社会主义市场经济条件下精神文明的建设，企业或其他社会组织为了在社会公共中树立良好形象，提高自身的知名度、美誉度，总是通过开展社会性的公关活动，为公众做好事，为社会献

爱心、尽责任，为社会公益事业或文化科教事业做贡献。公共关系从注重形象入手，提倡语言文明、注重礼仪、仪表以及衣饰的适宜，强调提高内在素养等，都有利于社会整体文明素质的提高，所有这些有利于推动社会主义精神文明建设的发展。

第三，公共关系的发展促进了社会经济主体注重以市场为中心，对无形资产的开发和利用。无形资产有很多内容，包括知识产权、专有技术、商标、商誉、品牌等，其中最重要的商誉、商标、品牌等都渗透着组织的形象和信誉，及组织与公众的关系。这种形象、信誉以及与公众的良好关系是经济主体经过长期努力而积淀下来的，是企业的重要财富，也是企业对市场占有的表现。目前，人们往往注重对有形资产的追求和发展，而忽视对无形资产的创造；实际上，只有把二者融合在一起，才能反映经济主体的真正实力。通过持久而有计划的公关活动的开展，树立良好的组织形象，改善舆论环境，协调公众关系，就可以争取公众和更大的市场，也增加了企业无形资产的积累，增强了企业的竞争能力。

三、我国公共关系发展的趋势

作为改革开放的产物，我国公共关系事业虽然起步较晚，但在较短的时期内得到了迅速的发展。在我国公共关系发展的势头及前景中大致呈现出如下几种趋势：

1. 公关意识日益普及化

随着改革开放的深入和经济的发展，我国的商品交换已由"卖方市场"转变为"买方市场"，市场变得越来越有竞争性了，不是卖主选择顾客，而是顾客选择卖主。这样，失去主动性的卖方必须以优质的产品、有竞争力的价格和良好的服务同买方建立良好的关系。如何搞好公共关系，成为企业在其市场活动中必须优先考虑的问题。这迫使企业必须具有全员公关意识，更加注重对员工的公关教育和培训，使公关意识深入人心。

同时，经济全球化的趋势也需要不同国家、民族不断加强相互间在政治、经济和文化等各个领域的沟通和交流。政府和各种社会组织在与其他国家、民族特别是西方发达国家的合作和交流的过程中，现代公关意识也在不断加强，从而促进了我国国际公共关系事业的不断发展，国际公共关系业务往来也在不断增多。

2. 公关范围日益广泛化

公共关系引入我国后，最早主要是服务于工商企业界，在经济领域发挥重要的作用。随着公共关系的不断发展以及社会对其客观需求的不断增长，它已不再局限于工商企业等各种营利性的社会组织，而是同越来越多的各类社会组织相结合，发挥着更加广泛而具体的功能和作用。目前，不仅有企业公共关系和服务行业公共关系，还有政府公共关系、教育公共关系、医疗公共关系、科技公共关系、国际公共关系等。

特别是随着我国改革开放的不断深入，政治生活民主化进程的加快，客观上要求政府转变职能，使用新的管理手段来建立、维护社会秩序。在施政过程中，主要不是靠权威去制伏人，而是需要以平等的对话、交流去了解民意和掌握民情，同时也要让民众更多地了解政府的各种方针、政策，与民众建立起良好的合作关系。只有这样，才能真正取得民众的理解、支持和拥戴。而公共关系作为与民众建立联系，争取民众理解、支持、合作的手段，在我国许多地区的政府部门中已得到了较好的利用。

3. 公关行业日趋规范化

首先，我国公共关系的职业化程度不断提高。自20世纪80年代中期各类公关公司和企业公关部成立以来，公共关系作为一种全新而独特的社会职业在我国得到了较大发展。公共工作摆脱了最初的迎来送往、促销陪客的角色错位，已经成为组织管理的一部分。公关经理能够为决策层提出建议、制订规划，策划及处理复杂的公共关系如顾客关系、投资关系、政府关系等事务。随着公共关系实践和理论的发展，我国公关界认识到，必须给公关行业制定一个标准，在实现自律的同时，也让公众了解公关的职业道德。于是就有了《中国公共关系职业道德准则》的出现。同时，为了提高公共关系从业人员的素质，在20世纪90年代末，我国开始实行公关从业人员资格考试制度。所有这些都表明，公共关系行业在我国已经开始走上规范化的道路。

其次，公共关系的技术手段日益现代化。随着现代信息技术的迅速发展，公共关系作为一种智力密集型的新职业，其工作手段也不断现代化。特别是随着计算机网络的发展，世界变得没有国界，信息也不存在什么限制。我国公共关系人员运用电子技术、网络技术甚至通信卫星技术等现代化大众传播媒介与信息传播手段，对信息进行分类、贮存、分析、加工，以便作出准确的市场和环境预测，提高了组织与公众沟通交流的速度及质量，从而大大提高了公关工作的科学性和有效性。

4. 公关的理论体系日趋系统化和科学化

公共关系作为"舶来品"进入我国国门之初，学者主要是编译了一些海外的资料，介绍海外公共关系的理论与实践。但由于受体制的制约，很不全面，有些也不符合中国的国情。1984年，《经济日报》"研究社会主义公共关系"的社论发表后，掀起了国内公共关系理论研究的热潮。国内学者在吸收、借鉴国外先进公共关系理念的基础上，结合我国的国情，在公共关系本土化方面，进行了许多有益的探索，基本上形成了一套独具中国特色的公共关系理论体系。

我们应该清楚，公共关系是一项长期的事业，它的成功需要人们付出艰辛的努力。同时，公共关系作为一种意识、一种职业、一种现代管理手段，在我国还十分年轻。在发展过程中，不可避免地出现和存在这样那样的问题，如国民的整体素质不高，管理水平低下，缺少高层次公关人才，急功近利的文化心态导致的社会浮躁病和经济工作中的"短期行为"等因素，直接影响着公共关系的正常实施。如果不对上述问题加以切实改进，就难以使我国的公关事业健康发展。

因此，公关人员应当脚踏实地，扎扎实实地长期努力，树立自身良好形象。要进一步普及公关知识，加强公关研究；加强公关人员的道德修养，提高职业道德水平，提高公关人员的专业素质，促进公关工作向高层次发展。必须注重培养大批具有广博知识的公关人才，特别是要建设一支能进行公关顾问、诊断、咨询和决策的高层次智囊团队伍。要促使公关工作向高层次发展，还有赖于国家制定相应的政策，特别是建立相应的职称系列。在现阶段，职称在一定程度上体现了人们的专业水平和社会地位，同待遇也有一定联系。因此，应当妥善地解决这一问题，以激励和保护公关人员的积极性与创造性。

第三节 公共关系兴起的原因

纵观公共关系的发展历史，可见公共关系的理论和实践是伴随着社会的需要和发展而形成和发展的，它是当代世界经济和科学技术高速发展的产物，是适应现代化过程中管理的需要而产生和发展起来的。

一、商品经济高度发展是公共关系兴起的前提

商品经济的高度发展是公共关系产生和发展的社会经济条件。在自然经济条件下，个人或家庭是生产和消费的基本单元，人们维持生存的消费品几乎都是自己生产制造出来的，只有很小一部分需要通过交换来获取。在这种自给自足的自然经济基础上形成的社会联系，主要是一家一族的宗族血缘关系和一村一乡的地域关系。这是一种封闭型的关系结构，非常狭隘，也非常固定。在这种关系氛围中，人们过着"鸡犬之声相闻，老死不相往来"的平静生活。19世纪以后资本主义商品经济代替了自然经济，引起了社会联系的重大变化。商品经济是以分工为基础，协作为条件，社会化为基本特征的，它强调平等、竞争、合作。在这种条件下，任何社会组织要获得生存和发展，立于不败之地都必须开放门户，与公众保持密切的良好的社会联系。任何脱离公众，各自为政的做法，都无疑是作茧自缚。一个国家，一个地区，商品经济越发达，市场竞争越激烈，公共关系就显得越重要，公共关系职能化的进程也就越快。

随着商品经济的发展，商品交换中出现了从卖方市场向买方市场的重要转变，这就使得长期形成的以行业为主的竞争方式开始转向全方位的竞争。一个企业的生死存亡不仅在于能否生产出好的产品，还在于能否迎合市场的需要，能否取得公众的信任，能否为政府及社会各个阶层所赞赏，能否在社会上形成一个令人满意并受人尊敬的组织形象。由此，商品生产者和社会公众的相互沟通和了解变得更加迫切和必要。社会组织只有通过各种有效公关活动在公众中树立自身良好的形象，以取得广大公众的信任和支持，才能在日益激烈的竞争中获得成功。

二、科学技术是公共关系产生和发展的催化剂

科学技术是人的理性的产物，是人类智慧的结晶。自17世纪产业革命开始，科学技术不断进步，使人类的生产力得到迅速发展。科学技术的进步与发展对于公共关系的产生和发展有着至关重要的推动作用。一般地讲，正是科学技术的力量使得商品经济迅速发展，为公共关系的产生和发展奠定了经济前提。具体地讲，科学技术的发展还直接为公共关系的产生和发展准备了手段和理论条件。

公共关系是一种传播活动。在自然经济条件下，生产规模非常狭小，处于封闭或半封闭状态之中的人们既没有进行传播沟通的需求，也不具备对外传播沟通的先进手段和工具。进入20世纪后，科学技术的迅速发展引起了各种传播沟通手段和工具的飞速发展，

电报、电话、广播、电视、光导通信、通信卫星的相继推广和普及，火车、汽车、飞机等交通工具的高度发展和应用，使得人们之间各种传播沟通、交际往来越来越必要，越来越频繁，也就直接带动了公关事业的迅速发展。如果没有这些现代化的传播手段与工具，很难想象公共关系能够在几十年的时间里如此蓬勃迅猛地发展，这也说明了为什么公共关系最早在经济发达的国家兴起和得到最为广泛的应用。

科学技术的迅速发展引起生产力的高度发展，也带动了管理学中的变革。一些管理专家和企业主为了取得更好的生产效率，开始从人的需求和情感的角度改革管理，从注重社会公众和内部员工的态度及心理因素入手，在社会组织和公众之间建立良好的关系，以最大限度地调动公众、员工的积极性。这种管理科学理论为公共关系的发展提供了有力的理论支持，使公共关系从实践到理论都有了迅速的发展。

三、政治民主化是公共关系产生和发展的保障

生产力和科学技术的高度发展必然要求社会政治生活的民主化，而政治生活的民主化又是公共关系赖以产生和发展的社会政治条件。相对于封建社会而言，资产阶级以"天赋人权"代替"君权神授"，以契约自由代替人身依附，以法律平等代替等级特权，以民主代替专制，为现代社会的发展与民主、文明的兴起做出了一定的贡献。这些对现代公共关系的发展都起到了促进作用。社会主义制度的建立为彻底清除封建专制残余，创造最高程度和最大范围的民主、文明提供了现实的可能，使公共关系更加蓬勃发展。目前，社会政治生活民主化比较完善的国家或地区，其政府或社会组织都比较重视和社会公众保持良好的关系，一方面及时了解公众的舆论和意愿，根据民意来制定或调整决策；另一方面则通过各种传播媒介向公众宣传解释施政纲领和政策方针，以争取公众的支持和配合。

社会政治生活民主化还使得社会公众素质有了极大的提高，这也是公共关系得以迅速发展的重要原因。随着生产力的发展，科学技术知识的传播，社会政治生活民主化的发展，公共关系的对象——公众的素质大大提高，这主要表现为，公众的独立自主意识逐渐增强，公众的交流、参与活动正在深入发展，公众在社会经济、文化、政治生活中的影响越来越重要。这些使得各种社会组织在发展自己的事业时，必须考虑社会公众的需求，必须和社会公众保持持久的良好关系。

四、管理理论及实践的发展是公共关系产生和发展的推手

20世纪30年代霍桑实验之后，以人为研究对象的人际关系学派兴起，并很快代替"古典管理学派"，成为西方主要的管理理论。该学派通过对工人在生产中的行为以及这些行为产生的原因进行了长期的研究后，认为：处在群体中的个人，不仅是作为执行某种工作的实体，而且是具有社会兴趣并处于复杂的社会关系中的个体，影响工人工作积极性的因素不仅仅是薪金、报酬，最根本的还是社会和心理方面的原因。

人际关系学派代表人物梅奥通过霍桑实验证明：生产效率的上升或下降，主要取决于职工的工作情绪、士气。而士气的高低由职工从家庭生活和社会生活中所形成的态度及企

业内部人与人的关系等因素决定。因此，在管理中新型领导应能善于倾听职工的意见，注重与职工之间的及时沟通，提高职工的满意感，只有这样，才能调节企业中的人际关系，提高生产效率。

人际关系学派的这些理论在 20 世纪 40—50 年代的企业管理实践中得到了广泛运用。美国有的大公司还专门建立了"人群关系部"，用以调节企业中的人际关系。

第二次世界大战后，随着经济的繁荣、科技的发展，现代管理涌现出了大量新的管理学派，诸如权变管理学派、社会系统学派、决策理论学派、系统管理学派等。这些学派在理论上虽然存在分歧，但都主张将社会组织作为整个社会系统的组成部分来考察，并强调社会组织与其环境之间以及企业内部和各系统之间的相互关系。

这些管理理论的提出及其在实践中的应用，既推动了管理科学的发展，又为社会组织特别是企业处理内外公共关系提供了重要推手。

本章小结

美国是公共关系发生得最早的国家，早在 18 世纪后期的立宪运动中就出现过类似现代公共关系的一些活动。起源于 19 世纪 30 年代的报刊宣传活动则进一步扩展了舆论对社会的影响作用。在 19 世纪 60 年代的南北战争中，交战双方都使用了一些类似公关技巧的手段来争取民众。总之，在美国近代发展中已逐步形成了倡导自由、重视舆论的特点，其政治领域和舆论界的种种活动为现代公共关系的产生奏响了序曲。

现代公共关系开创于 20 世纪初。有名的揭丑运动迫使许多大企业的经营者开始认识到，企业若想顺利发展，必须改善与社会公众的关系，必须有一个良好的舆论环境。被誉为"公共关系之父"的艾维·李开创了现代公共关系的事业。

1903 年，艾维·李创立了第一家公共关系咨询事务所，专门为企业或社会组织提供传播与宣传服务，协助客户建立和维持与公众的联系。1906 年，在解决罢工问题期间，艾维·李通过报界发表了著名的《原则宣言》，第一次确立了公共关系的职业目标。艾维·李的宣传思想就是"说真话"、"公众应被告知"。

20 世纪 20 年代开始，公共关系在美国得到了迅速的发展。在这一时期，促使公共关系走向职业正规化、科学理论化的重要人物，是著名的公共关系理论家和实践家爱德华·伯尼斯，他于 1923 年将其研究成果写成《舆论之凝结》一书，提出了"投公众所好"为核心的公关思想。

第二次世界大战以后，公共关系这个新兴行业、新兴学科随着世界经济的迅速发展，随着美国在战后对世界影响的增加而迅速兴盛起来，其影响遍布全世界。公共关系在实践和理论上的发展也被推向一个新的高度。1948 年"美国公共关系协会"成立，1955 年国际公共关系联合会成立。在这一阶段公共关系理论发展中的主要代表人物是美国的卡特利普和森特。他们在前人研究的基础上，总结了公共关系实践中的新经验，于 1952 年出版了《有效公共关系》一书，在这本著作中，他们提出了一种公关新模式："双向对称"模式。

在我国，较早接受公共关系的是港台地区。随着我国大陆改革开放的深入，以及社会主义市场经济的发展，从 20 世纪 80 年代初开始，公共关系逐渐被引入大陆地区，并且在较短的时间内得到了迅速的传播和发展。我国的公关事业正在稳定健康地发展。从根本上讲，公共关系是建立、发展和完善社会主义市场经济的必然要求。公共关系可以从微观上对企业产生作用，能促进企业巩固和扩大市场；可以从宏观上对整个社会市场经济的发展产生作用，能推动整个宏观市场的发育。

公共关系兴起的原因：（1）商品经济高度发展是公共关系兴起的前提。（2）科学技术是公共关系产生和发展的催化剂（3）政治民主化是公共关系产生和发展的保障。（4）管理理论及实践的发展是公共关系产生和发展的推手。

 **关键概念**

立宪运动（Constitutional Movement）
报刊宣传活动（Newspapers and Promotional Activities）
便士报运动（Pence at Sports）
扒粪运动（Muckraking Movement）
原则宣言（Declaration of Principles）

复习思考题

1. 简述公共关系的演变经过的阶段。
2. 简述公共关系兴起的原因。
3. 简述艾维·李的公共关系原则。
4. 伯尼斯的公共关系思想有哪些？
5. 什么是双向对称的公关模式？
6. 简述公共关系对于发展社会主义市场经济的作用。

案例分析

香港回归祖国倒计时活动
——《中国名牌》杂志社的公关创意

《中国名牌》杂志社组织策划了高扬爱国主义旗帜的中国政府对香港恢复行使主权倒计时活动，产生了深刻的政治意义与深远的历史意义，其创意如下：

一、背景：项目调查

（1）历史：香港问题是英帝国主义入侵中国后强迫清政府签订不平等条约所造成的。

（2）立场：香港是中国领土，不属于"殖民地"范畴。邓小平同志明确表示1997 年要收回香港。

（3）结论：1997年7月1日这一天回归，使一个多世纪的悲欢离合、一个民族的沧桑荣辱在这一时刻凝聚升华。

二、项目策划

（1）目的：高扬爱国主义旗帜。

（2）切入点：倒计时（让它分分秒秒叩动每一位炎黄子孙的心弦）。

（3）规模：每字高度不小于1米，总面积150平方米，可视距离1000米以上。

（4）焦点：倒计时牌建在祖国心脏——首都北京。具体建在市中心——天安门广场的中国革命历史博物馆正中。

（5）层次：报呈新华社领导、北京市政府、国务院港澳办，直到中央领导。

（6）时间：启动在1994年12月19日（中英联合声明10周年）至1997年7月1日，运行925天。

三、项目实施

（1）高层公关：中央支持；

（2）政府各职能部门公关：热情赞许；

（3）横向公关：全国人民振奋。

四、项目评估

（1）中央领导高度评价；

（2）925天中，参观率最高，也是爱国主义教育基地；

（3）世界之最：面积、时间、目睹、参与人数、新闻报道。

资料来源：http：//www.doc88.com/p-3324680008455.html

 案例思考题

试运用公共关系学中的相关知识分析评点这一案例。

第 三 章
公共关系的基本要素

☞ 学习目的与要求

理解公众的含义、公众的基本特征。

掌握公共关系的基本要素、公众划分的不同类型、公关传播的要素和原则、公关传播层次和传播效果。

了解公共关系的主体，不同种类社会组织公共关系的区别。

 引例

两会成功召开，公关广受好评

第十二届全国人民代表大会第三次会议和政协第十二届全国委员会第三次会议，分别于 2015 年 3 月 5 日和 3 月 3 日在北京开幕。

2015 年 3 月 5 日，李克强总理在第十二届全国人民代表大会第三次会议开幕式上作了 2015 年国务院政府工作报告。报告中用了大量客观的数据阐述了 2014 年的进展和 2015 年工作总体部署，涉及深化改革，反腐倡廉，财税改革，就业创业，聚焦三农等多个热点问题，展示了政府在十二五取得的成就以及尚需改进的区域。同时，这份报告的接地气也是深入民心。总理在报告中的新词、新提法不断，一些网络热词也进了政府工作报告：①创客；②任性；③普惠金融；④强筋健骨；⑤高地；⑥线上线下互动；⑦先行官；⑧永久基本农田；⑨草根创新。它们让民众也能清楚明确地知晓报告涉及的内容。

从公共关系学原理角度分析两会的召开：该案例应用

理论编

了政府公共关系理论。两会对个人、社会以及经济都有影响，体现政府以人为本的理念，充分表达其诚信、民主和人权。政府的宗旨是为人民服务，负责地履行政府职能，体现其政治性与社会公众的统一。

两会激发了个人创富热情；两会促进社会和谐稳定；两会推动了国家发展转型；两会决议有利于世界和平繁荣。政府以公正严明的形象与群众保持和谐关系，建立亲民性政府，对个人社会将产生深刻影响。

资料来源：http：//3y. uu456.com/bp_ 21jj52pg3j7s7tv44gn1_ 1.html.

公共关系是社会组织、公众和传播三种基本要素构成的，社会组织是公共关系的主体，公众是公共关系的客体或对象，传播则是连接社会组织与公众（公共关系的主体与客体或对象）的中介。因此，社会组织、公众和传播是公共关系学中最基本的内容。

第一节 社会组织

社会组织是人们为了有效地达到特定的目标，有计划有组织地建立起来的，具有相对独立的一种共同活动群体。它是比家庭、邻里、朋友等初级社会群体更复杂、更高级的社会结构形式。它有着清楚的界限，内部实行明确的分工，确立了旨在协调成员活动的正式关系结构。如：学校、企业、超市、医院、部队、政府部门等。

一、社会组织是公共关系的主体

社会组织之所以成为公共关系的主体，是因为任何树立了明确的公共关系意识的社会组织，总是按本组织的总目标研究、确立公共关系的具体目标，策划各种旨在影响和改变环境的公共关系活动。在协调公共关系、改善周围环境中，在树立自身形象、提高组织声誉中，在沟通内外联系、谋求支持与合作中，社会组织总是居于主动的地位；同时，在公共关系活动中，社会组织还发挥着控制者与组织者的特殊功能。

作为公共关系主体的社会组织是多种多样的，其性质、功能、结构及活动方式的特点也就决定了与之相联系的公众的某些特点，也直接影响着其公共关系活动的特点。例如企业公共关系所面临的对象，主要是消费者、供应商、经销商、合作者等公众群体；而政府公共关系所面临的对象，就是比其他任何社会组织所面临的对象都要广泛得多的公众群体。

站在不同的角度，依据不同的标准可以将社会组织划分为不同种类，使公共关系的主体具有新的特点。

首先，按照社会组织的社会职能可以将其区分为经济组织、文化组织和政治组织、

经济组织是社会中最基本最普遍的社会组织，其特点是为全社会提供衣食住行等物质资料及生产资料，以经济活动为基本内容。如各种企业、农业生产单位、超市商店、金融单位等。这些组织和公众相联系的主要基础是经济供求利益。

文化组织是以文化教育活动为基本内容的社会组织，其特点是为全社会提供各种文化

45

教育服务，以满足社会的各类文化教育等精神需求。如各类学校、文艺团体、科研机构等。这类组织和公众相联系的主要基础是文化供求利益。

政治组织是具有各种政治职能的社会组织，其特点是为社会提供一定的政治管理服务，以满足社会管理需求。如执政党、政府、法院、公安、检察院等行政机关。这类组织和社会公众的联系最广泛，其联系的主要基础是社会管理供求利益。

其次，按照社会组织的目标特点可以将其区分为营利性组织、公益性组织、互益性组织和服务性组织。

营利性组织是以组织所有者和经营者的利益为目标的社会组织。如工业企业、商业企业、银行、信托公司、投资公司、旅游服务公司等。它们所面对的主要公众是顾客、借贷者、投资者和其他消费者，以及有关的政府机关等。

公益性组织是以国家和社会利益为目标的社会组织。如政府机构、治安部门、消防部门等等。它们的公共关系工作对象是全体社会公众。

互益性组织则是比较重视组织内部各成员利益和共同目标的社会组织。如各种党派组织、群众团体、职业团体、宗教组织等。它们的公共关系对象主要是组织内部成员。

服务性组织是以服务对象的利益为目标的社会组织。这类组织不是以盈利为目标的，如医院、学校等。它们的公共关系工作对象主要是其特定的服务对象，如病人或学生等等。

对公共关系的主体——社会组织，我们还可以细分出许多特定的行业。正是由于这些各具特点的公共关系主体，出现了许多不同类型的公共关系分支。如"工商企业公共关系"、"政府公共关系"、"军队公共关系"、"国际公共关系"，等等。

二、公共关系与组织目标

任何社会组织都有自己的目标，一个社会组织本来就是为了有效地实现某种目标而结合起来的社会群体。一旦失去目标，社会组织的生命也随之终结。所以，组织目标是社会组织存在和发展的中心，它代表一个组织的方向和未来，也是组织前进的路标和灯塔。例如，工厂的目标是生产和推销产品，超市、商店的目标是出售商品，二者的共同目标又是获取利润。医院的目标是救死扶伤，学校的目标是培养人才，政府的不同部门也有各自的目标，等等。

公共关系通过各种沟通传播活动，协调社会组织所面临的各种公众关系，树立组织良好的形象，提高社会组织在公众中的知名度、美誉度，为社会组织寻找更多的支持与配合，这些都有利于组织目标的实现，可以给社会组织带来经济效益和社会效益。

但是，在公共关系工作中的具体操作上必须注意保持公共关系与组织目标的一致性。这是因为，公共关系工作仅仅是社会组织所有工作中的一部分；同时，社会组织的目标也可能随着社会环境和市场的变化而更新。因此，一个社会组织内公共关系部门的工作目标必须与组织的总目标保持一致。这种一致性包含两个方面的要求：

第一，公共关系部门的工作必须服从社会组织的总目标，不能偏离或超越组织的总目标，更不能干扰组织总目标的实现。据了解，国内的一些组织设立了公共关系部，但过了一段时间又撤销了，其中原因之一就是这些公共关系部没有围绕组织的总目标来开展自己的工作，使公共关系工作与组织的总目标发生偏离甚至冲突。

第二，在服从社会组织总目标的前提下，公共关系部门必须进一步确立自己的工作目标，并制定出实现公共关系工作目标的相应措施和方法。如果公共关系部门不能明确自己的工作目标，或者仅仅停在社会组织的总目标上而不能将其进一步具体化为自己的目标，就不可能很好地开展公共关系工作，也很难为实现社会组织的总目标发挥作用。例如，改革开放初期，不少大、中城市的商业和饮食服务部门纷纷大兴土木，花费巨资装潢门面，甚至力争达到"豪华"的程度，但在服务质量方面却往往使顾客望而生畏。如有的国外客人说，中国的饭店设备是一流的，服务质量则是令人烦恼的。这种情况说明，对公共关系工作的具体目标认识不清，或没有一套实现公共关系工作目标的措施和方法，都会在不同程度上影响公共关系工作的开展，影响组织总目标的实现。

公共关系所追求的目标是使社会组织的政策与程序和公众的利益一致，这一目标不仅是十分具体的，而且内容也是极其丰富的。基于这个目标所开展的一切公共关系活动都将使社会组织充分发挥其主体功能。

第二节　公　众

公众作为公共关系的客体，与社会组织一样，也是公共关系不可缺少的基本要素。公共关系的实际内容就是采取各种手段和措施来维系和发展社会组织与公众之间的良好关系。对于社会组织而言，公众既是一个社会组织赖以生存的条件，又是该社会组织公共关系工作的唯一对象。因此，了解并掌握公众这个客体是进行公共关系工作的重要前提。

一、公众及其特征

在日常生活中，"公众"一词往往与"大众"、"民众"、"群众"等词在同一意义上混用。但是，作为公共关系学的概念，"公众"是指与社会组织存在某种现实的或潜在的利益关系，从而发生直接或间接联系的组织内部和外部的社会群体。它对某个社会组织机构的目标和发展具有现实的或潜在的制约力或影响力，而其自身的利益又受组织机构的政策、行动的影响。

公共关系的"公众"有三个基本特征：

（一）同质性

所谓同质性，是指公众这种人群具有共同的利益、共同的目的、共同的问题或共同的意识等，他们通过某方面的共同点才联系在一起的。公众的这种同质性正好与大众或群众的异质性相对应。如果缺乏"共同点"，虽然有很多人聚在一起，也不能称为公众，只能称为"人群"。同时，公众与组织由于这些"共同点"而产生互动关系。如一家农药厂的废水外流，造成周围的水域污染，对该地区居民的身体健康构成危险。这样，生活在该水域周围的居民就成为这家农药厂公共关系部必须处理好关系的"公众"。很显然，这一特定公众的形成，是因为居民们面临了"水域污染"这一共同问题。又如购买某种紧俏商品的顾客们，自动排起队来，并主动维持秩序，或指派代表向商店提出交涉，要求延长营业时间或扩大供应品种等。这种临时性的人群集合体，在购物的问题上有共同利益和需求，他们也就成为该商店要协调处理的特定的公众。

（二）群体性

公共关系是与群体发生关系，而不是仅仅与一个人或几个人发生关系，它要解决的是与群体的关系问题。公共关系中一般要与三种类型的社会群体发生关系。这三种类型的社会群体是：社会组织、初级社会群体组合和其他同质群体。

社会组织是次级社会群体的主要形式，是人们为了有效地实现特定的目标，有计划、有组织地建立起来的，具有相对独立性的一种共同活动群体。社会组织既是公共关系的主体，同时，作为其他社会组织的某一类公众又成为公共关系的客体。

初级社会群体，是成员不多的小型群体。它是人们直接接触、相互熟悉及了解，以感情为基础形成的，具有亲密关系的社会群体；它反映着人们最直接最简单的社会关系，即初级社会关系。家庭是最重要的初级社会群体，由于初级群体构成人数较少，例如，一个家庭一般只有几个人，因此它不能单独构成公共关系的对象（即"公众"）。但初级群体组合，则可以构成"公众"，成为公共关系要处理的一类群体关系。

其他同质群体，是指面临着相同的问题和具有共同利益，但又不能归入社会组织或初级社会群体的人群集合。这种人群并没有被组织起来，只是一种从公共关系角度出发，按特征被划分的人群。比如，按性别、肤色等标准，可将人分为男人、女人、白种人、黑种人、黄种人。这些人群只要面临着需要解决的共同问题，就可成为公众。如某社区内因缺少老年人的生活服务设施而引起老年人的不满，这样，这些老年人就成为该社区公共关系部门的公众。又如，一个商业部门可根据消费者或用户的消费需求或购买习惯的差异，分出不同的消费群体公众：按居住区域分，有城镇居民、乡村居民等不同消费者群体公众；按年龄分，有老年人、青年人、少年人、儿童等不同的消费者群体公众。甚至一些不是在社会交往进程中而结合在一起的人群，如在同一艘轮船或一列火车上的旅客，也可以成为公共关系的公众。

（三）可变性

公共关系要处理的公众始终处于变化之中，随着时间的推移，有些人从原来的公众中退了出来，同时又有一些新人补充进去。一个社会组织今天的公众，明天有可能成为非公众，后天有可能成为另一社会组织的公众。所以有人比喻公众是一支游行的队伍，而不是立定不动的士兵。由于公众的形成取决于共同问题的存在和维系，因此问题一旦得到解决，尽管作为社会群体的人群依然存在，但公共关系意义上的公众已不复存在。因此，认清公众的变动，把握自己的公众，是公关人员的基本功。

二、公众的类型

无论哪一个社会组织都不会只同一种类型的公众发生联系。所以，公共关系部门在开展工作之前，有必要对有关的公众进行划分，以了解自己的工作对象，明确区分公共关系工作的轻重缓急，提高公共关系工作的效率，更好地实现公共关系目标。

从不同的角度、根据不同的标准，可以把公众划分为不同的类型。

（一）非公众、潜在公众、知晓公众和行动公众

这是从公众自身的发展过程来进行分类。

非公众是公共关系学中的一个特殊概念，它是指不与社会组织发生交互作用的社会群体。这种非公众在社会组织所处的环境中是很常见的，掌握这一概念并区分出非公众，可以使我们在公共关系工作中减少盲目性，避免将属于非公众的社会群体列入公共关系工作的对象而造成的人力财力的浪费。

潜在公众是指在社会组织所处环境中，面临着由于社会组织的行为而引起的某个共同的问题，但自己还未意识到问题存在的公众。从潜在公众与组织关系的发展结果来看，可以分为可能潜在公众和必然潜在公众两类。可能潜在公众是指将来可能会成为某个社会组织的公众的社会群体。比如一家旅游公司，一般社会大众在很大程度上可视为它的潜在公众。不过这些公众不一定都和这家公司发生关系，所以，对于这家旅游公司来说，这些公众是不确定的，也可能在将来会与该公司发生关系，也可能不会与该公司发生关系。但是，对于一个社会组织的公共关系部来讲，凡是对于本组织有益的可能潜在公众，都应尽量争取过来。对于可能会与社会组织发生冲突的可能潜在公众，则应尽力防患于未然，抢在问题出现之前采取措施。必然潜在公众是指将来必然会成为某个社会组织的公众的社会群体。如一家家具厂生产了一批电镀质量未能过关的钢制家具，等到厂方发现问题时，这批家具已到了消费者那里，尽管现在看上去完美无缺的家具，在几个月后将会出现镀层发暗剥落的现象。这就是说，这些买主已经遇到了一个共同的家具质量问题。尽管他们现在都还未意识到，但几个月后他们必然会因为家具质量问题而与厂家发生关系。于是，这些买主现在就成为该厂公共关系部的必然潜在公众。此时，较为明智的抉择就是当机立断，采取措施，使用户在质量问题出现之前，就换到合格产品，或得到维修服务，这样做的结果将会使厂家信誉大大提高，并为今后带来好的效益。

知晓公众是指已经面临着共同问题，而且本身也意识到了问题的存在，但还没有采取行动的公众。由于知晓公众已经意识到问题的存在，所以他们迫切地希望知道问题的缘由以及解决的方法，他们此时对一切与此问题有关的信息都会感兴趣，并且可能准备采取行动。一旦知晓公众形成，社会组织的公共关系部就应更积极地展开公共关系活动，如果上例中的家具厂公共关系部在潜在公众形成时抱有侥幸心理，那么现在面对许多消费者组成的知晓公众，就不能再掉以轻心了，应积极选择最佳传播渠道，及时与公众联系，迅速为他们提供他们急切想了解的信息，并采取有效措施，妥善解决问题。

行动公众是由知晓公众发展而来的，是指不仅已经意识到问题的存在，而且准备或已

经采取行动以求解决问题的公众。行动公众的形成，有的可能会给社会组织带来某种效益，有的则可能对社会组织构成某种威胁，给公共关系工作造成困难。对于前者，要求社会组织的公共关系人员保持和发展与行动公众的交互作用，以求维持和扩大效益。对于后者，在威胁一旦发生时，就应积极努力、迎难而上，采取各种措施，全力开展善后补救工作，使问题能妥善解决，决不可采取置之不理的"鸵鸟政策"。

由此可见，从非公众到潜在公众，再到知晓公众和行动公众，是一个连续的发展过程。非公众发展成为潜在公众（可能潜在公众和必然潜在公众），潜在公众再进一步发展，就成为知晓公众，最后又发展成为行动公众，当行动公众面临的问题解决后，它就可能成为组织的非公众。一般认为，知晓公众是公共关系工作的重点对象，知晓公众形成时是公共关系工作的最好时机。因为知晓公众已经意识到问题的存在，并急切地想了解解决问题的有关信息。

（二）组织性公众与非组织性公众

这是按公众的稳定和组织状态来进行分类。

组织性公众是指由各种组织形成的公共关系工作对象。包括社区型公众、社团型公众和权力型公众。社区型公众，是指社会组织所在地周围的居民组织、社会团体和企业等。由于它们在空间距离上与社会组织很接近，并从多方面与社会组织经常发生这样或那样的社会关系，是社会组织重要的公众对象。社团型公众，它包括各种与社会组织活动有关的社会团体，如学校、工会、消费者协会以及一些企业、事业单位，等等。其中尤为重要的是新闻机构，它既是公共关系的公众，又是社会组织在公共关系活动中的传播媒介，它在公共关系中具有举足轻重的作用。权力型公众，是指拥有某种立法或行政权力的公众如政府机构、议会、上级主管部门等。

非组织性公众是指在公共关系中处于无组织状态下的个体的总和，这些个体尽管具有某种共同特征和利益，但没有形成稳定的组织。非组织性公众包括流散型公众、聚散型公众、周期型公众和稳定型公众。流散型公众是最为分散和不稳定的公众。如游客、过客、出差的旅客等。聚散型公众，也称临时性公众，是指因某一共同的临时事件、活动聚集在一起的公众。如展览会、运动会及其他会议的参加人员。周期型公众，也称规律型公众，这些公众按一定的规律，即一定的时间周期聚集。如节假日的游客、购买节日商品的顾客、放寒暑假而乘车的学生旅客，等等。这类公众需求比较明确，活动也比较有规律。稳定型公众，是指由于受兴趣、嗜好、习惯、爱好等因素的影响，比较集中地与某些社会组织保持稳定联系的公众。如专买某个工厂生产的产品的顾客，专爱用某种牌子化妆品的妇女，爱订、爱看某种刊物的读者，等等。他们分别成为某个社会组织的稳定型公众，成为它们的老主顾、老用户、老订户等。

按公众的组织状态对公众进行划分，有助于我们有针对性地开展公共关系工作。比如，对周期型公众，可以在节假日前夕，有准备有针对性地向公众进行商品宣传和组织游览；稳定型公众由于与社会组织联系密切，社会组织应尽量让他们深入了解组织的各方面情况，以形成更好的印象。

（三）首要公众、次要公众和边缘公众

这种分类是依据公众与社会组织联系的密切程度，公众对社会组织的重要性来确定的。

首要公众是指决定社会组织生存和发展的公众。组织的职工、股东、顾客以及业务往来部门都是社会组织的首要公众。他们对社会组织最为重要，因此社会组织往往投入最多的时间、人力和财力来维持和改善与他们的关系。

次要公众是指对社会组织的生存、发展有影响，但不起决定作用的公众，如社区等。

边缘公众是指与社会组织有关，但联系程度及重要性又不及首要公众和次要公众的公众。

公共关系工作尽管要花大力气，认真处理好与首要公众的关系，但也要争取次要公众，不要得罪边缘公众。因为一个社会组织的首要公众、次要公众、边缘公众始终处于动态的变化过程中，一旦组织活动性质或环境发生变化，次要公众和边缘公众都有转变为首要公众的可能。

（四）内部公众与外部公众

这种分类是依据公众相对于社会组织所处的位置来确定的。

内部公众包括社会组织内部职工、股东等，他们是公共关系要协调的最重要的公众之一。协调好社会组织与内部公众的关系，就能充分调动内部公众的积极性和工作干劲，提高工作效率，促进社会组织的成长和发展。

外部公众主要包括消费者、社区、党派团体、政府机构以及新闻界、舆论界等。外部公众对社会组织的生存和发展同样能产生重大作用。比如，一个企业若离开了顾客，失去了顾客，就意味着企业的失败。因此，社会组织的公共关系部门应该协调好内部公众与社会组织的关系，也要协调好外部公众与社会组织的关系，不可偏废。

（五）互利型公众、冲突型公众和单向型公众

这是从公众与社会组织之间的利益关系角度来区分不同类型的公众。

互利型公众是与社会组织之间有着共同的利害关系的公众，他们与社会组织可以共享利益、互担风险。由于这种密切的联系，对这类公众开展公共关系工作比较容易。如社会组织的职工、股东等都属于互利型公众。

冲突型公众是与社会组织在利益上存在着对立和冲突的公众。例如社会组织的同行业者；还有如香烟生产、销售组织与禁烟组织，等等。处理好与冲突型公众的关系，可以缓和对立和冲突，合理发展，互利互惠。如果和冲突型公众的关系处理得不好，则会扩大对立和冲突，甚至两败俱伤。

单向型公众是与社会组织的利益关系是一厢情愿的公众。这类公众或是公众单向追求组织，或是组织单向追求某一公众。如商店上门推销滞销商品，就是社会组织单向追求公众；而像一些经常向社会组织白吃、白拿、无理摊派的公众，社会组织往往是退避三舍的。

这种划分是理论的抽象，实际上大多数公共关系是介于三种利益关系之间的。如组织与顾客、舆论界、社区等的关系，一般都是互有所求，又存在一些矛盾、冲突。因此，在实际公共关系工作中应灵活、妥善处理。

（六）顺意公众、逆意公众与独立公众

这种划分是依据公众对社会组织的态度来确定的。

顺意公众是对组织的决策和行动持赞赏和支持态度，并愿意与社会组织合作的公众。他们受到社会组织的欢迎和重视，是社会组织在公众中依靠的坚强力量。

逆意公众是对组织的决策和行动持反对态度，或者是对组织一味提出违反组织主观意愿要求的公众。对这部分公众不能完全置之不理，要采取有效措施，争取其理解和谅解，对他们提出的问题、意见和要求，要认真地妥善解决，使"逆意"向"顺意"转化。

独立公众是对组织的决策和行动往往持中间态度，或态度不明朗，或没有表态的公众。这部分公众向"顺意公众"转化的可能最大，所以组织的公共关系部门应将独立公众作为工作重点，设法建立联系、沟通感情、主动追求。实际上，组织的公共关系工作的首要目标就是保持和扩大顺意公众的队伍，促进逆意公众、独立公众向顺意公众转化。同时，防止顺意公众向独立公众或者逆意公众转化。

（七）基本公众的类型

不同的社会组织如企业、团体、学校、医院、军队、机关等，其工作内容、工作目的和工作方式各不相同、千差万别，但都可以从公共关系实务的角度出发，按通用的标准把公众划分为某些实用的公众类型。任何社会组织的内外公众都可以大致地归为以下几类：
(1) 员工；(2) 股东；(3) 顾客；(4) 社区；(5) 新闻、舆论界；(6) 政府；(7) 上级主管部门；(8) 同行组织；(9) 供给者；(10) 其他各类特殊组织。

这种分类在公共关系工作中甚为重要，是公共关系实务工作中的最基本分类。组织和公众之间的沟通、传播，组织形象的树立等都是以这种分类为基础来操作、处理的。因此，我们将在以后的章节中，对这种分类中的某些重要的公众类型与组织形象进行专门的分析和探讨。

第三节 传 播

传播是连接社会与观众的中介，是沟通公共关系主体与客体的桥梁，没有传播，就不可能建立良好的公共关系。传播也是公共关系的基本要素。正如美国公关专家赛特尔所说，"专业化公共关系之核心，在于通晓如何传播"。因此，掌握传播这个关键工具是公共关系工作所必需的。

一、公关传播的目的和原则

传播作为一种社会现象，是人类生存和发展过程中所特有的。传播是指人们相互之间

通过语言、姿势、表情或图像符号传递来交换意识、知识、感情、意愿等的社会行为。在社会生活中，到处都离不开传播。随着现代社会生产水平的提高，范围的扩大，随着现代科技程度的提高，先进传播工具的推广，社会信息量的增多，社会传播的内容、范围、数量都有极大的发展。

公共关系作为现代社会中一种有着目的的社交活动，以传播作为社会组织和公众之间的中介，其根本目的是社会组织借助各种传播媒介使自己与公众之间进行信息交流，从而加强双方的相互联系、了解和支持，维护组织的形象和声誉，以促进组织目标的实现。具体地讲，公共传播的目的体现在以下四个方面：引起公众注意，了解公众动向，转变公众态度，引导公众行为。

引起公众注意是公关传播的具体目的之一。社会组织为了使公众对组织的行为给予理解和支持，就必须首先向公众介绍自己、推销自己、宣传自己，在介绍、推销、宣传组织的政策、目标、产品、服务等过程中，引起公众对组织的注意，让公众了解组织，从而在公众心目中逐渐树立起组织的良好形象，再和公众建立起良好的公共关系，创造出有利于组织发展的公众舆论环境。引起公众注意是建立在组织和外界公众的相互联系基础之上的，首先是信息的沟通。因此，公关传播工作的基本内容之一就是向组织公众提供及时、准确、针对性强、有说服力的组织信息，让公众分享到有关组织的信息，消除组织与外界的隔绝，增强组织和公众的联系，引起公众对组织的注意。

了解公众动向也是公关传播的具体目的之一。任何公关传播都是双向的，既包括组织向公众的介绍、推销及宣传，又包括组织对社会各方面公众的了解。只有及时、准确、有针对性地了解到公众的各种动向，才能真正掌握社会组织所处环境、市场、条件的状况，才能根据公众要求的变化不断地改进和调整组织的决策和行为。即使是在开展公共关系对外传播时，也必须是在充分了解公众动向的前提下，才能做到有效的传播，引起公众注意，以树立自身形象。了解公众动向也是社会组织缩短与公众的距离，增强和公众相互联系的基本途径。

转变公众态度也是公关传播的具体目的之一。任何社会组织只要和环境发生交互作用，和社会公众有过联系，就会在公众心目中留下形象，也会引起公众对组织的某种态度。依据公众对组织的态度来分类，面对组织的可能有顺意公众，也可能有逆意公众，还可能有独立公众。公众之所以产生对组织的不同态度，在很大程度上是因为信息沟通、传播联系的问题。特别是独立公众，在很多情况下是组织和公众之间联系不够、信息不通，造成组织知名度不高，美誉度不够而形成的。因此，公关传播的目的就是要通过使用各种传播媒介和传播技巧，消除社会公众对组织的不知、偏见或敌意，增进组织和公众的联系、沟通，促进公众对组织的了解和好感，不断地扩大顺意公众的队伍，减少顺意公众和独立公众的队伍。

引导公众行为也是公关传播的具体目的之一。任何社会组织开展公关传播的最高目的就是引导公众对组织采取理解和支持的行为，以保证组织目标的实现。以上三种具体目的，从引起公众注意，到了解公众动向，再到转变公众态度，其共同的着力点都是通过公关传播，促进社会组织和公众之间的相互理解和沟通，增强公众对组织的好感，使公众在行为上给予组织以实际的配合和支持。引导公众行为实际上是为社会组织创造条件、开辟市场、更新舆论环境的过程，它需要多方面工作的配合，更需要长期的、有计划的公关传播。只有这样，才能使良好的组织形象在公众心目中树立起来，使公众真正从心底里认同、拥护和支持这个组织的行为。

社会组织要想有效地进行公关传播，就必须根据公关的基本要求在传播中坚持四条原则：尊重事实，尊重公众，长期坚持，阶段进行。

尊重事实的原则是公关传播中首先必须坚持的原则，这也是公关的基本要求，公共关系的最基本的目标是建立社会组织的良好形象。而这个良好形象不是靠一时一事而树立起来的，它要在组织和公众的长期利益交往中，被公众认同。所以，在公关传播中必须坚持以事实为基础，做到真实可信，切忌虚张声势、报喜瞒忧。

尊重公众的原则就是在公关传播中要把公众的利益放在第一位，这既是公共关系的基本要求，也是提高传播效果的要求。从传播的角度来看，凡是和公众利益贴近的信息，凡是公众所关注的信息，都最能引起公众的注意，容易在人们心中目留下较长时间的记忆。因此，只有在公关传播中把公众的利益放在第一位，从公众需要的角度、从公众喜欢的角度来与公众进行沟通，才能使公众感到组织信息和行为的真实可信，才能在公众心目中留下良好的形象。

长期坚持的原则就是在公关传播中必须和公众之间保持经常不断的沟通，对组织的形象、目的、宗旨长期进行传播。社会组织要想和公众保持良好的公共关系，在公众中保持自身良好的组织形象，就要长期和公众进行沟通传播。这是因为，公众心中的组织形象不是一天两天就能树立起来的，它是通过组织和公众之间长期友好的交往、沟通以及长期的传播树立起来的；同时，在现代社会信息增多、竞争激烈的条件下，一个组织形象如果不坚持长期的传播，就可能被其他的组织形象取代，其公众就可能遗弃原先的社会组织，而认同新的社会组织。

阶段进行的原则就是在公众传播中必须根据环境、条件、对象等的变化，对自己的组织形象进行阶段性的传播，使组织形象在丰富多彩的形式表现中更加醒目。社会组织所处的环境和条件是经常变化的，例如，市场的需求、消费的档次、社会的时尚、国家的形势等经常为人们带来新的思潮、风俗、话题和追求，这些也会对组织的公关形象带来新的变化。当社会组织所处的环境、条件、对象发生变化时，对组织形象的公关传播就必须适应这一变化，而采用适时且适合于公众需求的传播方式、方法和手段。当然，这种阶段进行的公关传播必须以创新式的传播为基础。只有这样才能及时地使自己的组织形象成功地在公众心目中留下深刻而美好的印象。

二、 公关传播的要素和模式

公关传播的要素包括两大类，一类是基本要素，主要指信源、信息、信道、媒介、信宿以及编码、译码、反馈等，这一类是任何传播中必不可少的要素；另一类则是隐含在公关传播过程中的若干要素，一般指时空环境、心理因素、文化背景、信誉意识等，这一类要素的综合程度如何，直接影响着公众传播的效果。只有将这两类要素加以综合运用，才能使公关传播顺利进行。

理论编

54

信源在传播学上又称为传播者、发信者。在公关传播中，信源既可以是指某个社会组织，又可以是指代表社会组织的某一个人。

信息是指传播的内容及其表现形式的综合。在公关传播中，传播的信息有多种多样的表现形式，如文字、声音、图像、照片、模型等。

信道是指信息传递的渠道或途径。在公关传播中，如果要举行新闻发布会，其信道就是以声波通信、综合传递等为主。

媒介是用以记录、保存并可再现、传递信息的载体。在公关传播中，常用的媒介有广播、电视、网络、报刊等。

信宿在传播学中也称为受传者、传播对象或受众。对于不同媒介的受众来讲，即分别是读者、听众、观众等等。在公关传播中，受众既可以是特定的公众，也可能是不特定的公众。

编码就是传播者根据传播对象、信道和媒介的特点，按一定的规则将传播内容编制成信息系统的过程，以便传播内容易于被传播对象理解和接受。在公关传播中，编码工作是十分关键的，它直接影响着传播效果。

译码则是受传者（听众、观众、读者）收到信息后，将信息译为自己能理解或接受的内容的过程。在公关传播中，译码过程主要是相对于公众而言的。然而公众所持的立场、观点、态度各不相同，这些有可能直接影响公关传播的效果。因此，公关人员在进行传播时，首先要考虑到公众（信宿）和译码的影响。

反馈是传播过程中的信息回流，是信息传播者对受传者接受传播者原先发出的信息所作出的反应的了解过程。在公关传播中，传播者可以根据反馈检验前一段传播的效果，并据此修整计划、改进工作。

时空环境是指传播的时间、空间环境。在公关传播中，对传播的时间和空间环境把握如何，也直接影响着传播效果。比如，以儿童节为背景的公关传播活动放在七月进行，把来访客人安排到不恰当的位置上就座等，都会给公关传播带来不良的效果。任何传播都是在具体的时间、空间中进行的，不同的时空环境会使受众感受到传播信息的程度差异，并造成接受信息的区别。

心理因素是指参与传播过程中人们的感情心理状态。从传播者到传播对象都有自己的情感心理状态，一般地讲，两者的心理因素如果相近，而且都轻松愉快，其传播效果就好得多。因此，在公关传播中，传播者应该研究公众的心理因素，并据此策划传播的方式、方法，以求达到和公众之间的心理沟通，从而取得最佳的传播效果。

文化背景是指在传播过程中经济环境、政治观点、民族心理、风俗习惯、思维方式、价值观念、审美标准等文化因素的影响。不同地区、不同国家、不同民族、不同信仰的人们的文化背景往往是不相同的，因此在公关传播中，传播者务必要十分注意了解受传者所处的文化背景，以免影响传播效果。

信誉意识是传播内容及其传播者的信誉程度。一般地讲，传播内容及其传播者的信誉度越高，受传者对所传内容就越相信，其传播效果就越好。因此，公关传播时要非常注意提高传播的信誉意识。其主要方法有：保证传播内容的真实可靠性，借助"权威"、"名人"提高传播者的信誉程度，等等。

综合以上各类要素，就可以展现出公关传播的基本模式。在这一模式中，突出地体现了传播者、传播内容、传播渠道（媒介）、受传者、传播效果等五个基本要素。而这些分别可以英文回答传播中的最基本问题：Who?（谁传播？）Say what?（传播什么？）Through which channel?（通过什么渠道？）To whom?（向谁传播？）With what effect?（效果怎样？）由于在以上几个要素或问题的英文表达中，每一项都包括"W"这一字母，所以我们就称这一传播模式为"五 W"模式。具体展示如图 3-1 所示。

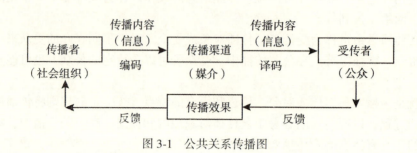

图 3-1　公共关系传播图

三、公关传播的层次和效果

公关传播是一个把某一个组织形象逐渐地、潜移默化地推向公众心中的过程，因此公关传播总是通过对信息、情感、态度、行为层次的影响，来达到自身的目的。公关传播的四个层次依次为：信息交流层次、情感交流层次、转变态度层次、引起行为层次。

信息交流是公关传播的最基本层次，也是公关工作的基本职能。没有信息交流就谈不上情感沟通、态度转变和行为支持，也就不可能在公众心目中树立组织的良好形象。公关传播的最基本任务就是及时、准确、全面地和社会公众交流信息，让公众了解组织，也让组织了解公众。

情感沟通是公关传播的第二层次，它是建立在信息交流基础之上的，也具有更丰富的心理内涵。公众都是有感情的，当他们在情感的天平上有了倾向时，他们就会在态度和行为上明确表示出来。因此，公关传播不能仅仅停留在信息的交流上，还应该着眼于公众的情感世界，以情动人，在组织和公众之间架起友谊的桥梁。

态度转变是公关传播的第三层次，也是公关传播的具体目的之一。态度改变是组织争取公众、树立形象、搞好公共关系的关键。影响公众态度的因素是很多的，既有信息层次的因素，又有情感层次的因素，还可能有其他因素影响。所以，在进行改变公众态度的传播时，要对公众态度以及其他因素具体分析，有目的、有步骤、有技巧地进行沟通传播，以获最佳的效果。

引起行为是指通过公关传播而引起公众采取支持组织的行为，这是公关传播的最高层次，也是社会组织开展公关工作的主要目的。引起行为的公关传播是以公众持有对社会组织好感态度为基础的；也就是说，当公众态度有利于某一组织时，该组织如果抓住时机开展适度的公关传播，就有可能激发公众采取支持组织的行为。相反，如果公众对某组织持有反感态度或漠然态度，这时引起行为的公关传播不可能得到公众支持组织的行为反应。因此，引起行为的公关传播必须建立在态度转变这一层次的工作基础之上。

公关传播的四个层次分别作用于公众心理的不同层次，它们之间既相互区别，又相互联系，而这种联系有可能是复杂多变的；同时，这些层次往往会综合在某一次传播活动中而集中表现出来，分别对公众产生不同层次的效果。

所谓公关传播效果是指社会组织将公关信息传播后对受传者（公众）所产生的影响和反应。在传播学中对效果研究的主要观点有两种：一是"枪弹论"，也称为"魔弹论"、"靶子论"、"皮下注射论"，流行于20世纪初到40年代。这种理论认为，大众传播媒介威力无比，所向披靡，它能够影响和改变社会公众的观念，并操纵他们的行为，通过大众传播媒介所传出的信息，就像枪弹一样打向受传者，使其应声而倒，受传者对大众传播是无条件接受的，是完全被动的。二是"有限效果论"。20世纪40年代以后，传播学者通过进一步研究认为，受传者是主动的，大众传播的效果并不是无限的，因此，"枪弹论"逐渐被"有限效果论"替代。"有限效果论"认为，在传播过程中，受传者不是任人摆布的，他们有着能动作用，对传播的信息是有选择性地接受、理解和记忆的，大众传播媒介的效果往往受媒介性质和它们在社会中地位的限制，它们的威力不是无比的，而是有限的，有条件的。

根据传播学和公共关系学的理论，社会组织要在公关传播中取得最佳的效果，就必须在公关传播过程中，严格坚持尊重事实、尊重公众、长期坚持和阶段进行的原则，把握好信源、信息、信道、媒介、信宿、编码、译码、反馈，以及时空环境、心理因素、文化背景、信誉意识诸多要素的操作与配合，排除传播模式中可能出现的种种干扰。当然，还应结合传播的四个层次来进行。只有这样，才可能取得较好的公关传播效果。

公共关系的传播效果总是在公众身上体现出来的，公关传播活动又是通过影响公众的心理过程体现出来的，因此，检查公关传播效果可从信息效果、情感效果、态度效果和行为效果四个方面来分析。即检查公关传播效果如何，就是了解社会公众是否获得、获得了多少关于某一组织的信息；就是了解公众是否持有、有多少人持有对某一组织的好感；就是了解多少人对某一组织支持、配合的态度；就是了解有多少人已经采取了支持某一组织的行动。

本章小结

公共关系是由社会组织、公众和传播三种基本要素构成的，社会组织是公共关系的主体，公众是公共的客体或对象，传播则是连接社会组织与公众（公共关系的主体与客体或对象）的中介。

社会组织是人们为了有效地实现特定的目标，有计划、有组织地建立起来的，具有相对独立的一种共同活动群体。社会组织是公共关系的主体。

公众是公共关系的客体。公众是指与组织存在某种现实的或潜在的利益关系，从而发生直接或间接联系的组织内部和外部的社会群体。

公众有三个基本特征：同质性、群体性、可变性。

从不同的角度、根据不同的标准，可以把公众划分为不同的类型。（1）非公众、潜在公众、知晓公众和行动公众。（2）组织性公众与非组织性公众。（3）首要公众、次要公众和边缘公众。（4）内部公众与外部公众。（5）互利型公众、冲突型公众和单项型公众。（6）顺意公众、逆意公众与独立公众。（7）基本公众的类型：员工、股东、顾客、社区、新闻舆论界、政府、上级主管部门、同行组织、供给者、其他各类特殊组织。

传播是连接社会与观众的中介，是沟通公共关系主体与客体的桥梁。传播是指人们相互之间通过语言、姿势、表情或图像符号传递来交换意识、知识、感情、意愿等的社会行为。

公关传播的目的体现在以下四个方面：引起公众注意，了解公众动向，转变公众态度，引起公众行为。

社会组织要想有效地进行公关传播，就必须根据公关的基本要求在传播中坚持四条原则：尊重事实，尊重公众，长期坚持，阶段进行。

公关传播的要素包括两大类，一类是基本要素，主要指信息源、信息、信道、媒介、信宿以及编码、译码、反馈等；另一类则是隐含在公关传播过程中的若干要素，一般指时空环境、心理因素、文化背景、信誉意识等。

公关传播的四个层次依次为：信息交流层次、情感交流层次、转变态度层次、引起行为层次。

公关传播效果是指社会组织将公关信息传播后对受传者（公众）所产生的影响和反应。在传播学中对效果研究的主要观点有两种：一是"枪弹论"，流行于 20 世纪初到 40 年代。二是"有限效果论"，40 年代以后，传播学者通过进一步研究认为，受传者是主动的，大众传播的效果并不是无限的。

关键概念

社会组织（Society Organizations）

公众（Public）

非公众（Non-Public）

潜在公众（Potential Public）

知晓公众（Known to the Public）

行动公众（Action of the Public）

首要公众（Primary Public）

次要公众（Secondary Public）

传播（Propagate）

复习思考题

1. 如何理解公众的含义？

2. 简述公众的基本特征。

理
论
编

58

3. 公共关系有哪些基本要素？

4. 简述公众划分的不同类型。

5. 如何理解非公众、潜在公众、知晓公众和行动公众？

6. 什么是组织性公众与非组织性公众？

7. 什么是首要公众、次要公众和边缘公众？

8. 简述公关传播的要素和原则。

9. 如何理解公关传播的层次和传播效果。

 案例分析

D600 率先在美国和英国上市后，就深陷"黑斑门"，2013 年 2 月 22 日，尼康发表公告，承认一些用户指出使用尼康 D600 数码单反相机拍摄时，照片上会出现多个颗粒状影像。当时尼康给出的解决办法是让用户按照用户手册（第 301～305 页）关于"清洁影像感应器"的内容进行清洁，或用气吹手动清洁，或者到尼康售后服务中心进行清洁。

央视 2014 年"3·15"晚会报道称，全国多位消费者发现新买的尼康 D600 拍摄照片后出现黑点。用户就此四五次到尼康维修点进行清洗，仍然无法解决问题。随后尼康通过更换快门等方式，仍然无法解决这款宣称防尘防潮的相机的问题。按照三包规定，相机因质量问题返修两次之后，可以退换产品。不过尼康售后辩称清灰不算修理，但尼康官方规定清灰属于修理范围。在随后发布的公告中，尼康再次要求用户对 D600 进行清理更换。

2014 年 2 月 26 日，尼康再度发表公告，表示将免费替所有出现进灰问题的全幅单反 D600 用户进行检查、清洁，并进行快门等相关零部件的更换。

据悉，尼康在处理 D600"黑斑门"事件时内外有别，据外媒报道，欧洲部分用户把机身内部进灰的 D600 相机送到服务站除尘后收到了全新的 D610 相机；而在法国，进灰 D600 换全新 D610 的代价也仅需要支付很小一笔费用；但是在中国，遭受 D600 进灰困扰的用户显然没能享受到如此待遇，尼康在拖延一年之后给出的解决办法仅是免费清洁而已。

资料来源：中国公关网.

案例思考题

试运用公共关系学中的传播原理分析评点这一案例。

第四章
公共关系工作程序

☞ 学习目的与要求

　　理解公共关系目标分类、社会组织自我期望形象和实际社会形象之间的形象差距、组织形象的知名度与美誉度。

　　掌握公共关系的工作程序及其内容，公共关系工作目标、活动的主题、对象公众、传播方式、具体实施方案。

　　了解公共关系调查的基本要求，确定公共关系目标的基本原则，检测和评估公共关系计划实施的程序和方法。

 引例

"三高"为中国申奥放歌

　　2001年6月23日晚，昔日皇家禁苑中乐声翩翩，弦歌阵阵。世界著名三大男高音歌唱家在紫禁城午门广场联袂演出，在"6·23国际奥林匹克日"掀起北京申奥活动的高潮。前国务院副总理李岚清和数万热情的中外观众一同观赏了这一精彩的演出。

　　当晚三位"歌剧之王"身着黑色燕尾服，站在紫禁城的古老红墙之间的舞台上神采奕奕，他们演唱了近三十首脍炙人口的歌剧选段或歌曲。从卡雷拉斯的《我知道这个花园》，到多明戈的《星光灿烂》，再到帕瓦罗蒂的《今夜无人入睡》，洪亮且有穿透力的歌声，赢得了在场三万名观众的热烈掌声。昔日这里曾经钟鼓齐鸣，如今西方歌剧在这里缭绕；昔日皇帝曾在这里议政，如今三位西方音乐大师在这里纵情高歌。东方建筑的神韵与西方艺术经典在这里得到了完美的交融，古老的紫禁城在一个充满激情的夜晚被唤醒，改革开放的中国以一场东西文化交融的音乐盛会，向世界展示其积极走向世界的宽阔胸怀。

紫禁城午门广场，"歌剧之王"帕瓦罗蒂、多明戈和卡雷拉斯深情演绎音乐盛典，取得了空前的成功，音乐会电视直播可覆盖全球110多个国家和地区的33亿观众。

资料来源：http：//wenku. baidu. com.

社会组织和公众的联系是复杂多样、千变万化的，要使组织的各种公共关系工作和活动具有高度的计划性、连续性和节奏性，就必须遵循一定的程序。

公共关系的工作程序一般包括互相衔接、彼此协调的四大环节——确定问题、拟定计划、实施方案、评估调整。

第一节　确定问题

公共关系工作的第一个环节是确定问题，即找出社会组织自我期望形象与实际社会形象之间的差距，了解社会公众对组织各种决策和行动的态度、反应和意见，为确立公共关系工作目标和改善组织形象提供依据。

要确定问题就必须通过调查，广泛收集各种信息，并对收集到的信息进行分析处理。

一、调查情况

调查情况的直接目的就是了解组织面临的现状，找到组织有待解决的问题，因此，公共关系工作是从对组织现状的调查开始的。

（一）调查的必要性

公共关系调查是一种搜索信息的过程。在现代社会中，社会组织总是处在复杂变动的环境中，要在公众中不断地巩固或改善组织的形象，就要积极主动地对待组织与公众的交互作用，及时了解公众的变化，了解公众对组织行为的反应，从而对组织自身的形象有一个基本正确的认识。这就需要从与组织直接联系的公众中收集大量而真实的信息，然后找出组织面临的问题，进而制定解决的方法。

因此，调查情况是整个公共关系工作的基础和前提。没有对组织现状的基本把握，就谈不上明确公共关系问题进而确立公共关系目标，也就没有后继的公共关系工作。同时，调查情况是否真实、全面，决定着公共关系问题确定、目标选择、活动开展的方向和程度。任何从事公共关系工作的人或具有公共关系意识的组织决策者，都必须充分认识调查情况、收集信息的必要性和重要性。

（二）调查的基本要求

首先，调查的重点是组织的形象状况。这是和公共关系的直接目标相联系的。公共关系的目标就是要在公众中树立和巩固良好的组织形象，所以调查必须紧紧围绕社会组织的形象来展开。组织形象是社会公众对一个社会组织的全部看法和综合评价，是公众对社会组织在各种环境下的行为总期望。因此，组织形象应该是公众对组织行为综合性的客观反映。美国一家刊物曾就企业形象的内容征求了162家公司经理的意见。他们认为：企业良好的形象不仅取决于上乘的产品和公道的价格，还要加上其他要素，如正直、友善、温暖、服务、进取、能力、想象力等等。这说明组织形象是由许多要素构成的。因而，在调查组织形象状况时，必须坚持全面、完整、真实的原则。

其次，调查的内容可分为两个基本方面，即对组织自身和对社会环境的调查。对组织自身的调查内容包括：本组织的现状和问题、人员配备、政治业务素质、本组织的对外影响（如知名度、美誉度）等。对社会环境的调查应包括：公众状态和市场变化趋势、社会政治经济形势、组织所在社区情况，以及本组织在同行业中的地位等。其中，对公众的调查要注意掌握其背景资料、知晓资料、态度资料和行为资料；对公众和市场变化趋势的调查要注意社会风气和时尚的影响等等因素。

再次，调查的信息资料来源主要是两大类：一是关键性人物，包括组织内部重要岗位上的人员；组织外部对组织情况有所了解的公众，如顾客、新闻出版者、业务往来组织及个人等。二是重要出版物，包括各种报刊、公开出版物和内部参考资料、宣传小册子、社会调查资料、统计资料等。

最后，调查的具体方法是多种多样的，常用的方法有文献调查法、直接访谈法、集体访谈法、问卷调查法、抽样调查法、典型对象跟踪调查法等。调查者应根据所调查的具体内容和实际能力来选择适当的具体调查方法。同时，公共关系的调查工作是一项细致而复杂的工作，必须有计划、有目的、有步骤地进行。关于公共关系调查的具体方法将在实务部分专章论述。

二、分析加工

经过调查情况这一步骤后，人们收集到了大量有关组织公共关系状况的信息或材料，进而需要对这些信息或材料作一番去粗取精、去伪存真、由此及彼、由表及里的分析加工。只有经过这一步骤，才能从繁杂众多的信息或材料中去掉那些非本质的、次要的东西，将精力集中于那些主要的、基本的信息或材料上，从而弄清组织所面临的公共关系问题，以便进一步确立公共关系工作的目标。

公共关系的分析加工过程主要是围绕组织形象进行的，一般分为两部分：一是分析组织自我期望形象，二是分析公众认识的组织形象。

所谓组织自我期望形象，是指一个组织自己希望所具有的社会形象，也就是组织的形象期望目标。不同的社会组织，它们各自的自我期望形象内容是不同的。自我期望形象是组织行为的内在动力，它促使社会组织在各种环境条件下，改进或巩固自己的决策和行为，在社会公众中树立良好的组织形象，达到期望目标。

如何正确分析组织自我期望形象呢？第一，要根据组织的性质、特点确定自我期望形象的具体目标。一般地讲，经济组织期望形象的目标以企业经营战略、经营目标、经营方针、经营策略、管理方法、产品销售、服务质量等为主要内容；服务组织期望形象的目标则以社会地位、社会作用、社会职责、社会影响、对社会利益影响等为主要内容。第二，在完整地掌握组织内部资料基础上，分析概括出社会组织的集体信念，即组织理念。组织理念是对组织内部状况、环境的观念概括。它是组织制定战略、政策、方针、策略的基础，也是公共关系人员设计、规划组织形象的依据。第三，了解分析组织领导和全体员工对组织形象的期望。一方面，组织形象的设计与规划，属于组织管理的决策，任何组织领导者对于组织形象的选择、设计、规划和建立都起着决定性的作用，因此，分析组织自我期望形象必须详尽地研究组织领导者对组织形象的期望。另一方面，实现组织自我期望形象在很大程度上取决于全体组织员工的共同努力，因此，分析和引导、启发组织内部公众对组织形象的期望是组织自我期望形象分析的主要方面，离开了这一点，组织自我期望形象就失去了主体基础和重要依据。

分析组织自我期望形象只反映了组织主观方面对自身形象的期望。然而，更重要的是分析公众所认识的组织形象。只有进行这种分析才能找出形象差距，确定公共关系问题和目标。

对社会公众所认识的组织形象进行分析，可从两个方面进行：

第一，分析组织在社会公众中的"知名度"与"美誉度"。各种不同类型的公众从各个不同角度对组织形象所作出的反应，归结起来，都是对社会组织知名度与美誉度的评价。知名度表示社会公众对一个组织知道和了解的程度；美誉度表示社会公众对一个组织信任和赞许的程度。知名度和美誉度反映了社会公众对一个组织总的态度和评价，因此，考察社会公众对组织形象的评价，必须分析组织在公众中的"知名度"与"美誉度"。这种分析可借助"组织形象地位四象限图"来表现（如图4-1所示）。

图中数字单位为百分比，如50为50%。其具体使用的分析方法是：先确定知名度，如某组织调查1000个公众对象，其中有200人知道该组织，那么其知名度为20%；再确定美誉度，如在知道该组织的200人中有140人对该组织抱有好感，那么该组织的美誉度为70%。知名度与美誉度在坐标上的相交之处A点就是组织形象的图示。这种组织形象地位四象限图能形象、直观地分析和反映组织形象的现状，为公共关系人员考察组织知名度和美誉度提供依据，从而为找到组织形象差距、提出新的组织形象目标指明了方向。

第二，分析社会公众对组织形象态度的成因。对组织"知名度"、"美誉度"的分析，是一个综合性的评价，只有从这两个侧面来分析公众心目中的组织总体形象，才能深入地掌握社会公众有这种总体形象的原因。我们可以运用"语意差别分析法"进一步深入分析社会公众对组织形象态度的成因和具体看法。这种分析首先要从项目角度把组织形象分解为若干个项目，例如质量、效率、规模、声望、创新等；再分别划出语意差别，如正确、较正确、一般、较差、不正确等档次；然后在调查的基础上，对各项目指标汇总分析。这样就可得出社会公众对组织形象各个方面的具体看法。这种分析也可借助图表法来表现。通过使用"组织形象要素调查分析表"（如表4-1所示）作出分析，不仅能使公关

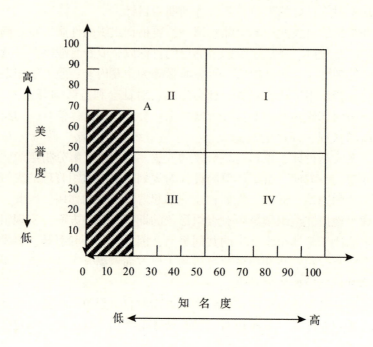

图 4-1　组织形象地位四象限图

人员对组织形象的考察更加深入细致，而且为下一步找出问题、确立目标提供了前提。

表 4-1　　　　　　　　　　　　组织形象要素调查分析表

组织政策	档次	正确	较正确	一般	较差	不正确
	人数	60	20	10	10	
产品、服务质量	档次	高	较高	一般	较差	差
	人数	10	50	40		
组织声望	档次	高	较高	一般	较低	无
	人数		10	30	50	10
组织规模	档次	很大	较大	一般	较小	小
	人数		20	60	20	

注：档次可以分别标值为 40、30、20、10、0 等，以便于计算平均值。

　　公共关系工作中分析加工的具体方法是很多的，但主要的方法是比较法和统计分析法。比较法是在相似状况的基础上将不同单位的同类因素或同一单位不同时期的同一因素进行对比，以发现它们之间的异同的方法。通过比较可以发现事物诸因素之间的联系与变动规律。比较法有横向比较和纵向比较，同一区域或行业组织的比较和不同区域或行业组织的相互比较等。统计分析法是运用统计表、统计图、统计公式，整理、简化、显示和计算资料结果的一种研究方法。统计分析法可分为描述性分析和解释性分析等。除了这两种分析加工的方法外，还有分类法、内容分析法、因果分析法等，它们都是公共关系工作中不可缺少的整理、分析调查资料的基本方法，可根据具体情况适当地选用。

三、明确问题

确定公共关系问题是公共关系工作第一个阶段的直接目标。在调查分析情况之后，就要进一步明确问题，即找出社会组织自我期望形象与公众认识的实际形象之间的差距，在此基础上提出公共关系工作的新目标。

明确问题可以从两方面进行。首先从总体上找出组织形象的差距。这可以对照组织形象地位四象限图（见图4-1）来寻找。该图分为四个象限。第 I 象限为高知名度、高美誉度区，这是较理想的组织形象位置，也是公共关系追求的目标；第 II 象限为低知名度、高美誉度区，这个区域的组织美誉度高，但知名度低，不太为人所知。因此，这种情况下的公共关系工作重点，应使组织形象在更多的人中造成影响，扩大组织知名范围；第 III 象限为低知名度、低美誉度区，这种情况说明组织形象在知名度和美誉度方面都存在着较大差距，都需要积极努力，首先争取较高的美誉度，进入象限 II，然后再提高知名度，进入象限 I；第 IV 象限为高名度、低美誉度区，如果处于这种情况下，说明组织形象是臭名远扬，这时，组织应把提高美誉度作为当务之急，争取在最短的时间内改善社会组织在公众中的形象。

其次，还要从不同的具体方面找出组织形象的差距。这可以参照"组织形象要素调查分析表"（见表4-1）来深入探寻。该表是在对公众中 100 个人进行调查分析后形成的，我们可以根据其标值算出各项目指标的平均值，它们分别是：

组织政策项目平均值 = （40×60+30×20+20×10+10×10）÷100 = 33
产品、服务质量项目平均值 = （40×10+30×50+20×40）÷100 = 27
组织声望项目平均值 = （30×10+20×30+10×50+0×10）÷100 = 14
组织规模项目平均值 = （30×20+20×60+10×20）÷100 = 20

然后，把计算的各项平均值标在"组织形象内容差距图"上（如图4-2所示），形成社会公众对组织形象认识或评价的"组织实际形象曲线"；并把组织自我期望的各项目平均值也标在此图上，形成"组织自我期望形象曲线"。两者加以比较，便可以直观形象地得出组织的形象差距。

图中左边曲线为"组织自我期望形象曲线"，其数值可根据具体情况标出；图中右边曲线为"组织实际形象曲线"，本图数值系前文中所计算的平均值；图中斜线区域为组织形象差距。

差距找到了，需要解决的问题也就初步确定了。但是，在具体工作中，应根据公共关系问题涉及面的大小、紧迫或重要程度不同来安排解决各种问题的先后次序，有的可以从长计议，有的则需及时处理。同时，确定公关问题还要根据环境的变化和公众的兴趣、需要、价值取向的变化等具体情况进行具体分析。

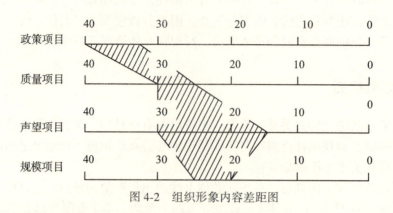

图 4-2 组织形象内容差距图

第二节 拟定计划

经过调查分析，明确了问题，进一步的工作就是拟定公共关系的实施计划。拟定计划这一阶段包括确立公共关系工作目标，确定公共关系活动的主题，确定公共关系活动的对象公众，选择传播方式，提出具体实施方案等环节。

一、确立目标

公共关系工作如果没有目标，就会形存实亡。目标是全部行动的方向，也是最后检验的准绳。在明确了公共关系的问题以后，就要进一步确立解决问题的公共关系目标。

（一）目标分类

从不同的角度，可以对公共关系目标作不同的分类。

从时间长短上看，公共关系目标可分为长期目标和短期目标。长期目标又称战略目标，它必须与组织发展战略目标相一致，它的实现需要全体内部公众的共同努力，长期坚持。短期目标又称战术目标，它是针对组织某一个事件或某一个问题而制定的，包括预防性目标和治疗性目标两种类型。预防性目标是根据组织不同发展阶段而事先针对下一步可能出现的问题拟定的某个超前的公共关系目标；治疗性目标是发现问题后所采取的应急计划目标。

从内容上看，公共关系目标可分为如下几类：第一，以传播信息为目标的公共关系活动，传播信息是最基本的公共关系目标；第二，以联络感情为目标的公共关系活动；第三，以改变态度为目标的公共关系活动；第四，以引起行为为目标的公共关系活动，这是公共关系的最高目标。

（二）确定目标的基本原则

第一，应站在公众角度、根据公众的利益和需求来确定公共关系目标。这就要求在确定公关目标时，决策者应善于听取公众对组织的各种建议和批评，设身处地地替公众着想，从公众的意见中发现问题，使目标反映公众的需求及其变化。同时，还要求公关目标不能损害社会整体利益。另外，目标还应从与同行业竞争对手的比较中去寻找，只有善于从竞争对手那里学到好的东西，才能建立最好的公共关系目标。

第二，确定公共关系目标应在社会组织总目标的指导下统筹兼顾、合理安排。公共关系目标既不能脱离组织总目标，又要注意长期目标和短期目标、预防性目标和治疗性目标、各种不同内容目标之间的综合协调、统筹计划。

第三，确定公共关系目标还应尽量具体化和定量化。只有把公共关系目标的一般要求转化为各种具体的指标，并尽可能用数学关系式定量地表达出来，才便于实施操作，有利于检验评价。

二、 确定主题和公众

确定了公共关系目标后，就要明确公共关系活动的主题。公共关系活动不能没有主题，一项规模较大的公共关系活动常常是由一系列小的活动项目构成的，因此，在确定目标后，要设计一个鲜明突出的主题，以统帅一系列具体活动，使整个公共关系活动形成一个有机的整体。

公共关系活动的主题表现形式是丰富多样的，但它首先应该具有清楚明了、易于记忆的特点。这样，公共关系活动的主题可能是一个简洁的陈述，也可能是一句引人注目的口号。

确定了目标和主题之后的一个重要工作就是明确和分析公众。分析公众的直接目的，就是明确公共关系活动目标和主题的指向性和范围，即要弄清楚哪些公众与组织有直接关系，哪些公众是间接关系，哪些公众是潜在关系或暂时与组织没有联系。只有在这样的基础上，才能提出具体的实施方案。

要确定公众，就要进一步对公众进行区分。第一，要区分出对象公众和非对象公众。第二，再对对象公众具体区分。对象公众的区分有两种基本方法：一是根据对象公众与组织之间关系的密切程度，划分出关键对象、重要对象、一般对象，其中关键对象是主要的工作对象；二是根据对象公众的位置分布，将其划分为内部对象与外部对象、本地区对象和邻近地区对及边缘地区对象，等等。然后在对公众区分的基础上，针对不同对象公众的各自特点制订具体的公共关系活动计划。

确定公众，还需在划分对象公众后，针对每一类对象公众提出一系列有关问题，并进行相应的调查。例如：关键对象公众是由哪几种人组成的，同本组织的关系如何，习惯接触哪些传播媒介，其意见领袖如何选择，其分布状况如何，等等。了解这些问题，能为下一步的公共关系工作提供前提。

三、 选择传播方式和项目

公众的确定为如何选择最佳的传播渠道和媒介提供了基础。每个地区往往有自己独特的传播方式，每一种公众也都有自己最熟悉和喜爱的传播渠道和媒介。而每一种传播渠道和媒介都有着自己的特点和优缺点。因此，选择最佳传播渠道和媒介必须经过充分的论证，要考虑传播渠道和媒介是否与公众范围相符、运用传播的时机是否适合、传播的影响力和效率等因素，还应根据人力和财力的具体情况而定。

公共关系项目是为实现公共关系目标、围绕公共关系主题而采取的一系列有组织的活动，包括演讲会、展览会、记者招待会、邮寄印刷品、纪念庆祝活动、宣传活动，等等，其规模可大可小，形式灵活多样。一般可分为四种类型：一是利用组织现有设施举行的活动项目，如邀请社区公众、外部公众参观组织等。二是以提供信息为内容的活动项目。三是专门介绍产品和服务的活动项目。四是利用节假日、纪念日举行的活动项目。

在重大的公共关系活动中，各个项目的执行都要选择恰当的时机。这就要求在确定项目时，应预先考虑到影响时机的各种因素，以求得行动的最佳效果，避免不必要的损失。例如：要了解组织所处社区的所有重大节日和活动，以便充分利用社会环境所提供的一切机会，扩大组织在公众中的影响。而在发新闻时，要避免和重大国际性和全国性新闻发生冲突，等等。

总之，在选择公共关系传播方式或项目时，要掌握适当的时间、地点和公众特点等因素，不失时机地开展公关工作，向社会公众宣传组织的良好形象。

四、制订具体方案

确定了公共关系活动的目标、主题、公众、传播方式和具体项目后，就需要把以上内容组成一个完整的具体方案，这是公共关系工作计划性、秩序性的基本要求，也是检验工作效果的需要。

在制订具体方案中，除了包括公关活动的目标、主题、公众对象、传播渠道和具体项目外，还应搞好公共关系的预算。预算包括人力、时间和费用三个方面：第一，人力方面，即组织对整个公共关系计划的实施需要投入的人力以及人员结构，要有一个全面的安排。第二，时间方面，即对各项公共关系项目活动在时间上要有统一安排，包括整个公共关系计划实施需要的时间，各项目、各阶段活动需要的时间，并要正确选择活动开始和结束的时间。第三，费用方面，即要根据本组织所能承受的实际能力，将公共关系活动中的各项费用开支做出合理安排，列入组织的总预算中。

第三节　实施方案

公共关系活动的具体方案制订出来后，就可以进入实施阶段了。整个公共关系活动的实施过程一般表现为两大部分：一部分是具体的行动，如对公众进行慰问，某一庆典活动或纪念活动等；另一部分则是围绕具体行动而进行的传播活动，如新闻报道、专题特写、专场演讲等。当然，即使是具体行动部分也包含着与公众的沟通和传播。从这一角度来看，公共关系活动的实施过程主要表现为一个传播过程。因此，在这一过程中，需要公共关系人员不断地正确处理各种信息，运用各种技巧，推动整个活动按照拟定的计划方案发展，以实现预定目标。

一、开展活动

实施方案就是开展公共关系活动。而将公关计划或方案付诸行动，需要运用各种公共关系的方法和技巧，这就关系到如何选择公共关系活动模式。所谓公共关系活动模式，是指一定的公共关系工作方法系统，由一定的公关目标和任务以及各种具体方法和技巧所构成。它具有特定的公共关系功能。社会组织可以根据本身的特点和要求，根据社会环境提供的条件和公众的不同类型及要求，选择不同的公共关系活动模式。如果考虑到工作方式的需要，可分别选择宣传型、征询型、交际型、服务型或社会型的公关活动模式。如果考虑到组织与环境关系的要求，则可分别选择建设型、维系型、预防型、矫正型或进攻型的公关活动模式。

无论哪种公关活动模式都包括许多具体的活动方式，在公关活动中经常开展的具体活动方式包括：编写新闻报道、举行记者招待会、演讲或报告、举行图片或实物展览、制作新闻电影、电视、网络或广播讲话、座谈会、参观、游览、庆典活动、捐赠活动、日常的接待或谈判活动，等等。这些具体活动都需要专职公关人员去操作，并需要专门的技巧和方法。关于这些具体活动中的专门技巧和方法，将在公共关系实务部分专门阐述。

二、策动传播

公共关系的一个重要特点就是在活动中进行传播。因此，实施方案的过程就是策动传播的过程。关于传播问题，我们在前一章已作了讨论，那些内容都适用于公关活动实施方案这一阶段。这里需要进一步指出的是，整个传播过程总会出现一定的干扰，也就是说，公关信息的传播，从传播者到达受传者之间是有一定距离或差别的，这种距离或差别可能导致信息的损失（包括信息的增多、减少或虚假等情况），而影响传播效果。公关人员在策动传播时，必须注意传播规律，减少传播过程中的干扰，以求取得最好的传播效果。

传播中的干扰最主要体现在三个环节上：一是受传者对信息译码过程的干扰，由于受传者是站在与传播者不同的角度和不同的立场上，对信息的接受往往是按照自己的意愿、喜好而进行的，使信息在传播过程出现干扰和损失；二是信息在传播渠道或传播媒介上所受到的干扰和损失；三是传播者对信息进行编码过程中，由于方法、技巧、时机的不当，或者人为的失误，而出现的信息损失。对于后两种传播干扰，公关人员应该通过提高自身业务素质，提高选择和运用传播渠道和媒介的水平，提高各种信息编码（如写作、摄影、报道、布置、会谈等）的技巧，来减少损失。而对于第一种传播干扰，公关人员应慎重对待，因为受传者本身就是公共关系的客体——公众，是社会组织争取的朋友。

为此，策动传播时首先要做到以下几点：第一，传播应引起公众注意。注意是指人的心里活动对一定对象的指向和集中。传播越使人注意，其效果好的可能性就越大。要达到这一要求，公关活动就要十分注意创新性。第二，传播应得到公众的理解。尽管有些公关传播活动很有创意，十分醒目，引人注意，但不能得到公众的理解，其效果也是不佳的。

因此，传播能否得到公众的理解，能否达到社会组织和公众的沟通目的，是实施传播的关键。要达到这一要求，就需要针对公众的特点、需求去安排传播的信息，去选择传播时机、方式、渠道及媒介，并讲求传播内容的表达方式和语言。第三，传播要做到不断地强化，以达到深化社会组织和公众之间的联系，加强组织在公众心目中良好印象的效果。

公关活动必须以公众的需要为出发点。在策动传播的过程中，公关人员应该设计制作能够为对象公众所乐意接受的公共关系信息，并分析各种对象公众的不同心理、爱好、风尚、习惯，开展有针对性的传播活动。

三、优化信息

公关人员要使自己的传播达到最佳效果，很重要的一点就是要搞好信息的编码，即必须使自己制作的信息能准确完整地表达所要传播的内容，这就需要优化信息。

要优化信息，首先制作信息的宗旨一定要明确。宗旨是由目标规定的，只有目标明确，宗旨才能清楚。就一则具体的信息而言，制作信息的宗旨还必须体现在信息本身之中。

其次，必须注意信息的内容，公共关系人员把自己所要传播的内容与公众的需求紧密结合起来，公众才会注意你的信息，按照组织所希望的方向来理解信息。

再次，还必须注意信息的结构。信息的结构就是信息的表达形式。选择恰当的信息结构才能使公众注意、理解和牢记社会组织所传播的信息。要做到这一点，应注意信息的四类结构性因素，即信息刺激的强度、对比度、重复度和新鲜度，只有做到了这几方面的恰当、即时和统一，才能达到最优的信息结构，取得最好的传播效果。

最后，还必须注意信息的语言表达。语言表达方式的选择和使用也直接影响着最终的传播效果。一般地讲，公关传播的语言要求通俗朴实、简明扼要，必要时应提供具体材料和数据，以保证传播的准确性和清晰性，使公众能很快、很容易地接受所传播的内容；同时，公关传播语言还要求生动幽默、清新活泼，具有人情味，以增添传播的有趣性和感染力，使公众在愉悦的气氛中认同社会组织的形象。

总之，实施方案，开展公共关系活动，是整个公共关系过程中直接和公众打交道的环节，也是最为复杂、变化最多的一个环节。公共关系人员必须从整体目标出发，统筹全局，促进局部和全局、阶段性和长远性的统一；也要及时掌握进程，做到各方面协调配合，使公共关系计划的实施保持平衡稳定的发展；还要不断根据情况的变化和信息反馈来修正、调节计划及实施计划，以利公关目标的实施。

第四节　评估调整

公共关系计划实施完成后，必须对计划实施的结果进行检测和评估，在此基础上进一步调整工作计划或提出新的公共关系目标。因此，评估调整工作既是对前一段公共关系工作的总结，又是下一阶段新的公共关系工作的开始。在这个意义上，评估调整阶段和确定问题阶段是相衔接的，评估调整后，明确了新的问题，公共关系工作程序又进入一个新的循环。

一、检测效果

计划完成后，要对活动的效果进行评估，看其是否达到了既定的公共关系目标。这需要通过收集和分析资料，进行比较调查，衡量哪些达到了预定目标，哪些没有达到，哪些超过了预期目标。例如：预定的组织知名度和美誉度的百分比是否达到，等等。

检测效果可以借助以下有关方法来进行：

（1）观察反馈法，即公共关系人员通过亲自参加公共关系活动，观察其进展情况并估计效果，这是最为直观的一种方法。

（2）目标管理法，即以预先设定的目标作为评估分析的主要依据，这就要求，在确定公共关系目标时，尽量使目标具体化、数量化，以便于使效果和目标对照考核，进行衡量。

（3）舆论和态度调查法，即在公共关系活动前后分别进行一次舆论调查，以便于比较公共关系活动对公众在态度、动机、心理、舆论等方面的影响。

（4）内部及外部评估法。内部评估法是指组织内部各职能部门对公共关系工作的评估。外部评估法是指组织之外的专门人员对组织公共关系活动的评价。这两种方法一般是相互结合使用的。

（5）新闻报道分析法，指根据组织在新闻界的见报情况来评估公共关系效果的方法，它以新闻报道作为一种评估工具。

总之，各种检测方法都有自己的特点，不同的组织应根据自身的实际情况具体选择和应用这些方法。

二、评估程序

一般地讲，评估工作可分为四个环节：

第一，全面检查。就是检查既定公共关系目标是否达到，检查预算执行情况与效果。这就需要对照具体计划方案，不能拔高或降低标准，全面细致地检查。

第二，评估分析。就是运用检查、分析的具体方法，对所收集的各种资料或信息进行比较、统计对照，看看计划实施前后的"组织形象差距"是否得到改进，公众对组织的态度是否向有利方向发展，组织声望是否已经在一部分公众中得到认可，等等。

第三，提出问题。就是在评估分析的基础上，提出计划实施中尚存在的没有解决或新出现的问题，并进一步分析产生这些问题的原因。

第四，决策新目标。在全面检查、评估分析、提出问题的基础上，公共关系人员应根据情况和需要调整工作计划和目标，并向决策部门报告分析结果，以便于领导者统筹考虑组织的目标和任务。同时，还要针对新问题并根据组织的总目标、总任务，设定公共关系的下一个阶段目标。

通过以上对公共关系四大阶段工作程序的分析讨论，可简明地归纳出"公共关系工

作程序图"（图4-3所示）

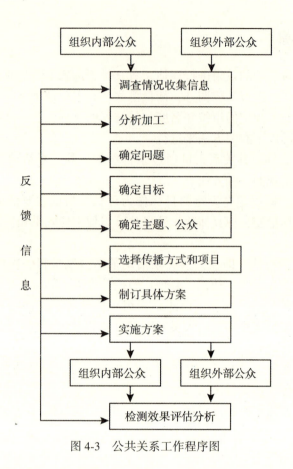

图4-3　公共关系工作程序图

综上所述，一个具体的公共关系活动经过四大阶段或程序就基本上完成了。但是，任何社会组织和公众的联系，都是不断发展的。因此，社会组织的公共关系活动也是一个不断重复、发展的过程。

🦉 **本章小结**

公共关系的工作程序包括互相衔接、彼此协调的四大环节——确定问题、拟定计划、实施方案、评估调整。

公共关系工作的第一个环节是确定问题，即找出社会组织自我期望形象与实际社会形象之间的差距，了解社会公众对组织各种决策和行动的态度、反应和意见，为确立公共关系工作目标和改善组织形象提供依据。

要确定问题就必须通过调查，广泛收集各种信息，并对收集到的信息进行分析处理。公共关系调查的基本要求是：（1）调查的重点是组织的形象状况。（2）调查的内容可分为两个基本方面，即对组织自身和对社会环境的调查。（3）调查的信息资料来源主要是

理
论
编

两大类：一是关键性人物，二是重要出版物。（4）调查的具体方法是多种多样的，常用的方法有文献调查法、直接访谈法、集体访谈法、问卷调查法、抽样调查法、典型对象跟踪调查法等。

调查情况后的分析加工过程主要是围绕组织形象进行的，一般分为两部分：一是分析组织自我期望形象，二是分析公众认识的组织形象。在调查分析情况之后，就要进一步明确问题，即找出社会组织自我期望形象与公众认识的实际形象之间的差距，在此基础上提出公共关系工作的新目标。明确问题可以从两方面进行。首先从总体上找出组织形象的差距。其次，还要从不同的具体方面找出组织形象的差距。

拟定计划这一阶段包括确立公共关系工作目标，确定公共关系活动的主题，确定公共关系活动的对象公众，选择传播方式，提出具体实施方案等环节。

公共关系目标可以作不同的分类：（1）从时间长短上看，公共关系目标可分为长期目标和短期目标。短期目标包括预防性目标和治疗性目标两种类型。（2）从内容上看，公共关系目标可分为如下几类：第一，以传播信息为目标的公共关系活动，传播信息是最基本的公共关系目标；第二，以联络感情为目标的公共关系活动；第三，以改变态度为目标的公共关系活动；第四，以引起行为为目标的公共关系活动，这是公共关系的最高目标。

确定公共关系目标的基本原则：（1）应站在公众角度、根据公众的利益和需求来确定公共关系目标。（2）确定公共关系目标应在社会组织总目标的指导下统筹兼顾、合理安排。（3）确定公共关系目标还应尽量具体化和定量化。

公共关系活动的主题表现形式是丰富多样的，但它首先应该具有清楚明了、易于记忆的特点。公共关系活动的主题可能是一个简洁的陈述，也可能是一句引人注目的口号。

确定了目标和主题之后的一个重要工作就是明确和分析公众。第一，要区分出对象公众和非对象公众。第二，再对对象公众具体区分。对象公众的区分有两种基本方法：一是根据对象公众与组织之间关系的密切程度，划分出关键对象、重要对象、一般对象，其中关键对象是主要的工作对象；二是根据对象公众的位置分布，将其划分为内部对象与外部对象、本地区对象和邻近地区对及边缘地区对象，等等。然后在对公众区分的基础上，针对不同对象公众的各自特点制订具体的公共关系活动计划。

选择最佳传播渠道和媒介必须经过充分的论证，要考虑传播渠道和媒介是否与公众范围相符、运用传播的时机是否适合、传播的影响力和效率等因素，还应根据人力和财力的具体情况而定。

公共关系项目是为实现公共关系目标、围绕公共关系主题而采取的一系列有组织的活动，包括演讲会、展览会、记者招待会、邮寄印刷品、纪念庆祝活动、宣传活动，等等，其规模可大可小，形式灵活多样。

确定了公共关系活动的目标、主题、公众、传播方式和具体项目后，就需要把以上内容组成一个完整的具体方案，这是公共关系工作计划性、秩序性的基本要求，也是检验工作效果的需要。在制订具体方案中，除了包括公关活动的目标、主题、公众对象、传播渠道和具体项目外，还应搞好公共关系的预算。预算包括人力、时间和费用三个方面。

公共关系活动的具体方案制订出来后，就可以进入实施阶段了。整个公共关系活动的实施过程一般表现为两大部分：一部分是具体的行动，另一部分则是围绕着具体行动而进行的传播活动。

策动公共关系传播时要做到以下几点：第一，传播应引起公众注意。第二，传播应得到公众的理解。第三，传播要做到不断地强化，以达到深化社会组织和公众之间的联系，加强组织在公众心目中良好印象的效果。

公关人员要使自己的传播达到最佳效果，很重要的一点就是要搞好信息的编码，即必须使自己制作的信息能准确完整地表达所要传播的内容，这就需要优化信息。优化信息的要求：（1）制作信息的宗旨一定要明确。（2）公共关系人员应把自己所要传播的内容与公众的需求紧密结合起来。（3）还必须注意信息的结构。（4）公关传播的语言要求通俗朴实、简明扼要，必要时应提供具体材料和数据，以保证传播的准确性和清晰性；同时，公关传播语言还要求生动幽默、清新活泼，具有人情味。

公共关系计划实施完成后，必须对计划实施的结果进行检测和评估，在此基础上进一步调整工作计划或提出新的公共关系目标。

检测公共关系计划实施效果可以借助以下有关方法来进行：（1）观察反馈法。（2）目标管理法。（3）舆论和态度调查法。（4）内部及外部评估法。（5）新闻报道分析法。

公共关系计划实施评估程序可分为四个环节：第一，全面检查。第二，评估分析。第三，提出问题。第四，决策新目标。

 关键概念

调查情况（Investigation）

组织形象（Organizational Image）

知名度（Visibility）

美誉度（Reputation）

拟定计划（Plan）

实施方案（Implementation Plan）

评估调整（Assessment and Adjustment）

 复习思考题

1. 简述公共关系的工作程序。

2. 公共关系调查的基本要求有哪些？

3. 围绕组织形象如何对公共关系调查资料进行分析加工？

4. 如何确定公共关系问题？

5. 简述确定公共关系目标的基本原则。

6. 公共关系的实施计划包括哪些内容？

7. 如何明确和分析公众？

8. 如何理解公共关系活动实施过程？

理
论
编

74

 案例分析

案例1：

  继中国跳水皇后伏明霞之后，纽崔莱又一次和中国奥运冠军、体育明星的名字联系在一起——著名跳水运动员田亮日前正式与安利公司签约，成为安利纽崔莱营养保健食品的形象代言人。在中国，纽崔莱以其卓越的品质，连续成为2000年悉尼奥运会和2004年雅典奥运会中国体育代表团唯一专用营养品，良好的声誉由此得到进一步确立。

  自从与伏明霞合作，成功推出"有健康，才有将来"的品牌形象广告之后，安利希望再选择一位形象健康、广受大众喜爱的代言人，以进一步体现纽崔莱健康、自然的品牌形象。一番考虑之后，2000年悉尼奥运会跳水冠军田亮脱颖而出。2001年全国十佳运动员评选中，他更是被评为最受欢迎的男运动员。出于爱护自身社会形象的考虑，田亮选择合作伙伴时，要求对方必须是声誉良好、形象健康、有实力的知名企业。经过多次接触，田亮对安利公司的发展历史、品牌形象有了深入了解，对安利的企业文化、纽崔莱的健康理念也有强烈的认同感，所以愉快地接受了安利的邀请，成为安利纽崔莱的形象代言人。

  资料来源：http：//wenku.baidu.com.

 案例思考题

1. 这是利用什么关系所开展的公关活动？
2. 本案例对你有什么启发？

案例2：

  1998年10月底，可口可乐公司出资78万元支持7800名湖北灾区小学生重返学堂。中国发生洪水后，可口可乐公司已经多次捐款捐物。当你听到那些孩子并不熟练地对记者说是解放军叔叔和可口可乐帮助了他们时，当你看到孩子们平生第一次喝可口可乐的那种兴奋劲儿时，当你得知中国内地除新疆、宁夏外都有可口可乐捐建的希望小学，并且可口可乐助教助困行动已经包括小学生、中学生和大学生时，你认为，可口可乐想的到底是什么？

  可口可乐公司新任董事长艾华士在1998年访华时宣布，可口可乐将在已经向希望工程捐款1000万元之后，再捐款500万元，资助至少3万名洪水灾区孩子和4000名其他地区失学儿童重返校园。

  对于中国人来说，可口可乐雪中送炭的形象大概会长久地驻留在他们心中。据美国盖洛普公司的调查结果，可口可乐品牌在中国消费者心目中的认知程度已经达到81%。可口可乐中国公司副总裁卢炳松对记者说，1993年他们开始资助中国的希望工程时，美国总部有很多人不理解，因为，希望工程所资助的那些农村孩子也许五

年、十年都未必有机会去喝一罐两三元的可口可乐，但是，可口可乐的员工终于明白，今天的中国农村，将是明天具有巨大消费潜力的市场；今天得到他们资助得以受到教育的农村孩子，将是明天改变中国农村面貌的主流。可乐需要一罐一罐被喝掉，可口可乐公司当然清楚，他们的消费者也是需要一个一个地培养的。可口可乐的老对手——百事可乐希望以"追星族"为年龄起点的"新一代"选择百事，但这些人未必会真的排斥伴随他们长大的可口可乐。

如今，资助贫困地区、灾区儿童的方式，已经得到可口可乐总部认可，并且推广到非洲等地。对于可口可乐来说，中国发生的洪水，无疑又为他们提供了一次树立其商誉的机会。美国最新一期《财富》杂志公布了全球最受称赞的25家企业排名，可口可乐公司居通用公司之后，列第二位。

资料来源：http：//www.zz361.com/c_ Article.php? id＝10004875&cityid＝21.

 案例思考题

可口可乐公司向灾区捐款的事件对其组织发展有何重大意义？

第 五 章

公共关系机构人员

☞ **学习目的与要求**

理解公共关系职能部门兴起的原因，公共关系工作人员的基本素质。

掌握公共关系部的作用和类型，公共关系公司的职能和类型。

了解公共关系人员的培养目标，公共关系工作人员的培养途径。

 引例

公关部长聘任考试

一家公司准备聘用一名公关部长，经笔试筛选后，只剩8名应试者等待面试。面试限定他们每人在两分钟内对主考官的提问作出回答。当每位应试者进入考场时，主考官说的是同一句话："请您把大衣放好，在我面前坐下。"

然而，在进行面试的房间中，除了主考官使用的一张桌子和一把椅子外，什么东西也没有。有两名应试者听到主考官的话以后，不知所措，另有两名急得直掉眼泪；还有一名听到提问后，脱下自己的大衣，搁在主考官的桌子上，然后说了句："还有什么问题？"结果，这五名应试者全部被淘汰了。

剩下的三名应试者，一名听到主考官发问后，先是一愣，旋即脱下大衣，往右手上一搭，躬身致礼，轻轻地说道："这里没有椅子，我可以站着回答您的问话吗？"公司对这个人的评语是："有一定的应变能力，但创新开拓不足。彬彬有礼，能适应严格的管理制度，可用于财务和秘书部门。"另一名应试者听到问题后，马上回答道："既然没有椅子，就不用坐了。谢谢您的关心，我愿听候下一个问题。"公司对此人的评语是："守中略有攻，可先培养用于对内，然后再对外。"最后一名考生的反应是，听到主考官的发问后，他眼睛一眨，随即出门去，把候考时坐过的椅子搬进来，放在离主考官侧前约一米处，然后脱下自己的大衣，折好后放在椅子背后，自己就在椅子上端坐着。当"时间到"的铃声一响，他马上站起来，欠身一礼，说了声"谢谢"，便退出考试房间，把门轻轻地关上，公司对此人的评语是："不着一词而巧妙地回答了问题；性格富有开拓精神，加上笔试成绩佳，可以录用为公关部长。"

资料来源：http://3y.uu456.com/bp-1a1ss136a32d737sa4178030-1.html.

随着社会政治经济的不断发展，公共关系的作用逐渐被社会组织所认识，公共关系的专门组织机构也应运而生，许多公共关系公司的业务逐渐展开，经验日趋丰富。在一些组织内部，公共关系的职能部门也开始显示出其独特的作用，尤其是在企业中，公共关系越来越被经营者所重视。

公共关系的实践表明，公共关系是应用性、实践性很强的科学，公共关系工作的成功，取决于公共关系机构的健全和公共关系从业人员的良好素质。

第一节　公共关系职能部门

一、建立公共关系职能部门的必要性

公共关系专门机构产生于商品经济发达的美国。1903年，艾维·李首创了具有公共关系公司性质的公关咨询事务所，专门为企业和其他组织机构提供公共关系方面的服务。随着公共关系的作用日益被人们认识，公共关系观念从美国很快波及西方许多经济发达的国家。专门的公共关系机构在世界范围内迅速兴起，而且业务非常广泛，涉及政治、经济、金融、旅游、文化、传播等各个方面，很多公共关系公司的经济效益和社会效益是非常可观的。公共关系作为一种新兴的社会职业蓬勃发展起来。不仅是专门的公共关系公司日益被人们所重视，许多组织还设立了内部公关机构。如美国85%的企业设有公共关系部，每年的公共关系预算就达几十亿美元；日本企业的公共关系部，有的已与世界许多国家的公共关系公司发生业务关系。并且，组织内部的公共关系专门工作部门的地位越来越高，所起的作用也越来越大。

公共关系职能部门的蓬勃兴起表明：

第一，建立公共关系职能部门是为了适应社会化大生产的需要。由于商品经济的日益发展，社会经济组织处在一个全新的社会经济关系之中。工业的迅速发展所带来的分工协作越来越细密，越来越深化。任何组织机构都需要良好的横向联系，社会环境对任何组织机构的影响都变得举足轻重，复杂多变的社会关系迫使人们需要用极大的精力去对付。这一切使得公共关系职能机构有了广阔的用武之地。在社会化大生产条件下，企业和其他组织求助于公共关系职能机构来调节、平衡其面临的复杂关系，赢得广大公众的支持，在商品经济竞争中立于不败之地。

第二，现代传播技术的发展在客观上为建立公共关系职能部门创造了条件。开展公共关系工作需要对各类公众进行传播沟通，因而，公共关系职能部门利用报纸、杂志、广播、电视、网络等传播媒介开展公共关系活动则成为主要的工作。大众传播技术的日益发展完善，使得人们进行社会交往的需要成为现实，在客观上也为建立公共关系职能部门提供了条件。这样，公共关系机构的建立从某种意义上来说是不可避免的了。

第三，社会经济组织的自身条件不同，需要不同类型的公共关系机构。在实际中，大中型企业资金雄厚，人力资源充足，有条件建立自己的公共关系职能部门，为自己的企业开展各类公共关系活动。而小型企业由于条件有限，除了配备少数公共关系专职人员外，一旦需要，便要求助于专门的公共关系机构。社会组织只要意识到公共关系工作的重要性，就会产生建立自己的公共关系职能部门的要求。但究竟采用何种形式，必须根据自身条件，做出适当的选择。

二、公共关系职能部门的种类及特点

公共关系职能部门主要有职能性的公共关系部和职业性的公共关系公司。公共关系部主要为本组织服务，是一个组织内部的职能部门；公共关系公司则为社会上各类组织提供公共关系服务，是一个以公共关系为职业的专门机构。

（一）公共关系部

组织内部的公共关系部是组织的职能部门，其特点是：

1. 熟悉本组织的情况

公共关系部的工作人员本身是该组织中的一个成员，对组织自身的基本情况比较熟悉，如职工情况、领导人员、生产过程、产品质量等等。因此，公共关系部在开展工作时容易分析出组织内部存在的主要问题，及时地提供公共关系方面的服务。尤其在组织遇到突发性事件时，公共关系部能及时制定出对策，使组织摆脱困境。

2. 能够使组织的公共关系工作保持连续性

公共关系工作的目标是树立和维护组织的形象和声誉，要达到这个目的不是一朝一夕的事情，更不能三天打鱼两天晒网，公共关系部作为组织内部专门从事公共关系方面的职能部门，能够围绕组织的长远目标有计划、有步骤地实施公共关系活动，使组织的公共关系工作持续不断，坚持不懈地开展下去。

3. 能够为组织节约经费

公共关系工作的成功，没有经费作为物质基础是难以想象的。而组织如果求助于专门的公共关系公司其价格是比较昂贵的。组织内部的公共关系部作为一个职能部门可以与组织同甘共苦，既会考虑实施公共关系工作的效果，也会考虑组织自身的承受能力，注意在尽量节约经费的情况下，争取到最佳的实际效果。

当然，公共关系部也会因为受制于组织内部机构中种种不利因素，周旋在组织内部的各种矛盾里面，而存在看问题容易主观片面、对存在的问题和潜在的危机认识不深刻的缺憾。但只要组织的领导者思想上重视，头脑清醒，这种不足是能够克服的。

（二）公共关系公司

公共关系公司是专业性的、为社会各类组织提供公共关系方面服务的专门机构。它的特点有：

1. 信息灵通

从某种意义上说，公共关系公司也是一种信息公司。因为，公共关系工作的开展都是建立在收集、分析信息的基础上的。公共关系公司大多数用电脑及网络来储存和处理信息，一般都能以较快的速度来满足服务对象的需要。所以，信息灵敏是公共关系公司的一大优势。甚至有人说，衡量一个公关公司质量的高低，其首要因素就是信息量掌握及处理的程度如何。

2. 经验丰富，业务素质高

公共关系公司以公共关系工作为职责。集聚了新闻、法律、广告、美工、声像等各个方面的专门人才。这是一般企业内部公共关系部所不能及的，公共关系公司的工作人员职业水准比较高，可以为社会上的各类组织、各种人物提供多种服务，还可以向各种组织的公共关系部提供咨询服务。

3. 分析问题比较客观

社会组织求助于公共关系公司，公共关系公司以"旁观者"的角度来分析问题，提出解决问题的方法。公共关系公司分析问题，往往不带主观意向或感情色彩。同时，在人事、工资等方面不受限制，没有顾虑，不会患得患失，曲意逢迎。因而，公共关系公司能够客观公正地分析问题，提出的措施或方案比较合理。

但是，公共关系公司为企业组织服务要收取费用，在策划公共关系活动时需要花更多的时间和精力熟悉组织情况。

第二节　公共关系机构的设置

一、组织内部的公共关系专门机构

随着公共关系日益被人们认识，国外许多经济比较发达国家的社会组织机构，尤其是企业，绝大部分设立了公共关系专门机构，连美国联邦政府也雇佣了近1200人组成公共关系职能部门，处理其公共关系事务，且每年经费支出达十几亿美元。目前，我国国内的一些企业也开始建立起公共关系部，由于人们的认识程度和一些复杂的部门关系等原因，公共关系部的重要作用还没有真正发挥出来，许多企业的公共关系部只充当了"接待室"、"信访处"、"招待处"的角色。

(一) 公共关系部的作用

公共关系部的作用主要体现在以下三方面：

1. 决策参谋的作用

现代社会的各类经济组织，在进行各项经营管理决策时，除了必须考虑经济、技术诸因素外，还必须考虑决策可能会带来的社会后果。而公共关系部就是企业或其他经济组织决策的社会问题顾问。

公共关系部的决策参谋作用表现在：经济组织中的公共关系部，能够站在组织自身的目标和价值立场上，及时评价和改善各职能部门的经营管理活动可能引起的社会后果，敦促有关部门依据社会价值及时修正可能导致不良后果的决策，维持组织与外部环境的沟通和动态平衡。

2. 信息中心的作用

公共关系部要收集、储存和处理同企业组织密切相关的各种社会信息，起到"喉舌"作用。社会各类经济组织要适应复杂变化的外部环境，灵敏地应对各种偶发因素，在激烈的竞争环境中取胜，就必须建立自己的专门机构，负责及时准确地收集、分析、处理社会各类信息。分析和预测同本组织有关的发展趋势，检测外部环境的变化。而公共关系部作为一种与社会公众联系的专门职能部门恰能担此重任。

3. 社会外交的作用

公共关系部的主要职能之一是社会交往。在企业界，甚至有公共关系部就是"企业外交部"的说法。商品经济的发展，使得社会经济组织与外界关系的交往日益密切，公共关系部的作用就是进行对外沟通，处理各种矛盾，比如，摩擦、纠纷、事故等，为组织争取更多更广泛的公众，赢得社会各界的理解、信任和支持，为组织创造最佳的外部环境和"人和"的气氛。

(二) 公共关系部的类型

公共关系部的类型有两种分类方法。

1. 按公共关系部的规模分类

按公共关系部的规模可分为小、中、大三种类型（如图5-1至图5-3所示）。

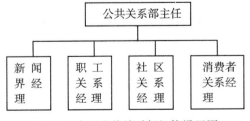

图5-1　小型公共关系部机构设置图

2. 按公共关系部的工作方式分类

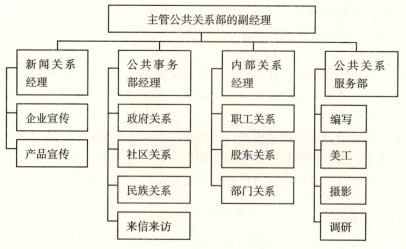

图 5-2　中型公共关系部机构设置图

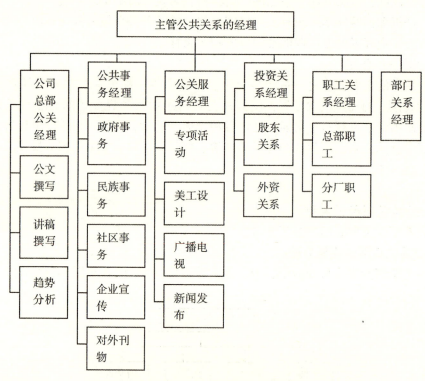

图 5-3　大型公共关系部机构设置图

按公共关系部的工作方式可分为三种类型。

技术型。这种类型的特点就是以不同的专业技术来设置公共关系部的机构，即公共关系部所属各机构专司公共关系的各种专业技术（如图5-4所示）。

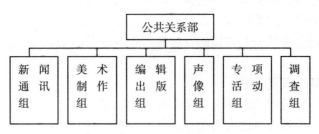

图 5-4 技术型公共关系部机构设置图

对象型。这种类型的特点就是以不同的工作对象来设置公共关系部的机构，即公共关系部所属机构名称分别是公共关系工作对象的名称（如图 5-5 所示）。

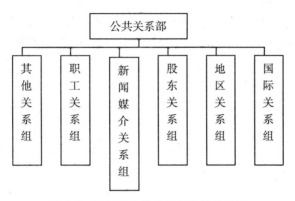

图 5-5 对象型公共关系部机构设置图

复合型。这种类型是把前两种类型合二为一。公共关系部所属机构名称中既反映公共关系的专业技术或工作手段，又反映公共关系的工作对象。这种类型名称含义比较广泛，职责范围比较模糊，实际应用起来不一定理想。

公共关系部的类型没有固定的模式，我们应该根据各种类型公共关系部的长处，再结合自身的具体实际，建立行之有效的，具有自己企业组织特色的公共关系专门机构。

二、专业公共关系公司机构

（一）公共关系公司的工作职能

公共关系公司作为一种独立的为社会各种组织服务的专门机构，其主要任务是对客户的一切影响公众或者有关公众利益的活动予以指导和建议，帮助客户与社会公众之间的双向信息交流，其职能可以分为三个方面：

第一，为客户分析和评价组织的公共关系状态，尤其是组织遇到危难时，帮助其找出公共关系状态恶化的真实原因。

第二，为客户进行公共关系方面的调查研究，帮助客户制订中、长期公共关系实施计划，或帮助客户开展公共关系的专门活动。

第三，为客户进行公共关系方面的宣传和广告等专题活动。

（二）公共关系公司的类型

公共关系公司也同组织内部的公共关系部一样，没有固定的模式。从公关公司的工作范围看，有跨地区、跨国经营的大公司，也有工作范围只局限在一个地区的小公司；从业务内容看，有可以承办数项以至数十项业务的公司，也有只承办单项业务的公司；从人员组成来看，也可以分为小型、中型和大型公共关系公司。

总的看来，公共关系公司大体有三种类型：

第一种是综合性公共关系咨询服务公司。这类公司可以为客户提供公共关系方面的专家顾问。比如，政府关系专家、媒介关系专家、社区关系专家、市场关系专家、金融关系专家等等。也可以为客户提供各种公共关系方面的技术服务，如广告、商标、门面的设计，新闻编撰和资料编撰，书籍、杂志、网络等宣传品的编写制作、印刷，影视听材料的制作，民意测验，各种调查等等。在国外，有专门为客户作形象宣传的广告公司，也有专门的公众心理调查公司，为客户作各种民意测验。

第二种是专项公共关系业务公司。这类公共关系公司能为客户提供公共关系方面的技术服务和专门为客户提供策划新闻宣传、展览会、记者招待会等方面的专项服务。也有的是专门为一个特定的行业或特定的客户服务的咨询公司。比如，有银行业公共关系公司，旅游业公共关系公司等，专门为银行、旅行社等提供其所需要的公共关系方面的咨询服务。

第三种是归属广告集团的公共关系公司。如美国的伟达公共关系公司和博雅公共关系公司就属于这种类型。这类公关公司既可为自己广告集团的客户服务，又可以独立地接受自己的客户（包括不需要广告服务的客户和非商业性组织之类的客户）。这类公关公司的经济实力强，业务范围广。如美国的伟达公共关系公司，总部设在美国纽约市，在世界各地共设有几十个办事处，遍布美洲、欧洲、亚洲及大洋洲，为客户提供世界范围内多层次的公共关系服务。

（三）公共关系公司的组织结构

公共关系公司根据其规模大小，服务范围各不相同，组织结构也不相同。国外的公共关系公司较多，但也没有统一的、固定的模式。据美国20世纪70年代的调查，小型公共关系公司的工作人员平均为6人以下；中型公司平均为7~25人；大型公司的人员一般在25名工作人员以上。如果是国际性的公共关系公司，比如伟达公司，则人员配置就比较强，拥有工作人员数百名。

我国的公关系事业虽然起步较晚，但随着我国改革开放的不断深入和市场经济的发展，专门的公共关系公司逐渐发展壮大起来。这里仅介绍国内两家公共关系公司的组织结构情况：一是某经济特区公共关系公司（如图5-6所示）；二是天津某公共关系咨询公司（如图5-7所示）。

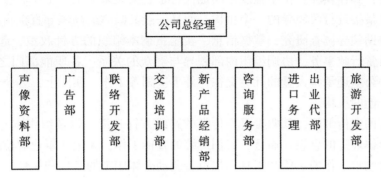

图 5-6　某经济特区公共关系公司组织结构图

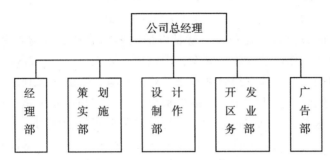

图 5-7　天津某公共关系咨询公司组织结构图

（四）公共关系公司的收费

根据国际上公共关系公司收费标准来看，一般是两种：一种是提供单项服务的项目收费；另一种是提供全权代理的按时收费。具体收费内容是：

1. 项目收费

其中有咨询服务费，包括从事该项目工作人员的工资，项目的实际支出，公司应获取的报酬，即公共关系公司应获得的纯利润。

2. 按时收费

又分为四种方式：（1）每月的报酬即服务报酬。（2）每月的报酬外加按小时或按日计算的实际工资报酬。（3）每月的基本报酬外加超额服务报酬。（4）直接按工作小时计算的计时报酬。

三、代行公共关系工作职能的其他机构

在我国，公共关系作为一种社会职业兴起的时间还很短，公共关系工作的专门机构只是近几十年才建立了一些，公共关系的从业人员也不是很多。但是，我国的社会经济组织和企业的某些职能部门实际上已承担了某些属于公共关系性质的工作。比如：组织内部的办公室、宣传部、管理部门、经营供销部门、宾馆和饭店的服务台，等等。这类性质的职

能部门或机构，都在实际工作中程度不同地代行了公共关系的某些工作职能。

办公室是最接近行政领导的一个机构，而且一般又归属最高领导直接指挥。其自身的职责，就有协助领导调查研究，掌握信息，实施贯彻本组织的方针政策，起草各类文件、计划，处理日常行政事务，协调组织内部领导与群众的关系、各职能部门之间的关系等。一般情况，办公室还承担大量的社会交往，外事应酬等工作。实际上，办公室属于一种代行公共关系职能的机构。

组织内部的宣传部门，其职责是宣传党的路线方针政策，以及组织本身的各类计划、方案，统一全体职工的思想。而且，我们传统的宣传工作，无论在事业单位还是在企业单位，都是思想政治工作的手段和工具，担负着调动全体职工的工作积极性，关心职工的生活和精神需求的重任。在办法上，宣传部门也是利用报纸、杂志、电视、广播、网络等大众传播媒介，及时传播组织的信息，同时注意收集信息，了解民情，给领导提供参谋决策，所以，宣传部门同样也代行了公共关系的某些职能。

宾馆、饭店的服务台的主要职责，就是以最优质的服务来赢得顾客和社会公众的信赖、支持。它的具体工作虽然琐碎、繁杂，但每个工作人员的服务却同样代表着整个企业的形象和声誉。他们的服务如果给顾客留下良好的印象，就能够起到稳定顾客队伍、增加企业效益的作用。同时，对于宾馆、饭店的形象、声誉和知名度也是一种强有力的、无声的宣传。很显然，这类工作机构也起到了代行公共关系职能的作用。

需要说明的是，公共关系方面的工作是一种计划性很严密，艺术性和实践性又很强的工作。公共关系工作人员的素质要求也是比较高的。虽然许多组织内部的某些职能部门或机构，承担了某些公共关系性质的工作，但它们毕竟还不能取代公共关系工作的专门机构，许多方面的业务还是空白。我们应该根据公共关系的基本特点、要求和方法，结合组织自身的实际需要，建立适合自己的职能公关机构，真正有效地开展公共关系工作。

第三节　公共关系工作人员

国际公共关系界流传着这样一种观念，叫做"全员PR"，意思是指社会组织的全体人员都来做公共关系工作，一个组织的公共关系才能保持良好状态。诚然，作为一个组织或企业，把公共关系的思想渗透到每一个职工的实际工作中去，这固然是必要的。但专业的公共关系工作并不是组织的每一个成员都能操作的，它必须有专职的人员去有计划、有目的地进行。公关人员是公关工作的人才基础，公关人员的素质直接决定着公关工作的质量。

一、　公共关系工作人员的基本素质

公共关系活动是依靠公共关系工作人员来开展的。虽然，不同类型的社会组织，不同层次的管理活动对公共关系工作人员的具体要求是不一样的，但作为一名公关人员，其基本素质是必须具备的。公关人员的基本素质包括四个基本方面：

(一) 个性心理素质

公共关系工作很大部分是与人打交道的，并且，公关人员要经常与自己主观上愿意或不愿意的各类社会公众进行传播沟通，参加各类社会交往活动。所以，公共关系工作人员比较理想的个性是外向型。而且，应该具有主动、热情、活泼、机智、幽默等特点。相反，沉默寡言、性格内向，则在交往中自然形成了一道屏障，使人觉得不易相处，公共关系工作也就难于成功。公关人员经常要作为组织的代表出头露面，外向的性格就容易应付自如。另外，公共关系人员还要善于自我控制和调节自己的情绪，不因为交往对象的过激言行而失去理智，且能够豁达大度地对待对自己组织有偏见、误解和敌意的公众，完成自己的公关任务。如果是脾气古怪、性格孤僻的人，就不可能有效地开展公关工作。

(二) 思想道德素质

公共关系人员直接代表组织与社会各类公众打交道，其影响比组织的其他人员大得多，这种特殊的工作性质，对他们的思想道德素质提出了比较高的要求。

公关人员应有较强的思想政策水平，必须善于分析，善于判断，要及时、准确地掌握国家的政策和法令，对新事物、新情况能应变自如。一个思想糊涂、政策观念淡薄的人是很难向组织领导提供高质量的建议的。

诚实正直。许多公共关系专家一致认为，真诚是公共关系人员必须信守的最重要的职业道德准则。可见，诚实正直是公关人员必须具备的思想道德素质。公共关系人员在频繁的社会交往中必须做到以诚待人，既不能欺骗组织，损害组织的利益，也不能玩弄花招欺骗社会公众，损害社会公众利益。要客观公正地评价组织与公众的关系，沟通组织与公众的联系。对自己的组织和社会公众都要提供真实准确的信息，增加组织与公众的了解。在协调处理各种关系时，只有作风正派，待人真诚，为人正直，不谋私利的人才能胜任其职。

(三) 文化知识素质

良好的文化教育和丰富的知识修养是搞好公共关系工作的坚实基础。公共关系人员可以说是一种通才式的人才，必须具备较高文化素质，有人甚至誉之为21世纪的"军师"。所以，一个专业的公关人员除了应该掌握公共关系学方面的理论知识以外，还应该学习好经营管理学、新闻传播学、市场学、法学、社会学、历史等多方面的知识。同时还要刻苦学习外语、统计、编辑、写作、摄影、美术、广告制作、音乐等应用性极强的知识和技能。扎实的科学知识和专业技能，广闻博识，多才多艺，是公关人员开展工作的资本。

(四) 实际能力素质

公共关系工作的复杂性和多样性，要求公关人员有较强的实际工作能力。

(1) 组织策划能力。每一个公关人员首先是作为一个组织者，在各项公关活动中发挥作用的。公共关系的一些专门活动，比如，展览会、展销会、记者招待会、企业开张、各类庆典活动，会涉及许多方面的人员，从组织准备、实施方案到评估效果，其工作是有相当难度的，没有较强的组织能力难以完成这类任务。

（2）表达能力。公共关系人员的表达能力是非常重要的。表达能力包括两个方面，即文字表达能力和语言表达能力。能写会说是公关人员的两项基本传播沟通技能。表达能力还应延伸到非语言传播的知识方面，现代公共关系专业知识就包括"动作语言"和"体态语言"方面的技能。尤其是服务行业的人员，在工作中，动作和体态都能起到交往时表达内心感情，消除心理障碍的作用。

（3）社会交往能力。在企业，公共关系人员又有"企业外交家"的别称，这表明，公关人员必须具有较强的交际能力。公共关系工作很大一部分是与各种类型的人打交道，甚至还会有国际交往的工作。公关人员应在交往活动中，使人产生好感，甚至让人感到与其交往言谈是一种享受。这样就会为增进彼此的情感和信任打下基础，达到传播沟通的目的。

（4）专业技术能力。公共关系工作经常使用一些技术性的手段。如：新闻写作，编辑宣传刊物，制作宣传广告，拍摄宣传照片，制作录音、录像甚至协助拍摄新闻纪录影片，使用计算机设备进行统计、分析、处理信息数据，以及美工、绘画等。公共关系人员起码对这些方面的专业技术能胜任一部分，才能在实际工作中应付自如。

对公共关系人员素质和能力的要求是相当高的，达到十全十美的专业人员的标准就更难，然而，根据公共关系的工作性质，任务的复杂性、多样性，对公关人员提出较高的标准也是非常必要的。重要的是应该在培养从事公共关系专门人员上狠下工夫。只有这样，才能满足社会日益发展的需要。

二、 公共关系工作人员的培养教育

从公关事业的发展来看，公共关系人员必须具备一定的职业水准。而且，根据我国公共关系发展的状况来看，培养公共关系工作人员的任务不仅是十分必要的，而且是十分紧迫的。

（一）培养教育公共关系工作人员的必要性

前面讲过，公共关系工作人员的素质和能力要求是十分严格的。这就是说，公关职业对于从业的人，是有一定选择性的，而作为一个组织来说，可供选择的对象往往具有一定的局限，具备公关人员要求的人更难寻找。这就要求对正在从事或准备从事公关职业的人进行强化或补偿的教育，即强化其符合公关职业的素质优点方面，补偿其素质的缺陷或不足部分。一般来说，公关人员的知识素质和能力素质经过有计划、有目的的培训，是能收到比较理想的效果的。

同时，公共关系作为一种新兴的科学，具有独特的知识体系，公关人员应该经过一定的培养教育，掌握那些开展公共关系工作的必备知识，在实际工作中运用公共关系思想和原则、方法和技能，有声有色地开展公共关系工作。

在现实之中，许多社会组织又需要大量的公共关系专门人才。这些都要求我们必须有计划、有步骤地抓好公关人才的培养教育。

（二）公共关系人员的培养目标

从培养人才的角度，可以把公共关系人员分为两大类：

第一类是具备公共关系专门技能的人员。一般有：

（1）编辑、拟稿人员。他们的工作内容是，新闻稿的撰写，组织内部刊物的编辑，如年鉴、年度报告、展览会的解说词、广告词的写作等。这类工作人员需要具备比较扎实的写作功底和专门的新闻写作知识。

（2）调查、分析人员。这种人员的工作是收集、分析、处理各类信息，为组织的决策提供依据。他们应该具备管理学、市场学、社会心理学、电子计算机技术等方面的知识，并且精于开展各类社会调查活动。

（3）美工、摄影人员。他们应具备广告设计，展览会的设计、摄影、美术、书法、绘画等方面的技能。

第二类属于具备比较全面的公共关系知识的综合性人员，或叫做"通才"：

（1）公共关系活动策划人员。这类人员的工作是根据组织的内部情况和外部环境，开展各种公共关系专门活动或定期活动。研究如何筹备安排，采用的形式以及规格范围，涉及的对象等。他们应该熟悉各类公共关系活动的特点和方法，并且在选择活动的方式，安排活动的内容方面，有比较强的创新意识。

（2）公共关系工作的组织指挥人员。这种人员的任务是具体准备、组织和管理公共关系活动。他们不仅应该掌握公共关系原理、方法、原则、技巧方面的知识，而且还应该具备较强的组织指挥能力、管理能力和应变能力。这类人员要求有较全面的智力结构、能力结构和性格结构，必须能在实际工作中独当一面。

（三）公共关系工作人员的培养途径

公共关系工作人员的培养途径主要有两条：

1. 通过高等院校专门培养

通过正规高等学校来培养公共关系方面的专门人才，这在国外已经有几十年的历史了。1947年，美国波士顿大学就开办了第一所公共关系学院。在欧美等国家，由于实际工作对公关人员的要求越来越高，不少大学不仅开设了公共关系学士课程，还可设了公共关系硕士课和博士课程。公共关系作为一个学科门类，已经在国外逐步系统、完善起来。

公共关系专业知识一般包括：

基础课。包括管理学、经济学、市场学、新闻写作、社会学、心理学、计算机原理及应用、外语等。

专业基础课。包括传播学、现代广告学、组织环境学、逻辑学等。

专业课。包括公共关系原理与实务、民意测验或社会调查技术、演讲、谈判、摄影等。

一般来说，正规学院的培养教育虽然必要并且质量也高，但仅依赖正规教育远远不能满足社会对公共关系人员的需求，应该采取多种方式培养公关人才。

2. 在职人员的短期进修和培训

培训在职人员的基本形式就是举办短期脱产或不脱产的培训班。即通过"送出去"

（派一些职工去院校短期学习），或"请进来"（聘请有关专家、教师来本单位办短期培训班）的办法培训公关人员。

短期培训，应根据学习对象的特点，主要学习公共关系的基本知识和专门知识。尤其要着重传授应用性强的知识，加强实际工作能力的培养，开展专门技能的训练，以利于迅速提高公共关系人员的业务能力。

（四）公共关系工作人员的考核和录用

（1）根据组织机构的需要确定录用公关工作人员的条件。比如，如果需要的是某些专业技能方面的人员就按照这类人员应具备的素质和技能进行考核或考察。若是需要高层次的公关人员，即组织指挥、策划等工作的公关人员，就需按这类人员的条件进行考核，而且重点还要考查其实践水平。

（2）公共关系人员的一般检测。公共关系人员除了具备一定学历和经历的基本条件外，还要按照公共关系人员的基本素质即按个性心理素质、思想道德素质、文化知识素质、实际能力素质等方面进行一些测验。国外采取"公共关系人员资格鉴定表"的测试方法，先制成问卷表由被测人员填写，再突出相应的分数标准确定是否被录取。在我国，为保证公关行业的规范发展，原劳动和社会保障部于 2000 年 12 月 3 日首次举行了公关员国家职业资格全国统一考试；在这以后是每年两次，上半年和下半年各一次。考试合格者按照有关规定统一核发中华人民共和国职业资格证书。

 本章小结

公共关系职能部门的蓬勃兴起表明：第一，建立公共关系职能部门是为了适应社会化大生产的需要。第二，现代传播技术的发展在客观上为建立公共关系职能部门创造了条件。第三，社会经济组织的自身条件不同，需要不同类型的公共关系机构。

公共关系职能部门主要有职能性的公共关系部和职业性的公共关系公司。公共关系部主要为本组织服务，是一个组织内部的职能部门；公共关系公司则为社会上各类组织提供公共关系服务，是一个以公共关系为职业的专门机构。

组织内部的公共关系部是组织的职能部门，其特点是：（1）熟悉本组织的情况。（2）能够使组织的公共关系工作保持连续性。（3）能够为组织节约经费。但是，公共关系部存在看问题容易主观片面、对存在的问题和潜在的危机认识不深刻的缺憾。

公共关系公司是专业性的、为社会各类组织提供公共关系方面服务的专门机构。它的特点有：（1）信息灵通。（2）经验丰富，业务素质高。（3）分析问题比较客观。但是，公共关系公司为企业组织服务要收取费用，在策划公共关系活动时要花更多的时间和精力熟悉组织情况。

公共关系部的作用主要体现在决策参谋、信息中心、社会外交三方面。

公共关系部的类型有两种：（1）按公共关系部的规模可分为小、中、大三种类型。（2）按公共关系部的工作方式可分为技术型、对象型、复合型三种类型。

公共关系公司作为一种独立的为社会各种组织服务的专门机构，其职能可以分为三个方面：第一，为客户分析和评价组织的公共关系状态，尤其是组织遇到危难时，帮助其找出公共关系状态恶化的真实原因。第二，为客户进行公共关系方面的调查研究，帮助客户制订中、长期公共关系实施计划，或帮助客户开展公共关系的专门活动。第三，为客户进行公共关系方面的宣传和广告等专题活动。

公共关系公司大体有三种类型：第一种是综合性公共关系咨询服务公司。第二种是专项公共关系业务公司。第三种是归属广告集团的公共关系公司。

公共关系公司的收费包括项目收费和按时收费两种形式。

公共关系工作人员的基本素质包括四个基本方面：（1）个性心理素质。（2）思想道德素质。（3）文化知识素质。（4）实际能力素质。

公关人员的实际工作能力包括：（1）组织策划能力。（2）表达能力。（3）社会交往能力。（4）专业技术能力。

公共关系人员的培养目标分为两大类：（1）具备公共关系专门技能的人员。（2）具备比较全面的公共关系知识的综合性人员。

公共关系工作人员的培养途径主要有两条：（1）通过高等院校专门培养。（2）在职人员的短期进修和培训。

🏛 关键概念

公共关系职能部门（Public Relations Functions）

公共关系部（Public Relations Department）

公共关系公司（Public Relations Company）

全员（PR Full PR）

📋 复习思考题

1. 简述公共关系职能部门兴起的原因。
2. 简述公共关系部的作用和类型。
3. 简述公共关系公司的职能和类型。
4. 公共关系部与公共关系公司的特点有哪些？
5. 公共关系工作人员的基本素质包括哪些？
6. 公关人员的实际工作能力包括哪些？

🦉 案例分析

CA 公司企业形象公关案例
——CA 公司总裁王嘉廉访华及 CA/东方通信合资签约仪式

项目背景：

——Computer Associates：美国冠群公司是全球最大的软件公司之一，总部设于美国纽约州的 CA 致力于提供软件、支持及系统集成服务，现有员工 14000 多名，1999 年财政年度营业收入为 53 亿美元，其业务遍布世界 100 多个国家。全球最大500 家企业中有 98%都是 CA 有限公司的用户。

——东方通信：东方通信是中国邮电工业总公司（PTIC）控股的大型通信设备制造厂商，1998 年的销售收入近 60 亿元。其控股的东方通信股份公司是中国移动通信产业唯一的上市公司。近几年来，中国的程控电话网、光通信网、移动电话网、综合邮政网以空前的速度蓬勃发展，这些先进网络的管理和软件技术支持将会形成一个技术服务新产业。为此，东方通信选择了与 CA 公司进行合资的方式，与世界接轨，高起点进军通信软件领域，力图创造和保持通信网络软件领域的领先地位，并希望将东信 CA 合资公司创办成中国乃至亚洲最大的通信网络软件企业。

——王嘉廉先生：王嘉廉先生，CA 有限公司董事长兼首席执行官，于 1976 年创建了 CA 有限公司，创建初只有单一的产品及"技术必须服务于商业"的简单理念。而今天，CA 软件已成为全球成千上万家企业的计算基础。王嘉廉先生将商业战略观点与具体技术紧密结合起来，并在公司内部营造一种相互支持的文化氛围，力求确保 CA 有限公司时刻充满了创新精神。在王嘉廉先生的领导下，CA 有限公司继续在员工单人营业收入和创利水平等方面处于行业的领先地位，1999 年，CA 有限公司被工业周刊杂志社评为世界前 100 家管理最杰出企业之一。

项目组织：

行销资源集团嘉利公关公司于 1998 年 7 月受 CA（中国）有限公司委托，承办东信—CA 合资公司前期媒体预热、东信—CA 合作签约仪式新闻发布会、电视台记者与王嘉廉先生专访安排等活动的策划、执行。行销资源集团嘉利公关公司在签约仪式实施之前做了完善的公关策划方案，方案涵盖前期媒体预热策划及新闻发布。

在前期宣传策划中，行销资源集团嘉利公关公司原计划做三次专访（受访人：王嘉廉先生，CA 有限公司董事长兼首席执行官；段践冰先生，CA 冠群金辰公司总经理；胡艾瑞微先生，CA 公司亚太区副总裁），由于胡艾瑞微先生时间安排很紧，专访没能如期进行。但行销资源集团嘉利公关公司仍将胡艾瑞微先生的文章修改后传发多家重要的 IT 媒体，其问题探讨深度及传播面积都不输于专访。另外两个专访都如期进行，取得了很好的效果。

项目策划：

行销资源集团嘉利公关公司承办 CA 此次活动，预期达到的目的为：

1. 在国内 IT 行业突出整个事件，吸引业界人士，乃至中国高层官方人士的注意力，为 CA 今后的业务运作奠定基础；

2. 借助媒体之力，在亚洲地区进一步提升 CA 公司形象，传递 CA 公司产品理念，谋求中国信息产业人士的认同；

3. 进一步推广 CA 公司在中国 IT 产业界的形象，显示 CA 公司投资中国的强大决心。

根据此目的，整体策划活动分 5 部分进行：

1. 前期媒体预热运作

• 在前期媒体宣传运作中，由于 CA（冠群）公司高级副总裁胡艾瑞徵先生来京期间日程安排很紧，故记者专访没能安排，但由于行销资源集团嘉利公关公司事前已将胡艾瑞徵先生所撰的《大中华区企业应用软件市场的发展机会和模式》修改完成，在专访取消后行销资源集团嘉利公关公司仍将该文传给记者，并刊发了 7 篇之多，媒体报道率较原专访媒体为多，取得了比专访更好的效果；

• CA 有限公司董事长兼首席执行官王嘉廉先生、CA 冠群金辰公司总经理段践冰先生、东方通讯董事长施继兴先生（上海、杭州媒体）的专访如期举行并取得预期效果。

2. 王嘉廉先生北京专访

• 围绕核心主题进行：合资——中国软件发展的趋势

• 目标宣示：在成功地成立两家合资公司后（冠群金辰和联想冠群），CA 将努力帮助中国发展民族软件产业；

• 为了扩大影响力，行销资源集团嘉利公关公司在原有挑选媒体的基础上，又从深圳邀请了《世界经理人文摘》的知名记者至北京对王嘉廉先生进行深入的采访，该文摘并于 1999 年 3 月以王嘉廉先生为封面，作了大篇幅的报道。

3. 签约仪式新闻发布会

• 为确保新闻发布会的圆满成功，行销资源集团嘉利公关公司派出了专门的项目小组先行到达杭州，负责安排和协调相关事宜；

• 政府高层官员浙江省副省长叶荣宝、杭州市副市长金胜山、中国邮电工业总公司副总经理徐名文出席了该公司成立仪式并致辞表示祝贺。

4. 有关嘉宾的系列专访（含电视）

• 主题：与会嘉宾畅谈中国软件发展趋势

• 中央电视台、北京电视台、东方电视台对此次合资作了重点报道；

• 行销资源集团嘉利公关公司为此次电视专访提供了完整的背景资料，并将此次会后的电视专访安排至香港凤凰卫视《杨澜工作室》。

5. "东方通信公司"现场参观

• 行销资源集团嘉利公关公司提供了东方通信公司的完整地貌图给 CA 公司，并与主要人员进行多次沟通；

• 组织记者和用户参观东方通信公司"企业发展道路"展览，使记者对此次活动认知更为深入，报道更具说服力。

项目评估：

1. 此次行销资源集团嘉利公关公司邀请了包括北京、上海、广州三个城市共 30 家媒体在内的 32 位记者到会，会前将会议资料包括新闻稿及背景资料、Q&A、东信地貌图等资料装订成册发给记者，并与东信多次沟通。由于事前准备充分，经过共同努力，此次会议达到预期效果，获得成功。

2. 行销资源集团嘉利公关公司为 CA 有限公司提供的后继工作：

• 会后新闻稿件的发布和跟踪；

- 新闻剪报的收集；
- 公关活动报告的提交。

3. 行销资源集团嘉利公关公司通过系统的媒体转播计划，使 CA 有限公司此次的合资项目活动在媒体宣传上达到了最佳效果：

- 新闻剪报达到 62 篇；53 家媒体对此次活动做了深入的报道；1/3 的媒体报道为整版或半版；
- 中央电视台《中国财经报道》、北京电视台《环球科技》、东方电视台《东视新闻》均在黄金时间对此次活动做循环报道；其中香港凤凰卫视《杨澜工作室》播放了 40 分钟对王嘉廉先生的专访节目；
- 市场调查显示，行销资源集团嘉利公关公司对此次活动报道的市场媒体价值超过 778404 元；

4. 公关界同行对此次活动的创意以及成功举办给予高度评价。行销资源集团嘉利公关公司同时获得 *PC WEEK* "IT 业 5 大最佳公关公司" 的荣誉，进一步奠定了行销资源集团嘉利公关公司在业界的重要地位。

资料来源：品牌网.

 案例思考题

1. 从哪几方面可以说明 CA 公司是最佳公关公司？
2. 结合案例，谈谈你的体会。

第 六 章

公共关系心理

☞ 学习目的与要求

理解影响公共关系心理的因素，传播主体、传播对象和传播内容对传播效果的心理影响。

掌握公共关系心理、要素及类型，公众心理及特征，公众心理定式及表现，交往心理障碍。

了解公共关系广告心理功能及心理策略，公众沟通中的选择性心理。

引例

　　1991 年夏季，一场罕见的特大洪水在长江中下游泛滥，摧毁了村庄、民房，淹没了农田，成千上万的人流离失所。这一持续了几个月的灾情，引起了国际社会的关注，同时也牵动了亿万人民的心。在"给灾区人民送温暖"的赈灾高潮中，广东中山威力洗衣机厂派了一支服务队奔赴灾区，开展了为期一个月，耗资逾百万元的维修服务活动。他们提出了"洪水无情，'威力有情'，用户有难，'威力'尽责"的口号，一方面慷慨解囊赈灾，另一方面在灾区免费为用户提供各种零配件，义务修理受损的威力洗衣机，一时在华东地区传为美谈。威力洗衣机厂在江苏、浙江、安徽三省以及上海市拥有 58 万多个用户。为了修复受损的威力洗衣机，从 9 月 30 日到 10 月 31 日，遍布华东的 78 个维修站和工厂派来的技术人员一起深入用户家中，修复因洪水浸坏的 6000 多台威力洗衣机，凡在水灾中受损的洗衣机全部得到修复。安徽一位小学教师的洗衣机在水中浸了两个多月，外壳被洪水冲进去的泥沙涨破，里面的机械、电器件全部泡坏，威力洗衣机免费为他更换了价值 300 元的零件；肥西的一名职工的洗衣机被房子砸成废物，厂家给他换了一台新的。

这一遍布 40 多个城市的规模空前的售后服务受到了用户的称赞，同时也引起了新闻媒体的注意。上海的主要报刊、电台对此进行了报导。水灾过后，该地区出现了争购"威力"洗衣机热。

资料来源：http：//www.docin.com/p-457450907.html.

公共关系心理是指在特定的公共关系活动中，在与公众相互作用中发生的心理现象。研究公共关系心理的发展规律，是顺利开展公共关系活动的前提和基础。

第一节　公共关系心理的构成和类型

一、公共关系心理的构成

公共关系心理是公共关系活动中社会组织之间以及组织与公众之间相互作用所产生的一种自觉的心理现象，是社会心理中很特殊的一部分。

公共关系心理包含三个要素——情感因素、沟通因素、管理因素。

（一）情感因素

公共关系心理中的情感因素是相对于组织与组织之间以及公众对组织在心理上的相容而言的，它表明组织与组织之间，或公众对组织是否信任，关系是否协调一致。

情感因素在公共关系活动中具有重要作用，因为在组织与组织、组织与公众发生关系的时候，首先遇到的一个问题是能否相互信任且信任到何种程度的问题。如果一个组织对于公众或他人来说，缺少这种情感因素，也就是说缺乏公众的信任感，那么，这个组织的活动是很难成功的，目的也是很难达到的。一个尚未取得他人信任的人，或者一个根本不能让人信任的人，无论是说的话也好，做的事也好，总是难以让人相信的，至少会使人疑虑重重。

情感因素又取决于其他一系列因素，比如，该组织在公共心目中的形象以及相互之间的理解等等。这里涉及公共关系心理中的第二个因素——沟通因素。

（二）沟通因素

沟通是指组织与公众之间的信息交流。这里的"信息"有着十分丰富的内涵，它不仅仅是指消息的交流，也包括情感和思想上的交流。沟通是以理解作为前提的，当某人或某个组织的言行举止被交往的对象理解时，我们才能说双方沟通了。

在公共关系活动中，沟通是十分重要的。当一个组织的信息不能和公众沟通时，组织的举止言行就不可能被公众所理解，也谈不上组织和公众之间的信任。在这里，信任以理解为前提，理解又以沟通为前提。可以说，情感因素是建立在沟通因素上的。但是在公共关系活动中，情感、沟通等因素又往往是相互作用、互为前提的。公众对某个组织的言行举止沟通越多，理解越深，对组织的情感就更亲密，信任程度就越高；反之，如果公众对某个组织信任程度很高、情感很密切，那么该组织和公众之间的沟通就非常容易，组织的言行举止也就很容易被公众所理解，即使是错误的言行，也会被认为是情有可原的。

（三）管理因素

管理因素是指一个组织内部的一系列决策和管理。管理因素之所以要作为公共关系心理中的一个要素，是因为一个组织与公众的心理关系，在很大程度上取决于该组织的形象，取决于该组织在公众中的知名度和美誉度，而组织形象、组织的知名度和美誉度的设计、塑造及传播又直接取决于这个组织领导者的决策和管理，并随着决策和管理的变化而变化。特别是当组织的领导者积极、主动、持久地注意搞好和公众的关系时，这种来自组织上层的公关动力，就会很强烈地通过管理影响组织的所作所为，使组织自觉地和公众进行沟通、增进情感。

管理因素是一种能动的因素，它可以通过社会组织主观上的努力来改变与公众的心理关系。

二、公共关系心理类型

我们可以根据不同的标准对公共关系心理的类型进行划分。

（一）公共关系心理可以划分为共同的公共关系心理和特殊的公共关系心理

共同的公共关系心理是指在公共关系活动中，一部分社会组织和公众所共同具有的心理现象。之所以存在共同的公共关系心理，是因为组织与组织之间、公众与组织之间虽然有着不同的目标、不同的特点以及不同的行为方式，但是由于他们共处在同一地理环境和社会环境中，这些地理环境和社会环境会对这些组织和公众发生同样的影响作用。比如：污染的环境对于某一地域的组织来说，总会产生同样的影响，使这些组织产生程度不同但又是共同的忧虑心理。同样，又如在社会生产还不是很发达的条件下，对于消费公众来说，无论购买什么商品，购买哪个商店的商品，他们都具有一种希望"价廉物美"的共同心理

特殊的公共关系心理是指在公共关系活动中，社会组织或公众自身所具有的独特的心理现象。既然不同的组织、不同的公众都有自己独特的目标、独特的行为方式，因而也就必然存在着独特的心理现象。比如同是一种忧虑心理，不同的组织、不同的公众所担忧的内容就不一样。生产企业担忧原材料涨价会导致生产成本的增长；旅游部门担忧的是国家政策的开放程度以及国际、国内关系状态对旅游业会产生影响；而学生忧虑学费的增长及就业渠道不畅通。这些都是特殊的公共关系心理。

（二）从公共关系心理产生的特点上看，公共关系心理可划分为自发的公共关系心理和自主的公共关系心理

公共关系心理主要是一种自觉的心理，但在公共关系实践中，也不排斥有某些自发心

理的存在。自发的公共关系心理是指在公关活动中，由于受环境及其他因素的影响，人们所产生的无意识的心理反应。这种自发的公关心理会引起人们自发的公关行为，比如在公众中普遍存在的盲目的"从众行为"就是这种自发心理的外在表现。一件商品本来是自己不需要的，但是看到别人都在买，于是也不由自主地跟着买。这种自发的从众心理及行为在组织进行公共关系活动中也时有发生。

自主的公共关系心理是公共关系活动中明确的自觉的心理反应。自主的公关心理会引起组织自主的公关行为。比如：公关人员有目的地进行一系列传播活动都是在这种自主的公关心理指导下进行的自主的公共关系行为。事实上，我们所讲的公共关系心理都是一种人为的、自主的心理现象。

（三）从空间形式上看，公共关系心理可分为内部心理关系和外部心理关系

内部心理关系是指在一个组织内部以及各个小团体、成员之间的心理关系。一个企业的科室与科室，车间与车间以及科室、车间与企业之间的心理关系等等都属于内部心理关系。内部心理关系涉及一个组织的管理要素，管理成功与否又直接影响到组织的整体形象，影响到组织对外的公共关系。内部心理关系同外部心理关系相联系而存在，内部心理关系的存在状态直接影响到外部心理关系的存在状态，因此组织的决策者和公关人员，不应仅仅将公关活动的视野投向组织之外；同时，也应将组织内部的心理关系纳入自己的视野以内。因为若没有一个良好的内部心理关系，就不可能建立良好的外部公共关系。

外部心理关系是指组织与其他组织之间、组织与外部公众之间的心理关系。这是公共关系心理活动的重点。因为公共关系活动的直接目的是使组织在公众心目中树立起一个良好的组织形象。这个"公众"主要是指组织以外的社会公众，而且外部公众的范围更大、心理状况更为复杂和多变，不易掌握规律。正因为如此，在开展公关活动时，就必须把了解外部心理关系以及外部公众的心理状况作为一项基础性工作认真做好，使公关工作有的放矢，取得好的效果。

三、影响公共关系心理的因素

公共关系心理是组织与公众相互作用而产生的心理状态。而组织与公众的相互作用总是在一定的环境中进行，因此，公共关系心理势必会受到环境的影响。这里所说的"环境"主要指社会环境。社会环境是一个包含众多内容的统一体。其中对公共关系影响较大的主要有三个因素——团体结构、文化背景和沟通网络。

团体结构是在某个社区（国家、地区、城市）范围内，由各个社会组织的社会关系所构成的网络。一般地说，一个社会组织的网络关系总是涉及三个方面：一是纵向的隶属关系，即该组织与上级职能部门的联系；二是横向的合作关系，即组织与组织之间的关系；三是多为的辐射关系，即同各个服务对象及社会公众之间的关系。社会环境中的团体结构会对公共关系心理产生重大的影响。如果一个社会的团体结构以纵向的隶属关系为主，组织的存在和发展都是由上级决定的，那么，就必然会使社会组织产生"一切对上级负责"的心理环境，以及"万事不求人"的封闭保守的心理状态，在这种状态下，公

共关系心理是不可能自觉自主地表现出来的。只有当社会的团体结构出现横向的合作关系或多维的辐射关系时，公共关系心理才可能逐渐自觉自主地萌生出来。

文化背景是指某一社区居民共同的生活方式。生活方式也是一个由众多因素所构成的统一体，它包括经济环境、政治观点、民族心理、文化传统、道德及价值观念、风俗、习惯、审美标准、思维方式等。人们就是以此来支配自己的行为，并且评价他人行动的。文化背景对公共关系心理的影响表现在，当一种新的观念和行为与已有的文化背景发生冲突时，往往会阻碍人们对新观念的接受和对新行为的适应。所以，在公共关系传播的过程中，了解公众的文化背景是掌握公关心理规律的重要环节。

沟通网络是组织与组织以及组织与公众之间交往时所形成的各种渠道和途径。社会组织同公众的联系是通过沟通网络来实现的。在社会环境中，沟通网络同团体结构和文化背景相联系，并且受这两个要素的支配。如果一个社会的团体结构以纵向的隶属关系为主导，以高度集权的政治、文化为背景，那么，势必就会形成一种形似树根状的沟通网络。这种树根状的沟通网络基本上是单向的，沟通网络仅仅限于直接的上下级之间，而不存在横向的沟通。当然更谈不上与公众的沟通了。这样的沟通网络当然会影响到组织的行为和心理，使之朝着垂直方向片面、畸形地发展。而当社会的团体结构进入横向的合作关系或多维的辐射关系，并以民主开放的政治、文化为背景时，社会的沟通网络就会呈现出双向、多向、复合型状况，这种多样性的沟通网络自然地会引导社会组织自觉地利用现代化的传播工具去加强和社会各方面公众的联系。

第二节　公众心理

公众心理是公共关系心理的主要部分。因为公众是公共关系的客体对象，任何组织的公关目标都是力图争取更多公众的支持和合作。而公众的行为又都是有一定的心理基础的，因此公共关系工作在很大程度上是作用于公众心理来实现目标的。

一、公众心理及其特征

公众心理是指日常社会生活中普遍存在的一种团体心理现象。

公众心理具有这样几个特征：

一是潜在性，或称内在性。公众心理作为一种心理现象是潜在的或内在的。公众心理由三个要素所构成：认知、情感体验、意向。知、情、意这三个要素都是内涵于心的。公众心理虽然是潜在的，但并非不可捉摸。它一方面是客观的社会环境的作用所引起的，是对客观社会环境的一种反映；另一方面，公众心理也包含某种行为倾向。因此它往往通过一定的行为动作表现出来。这样，公众心理虽然是潜在的，但却有它客观、外在的"来龙去脉"。客观社会环境是它的来源，外在行为方式是它的去向。公关人员可以根据公众心理的来龙去脉来把握公众心理。

二是动力性。公众心理包含一种转化为外在行为的内在力量。在一定的条件下，这种内在力量可以转化为外在的行动。前面谈到的知、情、意中的意向即行为倾向。正是这种潜在的倾向，表现出一种强烈的干预现实生活的主动性，或强烈的行动要求。一旦外界出现某种刺激，这种内在的行为倾向马上就会转化为外在的行为。

三是自发性。自发性是相对于自觉性、自主性而言的。公众心理的形成以及向外在行动的转化是在不知不觉中发生的，事先没有计划，期间也无人引导。特定的环境或因素作用于人的感官而产生特定心理。在某些偶然因素的刺激下，又转化为外在的行动。公众心理的这种自发性同支配组织行为的心理是根本不同的。支配组织行为的心理是自主性的，它有既定的目标，并且这种心理在向外在行为转化时往往是经过周密的计划和部署的。因而，这种心理几乎完全是在人为控制条件下产生、发展并外化为行动的。

二、公众心理定式

公众心理是日常社会生活中普遍存在的一种团体心理现象。而公众会对某一现象出现共同的心理和行为倾向，这就是公众心理定式。

公众心理定式是公众群体性的心理基础。公众心理定式也即公众共同的心理行为倾向，是在一定的社会条件下，以个人的社会经验为基础，经过人们相互影响、相互作用，最后自发地趋向一致，而构成的某种相近的看法和一致性的行为。比如，人们走进商店，看到众多的电视机摆在橱窗里，但被卖出最多的只是一些名牌电视机。这种现象是相信名牌的心理在发生作用，这就是一种大众心理定式。

公众心理定式存在于人们的意识之中，只要条件成熟，就能从众多公众一致性的行为中表现出来。这是因为在公众心目中存在着某种共同遵守的"原则"，而这一"原则"是公众由于自身的经验所获得的。我们把这一"原则"称为共同的心理参考原则，它是人们判断事物的参照标准，虽然是非正式、无形的，但却制约着公众的行为和态度，成为人们的行为规范和行为标准，成为存在于公众中的一种无形的影响力。在公共关系工作中，抓住了这种支配公众行为的公众心理定式，就能因势利导，并根据公众心理来调整和决定组织的行动。

公众心理定式虽然是无形的，但也可通过大量的现象表现出来。公众心理定式主要表现在物质需要、流行时尚、风俗习惯和公众舆论四类现象中。

物质需要是人们生存发展的基础动力，公众共同的物质需要就成为公众心理定式的基础，在物质需要层次中有大量的公众心理定式表现出来。比如，人们在某一时期都追求家用电器的购买、使用，而在另一时期又都追求住房的装修，等等，当然，公众的物质需要是不断发展的，其心理定式的热点也是不断变化的。掌握公众在物质需要中心理定式的规律，对于预测公众行为变化，决定社会公众组织的发展目标，是有着重要意义的。

随着社会变革的发展，流行时尚的种种现象是不可避免的，甚至在一定时期内影响、支配着人们的心理和行为。各种流行时尚之所以得以流行，并影响人们的心理和行为，主要是它们能切合公众的某些共同需要，符合整个社会文化背景的变化，并有相应的社会沟通渠道。当然，并不是任何流行时尚都是正确、科学的。因此，公关人员在分析、掌握公众在流行时尚中的心理定式时，要具体分析，正确引导。

风俗习惯以及相应的传统礼仪是人们在千百年来的生活经验中积淀下来的某些普遍行

为方式。从实质意义上看，它们是一种日常性、地域性的文化行为。风俗习惯、传统礼仪中包括一方水土、一方人物的共同心理定式，所以，公众心理定式在风俗习惯中有着很多的表现。比如，每逢传统佳节到来，公众的消费量就会增加。这就是人们都希望欢度传统佳节的心理定式造成的结果。因此，注意公众在风俗习惯中的心理定式，可以为组织推出相应的公共关系活动提供最佳时机。

公众舆论是公众对某一现象的共同讨论，又称大众意见。公众舆论属于层次较高的公众心理形式，是公众心理活动的外部表现，也是公众心理定式最突出的一种表现。根据公众舆论反映对象的程度、范围，公众舆论可分为地区、国内、国际等不同类型的舆论。公众舆论对于公众行为具有很大的影响力，但其影响有积极作用与消极作用之分。公共关系就是通过各种传播活动为社会组织营造一个良好的公众舆论环境，从而为组织争取更多的朋友。所以，研究公众舆论中的公众心理定式及其发展规律，可以因势利导，搞好组织的公共活动。

总之，研究公众心理是社会组织开展公共关系工作的出发点。只有顺应公众心理需要及其发展变化，才能真正做到以公众的利益为出发点，才能取得公众的合作与支持。

第三节　社　交　心　理

社会交往是指人们在社会活动过程中人与人之间的消息传递、思想沟通、情感交流和相互影响的过程。

公共关系活动在很多情况下要通过公关人员社交活动来实现，因此，从某种意义上讲，公共关系活动也是一种社会交往活动，社会交往能力也是公关人员最基本和最重要的能力。掌握社会交往过程中心理现象的发展规律，就可以使公关人员在社交场合中适应各种各样的环境，减少交往心理障碍，顺利地完成公关交往的工作任务。围绕着社交活动，人们会出现许多心理现象，其中对公关人员影响较大的是交往情景的心理反应和交往心理障碍两大类现象。

一、交往情景的心理反应

社会心理学将与交往者相关的他人与团体称为"情景"。人在交往过程中，必然会受到情景的这样或那样的影响，这种影响直接作用于人的心理，并通过人的心理影响到人的行为，使人作出相应的行为反应。

对人的心理产生影响的情景可以归纳为以下几种：

（一）角色交往的情景

角色交往是一种最基本的交往情景。在社会生活中，每个人都扮演着一定的角色，并以一定的角色与他人发生关系。角色交往的情景会对交往者的心理产生较大的影响。比如，同上级领导交往，往往会比较谦卑、胆小；同下级从属交往，又往往会趾高气扬，盛气凌人；与同级人员交往，一般比较轻松、随便；这里，交往者的心理受到角色交往情景的左右。角色交往一般是一种比较正式的交往；在非正式的交往中，虽然也不能完全排斥角色因素的作用，但非正式交往基本上是一种非角色交往。比如，同过去同学之间的交往，无论他现在担任了何种职务，也不会出现谦卑、胆小的心理。

作为公关人员和他人进行交往时，就应该时刻注意自己的"角色扮演"是代表组织的整体形象。无论是面对何种公众，既不能畏畏缩缩，也不能趾高气扬，而应该保持相互尊重、相互理解、相互合作的态度，去处理好和公众的关系。

（二）他人在场的情景

社会交往中，他人在场的情景会对交往者的心理产生严重影响，尤其是对于那些初出茅庐的交往者或心理素质较差、比较敏感的交往者，影响更明显。比如初上讲台的青年教师在有人听课时，往往感到很大的压力。

他人在场的情景模拟有时会对交往者的心理造成一种压力或干扰。我们上面举的例子实际上就是一种负面的压力或干扰。但如果初上阵的公关人员，在老师的陪同下进行公关活动，往往会比较大胆，能充分发挥自己的能力。在这里，他人在场的情景即起到了一种稳定心理的作用。作为公关人员应该通过各种训练方法训练自己，提高自身社交心理素质，增强应付他人在场的情景干扰的抵抗力，使自己能够在社会交往的各种场合下得心应手。

（三）交往关系的情景

在社交中，交往双方所处的特定关系状态，也会对交往双方的心理产生较大的影响。

在敌对关系的交往情景下，双方都会采取敌对的心理，互相指责、攻击，很难取得一致的意见和行为。在竞争关系的交往情景下，双方都会比较谨慎、互相防范。在一般关系的交往情景下，双方都会比较放松、随便，有时也会漫不经心。而在友好关系或亲密关系的交往情景下，交往双方都比较任性，因而表现出一种宽容大度的气氛，对对方的建议或行为一般乐于接受，即使违背自己的意愿，也能容忍。

在公关活动中，交往关系情景对于组织与公众之间的交往也会产生一定的心理影响。但是，公共关系是着眼于组织形象和长远利益的艺术，从这一点出发，公关人员应该在社交活动中平等待人、真诚待人，避免意气用事。特别是对待逆意公众，更应慎重。

二、交往心理障碍

交往心理障碍是在交往中主观心理因素对交往的影响。这种主观心理因素主要有以下几种：

（一）首因效应

也称第一印象。人们在交往中的第一印象往往会影响到此后的一系列交往活动。如果对某人第一印象比较好，那么，就会对这个人以后的言行举止都看得比较顺眼。如果对某人第一印象不好，那么对这个人以后的言行举止会越看越不顺眼。许多人在交往活动中力

理
论
编

图给对方留下良好的第一印象。但是另一方面，那种并非本来面目的第一印象可能会误导交往对象，使之真假不辨，甚至黑白颠倒。

在公关活动中，首因效应具有很重要的意义。树立组织形象既要有长时间的努力，又在很大程度上取决于第一印象。如工作人员的服务态度、产品的外观及装饰、领导者的风度与气质、公关人员的容貌举止等等，都有可能给公众留下深刻的第一印象。公关工作应在各种场合下都使组织给公众留下良好的第一印象，而避免不良的第一印象。

（二）光环效应

光环效应也称晕轮效应。它是根据某人的特性而形成印象之后，又据此推论此人在其他方面的表现。比如，当发现某人在某方面好时，就据此推论此人在其他方面也好；当发现某人在某方面不好时，就据此认为他在其他方面也不好。前苏联学者包达列夫做过这样一次实验。他把同一张照片交给两组学生看，他告诉第一组学生说照片上的人是一个恶贯满盈的罪犯，告诉第二组学生说照片上的人是一个大科学家，然后让两组学生分别描述照片上的人。结果第一组的评价是：眼窝深陷，表明了内心的仇恨；突出的下巴，意味着他沿犯罪道路走到底的决心。第二组的评价是：深陷的双眼，表现出思想的深邃；突出的下巴，体现了他在科学事业上克服困难的意志。这就是光环效应作用的结果。光环效应在交往中阻碍人们相互认识和沟通。事实上，某人在某方面很好，并不一定在其他方面也好，正如一个人工作态度很好并不一定工作能力也很强一样，两者之间并无必然的联系。

光环效应在社会交往中是一种普遍的心理现象。这种现象的存在，往往使人们难以正确公正地评价交往对象，有一定的片面性。产生这种心理现象的原因有两方面：客观上是交往双方沟通不多，对对方了解不够而引起的；从主观上看，是掺杂了大量主观性的推断而导致的。公关人员则既要学会及时克服罩在组织身上的不利光环效应；又要善于利用对组织有利的光环效应，如对组织的成就及时传播，使组织在公众心目中留下良好的印象。

（三）刻板效应

刻板效应也称为完型效应或定型效应。人们在交往活动中常常根据籍贯、民族、肤色、地区及职业等将人进行分类，并对每一类人形成一种固定的看法，作为判断和评价一个人的依据。比如，知识分子一般文质彬彬，风雅清高；商人大多精明能干，特别会算计；英雄一般浓眉大眼，浩然正气；而坏人总是贼眉鼠眼，鬼头鬼脑。人们经常将这种模式套在某人身上，看到一个人文质彬彬就认定他是知识分子，贼眉鼠眼的就必定是坏人。这种刻板的看法必然会妨碍人们正常交往和沟通。

刻板效应也是由于人们之间沟通不够，加上主观性、片面性的推论作用而形成的。在公共关系工作中，公关人员和公众之间应加强联络，及时沟通。一方面避免组织在公众中的刻板效应，另一方面，以真诚的言行使组织在公众中留下较好的定型效应。

除了这三种因素外，妨碍社会交往的主观心理因素还有投射效应、仁慈效应等等。投射效应就是我们常说的推己及人，自己心怀鬼胎，就以为别人也是心怀鬼胎。仁慈效应则是指在评价他人他事时，作出好的评价多于不好的评价，也就是我们平时说的老好人思想。总之，无论是哪一种主观心理因素，如果在社会交往中处理不好，都会严重地妨碍人们的正常交往。因此，在公共关系交往中，公关人员必须尽可能地排除这些心理因素的干扰，使自己在和公众的交往中应付自如。

第四节　大众传播心理

公共关系活动和传播是密切联系在一起的。在社会组织对公众的传播沟通过程中，会涉及一系列的心理因素，这些因素将大大地影响到沟通与传播的效果。比如，不同的传播者，其传播的有效性不同；而传播对象所处的状态不同，传播的效果也会出现差别。

一、信息传播中的心理特征

在前面的章节中，曾从不同的角度对传播作过一些论述。我们知道，传播要素既包括传播者（传播主体）、传播对象、信息、信道、媒介、编码、译码、反馈等基本要素，又包括一些隐含在传播过程中的心理因素、文化背景等。这种隐含在传播过程中的心理因素主要是通过传播主体、传播对象和传播信息来作用于传播过程，使信息传播带上某种心理特征，从而影响传播效果的。研究信息传播中的心理特征，对于公关人员运用技巧策动传播、提高传播效果，将是大有裨益的。

（一）传播主体的心理因素对传播过程的影响

传播主体是传播过程中提供传播信息的人。传播主体的权力和威信、品质、能力、风度等个人特征，以及与传播对象的人际关系，都会对传播对象的心理变化产生直接的影响，从而影响到传播的效果。

在某大学的课堂上，某人以"世界著名化学家"的身份给学生上课。他手里拿着一瓶毫无气味的蒸馏水，声称其味刺鼻，然后让每个学生都闻一遍，学生们居然表示有同感。这是因为学生们迷信授课者的权威和名望。心理学上将这种现象称为"权威暗示"。它使学生宁愿怀疑自己的嗅觉，而不愿去怀疑权威的名望。

传播主体的个人条件，如年龄、风度、品质、能力等也会影响传播对象的心理从而影响传播效果。比如，两个年龄不同的教师给学生上课，学生肯定认为白发苍苍的老教师知识渊博，经验丰富，因而即使讲得平淡，也不会怀疑他的能力；而讲课生动流畅的年轻老师，学生则可能认为他是夸夸其谈。此外，传播主体的风度、气质也会影响传播的效果。

传播主体与传播对象的人际关系也会影响传播对象的心理。如果传播主体是同传播对象站在同一立场上，那就可以缩短两者之间的心理距离，甚至使传播对象对传播主体产生一种"自己人"的心理和依赖感，使传播收到良好的效果。反之，如果传播主体一开始就站在同传播对象敌对的立场上，那就会使传播对象对传播主体产生一种对抗的心理。在对抗心理状态下，传播的效果就可想而知了。所以有人认为：如果你想要人相信你是对的，并按你的意见行事，首先必须让人喜欢你，否则，你的尝试就会失败。

正因为传播主体的心理特征对传播效果有很关键的影响，社会组织在进行公关传播时必须选择恰当的传播主体来作为公关代言人，以提高传播的效果。

（二）传播的内容对传播对象的心理影响

不同层次的信息传播内容也会影响传播效果。感性材料往往使传播对象迅速地产生心理反应。比如艾滋病展览会，展览的图片和录像等材料，感情色彩浓，会使传播对象迅速产生恐惧的心理，但是由于这种感性材料缺乏理性的分析，因此它引起的心理反应来得快，消失得也快。理论文章、专著由于采取理智、冷静的分析态度，虽然它不能迅速地引起对象的心理反应，但一旦接受了这种理性的分析，它持续的时间也就会很长。选择什么材料作为传播内容，必须研究传播对象的状况。文化程度较高的人，因为他们自身就注重理论和逻辑分析，理性材料可以引起他们的心理效应；而对那些文化层次较低的人，感性材料更适合一些。当然，在更多的情形中，往往是将感性和理性材料结合起来使用，既有感性的刺激，又有理性的分析，这样也更适合大多数人的心理，从而会收到更好的传播效果。

传播内容在信息结构、语言表达、信息损失等方面对传播效果都有一定的影响，这些我们在前面的章节中都分别做了阐明，也都可以纳入本节正在讨论的范围来论述。因此，公关人员在策动传播时，对于信息传播内容的层析、结构、表达应根据受传公众的要求、水平、爱好、习惯来综合处理，优化信息，强化信息，使社会组织所要宣传的内容，真正让公众都接受、都理解、都认同。

（三）传播对象的心理因素对传播过程的影响

传播对象自身的特性包括态度、人格、品质、能力等，也会影响传播效果。

传播对象对传播者的态度有三种——赞成、反对、无所谓。不同态度的传播对象在经过传播以后，会对传播者的观点持两种评价：一种是同化判断，另一种是异化判断。

传播对象自身的品质、能力等等也会影响到传播的效果。一个文化层次较低的人是不可能领会较为复杂的信息的，如果在传播过程中不考虑传播对象的接受能力，一味地将各种高深复杂的信息传播出去，那么对于较低层次的传播对象来说是很难接受的。

同时，传播对象在不同环境、条件下有着不同的公众心理定式背景，这些也影响着传播过程及效果。

所以，公关人员在策划传播时，就应该把传播对象的因素放在第一位，针对传播对象的特性及公众心理定式，来安排传播主体的人选，传播内容的编码，以及渠道、媒介的选择等。

二、宣传与广告心理

宣传和广告是传播活动的两种具体形式，它们在公共关系活动中经常被使用。在宣传和广告传播中也存在一些心理现象，针对这些表现也可以采取一些相应的策略。

（一）宣传心理

宣传是通过座谈、演讲、报告、展览、参观游览、招待会以及在报刊上发表文章等等方式在公众中确立组织的形象。传播活动中的一般心理状况同样也适用于宣传活动。宣传活动必须研究公众的特殊心理要求。

在宣传中有一种常见的心理现象——选择性心理，即每个公众都会有意无意地选择与自己观点相一致的信息，而回避和自己观点不一致的信息。当然，完全回避与自己不一致的观点是不可能的。公众个性心理的选择性主要体现在思维上，即对与自己相一致的宣传加以思考，而对不一致的宣传即使是听到了，也不去思考，这些未经过思考的宣传不会进入记忆，即使进入了记忆，也会很快被遗忘，从而使记忆也具有了选择性。

不同的公众具有不同的个性心理，这种不同的个性心理又使公众对宣传持有选择性。因此宣传工作必须考虑公众选择性特征，进行有针对性的宣传。

（二）广告心理

广告是社会组织向社会传播信息的重要手段。广告具有认识、便利、引导、教育、审美、促销等六项心理功能。这六项功能之间相互作用，从而形成总体效应，缩短组织与公众的心理差距，成为公众依赖的消费指南。

广告的认识功能是通过及时地传播商品和服务信息，引起公众注意，促成心理的认识活动过程，从而在记忆中留下尽可能深的印象。公众在接受广告刺激，对商品有所认识后，就会根据各种广告介绍对同类商品进行比较和选择，而不必到每一个商店去做实地考察，这就是广告的便利功能。在大多数情况下，人们需要广告来引导消费。新颖、健康、生动、活泼的广告不仅能给人们以认识，而且也能给人以美的享受，这就是广告的教育功能和审美功能。成功的广告，使得商品在公众中形成良好的印象，从而打开销路，占领市场，这就是广告的促销功能。

广告也要采取多种多样的心理策略。通常采用较多的心理策略主要有以下几种：

一是增加刺激强度。在市场经济条件下，名目繁多的广告令人眼花缭乱。广告要想引起公众的注意，必须达到一定的刺激强度。这个强度以公众的承受能力为界限，在此界限内，刺激的强度越大，引起的注意就越强烈。那么，如何增加刺激程度呢？除了增加刺激的次数外，还可以使用较鲜明、强烈的色彩，醒目的文字图案以及别出心裁的口号来增强广告对公众的吸引力。

二是扩大广告的形式反差，以形成强烈的对比。这实际上就是我们常说的"反衬"。色彩上黑白相间，线条上长短相伴，光线上强弱相辅，都是利用形式反差来吸引公众的注意力。

三是加强广告的感染力。反差和刺激程度都是通过广告的形式变化来吸引公众的，但是公众对广告的注意最终还是要落实在广告的内容上。如果广告的内容平淡无奇，那么广告形式对公众的吸引很快就会消失。因此，广告要想真正抓住公众，就必须在内容的设计上下一番工夫。比如：选择诱人的题材作为广告的内容，使广告的内容尽可能新奇有趣，富有幽默感。这样，公众在看了广告之后，就好像是观赏了一部优秀的艺术作品，从而在心目中留下深刻的印象。

 本章小结

公共关系心理是指在特定的公共关系活动中，在与公众相互作用中发生的心理现象。研究公共关系心理的发展规律，是顺利开展公共关系活动的前提和基础。

公共关系心理包含情感因素、沟通因素、管理因素三个要素。公共关系心理中的情感因素是相对于组织与组织之间以及公众对组织在心理上的相容而言的，它表明组织与组织之间，或公众对组织是否信任，关系是否协调一致。沟通是指组织与公众之间的信息交流。管理因素是指一个组织内部的一系列决策和管理，是一种能动的因素，它可以通过社会组织主观上的努力来改变与公众的心理关系。

根据不同的标准对公共关系心理的类型进行划分：（1）共同的公共关系心理和特殊的公共关系心理。（2）自发的公共关系心理和自主的公共关系心理。（3）内部心理关系和外部心理关系。

影响公共关系心理的因素主要有三个：团体结构、文化背景和沟通网络。团体结构是在某个社区（国家、地区、城市）范围内，由各个社会组织的社会关系所构成的网络。文化背景是指某一社区居民共同的生活方式。沟通网络是组织与组织以及组织与公众之间交往时所形成的各种渠道和途径。

公众心理是公共关系心理的主要部分，是指日常社会生活中普遍存在的一种团体心理现象。公众心理具有潜在性、动力性、自发性等特征。

公众心理定式是公众对某一现象出现共同的心理和行为倾向。公众心理定式是公众群体性的心理基础。公众心理定式虽然是无形的，但也可通过大量的现象表现出来。公众心理定式主要表现在物质需要、流行时尚、风俗习惯和公众舆论四类现象中。

社会交往是指人们在社会活动过程中人与人之间的消息传递、思想沟通、情感交流和相互影响的过程。围绕着社交活动，人们会出现许多心理现象，其中对公关人员影响较大的是交往情景的心理反应和交往心理障碍两大类现象。交往情景的心理反应可以归纳为以下几种：（1）角色交往的情景。（2）他人在场的情景。（3）交往关系的情景。交往心理障碍是在交往中主观心理因素对交往的影响。这种主观心理因素主要有：首因效应、光环效应、刻板效应、投射效应、仁慈效应等等。

在社会组织对公众的传播沟通过程中，会涉及一系列的心理因素，这些因素将大大地影响到沟通与传播的效果。其中传播主体、传播对象和传播内容会使信息传播带上某种心理特征。

宣传和广告是传播活动的两种具体形式，它们在公共关系活动中经常被使用。在宣传中有一种常见的心理现象——选择性心理。广告具有认识、便利、引导、教育、审美、促销等六项心理功能。因此，做公关宣传和广告工作时，必须考虑公众选择性特征，采取多种多样的心理策略。

关键概念

公共关系心理（Public Relations Psychology）
公众心理（Public Psychology）
社交心理（Social Interaction Psychology）
大众传播心理（Psychology of Mass Communication）

复习思考题

1. 简述公共关系心理及要素。
2. 简述公共关系心理的类型。
3. 影响公共关系心理的有哪些因素？
4. 简述公众心理及特征。
5. 简述公众心理定式及表现。
6. 简述交往情景的心理反应。
7. 交往心理障碍有哪些表现？
8. 如何理解传播主体、传播对象和传播内容对传播效果的影响？
9. 如何理解公众沟通中的选择性心理？

案例分析

恒升案与公关

2001 年 3 月 13 日下午，在交齐 9 万元人民币赔偿金之后，被海淀法院拘留的恒升案被告王洪获得释放，走出了北京海淀看守所的大门。这场历时 3 年之久的厂商与消费者之间的权益纷争，在消费者的败诉中进入尾声；然而，这个沸沸扬扬的事件却不断引起我们对企业公共关系问题刻骨铭心的反思。

一、恒升案始末

1997 年 8 月 5 日，河北科华电脑公司员工王洪在北京中关村安特明科技有限责任公司购买了一台恒升集团生产的 SLIM—I 笔记本电脑，恒升集团在随机的保修证书中标明"对所售产品实行三年保修，其中一年之内按规定使用发生故障时，本公司负责免费维修或更换损害部件"。

此后，王洪在使用电脑中感觉显示屏晃动，遂于 1998 年 6 月 1 日与安特明公司联系维修事宜，并于 6 月 2 日将电脑送至安特明公司处，安特明公司收下电脑后于当日又以自己的名义将电脑送至恒升集团维修部。恒升集团接机后，因安特明公司未出示保修卡，故告知安特明公司如无保修卡，则不属保修范围，如需修理，应交纳修理费 7300 元。

安特明公司遂于当日下午将上述内容通知王洪。王洪接到通知后，对此处理方式

理论编

108

不满，认为电脑在保修期内，应无条件免费修理，遂又多次与安特明公司联系，要求其免费维修。但安特明公司均以电脑是恒升集团的产品，自己无修理义务为由加以拒绝，并让王洪自己去找恒升集团解决。

1998年6月9日王洪将自己这一经历写成《请看我买恒升上大当的过程》一文，发表在四通立方的BBS上，并就此事向北京市海淀区"消协"投诉。

6月11日北京市海淀区"消协"收到王洪的投诉函，同时，恒升集团也在互联网上发现此文，即通过北京市海淀区"消协"于7月2日与王洪取得联系。恒升集团表示同意免费为王洪修理电脑，对王洪的上述做法表示异议，希望王洪能够道歉。王洪遂书写一致歉函传真至恒升集团，内容为："……本人因为仅同代理商联系，未能与恒升公司及时沟通，造成对以上几个情况不明的情况下写下上文。文中对恒升集团的名誉造成了损害，笔者对恒升集团郑重表示道歉。"

恒升集团接到此函后希望王洪能更改致歉函的篇幅并在互联网上发布。王洪则表示不同意并提出不修电脑了。7月3日王洪又写了《誓不低头》一文在互联网上发表，该文中写道："你们的笔记本死机频繁，奇慢无比，温度烫手，娇气得像块豆腐，这样的产品比起其他的品牌，不是垃圾又是什么？"

7月24日，王洪取回未修的电脑。次日，王洪开机检查时发现缺少16M内存，同时收到一封署名北京天地律师事务所律师"雷鸣"的E-mail。针对该函，26日王洪又在网上发表了《答"雷鸣"律师，致恒升的公开信》一文。随后其在互联网上开设了一个人主页，题目为"声讨恒升，维护消费者权益"，该主页设有文献收录、签名声讨恒升等栏目。"过程"一文及其他几篇相关文章也被收录在内。签名声讨恒升的栏目中有指向BBS的链接。

7月28日，《生活时报》发表了该报记者郑直的文章《消费者网上诉纠纷，商家E-mail律师函》。该文在报道了这起网上纠纷的过程后写道"据网上反应大多数消费者认为'恒升'在产品出现问题的前提下对消费者采取不负责任的态度，构成了对消费者的侵权"，并称"专为此开设的主页中也满是全国各地消费者对王洪的声援和对'恒升'的声讨"。

8月10日，《微电脑世界周刊》记者张岩在该报上撰文《谁之过？一段恒升笔记本的公案》，该文引用了王洪《誓不低头》中比喻恒升电脑"娇气得像块豆腐，这样的产品比起其他的品牌，不是垃圾又是什么？"的用语。

8月12日，王洪在与恒升集团联系寻找内存一事时，恒升集团致函王洪表示：恒升从未表示过拒修，个人恩怨与保修是两码事，并让王洪尽快将机器带来修理。

13日，王洪将电脑再次送至恒升集团。26日，王洪将修好的电脑取回。王洪的文章及其与恒升集团交往的往来函在其个人主页上的接连发表及有关报刊的报道，吸引众多网民在BBS上留言，其中含有大量对恒升集团带有侮辱性的内容。

1998年9月17日，恒升公司一纸诉状递至北京市海淀区法院，状告王洪侵害公司名誉权。同时，认为《微电脑世界》周刊和《生活时报》报道失实构成对名誉权的侵犯，将《微电脑世界》周刊的上级单位中国计算机世界出版服务公司和生活时报社推上法庭。

1999 年 6 月 22 日，恒升电脑案开庭审理。12 月 15 日，海淀区法院作出一审判决，恒升胜诉。判定第一被告王洪赔偿恒升经济损失 50 万元人民币。第二被告中国计算机世界出版服务公司和第三被告生活时报社分别赔偿 24 万元，案件受理费由三名被告负担。

被告三方均表示不服，提起上诉。2000 年 6 月 26 日，恒升电脑案二审在北京市第一中级人民法院开庭审理。2000 年 12 月 19 日上午 10 时整，北京市第一中级人民法院就恒升诉王洪商业名誉侵权案进行公开宣判，维持一审判决中关于侵权责任的认定，但免除了《生活时报》和《微电脑周刊》两家媒体的经济赔偿责任，王洪的经济赔偿额由近 50 万元变更为 9 万元。

二、拣着芝麻丢了西瓜

说"恒升案"是近几年中国 IT 界发生的最有影响的事件之一，恐怕并不为过。由于它不仅仅牵涉到维护消费者合法权益的问题，更触及利用网络侵犯名誉权的问题，一时间搅得舆论界人声鼎沸。厂商虽然从中赢得了法律上的成功，但也因为漠视公共关系而付出了极其沉重的经济代价和无法估量的形象损失。

厂商发布的资料表明，恒升从品牌创立以来销售量逐年上升，市场占有率一直在前三名内。1995 年销售额近亿元；1996 年销售笔记本电脑 1.5 万台；1997 年销售笔记本电脑 2 万台，销售额 3 亿元。

然而到 1998 年恒升起诉之时，厂商表示"恒升"因为这次事件所引起的退货额已高达 24517840 元。随着法律诉讼活动的展开，厂商的销售压力明显加剧，市场萎靡不振，经济损失进一步放大。

更令人痛心的是，恒升的品牌形象几乎遭到了史无前例的重创，并祸及方方面面：

1. 恒升的产品和服务中出现的不足和瑕疵，在长达三年的时间里，被各种新闻媒体公开、集中、突出地展示在社会大众和目标消费者面前，并投下了挥之不去的阴影。

如果说 1998 年王洪的"IT315"个人主页以及《生活时报》、《微电脑周刊》所做的一切，还只算打开了这个潘多拉匣子的话，那么此后双方的法律诉讼风波就可以看作是放纵"魔鬼"肆虐的帮凶，进一步诱使越来越多的关于恒升产品和服务的真实和不真实的细节，被公开到网络上来，媒体受众的不满情绪被发泄得淋漓尽致，恒升产品和服务的形象遭到了不计其数的贬损。正如支持恒升的一位网友这样在网络上痛心地写道："恒升，这个来自于我国台湾的产品，不过是大陆百姓初醒时而误伤的一件牺牲品——这样一个市场份额一直不错的企业竟被那样一些善良的消费者糟蹋得不成样子。"

2. 厂商的企业形象遭受到无情的打击。事件在由一个消费者权益保护问题迅速演变成一个网络名誉权侵害问题的过程中，舆论对厂商而言非但没有变得更为有利，反而在维护消费者权益上变得焦点化了。越来越多的强势媒体加入进来，如中央电视台、南方周末、新浪网、北青报等，不计其数的社会大众和网民也加入进来。于是，不仅对于厂商不利的各种客观和主观的信息量被几何级地放大，而且批评抨击贬损以及摧毁厂商形象的言论也变得肆无忌惮和为所欲为了。如果想考证恒升的企业形象被重创后的情形，只需要看看二审宣判后网络上的言论就可以了：在新浪网这个国内最大的新闻网站上，一天内有 60 条以上评论经审查发出，其中支持王洪和支持厂商的比例是 60：1；有将近一半以上的网络留言，以各种语气和手法，发泄着对厂商的极度不满；有近一成的帖子或直接或含蓄表达和呼吁抵制厂商及其产品。二审判决当天下午 14：25 分左右，恒升公司的网站主页更遭到计算机犯罪攻击，页面被黑客肆意更换成："赢了官司，输了世界！"这句口号出自当天新浪网网友的一个评论，迅速被黑客所利用。

无论如何，这样的结果是令人有些沮丧和惆怅的。厂商打赢了官司，赢得了法律上的胜利，但却在公共关系上和企业营运大局上付出了惨重的代价。

有一句古话叫着：拣着芝麻丢了西瓜，讲的大概就是这个意思。

资料来源：http：//www.docin.com/p-457450907.html.

 案例思考题

1. 为什么说恒升公司"赢了官司，输了世界"？
2. 恒升公司应如何开展公关？

形象编

公共关系是信与爱的运动。

第七章
组织形象概述

☞ 学习目的与要求

了解组织形象的界定、分类、良好组织形象的作用和特征。

掌握组织形象、知名度、美誉度等基本概念，掌握组织形象特征、组织形象的纵向和横向结构。

掌握组织形象的定位方法，理解塑造组织形象的重要意义。

 引例

美国艾克逊公司的社会形象活动

美国艾克逊公司认为：企业的社会责任主要包括三个方面的内容。（一）企业固有的经营责任；（二）环境保护以及消费者权益保护；（三）为社会服务的责任。这三个方面反映了企业的经营理念，同时也为企业的存在意义作出了诠释。公司认为，后两个方面的内容主要借助于组织形象的推广活动来加强，于是指定公司的副总经理为最高负责人来规划推广活动。活动内容主要有以下几项：

1. 资金援助计划

这一计划的内容是对社会公益事业提供资金援助，其具体项目如下：

（1）与美国剧场和公共广播电台合作，把公众喜爱的地方戏剧改编成电视剧，以条例的形式介绍给公众。援助金额达 100 万美元。

（2）补助新世界交响乐团。该乐团是当时唯一不对黑人与少数民族实行差别化待遇的乐团，所以提供 2.5 万美元给这个乐团作为公演补助费。

（3）资助霍丹夜祭文化活动。纽约市霍丹大学的学生，每年都要举办以保护波多黎各在内的西班牙文化为目的的音乐和舞蹈夜祭。

（4）资助哈雷姆预备学校，每年 60 万美元。该校为私立预备学校，为纽约市区落后的少数民族后裔提供进入大学学习的机会。

（5）ECSJ 计划，就是公司请大学生参加本地的社会性劳动，由公司付给学生工资。目的是为学生提供了解社会的机会，同时也增加学生的收入来源。

（6）为世界野生动物协会提供 5 万美元的基金，帮助其维持生态平衡，避免老虎绝种。

2. 员工义务劳动的活动计划

公司通过广泛征集员工意见，将那些愿意参与义务劳动的员工组织起来，为社区提供社会性的服务。艾克逊公司员工参与义务活动，内容主要有以下 7 项：

（1）生活辅导；

（2）顾问工作；

（3）护理活动；

（4）个别指导；

（5）成人教育；

（6）环境保护活动；

（7）运动教练。

艾克逊公司的义务活动丰富多彩、计划周详、组织有序。公司还向社会义务劳动中表现突出者颁发"社会贡献领导者奖"，从企业文化的角度看，这正是为公司塑造良好的社会形象寻找"英雄"、"典范"角色。公司还为参加义务劳动者举行招待午餐集会，总经理亲自出席勉励员工。如今，义务劳动已成为艾克逊公司必不可少的重要活动。

3. 信息传递活动

公司将员工的义务劳动计划、资金援助计划以及企业固有的经营活动，向当地居民进行信息传达。信息传达的途径有三条：一是定期或不定期的刊物；二是宣传活动；三是广告。

经过有计划的持续传播，公司形象得到了有效推广。

资料来源：http：//www.wccep.com.

第一节　组织良好形象的概念及作用

组织形象是公共关系理论的核心。组织形象问题是公共关系理论的核心问题。组织形象概念是整个公共关系理论概念群中的核心概念，甚至可以说公共关系学就是关于组织形象问题的学问。

一、组织形象的界定

组织形象（Organizational Image），即社会公众对组织综合评价后所形成的总体印象。组织形象包括的内容很多，如组织精神、价值观念、行为规范、道德准则、经营作风、管理水平、人才实力、经济效益、福利待遇等，组织形象是这些要素的综合反映。

塑造组织形象，可以说是公共关系最基本的职能，有人据此将公共关系部称为组织的"形象设计师"。一个组织在公众心目中树立了良好的形象，就意味着它具有很好的社会信誉，可以取得广大公众的信任和支持，这也就是我们通常所说的"无形资产"。

二、组织良好形象的作用

良好的组织形象是现代社会组织最重要的无形资产，它在一定条件下又可以转化为组织的有形资产，提高组织的竞争能力、开拓能力，是组织的立足之本。

良好的组织形象就像一个吸尘器，能够吸引各种社会资源。

（1）吸引更多的客户。如许多名牌有众多的粉丝和市场。

（2）吸引投资和资金。投资者都愿意购买具有良好形象的企业的股票和债券，银行也愿意借更多的钱给它们。

（3）获得政治资源的支持。西方很多著名公司进入中国的第一站，是与高层领导建立联系，获得支持。

（4）获得高素质人才。高素质的人才，更愿意去好的公司工作。

（5）其他支持。如媒体等，会给它们更好的支持，微软、苹果每一次发布会，不用花钱，全世界媒体都替它们宣传开了。

第二节　塑造组织形象的意义

市场经济的基本特征是竞争。竞争的最高层次就是组织形象的竞争。谁拥有了良好的组织形象，谁就能赢得公众的支持，谁就拥有了市场，并获得源源不断的利润，而且能使产品和组织在激烈的市场竞争中立于不败之地。塑造组织形象具有这样几个意义。

1. 组织形象是无形资产的重要组成部分

无形资产是组织资产的重要组成部分，它是不具有实物形态而以知识形态存在的重要经济资源。美国可口可乐公司的老板曾说过：如果公司在一夜之间被大火烧为灰烬，第二天各大银行就会主动上门来向公司贷款，因为公司还有360亿美元的无形资产。可见，无形资产的作用、价值远远超过有形资产。自然灾害可以损毁有形资产，但却不能减少无形资产的价值。世界上许多著名的组织、其无形资产都具有很高的价值。万宝路的商标权为330亿美元，是世界上烟草行业无形资产价值最高的，世界排名第二。无形资产具有如此之大的魅力是因为它代表组织在公众心目中的良好形象，组织形象的好坏决定了无形资产价值的高低。无形资产主要是靠组织形象来作为表现形式的。组织形象的认知度越高，美誉度越好，和谐度越佳，定位越准，无形资产的价值就越大，增值率就越高。日本丰田汽车公司就是依靠其组织形象的不断完善来维系、保护它的无形资产的。一般的汽车公司厂家维修中心都是顾客把汽车开到汽车维修中心进行维修，而丰田汽车维修中心接到电话后，会派人开辆好车到用户家中，开走需要维修的汽车，留下好车供用户日常使用。汽车修好后，维修中心会在汽车中加满汽油再开回用户家中，开走上次留下的汽车。这种处处为用户着想的服务思想，为丰田汽车公司树立了良好的组织形象。这种深入用户心目中的组织形象使丰田汽车公司的无形资产倍增。因此，一个组织要不断地发展、维系自己的无形资产，就必须充分重视组织形象。

2. 组织形象是组织生存发展的精神资源

组织形象之所以能以精神资源作用于组织的生存发展，是因为组织形象具有以下功能；

（1）规范与导向功能。组织形象是把组织的价值观念和行为规范加以确立，为组织的生存与发展树立的一面旗帜，是向全体职工发出的一种号召。这种号召一经为广大员工所认可、接受和拥护，就会产生巨大的规范与导向作用。像日产公司强调的"品不良在于心不正"，德尔塔航空公司倡导的"亲和一家"等，都是在教育引导、规范着员工的言行、态度，让他们在尽善尽美的工作中注意把自己的形象联系起来，使本组织成为世界一流的组织。

（2）凝聚与整合功能。组织因不同的人从事不同的工作，人的性格、爱好、追求又不一样，如果没有一种精神力量把他们"黏合"起来，组织就会成为一盘散沙。组织形象确立的共同价值观和信念，就像一种高度的理性黏合剂，将组织全体员工紧紧地凝聚在一起，形成"命运共同体"，产生"集体安全感""心往一处想，劲往一处使"，成为一个和谐、默契的高效率集体。

（3）激励功能。良好的组织形象可以使组织内部的员工产生一种骄傲与自豪。这种感觉可以让员工保持一种士气高昂、奋发进取的精神态度。每个人都有尊重的需要，希望得到他人的尊重与羡慕。因此，当员工在与别人谈起"值得骄傲"的组织时，那种对组织的热爱与爱戴就不言而喻了。这种对组织的热爱会产生强烈的激励作用，诱导并刺激着员工的工作热情和积极性。

（4）辐射作用。组织形象的建立，不仅对内有着极大的凝聚、规范、号召、激励作用，而且能对外辐射、扩散，在一定范围内对其他组织乃至整个社会产生重大影响。像我国20世纪60年代的"铁人精神"以及在日本企业界经常听到的"松下人"、"丰田人"的说法，都是组织形象对外辐射的典型范例。

3. 组织形象是外在扩张的市场铺垫

在现代社会，公众对商品的购买，不仅是对产品的功能和价格的选择，同时也是对组织精神、经营管理作风、服务水准的全面选择。组织形象的优良与否，是公众选择的重要依据。良好的组织形象会使公众对产品产生"信得过"的购买心理与勇气，使公众能够在纷乱杂陈、眼花缭乱的商品世界中培养起对组织的忠诚度，从而达到使组织争夺更大的市场份额、进行组织扩张的目的。德国大众汽车公司通过在北美和欧洲进行的调查发现，如果顾客的愿望在一家公司没有得到满足，那么他就会疏远该公司的产品。报告认为，一个厂家失去了顾客，只有30%是由于产品质量或价格的原因，60%的顾客转向其他产品是服务或售后服务不好，使他们没有受到礼貌的接待。大多数消费者会对组织的服务进行评价，并且会相互传播。这种口头传播的效力是十分惊人的。因此，树立良好的组织形象，就等于留住了顾客，就等于达到了组织扩张的目的。

第三节　组织形象的特征及分类

一、组织形象的特征

组织形象具有以下几个方面的特征：

（一）整体性

组织形象是一个有机的整体，形象是由组织内部诸多因素共同作用的结果。以一个企业为例，企业形象包括：

（1）企业历史、社会地位、经济效益、社会贡献等综合性因素；

（2）员工的思想、文化、技术素质及服务方式、服务态度、服务质量等人员素质因素；

（3）产品质量、产品结构、经营方针、经营特色、基础管理、专业管理、综合管理等经营管理因素；

（4）技术实力、物资设备、地理位置等其他因素。

这些不同的因素形成不同的具体形象，但这些具体形象只是构成企业整体的基础，而完整的企业形象是各个形象要素所构成的具体要素的总和，这才是对组织具有决定性意义的宝贵财富。当然，对有些组织而言，可能会因某一方面的形象比较突出，进而掩盖其他方面的形象，导致组织形象片面性或不完整性。其实这也是正常的，因为组织宣传有侧重点，公众也不可能全面了解组织的所有情况。

顾客对组织的印象大部分是源于他们所能接触的组织的一个或少数几个方面的情况，这就要求组织认真对待每一个方面、每一个环节，从而在公众心目中形成良好的总体印象。

（二）主观性

组织形象是公众对组织的意见或看法，因而是一种主观性的东西。因为社会公众本身具有差异性，他们的社会地位、价值观念、思维方式、认识能力、审美标准、生活经历等各不相同，他们观察组织的角度、审视组织的时空维度也不相同，这样社会公众对同一企业及其行为的认识和评价就必定有所不同，"公说公有理，婆说婆有理"就是这个道理。此外，在形象塑造和传播过程中，必然要发挥组织员工的主观能动性，渗透企业员工的思想、观念和心理色彩，因此，组织形象是主观的。

（三）客观性

形象是一种观念，是人的主观意识，但观念的反映对象却是客观的，也就是说，组织形象所赖以形成的物质载体都是客观的，建筑物是实实在在的，产品是实实在在的，组织的员工也是具体的，组织的各种活动也是实实在在的。所以，组织形象作为客观事物的反映，是不以人的意志为转移的，不能在虚幻的基础上构筑组织形象。

我们说组织形象是客观的，还是基于一种统计规律。组织形象是公众的意见或看法，这个公众不是单个的人或少数群体组织，而是一个公众的集合。个人的意见是主观的、可变的，但作为一个整体的公众或大多数人的意见则是客观的。虽大多数人也可能被误导或由于其他原因而产生错误看法，但这也正是公关状态的一种反映。如果不从整体公众来理解组织形象，便无法形成组织形象。因为做得再完美的企业总有反对者，再蹩脚的公关也会有人拍手叫好。

（四）稳定性

当社会公众对组织产生一定的认识和看法以后，一般会保持一段时间，而不会轻易改变或消失，这就是组织形象的相对稳定性。要在公众心中留下一个印象并不容易，特别是在当今产品众多、广告泛滥的年代；然而，要改变一种产品或一个组织在公众心中的形象就更难了。组织形象的这种相对稳定性可能会产生两种结果，其一是组织因良好形象被维持而受益，其二是组织因不良形象难以改变而受损。当然形象不是一成不变的，但要改变一种形象总是不容易的。

二、组织形象的分类

组织形象是多层次、多维度的，因此我们也应该从不同角度来把握组织形象。

（一）按内容分

按照内容可分为特殊形象和总体形象。

特殊形象是某一或少数几个方面给公众留下的印象，或者组织在某些特殊公众心中形成的形象。如企业的良好服务使某些顾客形成了组织"优质服务企业"的形象，企业的某一次慈善捐款给公众留下了乐善好施、热心公益事业的形象。特殊形象对企业很重要，因为公众是不可能全方位、全面地了解组织的。组织在他们心中留下的往往就是这种特殊形象，而且某些公众就是因为组织在某些方面的独特形象而支持组织的，如歌迷之于演唱会、球迷之于球星等。因此，特殊形象是组织改善形象的突破口。

总体形象就是企业各种形象因素所形成的形象的总和，也是各种特殊形象的总和，但两者又不是简单的总和。一个比较极端的例子是：某个员工工作敬业、技术一流，人际关系也好，深得领导和同事的赞许；但不喜欢他的人们可能说，他没有个性或没有特长云云。对一个组织而言，就应该努力追求总体形象和特殊形象的统一和谐。

(二) 按真实程度分

按照真实程度可分为真实形象和虚拟形象。

真实形象是指组织留给公众的符合组织实际情况的形象，虚拟形象则是组织留给公众的不符合企业实际情况的形象。

虚拟形象形成的原因是多方面的，既有信息传播过程中的失真，也可能有公众评价的主观性、偏向性原因。需要说明的是，真实形象不一定就是好形象，而虚拟形象也未必等于坏形象，如企业经营伪劣产品被曝光在公众中形成的一个不好形象是真实形象，而一个骗子在被揭穿之前的公众楷模形象往往是虚拟形象。一些企业也通过虚假统计数据而在上级部门（官员）那里形成了一种好形象，但这肯定是虚拟的。对企业来说，当然应追求真实的良好形象，而避免虚假的、不好的形象。

(三) 按可见性分

按照可见性可分为有形形象和无形形象。

有形形象是指那些可以通过公众的感觉器官直接感觉到的组织对象，包括产品形象（如产品质量性能、外观、包装、商标、价格等）、建筑物形象、员工精神面貌、实体形象（如市场形象、技术形象、社会形象等），它是通过组织的经营作风、经营成果、经济效益和社会贡献等形象因素体现出来的。

无形形象则是通过公众的抽象思维和逻辑思维而形成的观念形象，这些形象虽然看不见，但可能更接近企业形象的本质，是企业形象的最高层次。对企业而言，这种无形形象包括企业经营宗旨、经营方针、企业经营哲学、企业价值观、企业精神，企业信誉、企业风格、企业文化等。这些无形形象往往比有形形象有价值，如对麦当劳、可口可乐、索尼、劳斯莱斯等企业而言，它们的企业信誉等无形资产比那些机器设备和厂房要重要得多。

此外，还可以按形象的现实性，把组织形象分为实际形象和期望形象。

第四节　组织形象构成要素及定位

一、组织形象构成要素

现代组织形象的构成要素主要有三个方面：

1. 组织的总体特征与风格

组织的总体特征与风格是指组织最为显著的、能代表整体情况的一些特点，是社会公众对组织及其行为的概括性认识。组织的总体特征与风格分为内在总体特征与风格和外在总体特征与风格。组织的内在总体特征与风格指组织的精神风格、组织的价值观、组织的凝聚力、办事效率和组织的实力，如组织的人才、技术、资金、企业等级等。组织的外在特征与风格包括组织的建筑、设备、环境的美化和保护、员工的仪表、服饰、态度、办公用品、标志、厂旗、厂徽、厂歌、特有的色彩等。组织的内在特征与风格和组织的外在特征与风格是一个范畴的两个方面。内在特征与风格是外在特征与风格的支柱和依据，它决定着外在特征与风格的价值取向，比较含蓄。外在特征与风格是内在特征与风格的直接表现，很直观，易造成第一印象，使公众迅速了解组织的特色。因此，塑造组织形象时，二者不可偏废。

2. 知名度与美誉度

评价组织形象最基本的指标有两个：知名度和美誉度。知名度是一个组织被公众知晓、了解的程度。这是评价组织"名气"大小的客观尺度。但知名度是一个中性词，没有好坏之分。美誉度是一个组织获得公众的信任、接纳和欢迎的程度。这才是评价组织社会影响好坏程度的指标。知名度和美誉度分别从量和质两个方面评价组织形象。一个组织的知名度高，其美誉度不一定高；知名度低，其美誉度不一定低。因此，一个组织要想树立良好形象，就必须同时把提高知名度和美誉度作为追求的目标。

一个组织的形象好坏，通过知名度和美誉度两个指标就可以反映出来。将调查获得的数据纵横交错，就构成了一个组织形象四象限图，它是公关专家们测定组织实际社会形象的主要工具（如图 7-1 所示）。

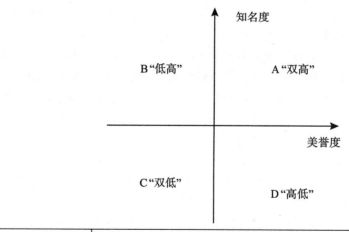

	基 本 特 征
A"双高"	高美誉度、高知名度；理想状态
B"低高"	低美誉度、高知名度；不良状态
C"双低"	低美誉度、知名度低；起始状态
D"高低"	高美誉度、低知名度；潜力状态

图 7-1　美誉度和知名度状态

组织形象四象限图中：A 区表示高知名度、高美誉度，说明组织的公共关系属于最佳状态。将来的问题是如何保持荣誉，更上一层楼。但是也要注意，过高的知名度也会给美誉度造成压力，必须时刻保持高度的警惕。B区表示高美誉度，低知名度，说明组织的公共关系处于较为稳定、安全的一种状态。公共关系工作的重点应该是在维持美誉度的基础上，提高知名度。C区表示低知名度，低美誉度，说明组织的公共关系处于不良状态。在这一种状态下，组织首先应该完善自身，争取较高的美誉度，而在传播方面暂时保持低姿态，待享有较好的美誉度以后，再大力做好提高知名度的工作。D区表示高知名度，低美誉度，说明组织的公共关系处于"臭名远扬"的恶劣状态，不仅信誉差，而且知之者甚众。在这种情况下，其公共关系工作的重点首先在于降低负面的知名度，隐姓埋名，减少舆论界的注意，默默地努力改善自身，设法逐步挽回信誉，提高美誉度，再求发展。

3. 组织形象的定位

组织形象定位是组织在社会公众中确定自身形象的特定位置，这个特定位置通常是特定组织与同类组织相比较而确定的。因此，组织形象定位总是根据组织自身的特点、同类组织的情况和目标公众的情况三个要素来实施的。组织形象定位是公共关系实务或者公共关系策划的重要内容之一。一个组织选择什么样的总体特征与风格，在不同时期的知名度、美誉度要达到多高，都要有一个定位才能形成组织形象。组织没有的统一的组织形象，就无法开发形象资源。而准确的组织形象定位，就为组织的成功奠定了基础。

二、 组织形象的定位方法

定位理论最早出现于20世纪60年代末美国广告界的一些文章里，到1972年在美国很多影响的《广告年代》上正式出现。当时强调通过广告攻心，将产品定位在顾客的心中潜移默化，而不改变产品本身。到20世纪80年代，美国著名营销专家菲力普·科特勒开始把定位理论系统化、规范化。他指出：定位就是树立企业形象，设计有价值的产品和行为，以便使细分市场的顾客了解和理解企业与竞争者的差异。可见，要想企业在公众心目中留下清晰、深刻的印象，就必须有准确的形象定位。

组织形象定位的方法有很多，主要有以下几种：

1. 个性张扬的定位方法

个性定位的张扬方法主要指充分表现组织独特的信仰、精神、目标与价值观等，它不易被人模仿，是自我个性的具体表现。这既是组织形象区别于他人的根本点，又是公众认知的辨识点。因此，组织形象定位时一定要注意把这种具有个性特征的企业哲学思想表现出来。太阳神集团就以"健康、向上、进取、开拓，以人为中心"的经营管理理念为个性特点；美国IBM公司也是以"科学、进取、卓越"的独特定位表现其组织哲学的。这种个性形象可以是整体性的，也可以是局部性的，如组织的人员个性、产品个性、外观个性、规范个性等等。像丰田汽车的"车到山前必有路，有路必有丰田车"，就是其局部性——产品个性的表现。当然，这种个性也应是组织整体个性的代表性、集中性的表现。

2. 优势表现的定位方法

在这个"好酒也怕巷子深"的年代，组织要想在激烈的市场竞争中立于不败之地，除了利用人性的张扬之外，还必须扬其所长而避其所短，重视表现组织的优势。公众对组织形象的认识实质上是对其优势性的个性形象的认识。组织给予公众这种优势性形象的定位，才能赢得公众的好感与信赖。因为公众都会不同程度地得益于这种形象定位。当然，组织也同样因这种定位而获得更高的经济效益与社会效益。不同特色的组织都有不同特色的优势，只要抓住其优势特色进行定位，就可以很好地发挥作用。如法国轩尼诗公司的XO白兰地，在1991年6月6日，历经38个月的海上航行，到达上海客运码头时，不仅动用了中国传统舞狮和鼓乐开道，还举行了有爵士乐队和时装模特献技的宣传活动，充分表现了法国轩尼诗公司"高贵气派"的形象定位，给中国老百姓留下了深刻的印象。

3. 公众引导的定位方法

这是组织通过对公众感性、理性、感性与理性相结合上的引导来树立组织形象的定位方法。

感性引导定位方法主要是指组织对其公众采取情感性的引导方法，向公众诉之以情，以求消费者能够和组织在情感上产生共鸣，进而获得理性上的共识。海尔集团的"真诚到永远"是以打动人的情感来树立组织形象的。

理性引导定位法主要指对消费者采取理性说服方式，用客观、真实的组织优点或长处，让顾客自我作出判断进而获得理性的共识。比如艾维斯出租车公司的"我们仅是第二，我们更为卖力"，就表现出公司对公众的真诚、坦率；苹果电脑那只被挖掉了一块的苹果，让公众清楚地知道公司仍然存在不足，并非完美，但他们会不断努力。这种理性的引导公众的定位更有利于培养起公众对组织的信任。

感性与理性相结合的引导定位综合了感性与理性的双重优势，可以做到"情"与"理"的有机结合，在对公众"晓之以理"、"动之以情"的过程中完成形象定位。麦当劳以其干净、快捷、热情、优质而组成的"开心无价，麦当劳"为其企业形象定位，充分表现了公司愿让每一位顾客都感受到"高兴而来，满意而归"的宗旨。这种既表现出组织的价值观又带有人情味的形象定位，能适应不同消费者心理的多方面需求，更能赢得公众的青睐。

4. 形象层次的定位方法

形象层次定位法是根据组织形象表现为表层形象与深层形象来进行定位的。表层形象定位是指构成组织形象外部直观部分的定位，比如厂房、设备、环境、厂徽、厂服、厂名、吉祥物、色彩、产品造型等的直接定位。例如"可口可乐"那鲜红底上潇洒动感的白色标准字就体现出了"世界第一可乐饮料"的大家风范。深层形象定位主要是根据组织内部的信仰、精神、价值观等企业哲学的本质来进行定位的。例如美国通用公司"以提供高品质的产品与服务为目标，满足顾客需要，成果共享，利益均沾"的定位即为深层形象定位。

5. 对象分类的定位方法

对象分类定位方法主要是针对内部形象定位和外部形象定位而言的。内部形象定位主要指企业家、管理人员、科技人员以及全体员工的管理水平、管理风格的定位。如喜来登酒店的"在喜来登小事不小"；昆仑饭店的"深疼、厚爱、严抓、狠管"，都是其管理风格的真实写照。外部形象定位是指组织外部的经营决策、经营战略策略、经营方式与方法等方面的特点与风格的定位。如今日集团"一切为了国人的健康"；长安汽车的"点燃强国动力，承载富民希望"等，都是属于外部形象定位的方式。

企业因其形象定位的不同，采取的方法也是不一样的。但各种方法归纳起来目的都只有一个：在公众心目中留下深刻、清晰的组织形象。

第五节　塑造良好的组织形象

如何才能塑造良好的组织形象呢？一般来说，要塑造良好的组织形象，组织应该做好以下几方面工作：

一、消除组织形象塑造中的误区，树立正确的组织形象观

尽管组织形象的重要性已为越来越多的组织领导层所认识，但在实际中，还是存在着对组织形象的若干误区。

1. 组织形象无用论

组织形象是摆花架子、图形式，中看不中用，以前从没听说或没塑造过组织形象，不也照样获得成功吗？市场竞争是短兵相接，时间就是金钱，市场是不会让你从容地塑造好形象再参与竞争的。

2. 组织形象万能论

组织形象是点金术，是灵丹妙药，企业形象一导（导入）就灵；只要导入组织形象战略，组织就会像可口可乐那样名扬四海，像微软公司那样财源广进，像清华同方那样潜力无限。

3. 组织形象趋同化

照搬照抄的组织理念设计和行为设计，大同小异，毫无本组织的特色和个性。如在为企业设计企业精神时，大部分的企业是选择诸如"团结、创新、求实、奉献、文明"等词，形成一种高度趋同化的企业精神。

4. 组织形象盲目化

组织形象应该是组织长期的经营理念、经营宗旨及其他方面的集中、综合反映，应该具有典型性、代表性、综合性。但很多组织在塑造形象的过程中，既不了解组织的历史及发展过程，又不针对公众而开展调研，因此这样的组织形象往往带有很大的盲目性，很难被公众认同。

针对上述组织形象塑造过程中的误区，组织在进行形象塑造时必须树立正确的组织形象观，努力避免或消除对组织形象的不正确看法。既不要因看不到组织形象的作用而轻视，也不要因组织形象有作用而人为拔高，同时在组织形象设计和实施过程中要注意特色，注意针对性和代表性，只有这样才能真正搞好组织形象的塑造工作。

二、捕捉组织形象塑造的有利时机，以达到事半功倍的效果

不同的时期，组织形象塑造的途径和方法会有所不同，能巧妙地把握时机，因势利导，就能收到事半功倍的效果。

1. 新组织创立时期

新组织创建开业时，还未能与社会各界建立广泛联系，知名度不高。这时，组织如能确立正确的经营理念、完善的组织和员工行为规范，设立独特的视觉识别系统，以及最佳的传播方式和媒介，就能给公众留下美好的第一印象。

2. 组织顺利发展时期

这时应致力于保持和维护组织的形象和声誉，巩固已有成果，再接再厉，进一步提高知名度和美誉度，以强化组织在公众心目中的良好形象。当组织处于顺利发展时期，其各方面运转往往较好，因此，可供利用的宣传机会和"扬名"机会当然也会多些。"经济效益上台阶，文化生活辟新路，组织荣誉接踵至，主要公众赞扬多"等，都是可以利用的极好契机。

3. 组织处于逆境时期

组织的发展不可能是一帆风顺，当组织处于逆境时，公关人员最需要的是沉着、冷静，善于捕捉组织中的亮点，然后抓住有利时机，采取灵活机动的宣传策略，以赢得组织内外公众的支持、理解和合作，助组织顺利渡过难关。就算是组织处在最困难时期，只要公关人员勤于思考，敏于发现，总能找到一些组织的亮点。如某企业可能因经营不善导致亏损，经济效益下滑，员工福利受到影响，外部的公众如供应商、代理商、顾客组织的支持力度也有减弱的趋势，组织看起来很困难。这时，公关人员便要努力寻找组织亮点，如企业虽暂时处于困境，但企业有雄厚的基础，或者有良好的企业形象或者有超强的技术开发实力，或者有诱人的发展前景，或者有乐观自信的员工……这些都可作为对内对外宣传的突破，作为使组织重新赢得公众信心的催化剂。正如一句流行语所说，"只要思想不滑坡，办法总比困难多"。

4. 组织推出新产品、新服务项目、新的方针政策或经营方式时

这时组织面临的最大挑战就是如何改变公众的观望与等待的态度。由于受人们消费惯性的影响，社会公众在组织推出新产品、新服务或新举措时，往往会持观望和等待态度。这表明消费者对这些新产品、新服务、新举措还不了解，还有疑虑，还存有戒备心理。因此，这时公关部门应主动出击，采取有针对性的措施，如现场产品（服务）展示、操作示范、广告宣传、顾客承诺等，消除公众的疑虑，把公众的注意力尽快地吸引到组织上来。

三、**统筹兼顾，全面安排，保持组织形象的统一性和连续性**

在塑造组织形象过程中，组织要统筹兼顾，全面安排，以保证组织形象的统一性和连续性。许多经营不佳、形象不好的企业，并不是因为没有塑造组织形象，而是因为缺乏连贯一致的组织形象。它们今年强调成本低、价廉物美，明年强调服务好、体贴入微，后年又强调革新、创新制胜，不仅内部职工无所适从，而且也导致外部公众无法对其形成一个稳定的印象。我们再看国际上那些知名公司，它们在这方面就很值得借鉴学习。如美国国际商用机器公司（1BM）在其成长过程中，产品不断更新，管理体制也发生了变化，但

形象编

我们从它最近公布的组织目标及目前所强调的基本信念来看，仍然没有离开其第一任领导老托马斯·沃森最初的设想；日本松下公司所遵循的整体企业精神，仍然是公司创始人松下幸之助所拟定的一些信条。可见，保持组织形象的一贯性、连续性，对于一个企业的长远发展至关重要。

本章小结

组织形象是社会公众及一般舆论对某个组织机构的全部看法和总体评价。

从实质上看，组织形象是客观的。从形式上看，组织形象又是主观的。

从不同的角度，可以对组织形象进行具体的区分。（1）按照内容可分为特殊形象和总体形象。（2）按照真实程度可分为真实形象和虚拟形象。（3）按照可见性可分为有形形象和无形形象。

良好组织形象的作用具体表现为：（1）良好的组织形象是内求团结的旗帜。良好的组织形象可以形成强大的内聚力，有利于组织内部关系和谐发展，易于引导社会组织奋发向上、精益求精，不断为社会物质文明发展提供新贡献。良好的组织形象还可以带动社会组织注重社会责任。（2）良好的组织形象是外求发展的风帆。良好的组织形象可以为组织的产品、服务提供巨大的市场支持，可以为组织的行为提供有力的信誉担保，可以为组织优化环境提供强大的推动力量，可以为组织广交朋友起到号召作用。

组织形象特征具体表现为：（1）整体性。（2）主观性。（3）客观性。（4）稳定性。

现代组织形象的构成要素：（1）组织的总体特征与风格。（2）知名度与美誉度。（3）组织形象定位。

组织形象的定位方法：个性张扬的定位方法、优势表现的定位方法、公众引导的定位方法、形象层次的定位方法、对象分类的定位方法。

塑造良好的组织形象应做好以下工作：（1）消除组织形象塑造中的误区，树立正确的组织形象观；（2）捕捉组织形象塑造的有利时机，以达到事半功倍的效果；（3）统筹兼顾，全面安排，保持组织形象的统一性和连续性。

关键概念

组织形象（Organizational Image）

知名度（Visibility）

美誉度（Reputation）

产品（服务）形象（Product（Service）Image）

管理形象（Management Image）

技术形象（Technical Image）

规模形象（Size Image）

道德形象（Moral Image）

环境形象（Environmental Image）

人员形象（Staff Image）

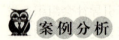

复习思考题

1. 简述组织形象及特征。
2. 组织形象分类有哪些？
3. 如何理解组织形象是主客观的统一？
4. 简述良好组织形象的作用。
5. 如何理解知名度和美誉度以及两者的组合情况？
6. 组织形象的纵向结构有哪些？
7. 简述组织形象的横向结构。

案例分析

可口可乐旅程（Coca-Cola Journey）

Ashley Brown 及其团队已经成功为企业品牌创建了一个名为"可口可乐旅程"的故事讲述平台。通过精巧的编辑，用户将会发现这些故事在"大图滚动栏"中循环放映：

● 如何准备一顿简单的母亲节早、中餐——一个简单的流程就能切实帮助我们这些想要报答母亲，却又对如何下厨房一无所知的人。

● 1886 年 5 月 8 日：一个新主意的诞生日——回顾可口可乐从最初在雅各布的化学实验室诞生至今的发展历程。

● 完美的镜头：可口可乐的快乐标杆——这一雄心勃勃的艺术项目是由巴西和阿根廷艺术家设计的，汇集了成千上万的剪贴画拼合而成的海报艺术。

"旅程"关注的重点非常清晰：公司新闻资讯的最新动态，社会地位日益上升的女性，水资源议题，以及 2014 年世界杯的冠名赞助。内容也涵盖了饮食和音乐。这些都反映了一种向更为生活化的内容的转变——这也是他们从实践中学到的重点。品牌主页简单汇集了比如用户在芬达的社交媒体渠道所找到的内容。

"旅程"中有大量的内容。用户还可以通过 Unbotteled Blog 了解幕后的传播团队，阅读网站推荐的精选文章。

"Contently"是一个讲故事的平台（内容营销分享平台），作为可口可乐的合作者，在其品牌战略中提供了极为有用的视角。

"旅程"的联合主编 Jay Moye 透露，2013 年，"旅程"总共发表了 1200 篇文章，共吸引了 131000000 名网民参与，平均每位网民花费 4 分 40 秒的时间在每篇文章的阅读上，这是一个让人印象深刻的数据。通过 Journey On（交流方会议），可口可乐

形象编

全球团队试着将运营秘籍传递给已经各自上线"旅程"以及那些在未来几个月将会启动"旅程"的8个国家，包括英国、爱尔兰、西班牙、法国、意大利、奥地利、尼日利亚和肯尼亚。

团队：可口可乐的"旅程"团队由 Ashley Brown——这位年仅 35 岁的数字传播和社交媒体总监负责。正是 Ashley Brown 将可口可乐从广告时代带入数字时代的。"旅程"由 Moye 和前电视记者 Ashley Callahan 共同管理。团队的工作人员还包括社会化媒体编辑、平面设计师和分析师等人。来自亚特兰大的视频组负责录制"旅程"的影像。团队依靠自由职业者，比如作家，摄影师等人，为非可乐产品本身方面的内容服务，比如通过 Contently 来展现可口可乐公司的招聘和管理机制。

简洁明了：看看团队在内容中是如何体现新股东会议的。与照搬财务报告或记无聊的会议流水账不同，文章被简化为："关于可口可乐的年度股东会议的 10 项内容。"真是言简意赅！

资料来源：经管之家网，http：//bbs. pinggu. org/thread-3140598-1-1. html.

 案例思考题

1. "可口可乐旅程"的故事讲述平台活动是否提升了公司形象？
2. 什么塑造了可口可乐的"快乐标杆"公司形象？

第 八 章
组织形象策划

☞ **学习目的与要求**

了解组织形象的内在基础、外在条件、设计的作业流程。

掌握如何对组织现有形象进行调查，设定组织形象框架。

掌握形象识别系统的设计，CIS 系统的实施，掌握形象建设的阶段、CIS 实施的步骤和时机。

理解顾客满意系统。

 引例

马自达创立于 1921 年，其旋转式引擎技术的开发在同行业中占有领先地位，却无法在消费者心中摆脱原来三轮车装置的陈旧形象。为了统一企业形象，塑造符合国际化发展的鲜明形象，马自达将企业名称、品牌名称、商标图案完全统一为简洁、有力的经过专门设计的五个字母"MaZDa"，这五个字母传达信息凝练，造型刚劲有力，视觉冲击力强。除此之外，马自达还设计了非常详细的 CI 应用手册，用于指导企业内部的 CI 实施。考虑详尽、说明翔实、项目丰富、实用性强的 CI 手册确保了马自达在全球各地企业形象的高度统一。

市场风云变幻，亚洲金融风暴爆发后，日本汽车工业全行业陷入发展危机，负债累累的日本马自达被美国福特公司收购。马自达汽车并入福特汽车集团后，福特汽车集团对马自达的经营进行了重大的调整，在内部管理、产品战略、市场营销等方面重新作了部署，而在企业 CI 战略上，继续保留马自达在市场行销多年、拥有丰厚品牌资产的 MaZDa 品牌，但在品牌形象识别上做了较大的变动。在 21 世纪来临之前，福特赋予马自达一个全新的形象，这就是一个展开双翅奋力高飞的字母"M"。

马自达的新形象淋漓尽致地表现了 21 世纪汽车工业的时代精神，突破了平面的三维设计手法，细腻而简约，完全将高贵金属的质感呈现于形象上。展翅高飞的"M"给马自达带来新的品牌形象内涵——独具个性意识、不断创新、追求无止境、勇往超前、热情服务、进取的野心……在消费者意识逐渐成熟的 21 世纪，20 世纪 70 年代盛行一时的字母设计策略已被追求个性化的设计策略取代。

资料来源：http：//www.u-we.com/index.html.

第一节　组织形象的设计

在经济全球化的今天，市场经济日益成熟，市场上产品、服务的差异日益宿小，组织间的竞争已经发展到了组织形象的竞争。如何树立个性化的组织形象，已成为现代组织中的重要课题。

一、组织形象的内在基础

组织形象的设计必须首先从它的内在基础开始，这是组织形象相互有所区别的根本，其中主要包括组织事业领域的确定、组织目标的确定和组织理念的确定三个方面。

1. 组织事业领域的确定

组织事业领域与生产领域有很大差别。生产领域是组织生存的基础，事业领域则是组织面向未来的总体方面，是组织发展的长远打算。作为组织行为的总纲领，组织事业领域能够并且应该使每个员工都清楚并参与到以后的组织行动中来，确定各自的责任范围，在工作中获得自我满足、自我的成长机会，并为组织今后的资源分配和利用指明方向。比如雅马哈是人们熟知的日本公司，它本以生产钢琴为主，后来发展到生产电子琴、射箭用具、滑雪设备、游船、网球拍等，这实际上是根据企业的事业定位——娱乐工业而进行开发的。

事业领域的内容一般包括四个方面：组织历来的"业务"是什么？组织的总目标是什么？组织在未来该如何？组织怎样才能在不断变化的环境中稳步发展？一般而言，对组织事业领域的表达，必须包括核心产品或服务、基本市场、主要技术、组织性质四个要素，由此，才能为组织的发展确定一个基础的范围。

组织在确定事业领域时，必须充分考虑技术发展的未来趋势，使组织的形象定位能为组织的发展提供相当大的空间；同时组织的定位还要充分考虑消费者形态的变化趋势，既要谨慎，保持经营内容的连续性，又不可过于死板，丧失了灵活性和可变性。实际上，组织要繁荣兴旺，就必须对自己的任务进行不断的审查，并在必要时加以改变。

2. 组织目标的确立

组织的事业领域只是描述了组织的发展前景、希望，它并不是详细的量化指标，要使其真正落实还必须设定相应的目标。没有组织目标，组织就没有发展方向。组织目标分为总目标和阶段目标。任何一种目标的确立都必须遵循下列原则；

一致性原则。总目标的确立必须与组织确立的事业领域保持一致，是组织事业领域的量化指标；阶段目标必须与总目标一致，是总目标的分解。

可行性原则。组织确定的目标必须既富于挑战性，又符合客观发展规律，是最终能够实现的。

可衡量性目标。目标必须是明确的。应侧重定量化和便于计量。目标定得越明确具体，越具有可行性。

优先性原则。总目标实现往往要经过相当长的时期。因此，必须根据阶段目标对总目标的重要性进行排序，将其中重要的、具有决定性的阶段目标优先实行，保证其实现。

3. 组织理念的确立

在组织形象的内在基础中，组织理念是十分重要的。组织理念特指带有个性的组织经营活动的思想或观念。IBM公司的创始人在谈到组织信念时说："任何一个组织要想生存，首先就必须有一套完整的信念，作为一切政策和行动的最高准则，其次必须遵守那些信念。处于千变万化世界里，要迎接挑战，就必须自我改变，而唯一不能变的就是组织信念。换句话说，组织的成功主要是跟它的基本哲学、精神和驱策动机有关。信念的重要性远远超过技术经济资源、组织机构、创新和时效。"由此可见，组织理念是组织生命力和创造力的综合的整体反映，是一切组织形象的出发点和归宿。

二、组织形象的外在条件

组织形象的设计除了注重内在基础的建立之外，还需要与外在条件相配合，才能使组织形象在市场竞争中保持优胜的状态。组织形象的外在条件可分为市场环境中的条件和未来发展中的条件。

1. 市场环境中的条件

社会进入高度成熟的消费时代后，公众需求的不只是量的满足、质的追求，他们更强调"感性"的需要，也就是说，消费要求有一种被关心、被理解、被诱引、被个性化服务的感觉。面对如此"挑剔"的消费者，组织只有通过具有个性化的形象战略，赋予组织独特的魅力，才能接受消费者的挑战。如三凌公司的"诚实、和睦、公私分明、顾客第一"的定位；美国兰铃公司"优质与服务"的组织形象定位，都是各自整体组织的文化特征在为公众服务中的集中表现。

市场环境中的条件的另一个方面就是组织形象必须与同行组织之间保持差异性。这样才能在复杂的市场中独树一帜。组织形象的差异性不仅表现在组织的标志、商标、标准字和标准色等不同于其他组织，还表现在组织的经营哲学、企业文化、市场定位、产品定位、营销手段、组织机构设置等不同于其他组织。同时，这种差异性还表现在国与国之间的民族差异性上。各个国家在政治环境、文化背景、社会特征、组织形态、国民心态等方面存在差异，使组织形象的内涵、形成、运行规律、具体规模都有不同的社会性和民族性。因此，在组织形象的设计时必须重视其形象的差异性。

2. 未来发展中的条件

在进行组织形象设计时，不仅要考虑到现在的定位，而且要考虑到如何在公众心目中立于不败之地，如何继续发展组织形象的问题。注意组织形象的统一性和动态性，这对组织形象在未来的发展中起着重要的作用。

第一，统一性。组织形象设计的基本内容就是形成统一的组织形象系统，使组织形象在各个层面上得到有效的统一。它是体现组织个性，强化组织印象的最有力的武器，是组织形象可持续发展的基本保证。组织形象的统一性具体表现在企业理念行为及视听传达的协调性；产品形象、员工形象与组织整体形象的一致性；组织的经营方针与其精神文化的和谐性等方面。组织在进行形象设计时，一方面要把组织形象灌输在经营管理思想和经营管理活动之中，不仅要注意通过厂徽、建筑物等外表形状，而且还要通过组织的优质产品和优质服务，以及组织文化活动来体现组织的完整形象；另一方面要调动组织员工塑造组织形象的积极性，教育和要求组织的每一个员工充分认识自己所处的地位与作用，用组织形象规定的价值观的准则来约束自己。

第二，动态性。组织形象的设计和导入是一项复杂的系统工程，它涉及组织经营的各个方面，既是组织外在"形象"的更新，也是组织内部"灵魂"的革命。因此，组织形象的树立不是一次性的短期行为，而是一项长期的工作。在这一期间，组织的内外环境，比如经营战略、经营方式、市场定位、产品定位及组织机构设置等都可能发生一定的变化。因而，组织的形象设计也不可能是固定不变的，它应随着组织内外的变化而不断进行调整。组织形象的设计和推广应是一个只有起点而无终点的螺旋上升过程，这才是保证组织形象可持续发展的重要条件。

三、 组织形象设计的作业流程

组织形象的设计是一项周密、复杂、系统的长期发展规划。作为一项系统工程，必须按照一定的规则，循序渐进地展开工作，才能达到预期的目标。原则上各组织形象设计程序大致相同，这里，我们细化分解为 43 个作业流程，以便各组织根据自己的特点和实际，具体操作和实施：

（1）组织形象设计计划的开始和确认。有关导入组织形象设计的提案被批准，组织形象设计计划的施行正式得到公司内部的承认。

公司内部与其他相关人士，确定执行已确认的作业。

公司与所委托的机构签订基本合同。

（2）组织形象设计委员会等设置。设置组织形象设计委员会，选定委员会负责人和具体业务负责人。

（3）系统分析以委员会为中心。研讨有关组织形象的期待成果和现状问题。如有必要，通知相关单位来参与讨论。

（4）搜集内部意见。发放调查表，请公司内部职工记下有关组织形象的现状问题，以及对组织形象的期待事项。收回调查表，经过分析后加以整理。

（5）组织形象设计中心的确认。以系统分析结果和调查表为基础，构筑组织形象系统。

（6）实地考察。为了让公司顾问机构了解公司情况，可安排他们到本公司的事业部门和流通部门实地考察。

（7）公司内部的信息传递活动。唤起公司员工的组织形象意识，进行内部启蒙教育活动，策划信息传递方式、媒介。编发《组织形象信息》等刊物，进行公司内部的启蒙活动，并分别举行各员工阶层的说明会议。

（8）调查体系的策划。根据组织形象设计以客观地调查企业形象的现状为目的，安排调查对象和调查方法，确认调查方针。

（9）调查设计、调查对象和调查方法的确定。选定调查对象和调查方法，具体实施有关调查。事先预估调查作业，选取适当的调查机构。确定调查作业的概略计划表。

（10）选定调查机构。与选定的调查机构签订合同。确认调查顺序、调查内容的明确计划表。

（11）准备调查。根据调查计划进行准备工作，例如，抽样、印刷问卷、分配调查工作等。调整并事先约定访问对象。

（12）实际调查。施行公司内、外环境的调查。整理收回的调查问卷，安排统计分析作业。

（13）调查结果的统计分析。完成定量调查后，根据调查资料进行分析。收集定性调查结果的资料，加以整理。

（14）信息媒体调查。根据信息媒体的需要，设计问卷调查表。将有关信息媒体的方式和期限等计划立案，同时向内部进行传递和说明工作。整理信息媒体收集的结果。

（15）视觉审查。分析已有的识别系统和识别要素，进行设计的视觉审查。

（16）访问负责人。直接访问负责人，了解其意向。向企业经营负责人请教其企业理念，以便了解公司未来的活动方针，以及探讨有关视觉问题等。

（17）解析调查分析结果。以一切调查结果为基础，解析这些资料所显示的意义。找出公司目前形象活动中的问题点，以探索未来发展方向。

（18）制作总概念报告书。根据调查的综合整理结果，构筑组织形象概念的方案。对企业思想、将来的企业形象和识别问题等，经过充分研究得出结论。

（19）总概念的发展。对公司高级主管阶层（或董事长）说明总概念。审议总概念提案内容，决定实施方针和内容。

（20）企业理念体系的构筑。根据总概念的施行方针和内容，探讨表现新企业理念体系问题。由高级主管阶层决定新企业理念的表现内容，加以讨论后正式通过。完成组织形象设计，接受新管理系统的业务。

（21）企业识别系统的构筑。根据总概念和新企业理念决定企业名称、识别内容，以及有关标志的问题。企业识别系统的再构筑作业完成后，争取公司内外的认同。

（22）变更企业名称、称呼。决定变更企业名称后，先选出几种新名称，经过讨论后再决定新的企业名称。办理必要的法律手续。

（23）制定组织形象设计开发计划书。根据总概念和变更企业名称的结论，整理出设计开发条件。如果需依靠外界设计时，应先制定设计开发要领或设计开发计划书。

（24）设计人员的挑选和签订合同。挑选负责组织形象设计开发的设计专家或设计公司。必须按照设计开发要领的规定，与负责设计的专家和机构签订合同。

（25）设计人员确定方针。选定设计人员后，应提示调查结果的开发条件标准，并说明各种有关设计开发的问题。

（26）介绍设计基本形态。设计专家完成以基本要素为中心的设计基本形态后，呈送上级组织形象委员会和企业高层主管阶层，审议此设计方案。

（27）设计测试。向指定受测对象，进行新设计基本形态的反应测试、视认性测验。

（28）法律上的核定。核定商标、标志等设计方案。办理商标注册的必要法律手续。

（29）决定设计基本形态及细化。从几件基本形态设计方案中经过讨论选定企业的设计基本形态。对选定的设计形态，进行造型精致化作业。

（30）制定企业标语。制定企业标语，作为基本设计要素的一部分，也可采取从公司内部公开征求标语的措施。企业标语确定后，应列入设计系统中。

（31）基本设计要素及系统的提案。以设计基本形态为中心开发基本设计要素及说明设计系统的提案。以基本设计要素的组织为中心，经过讨论决定设计原则。

（32）制作基本设计手册。编辑基本设计手册。定稿后，印制基本设计手册。复制用的清样制作完成。

（33）对外发表计划。策划设计对外发表的有关计划。做好关于发表的方针、时机、方法、费用等问题的计划。

（34）公司内部的信息传达计划。策划有效的诉求方式，将组织形象设计的成果有效地传达给全体员工。制订周详的有关信息传达的方针、方法、顺序、资料、费用等计划。

（35）应用的适用计划。对开发的新设计在具体项目中展开适用性考察，并制订详细计划。妥当安排适用计划的方针、时机、方法、费用等。整理新设计对项目的应用条件。

（36）应用设计开发。将基本设计具体地使用于应用项目。对应用项目的设计进行试作、测试。

（37）编辑应用设计手册。定稿后，印刷应用设计手册。

（38）新设计的应用展开。按照新设计的项目，配合应用适用计划而进行实际制作。

（39）策划制作企业内部使用的用具。制作公司内部信息传递用的用具。制作公司内部信息传递用的概念手册。

（40）对内推广。对内推广组织形象成果，施行员工教育。

（41）对外推广。对外推广组织形象成果，以及企业思想和企业识别的变化等。发行报导组织形象设计信息的报刊。利用广告媒体进行公开发表活动。通知各交易对象。

（42）组织形象相关计划的推行。对于与组织形象的相关计划，必须考虑其应用问题以及对公司内部有效的推广方法。

（43）组织形象管理系统的施行。确定施行组织形象设计的管理维持作业系统。决定组织形象相关计划的结束和继续管理问题，建立新的企业信息开发管理系统。

由此可见，就整体而言，组织要一次性完成所有的组织形象设计并使之统一化，并不是轻而易举的，这不仅需要投入大量的资金，更需要大量的人力和时间。因此，组织可以根据自身的需要和状况，有秩序、有选择地逐步进行。

第二节　组织形象的建立

对一个组织而言，组织形象的建立一般有以下几个步骤：

一、组织现有形象的调查

这一步骤重点在于把握组织的经营现状、外界认知、设计现状，客观地分析组织现有形象的优劣。它是组织形象建立的依据。对组织现有形象的调查可以通过内部调查、外部调查和组织综合指数调查进行。

1. 内部调查

内部调查主要通过对组织经营理念、行为准则、营运机制、生产管理水平、技术及人才储备、产品结构、员工状况、产品开发策略、财务、信息传达方式、现存组织形象等方面的内部检讨研究和分析，整理出组织　形象的问题点。内部调查应从与高层主管访谈、与员工访谈、文案调查、情报视觉审查四个方面入手。

2. 外部调查

外部调查可分为两个层面。一是宏观的层面，它包括经济、政治、社会、科研等几个方面；二是微观的层面，它包括竞争对手、市场调研等方面。

3. 组织综合指数调查

它主要调查公众对本组织的认识、态度和印象。其中主要包括组织文化、组织精神、组织的产品质量、服务态度、组织认知度、组织美誉度、和谐度等基本内容。为了有的放矢地建立或改善组织形象，就必须围绕关键公众（员工、消费者、新闻媒介、融资界等公众）对组织的意见和态度展开调查。这是组织形象调查的重要因素。

二、组织形象框架的设定

这一阶段主要是以组织形象的调查评估为基础，对组织未来形象建立构筑理念、行为和识别系统，提出具体可行的形象塑造方案。组织形象是否能扩大，是否能成功，与这一阶段的工作成果有很大的联系。组织形象的框架设定主要是从以下三个方面来进行。

1. 组织理念的确定

组织理念主要包括四个基本内容：组织使命、组织精神、组织的价值观和组织目标。其具体的表现形式为：口号、标语、守则、歌曲、警语、座右铭以及组织高层人员讲话。它把组织的价值观念、最高追求连为一体，为组织的发展指明方向。它把模糊、抽象而又分散的意念统合起来，概括成明确、精练、具有感染力的语言文字，从而起到教育、激励员工、塑造英雄、增强凝聚力的作用。理念只有以具体的形式渗透到员工之间，渗透到整个组织中，才能树立起有个性的组织形象。组织理念没有固定的规定，可根据组织自身的特色来决定。通常决定组织理念构建的有三个方面，它们是；

第一，本组织是什么组织；

第二，本组织将是什么组织；

第三，本组织应是什么组织。

通过对这些问题的认识、检讨，可设计出自己的理念。

世界上许多大企业在确定自身理念时可谓煞费苦心。它们都希望借助理念取信公众，树立良好形象，争取顾客，谋求自身的繁荣。

从现状来看，组织理念的概括越来越抽象。大多用精神口号，标语式的简单语言文字来表达。表面上看显得有些空洞无物，不着边际，实际上它把无形的思想变成有形的可视物凸显出来，作为统一的意志和行动的"焦点"，深入人心，能唤起某一群体的斗志。

2. 行为规范的确立

组织形象不是说出来的，也不是想出来的，而是做出来的。它是靠组织员工行为规范的一致性来实现的。组织的行为主要包括五个方面的规范化管理；

第一，指挥系统的规范化管理。即通过章程等形式建立和完善领导制度，合理设置机构和人员，明确组织各部门的责任和权力，保证组织机构正常运行。

第二，组织决策的规范化管理。即根据问题的大小，分类制定决策原则、决策标准、决策程序，明确决策层次、决策机构乃至决策人，力求使每一个问题都得到正确、及时的解决。

第三，产品流转的规范化管理。即通过一系列规章制度，明确各环节的任务、标准、程序，使各环节运转自如，环节之间配合默契。

第四，专业工作的规范化管理。对计划、财务、业务、信息等专业工作进行规范，并以此作为日常活动的依据和准则，使组织各项工作有章可循，顺利开展。

第五，部门工作与岗位工作规范化管理。即通过责任制等形式，让各部门明确自己的基本职能、工作范围、工作标准、权力和责任，以及与其他部门的关系等，使组织紧张有序地运转。通过规范化管理，规范组织的一切活动和全体员工的行动，使本组织从意识到行为达成完全统一，从而有效地塑造和提升组织形象。

3. 识别系统的确立

识别系统是组织形象外在的硬件表现。这一系统所包括的内容清晰可见，非常明确，具有极强的感染力和传播力。识别系统的设计必须遵循以组织理念为核心的原则，如美学原则、动情原则、习惯原则、法律原则、民族个性设计原则，化繁为简、化具体为抽象、化静为动的设计原则，才能使识别系统具有很强的冲击力、识别力。

一个完整的识别系统包括如下内容；

第一，基本要素。组织标志/产品标志；组织名称；标准字（中、英文）；应用标准字；标准色；组织造型/吉祥图案；组织辅助图案。

第二，应用要素。办公事务用品、产品包装、广告传播、建筑环境、车辆标志、服装制式、展示规划、接待用品、环境标志、规范手册。

第三，基本要素组合规范。基本要素组合规定、基本要素组合系统的变体设计、禁止组合规范。

组织形象框架在经过组织理念的确立、行为规范的制定和识别系统的设计之后，已基本建成。但其框架是否正确，是否可行，则需要经过专家们认真、周密的论证。于是，我们便进入下一步——组织形象方案的论证。

三、组织形象方案的论证

组织形象框架确立之后，必须经过多次反复的论证，才能得出切实可行的行动方案。论证的主体是专家，因此，组织在选择专家时不仅要注意选择本部门、同行中造诣高的专家，而且还要注意选择各门学科，比如社会学、心理学、经济学、管理学、文化学、传播学等方面的专家共同对组织形象方案的可行性加以论证，才能保证方案的全面合理。

经过组织形象的调查、框架的设立、方案的论证，组织形象的建立就基本完成了。

第三节 综合形象策划

公众关系的基本目标是为组织树立良好形象。这个组织形象就是比较完整的、包括各个项目形象的综合形象，它是在公众与组织的经济、技术、社会各方面交往过程中产生的关于组织的总体评价，不仅是对社会组织产品、服务、技术等经济素质的评价，还包括对组织道德素质、发展前景、社会责任履行状况等的评价。组织形象和产品形象相比较，产品形象是较低层次的形象，组织形象则是较高层次的形象。

随着社会经济状况的发展和文明程度的提高，公众对社会组织的评价角度发生了变化，从单纯针对产品或服务，扩大到组织活动的各个方面；从仅仅涉及现时的既得利益，到关系长远的各种社会后果。同时，社会组织特别是企业之间竞争的激烈程度加剧，从产品在价格、质量、技术方面的竞争，上升到组织形象方面的竞争。因此，树立良好的综合形象便成为社会组织求生存、争发展的主要方法。如果说，树立产品形象是创名牌产品，那么，树立组织形象就是创名牌组织。

一、形象识别系统的设计

和具体项目形象相比，组织综合形象具有全面性、一致性和长期性的特点。综合形象的全面性就是指组织形象是各个项目形象的总和，包括各个项目的指标。其一致性是指所有具体项目的设计和操作都遵循同一的原则，以保持组织形象的统一性。其长期性则是指组织综合形象的树立是一个长期的任务，不能松一阵紧一阵、可有可无地进行；同时，组织综合形象的变化周期比产品形象的变化周期相对要长久一些。正因为这些特性，一旦组织综合形象树立起来，对公众的影响就比较深刻、比较长远。

发源于美国的组织形象识别理论就是一种关于组织综合形象的理论。这种理论通过建立"组织形象识别系统"使组织综合形象变成具体的、可操作的系统，并成功地将组织的各个具体项目形象纳入一个统一的框架之中，使它们发挥出更好的形象影响。

企业形象识别系统 CIS，是英文 Corporate Identity System 的缩写，直译为企业形象识别系统，意译为企业形象设计。CIS 是指企业有意识，有计划地将自己企业的各种特征向社会公众主动地展示与传播，使公众在市场环境中对某一个特定的企业有一个标准化、差别化的印象和认识，以便更好地识别并留下良好的印象。

1. CIS 战略原则

按照 CIS 战略理论和操作技法的要求，成功地实施 CIS 战略应遵循下述几个原则：

（1）坚持战略性的原则。既为现代企业形象战略，就必然具有长期性、全局性和策略性的特征。CIS 战略应立足当前，放眼长远。它绝非近期规划，而是企业未来长期的具体发展步骤和实施策略。

（2）坚持民族性的原则。"愈是民族的，愈是世界的"。CIS 战略是从企业发展方向、经营方向上设计与规划自我，CIS 的创意、策划、设计工作的基础应该立足于各民族的文化传统、消费心理、审美习惯、艺术品位等，才有可能为公众所认同从而获得成功。

（3）坚持个性化的原则。CIS 战略是企业为塑造完美的总体形象在企业群中实施差别化的策略，重要一点就是要求企业形象具有鲜明的个性特征和独具一格的特质，不能"千人一面"。IBM 与可口可乐就是个性成功的典范。

（4）坚持整体性的原则。从 CIS 的三个方面来看，它们不是相互脱节的，而必须表里一致，协调统一，BI、VI 为 MI 服务，外美内秀，才是值得称道的。

2. CIS 构成

CIS 由理念识别（Mind Identity，MI）、行为识别（Behaviour Identity，BI）和视觉识别（Visual Identity，VI）三方面所构成。

（1）理念识别。它是确立企业独具特色的经营理念，是企业生产经营过程中设计、科研、生产、营销、服务、管理等经营理念的识别系统，是企业对当前和未来一个时期的经营目标、经营思想、营销方式和营销形态所作的总体规划和界定，主要包括：企业精神、企业价值观、企业信条、经营宗旨、经营方针、市场定位、产业构成、组织体制、社会责任和发展规划等，属于企业文化的意识形态范畴。

（2）行为识别。它是企业实际经营理念与创造企业文化的准则，对企业运作方式所作的统一规划而形成的动态识别形态。它是以经营理念为基本出发点，对内是建立完善的组织制度、管理规范、职员教育、行为规范和福利制度；对外则是开拓市场调查、进行产品开发，通过社会公益文化活动、公共关系、营销活动等方式来传达企业理念，以获得社会公众对企业识别认同的形式。

（3）视觉识别。它是以企业标志、标准字体、标准色彩为核心展开的完整的视觉传达体系，是将企业理念、文化特质、服务内容、企业规范等抽象语意转换为具体符号的概念，塑造出独特的企业形象。视觉识别系统分为基本要素系统和应用要素系统两方面。基本要素系统主要包括：企业名称、企业标志、标准字、标准色、象征图案、宣传口语、市场行销报告书等。应用要素系统主要包括：办公事务用品、生产设备、建筑环境、产品包装、广告媒体、交通工具、衣着制服、旗帜、招牌、标志牌、橱窗、陈列展示等。视觉识别在 CIS 系统中最具有传播力和感染力，最容易被社会大众所接受，据有主导地位。

CIS 结构图如图 8-1 所示。

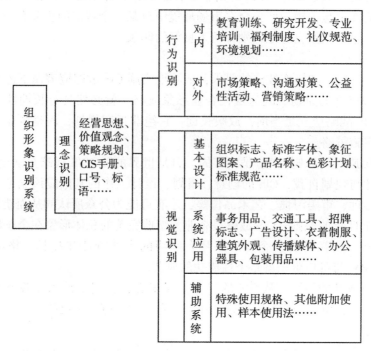

图 8-1　CIS 结构图

3. CIS 的作用

CIS 是以企业定位或企业经营理念为核心的，对包括企业内部管理、对外关系活动、广告宣传以及其他以视觉和音响为手段的宣传活动在内的各个方面，进行组织化、系统化、统一性的综合设计，力求使企业所有方面以一种统一的形态显现于社会大众面前，产生出良好的企业形象。

CIS 作为企业形象一体化的设计系统，是一种建立和传达企业形象的完整和理想的方法。企业可通过 CIS 设计对其办公系统、生产系统、管理系统以及经营、包装、广告等系统形成规范化设计和规范化管理，由此来调动企业每个职员的积极性。通过一体化的符号形式来划分企业的责任和义务，使企业经营在各职能部门中能有效地运作，建立起企业与众不同的个性形象，使企业产品与其他同类产品区别开来，在同行中脱颖而出，迅速有效地帮助企业创造出品牌效应，占有市场。

CIS 的实施，对企业内部，可使企业的经营管理走向科学化和条理化，趋向符号化，根据市场和企业的发展有目的地制定经营理念，制定一套能够贯彻的管理原则和管理规范，以符号的形式参照执行，使企业的生产过程和市场流通流程化，以降低成本和损耗，从而有效地提高产品质量。对外传播形式，则是利用各种媒体统一推出，使社会大众大量地接受企业传播信息，建立起良好的企业形象来提高企业及产品的知名度，增强社会大众对企业形象的记忆和对企业产品的认购率，使企业产品更为畅销，为企业带来更好的社会效益和经营效益。

二、CIS 的实施

CIS 设计规划与实施导入是一种循序渐进的计划性作业，其作业流程大约可分为下列 4 个阶段：

1. 企业实态调查阶段

把握公司的现况、外界认知和设计现况，并从中确认企业实际给人的形象认知状况。

2. 形象概念确立阶段

以调查结果为基础，分析企业内部、外界认知、市场环境与各种设计系统的问题，来拟定公司的定位与应有形象的基本概念，作为 CIS 设计规划的原则依据。

3. 设计作业展开阶段

根据企业的基本形象概念，转变成具体可见的信息符合，并经过精致作业与测试调查，确定完整并符合企业的识别系统。

4. 完成与导入阶段

重点在于排定导入实施项目的优先顺序、策划企业的广告活动以及筹组 CIS。

三、顾客满意系统

CIS 是从企业本身出发，以企业利益为中心，取而代之的是 CS（Customer Satisfaction）。CS 是进入 20 世纪 90 年代以来在全球悄然崛起的一种国际营销新战略，其主导思想是：企业的整个经营活动要以顾客满意度为方针。它包含三层意义：顾客是我们特殊的合作者；顾客最了解自己的需求，能够为企业提供最重要的准确真实的信息；失去顾客意味着企业失去一切。

CS 思想源于 20 世纪 80 年代瑞典斯堪的纳维亚航空公司的"服务与管理"观点，他们认为企业利润的增长首先取决于服务的质量。这种把服务引入管理的观念传入美国时，正值如何提高美国的国际竞争力成为热门话题。为此，当时的里根政府专门创设了国家质量奖，在其评定的指标中，有 60% 直接与顾客满意度有关。

（一）CS 战略的构成

CS 战略理论中的"顾客"包括内部员工。股东、员工是企业的基本顾客；生产部门是采购部门的顾客，销售部门是生产部门的顾客；企业各职能部门之间互为顾客；下道工序是上道工序的顾客等等。

CS 战略理论中的"满意"包括理念满意、行为满意、视觉满意、产品满意、服务满意等等。

（二）CS 与 CIS 的区别与联系

CS 与 CIS 的区别在于，CIS 是从企业本身出发，通过塑造良好的企业形象来吸引顾客，这是一种由内而外的思维方式，追求的是企业的外在美；而 CS 是直接从顾客的需要出发，以提高顾客满意度为目的，这是一种由外而内的思维方式，是追求企业的心灵美。这种视角的转移与近十年在广告、公关、传播、营销等相关领域发生的转移是一致的。具体比较详见表8-1所示。

表 8-1　　　　　　　　　　　　　　**CS 战略与 CIS 战略的比较**

	CS 战略	CIS 战略
价值观	以顾客为中心	以企业为中心
企业理念	以客为尊	以企业利益为重
战略指导思想	顾客主导，从外而内的思维方式	企业主导，从内而外的思维方式
战略目的	达成顾客满意	提高企业业绩
战略核心	高品质产品（服务）	名牌战略（产品）
战略关键	情感	识别
战略方法	CS 战略及其方法	CIS 战略及其方法

CIS 是通过识别塑造企业的差别化形象，以时空的同一性作为支撑概念，要求各子系统对识别意义的传达整合一致。例如，符号对理念的传达，行为对理念和符号的诠释等。处理同一性问题的深度是 CIS 是否成熟的标志。CS 是通过各种设计满足顾客的各种个别需要，它以满意的多向性照顾顾客的多样性。这种理想中的满意实现是以牺牲企业主体的个性为代价的。然而，无个性的企业，最终仍会导致顾客的不满意。

因此，不能将 CS 与 CIS 截然区别开来。我们的视角更多的应该是关注 CS 对 CIS 的超越和包容。企业经营的最高境界应该是 CIS 与 CS 的完美统一。既有鲜明的企业个性，又重视对顾客的情感沟通和心灵满足。

（三）CS 战略的实现途径

1. 识别顾客

任何一个企业不论其资源如何雄厚，都不可能满足整个市场和所有顾客的需求，因此，企业首先面临的问题是根据自身的实际条件（目前以及可预见的将来的条件），选择出能发挥自己差别优势的市场作为企业服务对象，确定经营战略，即识别本企业的顾客是哪些，是什么档次，以确定目标市场如何满足顾客及市场的需求。

2. 调查顾客的要求

如何才能实现顾客满意，这对每个企业来说都是至关重要的，但每个顾客对服务的要求是不同的，相应的一种服务也不可能满足所有顾客的要求。所以企业必须掌握服务满意理论，搞清楚一个非常重要的观点，即服务没有统一的标准，必须根据不同的顾客需求，确定相应的服务标准。顾客要求是不断发展的，既要理解现在的要求，也要不断了解潜在的要求。

3. 满足顾客要求

不断开发产品，实现改进与创新是满足顾客需求的主要手段；强化过程控制，确保实现开发目标是满足顾客需求的重要基础；做好顾客服务，注重服务技巧是满足顾客需求的成功保证。

4. 测评顾客满意度

要达到顾客满意，就必须有一套可以评价和衡量顾客满意度的科学指标体系，其具体指标包括顾客期望、顾客对产品质量的感知、顾客对服务的感知、顾客对价值的感知、顾客满意度、顾客抱怨、顾客忠诚等。通过测评，查找不足，改进经营管理，不断提高顾客满意度。

（四）CS 与品牌经营的关系

CS 经营的结果凝聚在"品牌"之中。CS 从理念上强化了品牌与消费者的关系。品牌就像一个银行户头，储存着企业或产品在顾客心中建立起来的价值。CS 经营战略与品牌经营和品牌形象塑造的关系甚为密切。具体表现为：处于相同的消费时代背景；两者的经营理念一致；品牌提供了"顾客满意"的经验；"顾客满意"的最终归宿是品牌忠诚；两者都从"顾客满意"的评估入手。

本章小结

组织形象的设计必须首先从它的内在基础开始，主要包括组织事业领域的确定、组织目标的确定和组织理念的确定三个方面。组织形象的外在条件可分为市场环境中的条件和未来发展中的条件。组织形象的设计是一项周密、复杂、系统的长期发展规划。

组织形象的建立一般要经过组织现有形象的调查、组织形象框架的设定和组织形象方案的论证三个步骤。对组织现有形象的调查可以通过内部调查、外部调查和组织综合指数调查进行。组织形象的框架设定主要是从组织理念的确定、行为规范的确立和识别系统的确立三个方面来进行。组织形象框架确立之后，必须经过多次反复的论证，才能得出切实可行的行动方案。

企业形象设计是指企业有意识、有计划地将自己企业的各种特征向社会公众主动地展示与传播，使公众在市场环境中对某一个特定的企业有一个标准化、差别化的印象和认识，以便更好地识别并留下良好的印象。成功地实施 CIS 战略应遵循下述几个原则：坚持战略性的原则、坚持民族性的原则、坚持个性化的原则和坚持整体性的原则。CIS 系统由理念识别、行为识别和视觉识别三方面所构成。CIS 设计规划与实施导入是一种循序渐进的计划性作业，其作业流程大约可分为企业实态调查阶段、形象概念确立阶段、设计作业展开阶段和完成与导入阶段。

CS 的主导思想是企业的整个经营活动要以顾客满意度为方针。它包含三层意义：顾客是我们特殊的合作者；顾客最了解自己的需求，能够为企业提供最重要且准确真实的信息；失去顾客意味着企业失去一切。CS 战略理论中的"顾客"含义包括内部员工。股东、员工是企业的基本顾客；生产部门是采购部门的顾客，销售部门是生产部门的顾客；企业各职能部门之间互为顾客；下道工序是上道工序的顾客等等。CS 战略理论中的"满意"含义包括理念满意、行为满意、视觉满意、产品满意、服务满意等等。CS 战略的实现途径包括识别顾客、调查顾客的要求、满足顾客要求和测评顾客满意度。

 **关键概念**

项目形象 （Item Image）

综合形象 （Integrated Image）

组织形象识别系统 （Corporate Identity System）

理念识别 （Mind Identity）

行为识别 （Behaviour Identity）

视觉识别 （Visual Identity）

复习思考题

1. 提高知名度设计的主要原则有哪些？

2. 简述增强组织美誉度设计的主要原则。

3. 产品形象的设计要做好哪些工作？

4. 简述组织形象识别系统的内容。

5. 简述 CIS 实施的步骤和时机。

案例分析

星巴克咖啡 CIS 案例

星巴克（Starbucks）咖啡公司成立于 1981 年，是世界领先的特种咖啡零售商、烘焙者和星巴克品牌拥有者。旗下零售产品包括 30 多款全球顶级的咖啡豆、手工制作的浓缩咖啡和多款咖啡冷热饮料、新鲜美味的各式糕点食品以及丰富多样的咖啡机、咖啡杯等商品。

长期以来，公司一直致力于向顾客提供最优质的咖啡和服务，营造独特的"星巴克体验"，让全球各地的星巴克店成为人们除了工作场所和生活居所之外温馨舒适的"第三生活空间"。鉴于星巴克独特的企业文化和理念，公司连续多年被美国《财富》杂志评为"最受尊敬的企业"。

从一杯杯咖啡开始，星巴克已经改变了世界各地人们喝咖啡的习惯。更了不起的是，它让一种沿街叫卖的商品变成了高档产品。它开创了一种星巴克式的生活方式，这种生活方式在美国内外正被越来越多的人所接受。星巴克已从昔日西雅图一条小小的"美人鱼"进化到今天遍布全球 40 多个国家和地区，连锁店达到近一万家的"绿巨人"。

星巴克理念识别系统：

目标市场定位：不是普通的大众，而是一群注重享受、休闲、崇尚知识、尊重人本位的富有小资情调的城市白领。

星巴克六大使命宣言：

（一）提供完善的工作环境，并创造相互尊重和相互信任的工作氛围。

（二）秉持多元化是星巴克经营的重要原则。

（三）采用最高标准进行采购、烘焙，并提供最新鲜的咖啡。

（四）高度热忱满足顾客的需求。

（五）积极贡献社区和环境。

（六）认识到盈利是星巴克未来成功的基础。

星巴克人认为：他们的产品不单是咖啡，咖啡只是一种载体。而正是通过咖啡这种载体，星巴克把一种独特的格调传送给顾客。咖啡的消费在很大程度上是一种感性的文化层次上的消费，文化的沟通需要的就是咖啡店所营造的环境文化能够感染顾客，并形成良好的互动体验。

经营理念：星巴克公司以心对待员工，员工以心对待客人，客人在星巴克享受的不仅是咖啡，而是一种全情参与活动的体验文化。一杯只需3美分的咖啡为什么在星巴克会卖到3美元？星巴克为什么既能为顾客带来期望的价值，又能让企业获得更可观的利润？一个重要的原因就是，星巴克始终坚持"尊重员工，从顾客出发，与员工及客户多赢"的经营理念。

星巴克的诉求：顾客体验是星巴克品牌资产的核心诉求。就像麦当劳一直倡导销售欢乐一样，星巴克把典型美式文化逐步分解成可以体验的元素：视觉的温馨，听觉的随心所欲，嗅觉的咖啡香味等。

星巴克的价值观："星巴克出售的不是咖啡，而是人们对咖啡的体验。"这是星巴克的价值主张。星巴克创造出的"咖啡之道"使每个光临的顾客都有独特的体验。通过咖啡这种载体，星巴克把美国文化中比较细致、中产阶级的一面和特殊的格调传送给顾客，展示了美国生活中轻松友好的一面。

经营定位：

① 第三生活空间：在美国，人们每天例行的人际交谊活动逐渐丧失。星巴克探察出这种趋势，在忙乱、寂寞的都市生活中把咖啡店装点成生活的"绿洲"，让附近民众有休憩的小天地、静思的环境和交际的场所，为人们塑造了一个除了家和上班之外的"第三生活空间"。

② 小资体验：很多顾客认为花费5到10分钟的时间到星巴克品尝异国情调的咖啡，体验雅皮的感觉，为乏味的日子增添了浪漫情趣。在这里，他们要的不是喝一杯咖啡，而是享受喝咖啡的时刻。

③ 始终坚持品质：为了保证品质，星巴克坚守四大原则：

拒绝加盟，星巴克不相信加盟业主会做好品质管理。

拒绝贩售人工调味咖啡豆。星巴克不屑以化学香精来污染顶级咖啡豆。

拒绝进军超市，星巴克不忍将新鲜咖啡豆倒进超市塑胶容器内任其变质走味。

选购最高级咖啡豆。做最完美烘焙的目标永远不变。

④ 始终保持风格：星巴克的过人之处在于既创造了统一的外观，同时又加入变化，利用风格体现美感，创造了视觉冲击。星巴克结合不同的地点使每家店都有自己与众不同的特色。但是丰富多彩的视觉享受、浓郁咖啡香味的嗅觉享受、美妙音乐的听觉享受是不变的经典。

星巴克视觉识别系统：

星巴克的标志：

星巴克的这个标志很有神秘色彩，是根据一幅 16 世纪斯堪的纳维亚的双尾美人鱼木雕（版画）图案，设计出来的。

标志上的美人鱼像也传达了原始与现代的双重含义：她的脸很朴实，却用了现代抽象形式的包装，中间是黑白的，只在外面用一圈彩色包围。

设计风格严谨，有大家风范。对称的标志造型，和对色彩严格的把握，从标志延伸出来的是一个横跨欧亚，覆盖全球的王者形象。

秩序化手法很成熟地应用到设计中来，有秩序、有节奏、有规律、有韵律地构成图形，给人以规整感。

没有抢眼的色彩，却有着丰富的造型，深刻而又含蓄。

星巴克行为识别系统：

星巴克员工教育：

星巴克的每一位工作伙伴在每天营运的过程中，就是不断地实践 "one cup at time"。这种一次务实地做一个选择的积极态度，正是展现 "个人责任" 改变世界的方法。星巴克伙伴通过每一次和客人在店里相遇的机会，创造独一无二的服务与体验价值，承诺用自己的智力、心力和劳力，热情地解决问题，而且绝不争功诿过。

星巴克人力资源管理：

（1）文化与理念：星巴克总是把员工放在首位，坚持 "员工第一" 的理念和价值观。

（2）员工招聘方面：星巴克在选员工时，重视人的本质。

（3）员工培训：核心训练是培训员工具备为顾客服务的理论和技巧。

（4）薪酬福利制度：薪资锁定在业界前25%。

（5）员工激励制度：创新激励、报酬激励、鼓励授权。

企业广告行为策划：

（1）环境宣传：星巴克以咖啡制作的四大阶段衍生出以绿色系为主的"栽种"；以深红和暗褐系为主的"烘焙"；以蓝色为水、褐色为咖啡的"滤泡"；以浅黄、白和绿色系诠释咖啡的"香气"。

（2）感官宣传：嗅觉、视觉、听觉、触觉和味觉共同塑造了星巴克咖啡馆浪漫的情调。

（3）包装宣传：星巴克的美学不仅是借鉴，还融合了自己的风格。不同的标记在基本统一的风格下又显示出其多样性和变化性。

企业新业务拓展行为策划：

星巴克正在着手拓展中国的二线市场，同时试图整合其店铺的所有权，以取代原来的合伙模式。

企业市场危机拓展行为策划：

星巴克里的一系列广泛的变化，从速溶咖啡到撤掉饮料价格的新菜单板，表明了该公司是如何调整其高端定位以适应经济衰退的。公司期待管理层拟出一个应对经济衰退的计划，其中包括努力使星巴克产品看起来更物美价廉一些，并通过削减5亿美金的成本来增强投资者们的信心。与此同时，它打算开设一系列装修更为高雅的店铺，其首家这样的店铺正在开设当中，主打传统咖啡饮料。

资料来源：淘豆网，www.taodocs.com.

 案例思考题

1. 星巴克为什么拒绝加盟？

2. 星巴克为什么开始拒绝进超市，后来还是进超市了？

第九章
组织形象传播

☞ 学习目的与要求

了解人际传播及其对组织形象的作用，以及公关礼仪对组织形象的塑造作用。

理解交往礼仪形象、组织和公众的交往方式、常用的接待方法、组织的业务礼仪。

掌握人际传播、大众传播及其特点、各种传播媒介的优缺点、大众传播对组织形象塑造的功能。

 引例

舒肤佳是宝洁公司旗下知名品牌之一，在中国所占份额甚多。借舒肤佳广告传播技巧案例，我们将对这一品牌的组合策略，目标诉求对象的沟通方式，以及如何支持产品延伸战略做出详尽剖析。

媒体组合指在对各类媒体进行分析评估的基础上，结合市场状况、受众心理、传播媒体特质，及广告预算的情况，选择多种媒体并进行有机组合，在同一时间内，发布内容基本一致的广告达成营销目的。其意义有 4 个：（1）增加总效果和到达率。（2）整合不同媒体传播优势，形成合力扩展传播效果。（3）弥补单一媒体传播频度的不足。(4) 减少成本，达到最佳传播效果。

舒肤佳的媒体组合方式是：电视配合 POP 实物广告。

电视媒体的优势在于覆盖面广，有感染力，传达率高。舒肤佳广告中，向大众介绍特殊抗菌成分"迪保肤"，并且强调中华医学会的认可，使人们对香皂产生好感和初步认知。但电视的缺点是成本高，接触短暂，而且

形
象
编

148

间接促销与销售现场脱离，并没有达到潜在客户转化为实际购买的目的。

POP 广告指的是售点广告，分为室外与室内。室外 POP 例如招牌和橱窗。室内 POP 是最接近消费者的广告，由货架陈列、墙面广告、商品包装等组成。POP 最主要的形式是通过实物本身为媒体的陈列广告。其作用包括：（1）加深顾客对舒肤佳的认识程度，帮助顾客深层了解，诱发潜在购买欲望。（2）实物展示具有真实性，面对面的接触产生信赖感。（3）节省宣传费用。

POP 弥补了电视无法直接刺激目标群体购买商品的缺憾，对潜在购买心理和已有的广告意向能产生强烈的诱导功效。电视是舒肤佳的第一媒体，得到最佳到达率后，利用 POP 的廉价和真实性，来重复加强信息，既节省成本，又取得成倍的广告效益。组合发挥各自优势，形成优势互补的效应，将舒肤佳新清洁理念普及，深入及渗透中国市场，加速受众从注意，关注，再到认同的过程。

资料来源：http：//wenku. baidu. cn.

第一节　人际传播

人际传播（Interpersonal Communication）是一种社会活动，任何人的生存都离不开和他人之间的交往。在人们之间的交往活动中，人们相互之间传递和交换着知识、意见、情感、愿望、观念等信息，从而产生了人与人之间的互相认知、互相吸引、互相作用的社会关系网络，我们将此称为"人际传播"。基于人际传播媒体形式的差异，我们还可以进一步把人际传播划分为直接传播和间接传播两种形式。所谓直接传播，指的是古来已有的传播者和受体之间无需经过传播媒体而面对面的直接进行信息交流的过程。直接传播主要是通过口头语言、类语言、体态语的传递进行的信息交流。间接传播是指在现代社会里的各种传播媒体出现后，人际传播不再受到距离的限制，可以通过这些传播媒体进行远距离交流。这就大大拓展了人际传播的范围。

一、人际传播及其对组织形象的作用

人际传播是指人与人、人与群体之间的直接传播。它具有如下特征：一是无媒体的参与；二是传播范围有限；三是因人因事而异；四是能及时了解公众的反应。因此，人际传播是人类社会进行交流和传播信息的一种最普遍、最常用、最直接的传播方式。它对于组织形象的推广，特别是组织美誉度、和谐度的建立，具有极大的作用。

（一）美誉度的建立

由于公众认为大量广告不符合实际，是王婆卖瓜、自卖自夸，因此消费者判断组织形象的好坏时，只有亲自使用其产品，享受其服务或听信其他使用者之后才能作出判断。调查数据显示，公众对其他使用者介绍的产品品牌质量、性能、文化特性的相信度，是广告宣传的 18 倍。其中公众相信其他使用者介绍的产品优点的人数比例为 92%，而消费者相信广告上宣传的优点的比例只有5%。因此，组织形象中所包含的美誉度要素，主要靠人际传播取得。人际传播在传播组织形象美誉度的同时，也逐渐地提高了组织形象的认知度。作为大众传播的补充，人际传播在组织形象的二级传播和多级传播中，是必不可少的。有时候，公众通过二级传播（人际传播）所获得的组织形象认知度，甚至超过一级传播（媒体传播）。

（二）和谐度的建立

人际传播有助于增加公众对组织的和谐度，其和谐度表现在对其品牌的忠诚度上。消费者行为的研究者们通过调查发现，每个消费者在购买和使用某个品牌或某个商号的服务后，一般评价很好或很坏，满意或不满意，觉得上当受骗还是觉得合适，受虐待还是受善待，都会向他周围的朋友、同事们诉说，传播对这个品牌的评价信息，传播的面比较少，只有亲友、熟人中比较接近的一部分，9~10个人。

我们假设这9~10个人中有一半人记得了，一半人忘记了。其他的人如果听他人介绍好，会亲自试一试，去购买使用他人介绍的很好的品牌（如果听他人说某品牌不好的话，他就不买这个牌子了，明知不好就没必要去试了）；如果购买试用的结果果然如他人介绍的那么好，他就会再向其他9~10个人传播这个品牌的好的信息；如果品牌评价是中等的、一般的，就不值得再传播了，一般评价就没有传播的价值。这与所谓一传十、十传百是基本吻合的。这9~10个人中，又有一半人记住，并且也去购买使用人介绍的这个评价很好的品牌。这样，经过两轮的品牌美誉传播，某品牌一共就拥有十几个购买者。

实际上品牌美誉传播不只是两级的，可能是多级的。传播级数的多少，取决于推动这种人际传播的力量大小。顾客对这个品牌评价越高，产品越优异，推动传播的力量就越大。因此，企业要创名牌，必须首先创造质量优异的产品。创造超越他人的产品特色，能获得顾客的高度品牌忠诚，从而推动持久的多级传播，并逐渐增大美誉传播。如果我们好好对待一个顾客，经过美誉传播，就可能会带来随后的更多的销售；反之，如果我们虐待一个顾客，通过负面传播，就可能会失去以后更多的生意。

二、公关礼仪对组织形象的塑造作用

在日常生活和工作中，礼仪能够调节人际关系，从一定意义上说，礼仪是人际关系和谐发展的调节器，人们在交往时按礼仪规范去做，有助于加强人们之间互相尊重，建立友好合作的关系，缓和和避免不必要的矛盾和冲突。一般来说，人们受到尊重、礼遇、赞同和帮助就会产生吸引心理，形成友谊关系，反之会产生敌对，抵触，反感，甚至憎恶的心理。

礼仪具有很强的凝聚情感的作用。礼仪的重要功能是对人际关系的调解。在现代生活中，人们的相互关系错综复杂，在平静中会突然发生冲突，甚至采取极端行为。礼仪有利于促使冲突各方保持冷静，缓解已经激化的矛盾。如果人们都能够自觉主动地遵守礼仪规范，按照礼仪规范约束自己，就容易使彼此间感情得以沟通，建立起相互尊重、彼此信任、友好合作的关系，进而有利于各种事业的发展。

形
象
编

150

所以礼仪是企业形象、文化、员工修养素质的综合体现，我们只有做好应有的礼仪才能使企业在形象塑造、文化表达上提升到一个满意的地位。

在现代社会中，任何一个社会组织都要处理好与自身发展密切相关的内外公众关系，树立良好的组织形象。那么，社会组织的良好形象如何塑造？一个非常重要的方面就是要充分发挥公关礼仪的功能和作用。公关礼仪对组织形象的塑造作用主要表现在以下四个方面：

第一，公关人员的举止言行、衣帽服饰等符合公关礼仪的要求，不仅反映出个人，而且某种程度上也代表所在社会组织的形象，是社会组织形象的一种外显方式。

公关人员与公众见面时适时得体的衣着打扮、言谈举止和体姿动态往往形成照耀公关活动的"晕轮"或"光环"，这种"晕轮"和"光环"的"亮度"或"强度"则取决于各种礼仪的具体表现是否恰到好处。恰到好处的礼仪不仅令公众产生信任和好感，而且会使合作过程充满和谐与成功。举个例子，日本著名实业家松下幸之助本来不修边幅。一次，他去理发室，理发师当场批评他不注重修饰自己的容貌："你是公司的代表，却如此不注意衣冠整洁，让别人怎么想？连老板都这样邋遢，你想他的公司还会好吗？"自此，松下幸之助便痛改前非，开始注意自己的衣着打扮和在公众面前的仪表仪态。今天松下的产品驰名天下，这与它们的创始人松下幸之助的表率作用和严格要求员工懂礼貌、讲仪表是分不开的。

相反，如果公关人员蓬头垢面，缺乏素养，公众便可能会联想到组织整体素质的低下，不会有强大的经济和技术实力。例如，20 世纪 90 年代初，我国北方某省一位县长亲自出面接待一位想到当地考察投资建立制药厂的外商。途中两人谈话投机，外商深深为县长的宏论所倾倒。通过初步考察了解，这位外商决定在该县投资。但是，当外商在参观即将被改造的该县原制药厂时，那位县长忽然一口浓痰涌上喉咙，再也憋不住了，"啪咯"一声吐在了厂门口。这一行径，立即引起外商的厌恶，他马上反悔，提出收回投资承诺。事后，外商给县长写了一封语重心长的信："您作为一县之长都这样没有修养，很难想象您的'臣民'会是什么样子？建药厂是为了治病救人，而不讲卫生，则可能造成谋财害命的结果……"

第二，公关礼仪可以规范内部公众的言行，协调领导和员工之间的关系，使全体员工团结协作，提高工作效率，保质保量地完成任务，进而提高企业在市场竞争中的生存和发展能力。反之，如果员工不能遵循公关礼仪，他们之间的冲突、矛盾就可能会增多，就不能很好地协作配合，遇事推诿扯皮，不仅降低工作效率，而且会影响企业目标的实现，甚至会危及企业的生存。又如，有一家民营企业的经理经常在众人面前训斥员工，动不动大发雷霆。小王经常挨批，他对此耿耿于怀。一次，小王在车间明明发现生产线上有问题，可是他因心中有气，不想告诉相关人员。结果，造成大批产品报废，使企业濒临破产边缘。

第三，公关礼仪可以密切与外部公众的关系，形成和谐、融洽、合作的关系，获得外部公众对组织的认可和好评，从而创造出有利于自身发展的最佳环境。

现代生产是社会化的大生产。任何一个社会组织都不可能是封闭系统。它必然要与外界发生千丝万缕的联系。在企业与外部公众的交往活动中，公关礼仪起到调节相互关系的润滑剂作用，会给公众以温馨的、愉悦的、富有人情味的清新礼仪，从而赢得公众对企业的赞赏。良好的公关礼仪不仅可以巩固现有的公众关系，还可以广结良缘，拓展更多的新关系，得到更多的认同和帮助，创造出良好的生存与发展环境。

20世纪30年代世界经济一度处于大萧条中，全球旅馆业倒闭了80%，希尔顿旅馆也负债50万美元，但这家老板没有灰心丧气。他教导员工，无论旅馆本身的命运如何，在接待旅客时千万不可愁云满面。他说，希尔顿旅馆服务人员脸上的微笑永远是属于旅客的。自此，员工们的微笑服务使旅客对希尔顿旅馆充满了信心，在社会经济普遍不景气背景下，不仅挺过萧条，而且一枝独秀。

第四，公关礼仪是公共关系实务活动的一部分，也是企业形象的一种宣传。

公关礼仪活动的组织与实施必须与社会组织形象战略保持一致。组织通过公关礼仪活动向公众显示各方面的形象，以感召公众，使公众认同企业，产生信任和好感，提高企业在社会上的地位和声誉。只有树立良好的企业形象，才能实现公共关系目标和企业发展的战略目标。如果每一个人都能够做到接人待物知书达理，着装得体，举止文明，彬彬有礼，谈吐高雅，公司就会赢得社会的信赖，理解，支持。反之，如果大家言语粗鲁，衣冠不整，举止失度，接人待物冷若冰霜或傲慢无礼，就会有损企业形象，就会失去顾客，失去市场，在竞争中处于不利的地位。人们往往从某一个职工，某一个小事情上，衡量一个企业的可信度、服务质量和管理水平。

三、业务礼仪形象

组织在与公众交往过程中，还有很多业务内容，如：出售产品、推销产品等。围绕着业务活动树立和传播组织形象，不仅取决于产品、服务的优良及公众的满意，还取决于执行业务活动的组织员工与公众之间的交往。因此，组织的业务礼仪也是传播组织形象的重要方面。

（一）柜台礼仪

柜台是展示、陈列商品或产品的地方，也是社会组织特别是企业与顾客或消费者发生直接交往的地方。在柜台前，工作人员的礼仪直接反映着组织的人员形象，也影响着商品或产品的销售。因此，柜台礼仪是搞好组织与顾客或消费者关系的前提。柜台礼仪应注意的是：

第一，保持柜台内外和周围环境的清洁卫生，商品陈列整齐美观、分类清晰，使顾客感到琳琅满目又井然有序，便于寻找、购买。工作人员应仪表整洁，举止大方，精神饱满，随时准备迎接顾客。

第二，工作人员接待顾客时，要态度热情，表情自然，语言亲切；帮助顾客选择商品，多拿不厌、百挑不厌；当顾客选好商品后，应仔细交代使用方法及相关问题，并精心包装，大件商品应帮其送上车或送货上门；顾客离开时，可热情道别，给顾客留下良好印象。

第三，工作人员要有处理特殊情况的能力。当顾客较多时，工作人员应"接一待二照顾三"，特别注意礼貌服务。当顾客要求办理一些特殊服务，如托运、邮购、退货时，工作人员也应热情服务，尽量将一些手续办妥。当和顾客发生冲突或遇上不讲理的顾客时，工作人员应保持冷静，以理服人。既要解决问题，又不能失去原则，姑息迁就，这就需要高超的交际艺术。

第四，在柜台服务中，切忌冷落顾客、对顾客的提问或选择置之不理；也不能顾客购买商品时热情对待，不买或退换商品时冷若冰霜；更不能不讲语言文明、出口伤人。这些既有损于个人形象，更有损于组织形象，是柜台礼仪中的禁忌。

（二）推销礼仪

许多组织特别是企业的产品需要经过推销才能被顾客或消费者熟悉，才能提高知名度。推销是经济组织经营活动中不可缺少的一环。推销可分为柜台推销、展销会推销、专人推销、广告推销及特种推销（包括有奖销售、赠送样品或纪念品等）多种方式。前三种推销方式都需要专门的推销人员实施操作。当推销人员向顾客、消费者或经销商推销产品时，也在以自己的言行举止推销自己组织的形象。因此，推销人员除应具备较高业务素质，如产品知识、技术知识、商品知识、营销知识、语言表达能力等，还应掌握一些推销礼仪，以更好地推销产品，推销组织形象。

第一，推销人员应准备必需的推销资料，包括企业组织介绍信、名片、工作证、产品样品、产品质量保证材料、产品价目表、有关统计资料及图表、订购单及合同、顾客名单、组织宣传资料、小礼品等。这些资料是产品信誉的凭证，有助于回答公众所提出的种种问题。

第二，推销人员应着装整洁，有条件的企业组织可统一着装。在推销产品时，要对公众耐心解释，并针对公众的问题或疑虑作有针对性的说明。实地示范操作是较好的推销举措，还可让公众自己操作或使用，以增加公众的亲身感觉。

第三，上门推销时应礼貌在先，可以用"打搅了"、"很抱歉"作开场白。必要时可以和客户事先预定时间，对产品进行介绍时应语言精练，全面说明。离开时应给客户留下联系地址、电话号码、联系方式，等等。

第四，推销人员在推销产品时，一方面要充满对产品和企业组织的自信，另一方面应站在其立场上去揣摩其购买心理、购买动机、购买能力和购买条件，站在公众的角度、用公众自己的言语去吸引公众，让他们感到这种产品正合他们的心意，感到生产这种产品的企业组织可以满足他们的要求。推销人员在推销产品的过程中要善于倾听顾客的意见，并表示会把这些宝贵的意见及时反馈给组织的有关部门，以利于产品的改进，将公众提出的意见看成是对组织的关心，并对公众此举表示欢迎。

（三）仪典礼仪

在组织形象的塑造和传播过程中，组织经常要举行一些仪典活动，如开业典礼、剪彩仪式、纪念仪式等。这些仪典活动是组织树立形象的重要环节，比如某些组织举行一次气氛热烈、庄重大方的开业典礼，就可以为组织在公众面前留下一个较好的第一印象。一般来讲，仪典礼仪有以下几方面要求：

第一，拟定仪典计划。确定主题、项目、特邀嘉宾、主持人员、工作人员、经典预算、资料准备等。

第二，按照拟定出席仪典的宾客名单，准备好请柬，并提前将请柬送至宾客手中。宾客一般包括有关部门、社区、新闻单位等公众群体的主要人员及其他公众代表。

第三，落实工作人员，并布置好现场、环境。

第四，按程序举行仪典。仪典的一般程序为：宣布仪典开始，报告重要来宾名单，来宾代表致辞，主方负责人发言。有些仪典还有剪彩项目，剪彩人员一般除主方负责人以外，还应在宾客中邀请有一定声望的知名人物同时进行剪彩。为了渲染气氛，在仪典之中还可安排一些歌舞、锣鼓、音乐等节目。

第五，仪典结束后，可组织来宾参观组织的环境、设施和产品，并通过座谈或留言，增进组织和公众的相互了解。在经费充足的情况下，可给来宾赠送带有纪念字样的小纪念品。

第六，可用录音、录像、拍照、文字等方式将整个仪典记录下来，既可以作为资料保存，又可以通过新闻媒介向社会公众作更广泛的形象传播。

第二节　大众传播

大众传播（Mass Communication）是社会媒介组织通过文字（报纸、杂志、书籍）、电波（广播、电视）、电影、电子网络等大众传播媒介，向社会大众公开地传递自己用各种手段复制的信息的社会实践活动的全过程。杰诺维茨 1968 年提出，大众传播由一些机构和技术所构成，专业化群体凭借这些机构和技术，通过技术手段（如报纸、杂志、广播、电视等等）向为数众多、各不相同而又分布广泛的受众传播符号的内容。

德弗勒认为大众传播是一个过程，在这个过程中，职业传播者利用机械媒介广泛、迅速、连续不断地发出讯息，目的是使人数众多、成分复杂的受众分享传播者要表达的含义，并试图以各种方式影响他们。

大众传播一词最早出现于 20 世纪 30 年代的美国。西方人认为，1450 年德国 J. 谷登堡发明的金属活字印刷，将人类带进了大众传播的时代。此后的 400 年中，印刷媒介是大众传播的唯一渠道。20 世纪以来，随着广播、电视等电子媒介的诞生和发展，以及信息的大量化、多样化，大众传播已成为普遍的社会现象。大众传播推动了社会环境和文化环境的演变，人们的生活越来越离不开大众传播。

大众传播有传者、信息、大众传播工具和受众 4 个要素。它与其他传播现象的根本区别在于：在传者与大量的受传者之间插入了一种或多种联系两者的传播工具。因此，大众传播也被称为通过传播工具的传播。

一、大众传播的特点

大众传播具有以下特点：

（1）具有组织性。它的传者通常是一个庞杂的机构，内部有精细的分工。如以报纸传递信息的报社，即由采访、编辑、评论、广告、经理等许多部门组成。

（2）在传播内容上具有公开性和易逝性。大众传播与密码、旗语、信鸽、书信等传播现象不同，它不带有保密的性质。这就决定了各种社会制度下的政府部门，往往以不同的方式或在不同的程度上，对传播内容加以审查和控制。报纸刊登的消息，广播、电视播送的节目，通常只具有一次性阅读、视听的价值，除非受传者为了某种用途，以剪报、录音、录像等方式将信息贮存起来。这就迫使传者必须注重信息传递的时效。

（3）具有很强的选择性。一是传播工具对受众有一定的选择；二是受众对传播工具有一定的选择，年龄、性别、职业、文化素养、个人兴趣等可以使受众分为不同的读者层、听众层或观众层而偏爱某种传播工具；三是受众对传播的内容可以任意选择；四是受众对参与大众传播的时间可以自由选择。受众的选择性表明，大众传播并不意味着对每个人的传播。

（4）受众具有不知名和参差不一的特点。传者可能了解受众总体的某些情况，但对具体的受传者往往是不熟悉的。

（5）在信息流通上具有单向性。受众无法当面提问、要求解释，整个传播过程缺乏及时而广泛的反馈。

（6）具有快速性。不断吸收最新科学技术，提高传播信息的速度，是大众传播的一个发展趋势。

二、大众传媒的种类及其影响

1. 大众传媒的种类

大众传媒的种类：第一类：人们面对面传递信息的媒介，如口语和体语；第二类：绘画、文字、印刷和摄影；第三类：电话、唱片、电影、广播、电视、计算机通信等等。

2. 大众传媒的特性和影响

（1）特性（功能）：获取信息和传递信息（最基本的功能）；文化传承功能；监督功能；娱乐功能。

（2）影响：改变着人们的学习方式；改变着人们的工作方式；改变着人们的日常生活。现代传媒对青少年的有利影响：网络是学习的工具，可以开阔青少年的眼界，增长知识，丰富文化生活、提高学习效率、激发学习兴趣；网络可以是娱乐工具，娱乐是青少年生活的重要组成部分，也是成长的需要，有利于青少年学习社会。现代传媒对青少年的不利影响：大众传媒中的信息来源复杂，如果不加选择，过量接受，可能会导致"信息污染综合征"；虚假的不良广告信息也会对青少年造成不利影响；大众传媒中还有一些暴力、色情等内容，会损害青少年的身心健康，一些不健康的信息可能会影响青少年的思想等。如果长时间泡在网上，会影响他们的休息和身体健康，还可能使他们感到孤独、颓废和困惑，亲情得不到满足，影响青少年的心理健康。

三、大众传播对组织形象塑造的功能

大众传播可以说是一种社会性行为，它由来已久，它的出现及繁荣无疑让人类的现实生活更加丰富、便捷。尤其是科技的迅猛发展，网络的勃兴，各种媒体的整合给受传者以前所未有的交流空间。通过各种各样的传媒，人们接触到许许多多原本不可能接触或者需要很大代价才能接触到的物或人，建立了广阔的信息网、人际网。

大众传播对组织形象塑造的积极功能如下：

1. 大众传播具有强化信息互通的功能

在知识经济时代，人们彻底抛弃了信息的传播过程只是单向地由传播媒介向受众传输的观念，信息传播过程是传播者与受众之间信息互通和信息共享的过程。高科技的发展，使得受众比以往任何时候都要容易地参与到传播媒介中来，受众与传播者之间的地位趋于更加平等。传播媒介一方面需要千方百计地采制各种信息去满足受众的需求，另一方面，受众在共享信息的同时，往往可以更便利地参与信息的传播。传播媒介与受众之间相互影响、相互作用、共同完成信息的传播、交流、互通的过程。

2. 大众传播具有生产力的功能

对这一功能的新认识，是知识经济时代生产力要素发生变化的必然结果。根据马克思关于生产力是一个系统的基本思想，结合当代科技所提供的资料，按现代生产力结构进行划分，生产力可分为物质生产力和精神生产力，它们都属于直接生产力的范畴。传播媒介的发展都与科学技术的进步紧密相关的，几次传播革命的突破都与科学技术的飞跃联系在一起。新闻传播界的从业人员必须具备相当高的知识水平，才能从事现代传播业。在生产方面，传播媒介运用了高技术生产，保证生产快速、高效进行，而且生产的多是精神产品。在生产过程中，知识既是重要的生产工具，又是生产过程的结果。传播媒介在知识经济时代成为信息的生产和传播的重要部门，信息社会的发展愈加需要传媒业，传播媒介成为现代生产力系统不可缺少的重要组成部分。

3. 大众传播具有积极引导舆论的功能

从理论的认识和历史的教训中可以看出，传播媒介反映和引导舆论，并且只有从正确的立场出发，对事物的发展作深刻的把握，通过多种多样的方式，选择适应的时机，才能成为提供公众表达意见的正确途径，从而实现引导舆论的功能。

在积极引导舆论中实现传播媒介的政治功能，这是顺理成章的必然。传播媒介总是代表一定社会群体利益，代表一定的政治立场，通过收集各方面的情况和意见，选择有利于传播自己政治观点、思想的意见，形成比较完整的体现自己思想的舆论，通过传播媒介的广泛传播，控制和引导舆论向有利于自己利益的方面发展。

4. 大众传播具有实现社会整合的功能

传播媒介在社会生活中发挥组织、协调、沟通和监督作用中实现社会整合功能。传播媒介可以广泛传播社会成员必须遵守的秩序、道德规范，使社会成员明确自己的权益、责任和义务，在共同遵循社会秩序的过程，协调社会各种力量，使社会有序地发展。对那些违反社会秩序甚至越轨犯法的行为，进行强有力的监督，形成一种舆论的威慑力，营造全社会协调发展的良好氛围。

5. 大众传播具有广泛传播科学文化知识的功能

知识成为决定社会发展的主导力量，知识成为人们终生的渴求，传播媒介对科学文化知识的传播，在广度和深度上都提升到了一个新的层面。

传播媒介是重要的知识载体，它对传播科学文化知识，具有不可替代的独特作用。传播媒介对社会生活敏感，可以迅速地反映最新的科学文化知识，让受众了解科学技术发展的最新动态，使公众接受科学知识的普及教育，提高人们的科学文化水平。在传播科学文化知识的同时，传播媒介还传播弘扬不断创新不断进取的科学精神。

6. 大众传播具有专业解释功能

传播媒介在知识经济时代面临不同需求的受众，传播对象会进一步细化，大众传播趋于"窄播"，传播媒介的专业化能有针对性地满足不断分化的受众群的需求。

传播媒介的专业解释功能，有利于树立传媒的权威性。独家新闻和深度报道是树立传媒声誉的重要方式。一家传媒能经常刊播独树一帜，发映社会真实态势的深度报道，受众从中便能受到极大的启发，甚至影响一个地区、国家的方针政策，这些专业解释性报道无疑成为树立传媒权威性的重要砝码。传播媒介加强专业解释功能也利于提高自身竞争的实力，使其在竞争中占据尽可能大的份额。

7. 大众传播提供休闲娱乐功能

社会生产力的发展，大大提高了人们的物质水平和文化水平，人们有更多的时间享受娱乐活动。

现代传播媒介既向受众提供了娱乐节目，同时也为受众参与休闲娱乐提供了空间。现代人在紧张的工作之余，在有限的工作生活圈内，需要参与一些娱乐活动放松自己，参与公共集体活动扩大社交圈，传播媒介的娱乐节目提供了休闲参与的机会。

四、大众传播方法种类

（一）报纸

在传统四大媒体中，报纸无疑是最多、普及性最广和影响力最大的媒体。报纸广告几乎是伴随着报纸的创刊而诞生的。随着时代的发展，报纸的品种越来越多，内容越来越丰富，版式更灵活，印刷更精美，报纸广告的内容与形式也越来越多样化，所以报纸与读者的距离也更接近了。报纸成为人们了解时事、接受信息的主要媒体。报纸广告的主要特点有：

1. 传播速度较快，信息传递及时

对于大多数综合性日报或晚报来说，出版周期短，信息传递较为及时。有些报纸甚至一天要出早、中、晚等好几个版，报道新闻就更快了。一些时效性强的产品广告，如新产品和有新闻性的产品，就可利用报纸，及时地将信息传播给消费者。

2. 信息量大，说明性强

报纸作为综合性内容的媒介，以文字符号为主，图片为辅来传递信息，其容量较大。由于以文字为主，因此说明性很强，可以详尽地描述，对于一些关心度较高的产品来说，利用报纸的说明性可详细告知消费者有关产品的特点。

3. 易保存、可重复

由于报纸特殊的材质及规格，相对于电视、广播等其他媒体，报纸具有较好的保存性，而且易折易放，携带十分方便。一些人在阅读报纸过程中还养成了剪报的习惯，根据各自所需分门别类地收集、剪裁信息。这样，无形中又强化了报纸信息的保存性及重复阅读率。

4. 阅读主动性

报纸把许多信息同时呈现在读者眼前，增加了读者的认知主动性。读者可以自由地选择阅读或放弃哪些部分；哪些地方先读，哪些地方后读；阅读一遍，还是阅读多遍；采用浏览、快速阅读或详细阅读。读者也可以决定自己的认知程度，如仅有一点印象即可，还是将信息记住、记牢；记住某些内容，还是记住全部内容。此外，读者还可以在必要时将所需要的内容记录下来。

5. 权威性

消息准确可靠，是报纸获得信誉的重要条件。大多数报纸历史长久，且由党政机关部门主办，在群众中素有影响和威信。因此，在报纸上刊登的广告往往使消费者产生信任感。

6. 高认知卷入

报纸广告多数以文字符号为主，要了解广告内容，就要求读者在阅读时集中精力，排除其他干扰。一般而言，除非广告信息与读者有密切的关系，否则读者在主观上是不会为阅读广告花费很多精力的。读者的这种惰性心理往往会减少他们详细阅读广告文案内容的可能性。换句话说，报纸读者的广告阅读程度一般是比较低的。不过当读者愿意阅读时，他们对广告内容的了解就会比较全面、彻底。

7. 注意度不高

在一份报纸中，有很多栏目，也有很多广告，它们竞相吸引读者的注意。这样，只有当你的广告格外醒目时，才容易引起人们的注意。否则，读者可能视而不见。

8. 印刷难以完美，表现形式单一

报纸的印刷技术最近几年在高新科技的支持下，不断得到突破与完善。但到目前为止，报纸仍是印刷成本最低的媒体。受材质与技术的影响，报纸的印刷品质不如专业杂志、直邮广告、招贴海报等媒体。报纸仍需以文字为主要传达元素，表现形式相对于电视的立体、其他印刷媒体的斑斓丰富，显然要单调得多。

（二）杂志

杂志也是一种印刷平面广告媒体，尽管与报纸广告相比，它明显地缺乏时效性，而且覆盖面有限，但由于它精美的印刷，具有光彩夺目的视觉效果，故深受特定受众的喜爱。由于杂志种类繁多，雅俗均有，而且出刊周期短的杂志种类最多，影响颇大，因此，它成为现代广告四大媒体之一。由于印刷技术的发展和人类思维的进步，以往的单纯平面设计模式不断被打破，新的设计形式不断出现，这都体现着杂志广告的广阔前景。杂志广告的主要特点有：

1. 读者阶层和对象明确

杂志的读者不像报纸广大，但分类较细，专业性较强，这便于选择特定阶层的广告非常方便，更能做到有的放矢。同类杂志的读者，在质的方面大体相同，因此，广告文案的制作也容易得多，反过来说，每一类杂志都拥有其基本的读者群，那么就可以针对不同的消费者选择不同的杂志。所以，为了更好地利用杂志媒体，应该根据广告目标对象的要求对能利用的杂志进行分类。

一般来说，杂志的读者都有一定的文化水平，有较好的理解能力，而且凡是订阅某种杂志的人，对该杂志的性质与刊登内容都有一定了解和兴趣，搞专业的人对专业杂志刊登的东西容易接受，这样就有利于广告发挥作用。订阅杂志的人生活水平都较高，有能力领略广告介绍的内容，所以新产品在开辟市场时，杂志媒体也是一个有效的媒体。

2. 杂志印刷精美，阅读率高，保存期长

杂志媒体的用纸较好，尤其是广告用纸更为讲究，在广告的印刷上要比报纸精美得多，尤其是彩色广告，色彩鲜艳精致，容易引人注目，可以逼真地再现商品形象，激发读者的购买欲望。杂志广告大都用全页或半页，版面较大，内容多，表现深刻，图文并茂，容易把广告客户所要提供的信息，完整地表达出来。

杂志媒体比起广播、电视来说，生命长得多。广播电视节目一播即逝，而杂志阅读时间长，常被人保存下来反复阅读，因此，杂志广告能反复与读者接触，有充分时间对广告内容作仔细研究，加深人们的印象。

3. 杂志媒体版面安排灵活，颜色多样

在版面位置安排上可分为封面、封底、封二、封三、扉页、内页、插页，颜色上可以是黑白，也可以是彩色，在版面大小上有全页、半页也有 1/3、2/3、1/4、1/6 页的区别，有时为了适应广告客户、作大幅广告要求，还可以作连页广告、多页广告，效果十分强烈，影响巨大。

杂志与报纸一样，同属印刷媒体。这就决定了它们之间存在着一些共同的心理特性，包括阅读主动性、高认知卷入、保存性和可信性。但是杂志与报纸也存在着很大的差别。在内容上，杂志不像报纸以新闻报道为主，而是以各种专业和科普性知识来满足各种类型读者的需要。在印刷质量上，杂志一般也优于报纸。因此杂志具有一些不同于报纸的心理特性。

4. 读者针对性强

杂志内容有较大的倾向性、专业性，不同的杂志，一般可以在广大区域里，拥有不同的和比较稳定的读者层。比如摄影杂志，读者以摄影行业和业余摄影爱好者为主，故有关摄影器材的广告，登在摄影杂志上，广告对象正与该杂志的读者接近，可以有效地争取这些读者成为购用该商品的顾客。

5. 知识性

许多杂志的内容以专业知识和科普知识为主体，因而容易使读者对杂志阅读产生知识性期待。这与报纸的消息性一样，杂志的知识性也成为杂志广告的一个心理特性。

6. 重复性

杂志的内容丰富多彩，长篇文章较多，读者不仅要仔细阅读，而且常常要分多次阅读，甚至保存下来日后再读。读者的多次翻阅增加了他们与杂志广告接触的机会，有利于在其记忆中留下较深的广告印象。

7. 美感好，引人注目

杂志纸质较好，可以印上较美的彩色图片，较逼真地再现商品原貌。同时，杂志广告多是商业广告，广告登载量也不多，一般集中刊登在一定的书页上，排列整齐美观，因此，杂志广告有较强的艺术感染力，引人注目，给人以美的享受。

8. 时效性差

杂志是定期刊物，发行周期较长，有周刊、半月刊、月刊、季刊、半年刊，甚至年刊，因而影响广告的传播速度。时效性强的广告，如企业开张广告、文娱广告、促销广告等，一般不宜选用杂志媒体，否则容易错过时机，收不到广告效果。

（三）广播

由于科技的发展，新媒体不断出现，广播媒介面临着越来越多的挑战和冲击，然而广播还是有它的优越性，只有充分地了解这些特性，才能扬长避短，进一步开掘这一媒体的潜力。广播广告的主要特点有：

1. 传播方式的即时性

即时性，是指广播广告传播速度最快。广播可使广告内容在讯息所及的范围内，迅速传播到目标消费者耳中。不论身在何地，只要打开收音机，广告对象就可以立即接收到。如果广告策略、战术的临时调整而需要紧急发布某些广告讯息，例如发布展销会、订货会、折价销售等等时效性要求比较强的供求讯息时，广播广告可以在数小时内完成播出任务，有时还可以做到现场直播。广播广告的这种即时性的优势是其他媒介所无法取代的。

2. 传播范围的广泛性

由于广播广告是采用电波来传送广告讯息的，电波可以不受空间的限制，并且广播的发射技术相比电视简单得多，所以广播的覆盖面积特别广泛，它可以到达全世界的每一个角落。广播覆盖范围的广阔性使得人们不论在城市还是乡村，在陆地还是空中，都可以收听得到。广播不受天气、交通、自然灾害的限制，尤其适合于一些自然条件比较复杂的地区。

3. 收听方式的随意性

收听广播最为简便、自由、随意。因为它不受时间、地点的限制，不管是白天还是晚上，不管你在哪里，也不管你在干什么，只要打开收音机，都可以接收听广播的内容。科技的进步，使收音机越发向小型化、轻便化发展，有的只有火柴盒大小。尤其是"随身听"这种为青年人所青睐的收听工具的出现，从某种程度上可以说，广播媒体可以为受众所随身携带。

4. 受众层次的多样性

印刷媒介对受众文化水准、受教育程度的要求较高，而广播可使文化程度很低甚至不识字的人也能听得懂广告的内容，所以广播媒体的受众层次更显出多样性。尤其是在我国，仍有很多文盲和半文盲，而这一部分人又是任何广告主都无法忽视的消费群体。要想针对他们发挥广告的告知与说服功能，广播是非常合适的广告媒体。

5. 制作成本与播出费用的低廉性

广播广告单位时间内信息容量大、收费标准低，是当今最经济实惠的广告媒体之一。同时，广播广告制作过程也比较简单，制作成本也不高。

6. 播出的灵活性

因为广播广告是诸媒介中制作周期最短的，所以广告主要根据竞争对手的举动来调整自己的战术行动，快速做出反应。广播广告是最为方便、最为得心应手的工具。而报纸和电视广告除了制作较为复杂以外，刊播时段和版面一般都比较紧俏，需要提前预订。而广播广告在安排播出和调整时段上相对比较容易，比较灵活。

7. 激发情感的煽动性

广播靠声音进行传播，诉诸人的听觉，它能给听众无限的想象空间，这也正是广播的魅力所在。广播广告的特色正是通过刺激人的听觉感官，帮助收听者产生联想，因为广播的声音是实在的、具体的，特别容易撩拨人的心弦，煽动人的情绪，而广告也常在这种情形不知不觉地中完成其传达与说服的功能。

但是，广播广告也有稍纵即逝、传播方式单一等不足之处。

（四）电视

电视广告的主要特点是：

1. 直观性强

电视是视听合一的传播，人们能够亲眼见到并亲耳听到如同在自己身边一样的各种活生生的事物，这就是电视视听合一传播的结果。单凭视觉或单靠听觉，或视觉与听觉简单地相加而不是有机地合一，都不会使受众产生如此真实、信服的感受。电视广告的这一种直观性，仍是其他任何媒介所不能比拟的。它超越了读写障碍，成为一种最大众化的宣传媒介。它无需对观众的文化知识水准有严格的要求。即便不识字，不懂语言，也基本上可以看懂或理解广告中所传达的内容。

2. 有较强的冲击力和感染力

电视是唯一能够进行动态演示的感性媒体，因此电视广告冲击力、感染力特别强。电视媒介是用忠实地记录的手段再现讯息的形态，即用声波和光波信号直接刺激人们的感官和心理，以取得受众感知经验上的认同，使受众感觉特别真实，因此电视广告对受众的冲击力和感染力特别强，是其他任何媒体的广告所难以达到的。

3. 受收视环境的影响大，不易把握传播效果

电视机不可能像印刷品一样随身携带，它需要一个适当的收视环境，离开了这个环境，也就阻断了电视媒介的传播。在这个环境内，观众的多少、距离电视机荧屏的远近、观看的角度及电视音量的大小、器材质量以至电视机天线接受信号的功能如何，都直接影响着电视广告的收视效果。

4. 瞬间传达，被动接受

全世界的电视广告长度差不多，都是以 5 秒、10 秒、15 秒、20 秒、30 秒、45 秒、60 秒、90 秒、120 秒为基本单位，超过 3 分钟的比较少，而最常见的电视广告则是 15 秒和 30 秒。这就是说一则电视广告只能在短短的瞬间之内完成讯息传达的任务，这是极苛刻的先决条件。而且受众又是在完全被动的状态下接受电视广告的，这也是电视区别于其他广告媒介的特点。

5. 费用昂贵

费用昂贵，一是指电视广告片本身的制作成本高，周期长；二是指播放费用高。就制作费而言，电影、电视片这种艺术形式本身就以制作周期长、工艺过程复杂、不可控制因素多（如地域、季节天气、演员等）而著称，而电视广告片又比一般的电影、电视节目要求高得多。广告片拍片的片比通常是 100：1，可见仅是胶片一项，电视广告片就要比普通电影、电视剧节目超出许多倍，而且为广告片专门作曲、演奏、配音、剪辑、合成都需要花大量的金钱。

6. 有较高的注意率

经济发达的国家和地区，电视机已经普及，观看电视节目已成为人们文化生活的重要组成部分。电视广告注意运用各种表现手法，便广告内容富有情趣，增强了视听者观看广告的兴趣，广告的收视率也比较高。电视广告既可以看，还可以听。当人们不留神于广告的时候，耳朵还是听到了广告的内容。广告充满了整个电视屏幕，也便于人们注意力集中。因此，电视广告容易引人注目，广告接触效果是较强的。

7. 利于不断加深印象

电视广告是一种视听兼备的广告，又有连续活动的画面，能够逼真地、突出地从各方面展现广告商品的个性。比如，广告商品的外观、内在结构、使用方法、效果等都能在电视中逐一展现，观众如亲临其境，留有明晰深刻的印象。电视广告通过反复播放，可以不断加深印象，巩固记忆。

8. 利于激发情绪，增加购买信心和决心

由于电视广告形象逼真，就像一位上门推销员一样，把商品展示在每个家庭成员面前，使人们耳闻目睹，对广告中的商品容易产生好感，引发购买兴趣和欲望。同时，观众在欣赏电视广告时，有意或无意地对广告商品进行比较和评论，通过引起注意，激发兴趣，统一购买思想，这就有利于增强购买信心，作出购买决定。特别是选择性强的日用消费品、流行的生活用品、新投入市场的商品，运用电视广告，容易使受众注目并激发其对商品的购买兴趣与欲望。

9. 不利于深入理解广告信息

电视广告制作费用高昂，黄金播放时间收费最贵。电视广告时间长度多在 5 至 45 秒。要在很短的时间内，连续播出各种画面，闪动很快，不能做过多的解说，影响人们对广告商品的深入理解。因此，电视广告不宜播放需要详尽理解性诉求的商品，如生产设备之类的商品。一些高档耐用消费品在电视播放广告时，还要运用其他补充广告形式作详细介绍。

10. 容易产生抗拒情绪

因为电视广告有显著的效果，运用电视广告的客户不断增加，电视节目经常被电视广告打断，容易引起观众的不满。

（五）户外广告媒体

凡是能在露天或公共场合通过广告表现形式同时向许多消费者进行诉求，能达到推销商品目的的物体都可称为户外广告媒体。户外广告可分为平面和立体两大部类：平面的有路牌广告、招贴广告、壁墙广告、海报、条幅等。立体广告分为霓虹灯、广告柱以及广告塔、灯箱广告等。在户外广告中，路牌、招贴是最为重要的两种形式，影响甚大。设计制作精美的户外广告带成为一个地区的象征。户外广告的主要特征有：

（1）它对地区和消费者的选择性强。户外广告一方面可以根据地区的特点选择广告形式，如在商业街、广场、公园、交通工具上选择不同的广告表现形式，而且户外广告也可以根据某地区消费者的共同心理特点、风俗习惯来设置；另一方面，户外广告可为经常在此区城内活动的固定消费者提供反复的宣传，使其印象强烈。

（2）户外广告可以较好地利用消费者途中，在散步游览时，在公共场合经常产生的空白心理。在这种时候，一些设计精美的广告、霓虹灯多彩变化的光芒常能给人留下非常深刻的印象，能引起较高的注意率，更易使其接受广告。

（3）户外广告具有一定的强迫诉求性质，即使匆匆赶路的消费者也可能因对广告的随意一瞥而留下一定的印象，并通过多次反复而对某些商品留下较深印象。

（4）户外广告表现形式丰富多彩，特别是高空气球广告、灯箱广告的发展，使户外广告更具有自己的特色，而且这些户外广告还有美化市容的作用，这些广告与市容浑然一体的效果，往往使消费者非常自然地接受了广告。

（5）户外广告内容单纯，能避免其他内容及竞争广告的干扰，而且户外广告费用较低。

但是，户外广告媒体也有其不足之处，主要表现在：

（1）覆盖面小。由于户外广告大多数位置固定不动，覆盖面不会很大，宣传区域小，因此设置户外广告时应特别注意地点的选择。比如广告牌一般设立在人口密度大、流动性强的地方。机场、火车站、轮船码头南来北往的流动人口多，可以作全国性广告。

（2）效果难以测评。由于户外广告的对象是在户外活动的人，这些人具有流动的性质，因此其接受率很难估计。而且人们总是在活动中接触到的，因此注视时间非常短，甚至只有几分之一秒，有时人们在同一时间可能接触到许多户外广告，所以要取得广告效果，就要做到让人们视觉暂留，这非常重要。

（六）售点广告

售点广告又叫 POP 广告，POP 是英文 Point of Purchase 的简称，20 世纪 30 年代出现于美国。今天，POP 广告以新的形式出现，而且备受重视并被广泛运用。

现在的 POP 广告，包括橱窗陈列、柜台、货架陈列、货摊陈列等，还包括销售地点的现场广告，以及有关场所门前的海报、招贴。随着无人销售形式的出现，尤其是超级市场的出现与普及，售点广告的功能也在逐渐扩大。售点广告包括售点发布的各种广告包装纸、说明书、霓虹灯、小册子、赠品、奖券等，不过售点广告最主要的形式还是以商品本身为媒体的陈列广告。

售点广告按场合又分为店外和店内两类。店外 POP 广告，是使消费者认识店址，吸引消费者进入商店的广告，如招牌和橱窗。店内 POP 广告，是最接近消费者的广告，由柜台展示、货架陈列、地面展示、墙面广告、天花板装饰、商品包装、动态装饰等部分组成。

售点广告实际上是其他广告媒体的延伸，对潜在购买心理和已有的广告意向能产生非常强烈的诱导功效。美国有人调查研究过，购买者在出门前已确定买什么商品的情况只占全部销售额的28%，而在销售现场使潜在意识成为购买行为的则占72%，可见，销售现场广告的作用是巨大的。具体作用如下：

（1）售点广告能加深顾客对商品的认识程度，能更快地帮助顾客了解商品的性质、用途、价格及使用方法。能诱发顾客的潜在愿望，形成冲动性购买，它不像其他媒体那样必须给人留下深刻印象和记忆才能产生购买行为。正因如此，这类广告更应在表现形式上考虑如何引起广告的注意率。

（2）售点广告能增强销售现场的装饰效果，美化购物环境，制造气氛，增进情趣，对消费者起着诱导作用，是无声的推销员。

（3）售点广告的表现形式和真实度都是其他媒体不可比拟的，这类广告一般更重视实物的展示，能补充四大媒体的不足，使抽象的、仅仅是印象的商品成为活生生的实物。

（4）售点广告设计一次，可长期使用，能节省宣传费用。

（七）网络

自1994年10月4日，美国著名的《热线杂志》（Hot wired）首开网络广告先河以来，网络广告就迅速席卷欧美大陆，成为当今欧美国家最为热门的广告宣传形式，并且正在迅速地扩展到世界其他国家和地区。美国国家科学基金会预测，网络将成为继报纸、杂志、广播、电视之后的第五大媒体。随着网络用户的增多，电子商务的迅猛发展，网络广告也将高速阔步向前。网络的主要特征及相关评价指标有：

1. 小众媒体

互联网作为一个媒介，有一些非常特殊的性质，就是说，它不是一个大众媒体，而是承担一个小众媒体的角色。作为小众媒体上的广告必须深入研究目标受众群体的心理需求，才能有的放矢，到达预期的广告目标。

2. 互动性

网络广告的互动性决定了网上的旗帜广告和电视广告不一样，电视广告可以强迫收看，这天这个节目很有趣，节目播到一半，广告时间进来你非看不可，这多少可以保证观众看到。但是网民上一个网站的时候，他们是有目的的，可能要查一个股票的信息，或者其他，那个在上面闪来闪去的东西，常常不看。所以要深入研究消费者的心理，充分吸引网民的无意注意。

3. 超大信息容量

一般而言，一个网站下面，会有上十或数十乃至数百个网页。网页信息采取非线性文本形式，通过链接方式将不同的网页互相链接起来，组合成一个有机的整体，更为关键的是，网络广告所负载的信息，可以由广告受众自主选择，随心所欲。消费者强烈的主动性及强大的信息量就要求我们深知消费者的需要及根据不同类型消费者对信息进行分类，以便使广告受众深入点击，获取更多的广告信息，提高广告的效率。

4. 付费性

对于作为互动广告的网络广告而言，能不能吸引人到你的站点非常必要，因为网络广告的受众是自己花钱上网来看你的广告的，除非你的广告具有十足的吸引力和亲和力，能引起他的极大兴趣，他才有可能参与进来。

5. 吸引有意注意程度

网络广告是一种非强迫性传播，它不像电视、广播、报纸、户外广告等具有强迫性，想方设法吸引人们的视觉和听觉，将有关信息塞进受众的脑子打动人们的无意注意。网络广告作为一种传播活动，毫无疑问要吸引人们的无意注意，吸引人们在信息的海洋中注意它、点击它，但它独特的交互性主要吸引的是人们的有意注意并力求调动人们的自觉性和主动性。一句话，在一般媒体上，广告找人看，在网络媒体上，人找广告看。所以吸引消费者有意注意的程度水平是评价一则网络广告心理效果的重要指标。

6. 引起兴趣，满足需要程度

互联网是一个分众媒体，它提供的是一种双向的沟通方式，并能将信息按照用户的个人情况和需求进行个人化定制。人们在互联网上是一种自助的信息消费行为，信息的选择和使用完全按照用户个人的兴趣和需要而决定。只有引起消费者的兴趣，满足消费者的某种现实需要或潜在需要的网上广告信息才能一步步吸引消费者深入点透，接受广告信息。因此，是否引起消费者的兴趣，满足消费者的需要是关系网络成败的一个重要因素。

7. 易辨认，易识别程度

网络广告最根本的特性是互动性，互动性广告的重心应在于互动信息的传递。超大信息容量是网络广告优于传统媒体广告的一个十分突出的特点。一般而言，一个网站下面，会有上十个乃至数百个网页。面对庞大的信息量，如何使消费者辨认、理解这些信息，提取自己所需要的信息，这也是评价一则网络广告不可或缺的指标。

8. 信息的针对性、亲和力

网络互动广告一对一模式就要求信息传播的个人化，让每个接触广告的人都感到，广告产品是专门为自己准备的，让广告信息走到每个人身边来，贴近每个人的心，想其所想，爱其所爱。因此，广告信息是否有针对性，富有个性，是否具有亲和力应是网络广告心理效果测评系统中的一个重要指标。

9. 引起在线购买程度

网络广告是一种针对目标市场进行广泛劝说的传播活动，和其他大众传播方式相比，网络广告有更明确的广告对象，网络技术可以帮助广告主选择用户，跟踪用户，多方面掌握用户资料，然后有的放矢，对症下药，因此可望成为一种最富针对性的促销行为。网络这种全天候、全球性的市场交流媒介，不仅能建立品牌认知度，还能吸引人们来仔细打量一种产品，促成购买，并提供售后服务和售后支持。所以网络广告是否能引起人们的直接在线购买行为也是评价网络广告的重要指标。

主要媒体种类的特性见表9-1。

表 9-1　　　　　　　　　　　　主要媒体种类的特性

适用标准	媒 体							
	报纸	电视	有线电视	广播	杂志	户外广告	交通广告	夹报
以比较为目的所使用的单位	单页	30 秒	30 秒	60 秒	彩色页	100 面	100 面	彩色页
每千人成本	高	中	低	低	中	低	低	高
接触最多的社会经济人群	中、上层	中、上层	中、上层	所有阶层	中层高层	中层高层	低层中层	所有阶层
接触最多的年龄范围	中年老年	儿少青老年、家妇	儿少青老年、家妇	青少年、老年	青、中年成人	青、中年成人	所有年龄	所有年龄
视听众选择性	尚可	尚可	良好	良好	最好	不好	不好	尚可
潜在到达率	85%	95%	45%	60%	70%	95%	95%	75%
视听众累积速度	最好	最好	好	好	不好	尚可	尚可	最好
地理适应性	最好	最好	不好	最好	尚可	最好	好	最好
购买时机适应性	最好	好	好	好	不好	不好	尚可	尚可
信息的复杂性	高	中	中	低	高	低	低	中
对每个人的效果	中	低-中	低-中	中	中-高	低-中	低	高

五、传播方法的选择

在组织形象传播过程中，人际传播和大众传播是不可缺少的两个方面，它们各有所长，在实际操作中可以单独使用，也可以灵活兼用。具体选择可掌握以下原则：

1. 根据传播内容选择

传播内容不同，传播方式也就不同，选择的传播媒介也不同。如果传播内容单一并生动形象，可采用大众传播中的电视宣传，如产品、服务、组织环境等，使公众在真实可信的观看过程中产生对组织形象的好感。如果传播内容复杂并寓意深刻，如技术、设备、组织经营原则、组织的精神风貌等等，可采用大众传播中的报纸、杂志、电脑网络的文字传播，使公众能从详尽周密的文字论证中，更深刻了解组织的深层形象。如果传播内容既复杂又生动，则可采用人际传播和大众传播兼用的方法，如上门服务、特种服务、公益性活动、社会性活动等，这些内容首先是通过人际传播进行的，然后通过大众传播广为宣传，使公众感到既真实可信又生动形象。

2. 根据公众对象选择

组织形象有很多方面，需要联系的公众对象各不相同。而且组织形象发展的不同时期，有不同的侧重点，所以针对的公众也不尽相同。这些公众又各自有其不同的特点，工作职业、受教育程度、经济情况、习俗、工作和生活环境等等各不相同。因此，公关人员在进行组织形象传播时，应根据他们的具体情况选择不同的传播方法和媒介。如公众对象是喜欢逛商场的妇女，则可以采用人际传播的方法，在商店里现场介绍组织产品、服务、技术等；如公众对象是加班加点的汽车司机，则采用大众传播中的广播为宜；如公众对象是儿童少年，大众传播中的电影、电视生动形象的传播则会引起他们的兴趣；面对喜欢深思熟虑的知识分子公众，人际传播中亲切地交谈和大众传播中的报纸、杂志、电脑网络是再合适不过的了。只有因公众对象而宜，才能增强组织形象的传播效果。

3. 根据经济实力选择

一般来说，人际传播的费用较少，大众传播的花费较多。在大众传播的各种媒介中，广播、电视、电影、录像、电脑网络的费用又较多，而报纸、杂志、函件、公文、简报等的花费又较少。公关人员在选择不同的传播方法及媒介时，还应根据组织的经济实力来确定，既讲求传播效果，也讲求传播的经济效益。

六、新媒体种类及特征

新媒体种类很多，主要有：门户网站、电子邮箱、搜索引擎、虚拟社区、网络游戏、博客、维客、播客、手机短信、手机电视、网络电视、数字电视、手机报、网络杂志等。

它们中有的属于新的媒体形态，有的属于新的媒体软件、新的媒体硬件和新的媒体服务方式。

新媒体传播特征如下：

（1）全时传播。信息传播的时效性有四个发展阶段：定时、即时、实时、全时，全时传播指的是信息随时可以进行发布。

（2）全域传播。地域和空间限制越来越少，只需要设备和传输信号，就可以发布信息。

（3）全民传播。传播不再是机构、媒体单位的事情，每一位民众都可以参与其中，谁都可能是记者、编辑。

（4）全速传播。传播速度比旧媒体快，在事件发生的同时就能够进行传播活动。

（5）全媒体传播。传播信息不单是文字或者图片，还附有音频、视频等多触觉通道。

（6）全渠道传播。客户端多样化，比如电脑、手机、短信等都可以进行信息发布。

（7）全互动传播。新闻的线索搜集、采访、发行等一系列活动，所有用户都有机会参与进去，并且在事后可以发表评论。

（8）去中心化传播。不存在类似于"头版头条"这样的状况，不同受众可以选择很多主题进行讨论，这也说明了新媒体使新闻多元化。

（9）去议程设置传播。信息传播不再是比较固定的用词模式，不同的消息发布人可以用自己使用语言的习惯进行传播。

（10）自净化传播。虽然在新媒体的传播过程中，负面信息传播面积是正面信息的四倍，但是一般小道消息都会有相关人员出面澄清，所以造成的误会基本可以得到有效的遏制。

本章小结

组织形象首先是从人际传播开始的，而且在整个传播过程中都以人际传播为基础，时时处处都离不开人际传播。人际传播是组织形象的基本类型之一。人际传播是人们彼此间直接进行的信息交流。

人际传播的特点：（1）无媒体的参与。（2）因人因事而异。（3）传播范围有限。（4）能及时了解公众的反应。

组织的业务礼仪也是传播组织形象的重要方面，包括：柜台礼仪、推销礼仪、仪典仪式。

柜台礼仪应注意：（1）保持柜台内外和周围环境的清洁卫生，商品陈列整齐美观、分类清晰；工作人员应仪表整洁，举止大方，精神饱满，随时准备迎接顾客。（2）工作人员接待顾客时，要态度热情，表情自然，语言亲切。（3）工作人员要有处理特殊情况的能力。（4）在柜台服务中，切忌冷落顾客、对顾客的提问或选择置之不理；更不能不讲语言文明、出口伤人。

推销礼仪应注意：（1）推销人员应具备必需的推销资料。（2）推销人员应着装整洁，有条件的企业组织可统一着装。（3）上门推销时应礼貌在先。（4）推销人员在推销产品时，一方面要充满对产品和企业组织的自信，另一方面应站在公众的立场上去揣摩公众的购买心理、购买动机、购买能力和购买条件，站在公众的角度、用公众自己的言语去吸引顾客公众。

仪典礼仪有以下几方面要求：（1）拟定仪典计划。（2）按照拟定出席仪典的宾客名单，准备好请柬，并提前将请柬送至宾客手中。（3）落实工作人员，并布置好现场、环境。（4）按程序举行仪典。（5）仪典结束后，可组织来宾参观组织的环境、设施和产品，并通过座谈或留言，增进组织和公众的相互了解。（6）可用录音、录像、拍照、文字等方式将整个仪典记录下来。

大众传播是现代社会中最主要最有效的传播方式。它是由特殊的社会机构利用报纸、杂志、书籍、电视、广播、电影、电视网络等传播媒介对社会的各方面受众进行的广泛的信息传递。

大众传播的特点：（1）具有组织性。（2）在传播内容上具有公开性和易逝性。（3）具有很强的选择性。（4）受众具有不知名和参差不一的特点。（5）在信息流通上具有单向性。（6）具有快速性。

目前使用较为普遍的是报纸、杂志、广播、电视、户外广告媒体、焦点广告和网络。

作为大众化的新闻媒介，报纸的历史是最长的。报纸在印刷媒介以至在各种传播媒介中都是影响较大的传播工具之一。报纸广告的特点是：（1）传播速度快，信息传递及时。（2）信息量大，说明性强。（3）易保存、可重复。（4）阅读主动性。（5）权威性。（6）高认知卷入。（7）注意度不高。（8）印刷难以完美，表现形式单一。

杂志广告的主要特点有：（1）读者阶层和对象明确。（2）杂志印刷精美，阅读率高，保存期长。（3）杂志媒体版面安排灵活，颜色多样。（4）读者针对性强。（5）知识性。（6）重复性。（7）美感好，引人注目。（8）时效性差。广播广告的主要特点有：（1）传播方式的即时性。（2）传播范围的广泛性。（3）收听方式的随意性。（4）受众层次的多样性。（5）制作成本与播出费用的低廉性。（6）播出的灵活性。（7）激发情感的煽动性。电视广告的主要特点是：（1）直观性强。（2）有较强的冲击力和感染力。（3）受收视环境的影响大，不易把握传播效果。（4）瞬间传达，被动接受。（5）费用昂贵。（6）有较高的注意率。（7）利于不断加深印象。（8）利于激发情绪，增加购买信心和决心。（9）不利于深入理解广告信息。（10）容易产生抗拒情绪。户外广告的主要特征有：（1）它对地区和消费者的选择性强。（2）户外广告可以较好地利用消费者途中，在散步游览时，在公共场合经常产生的空白心理。（3）户外广告具有一定的强迫诉求性质。（4）户外广告表现形式多样。（5）户外广告内容单纯，能避免其他内容及竞争广告的干扰。（6）覆盖面小。（7）效果难以测评。售点广告的具体作用如下：（1）售点广告能加深顾客对商品的认识程度，能更快地帮助顾客了解商品的性质、用途、价格及使用方法。（2）售点广告能增强销售现场的装饰效果，美化购物环境，制造气氛，增进情趣，对消费者起着诱导作用，是无声的推销员。（3）售点广告的表现形式和真实度都是其他媒体不可比拟的。（4）售点广告设计一次，可长期使用，能节省宣传费用。网络的主要特征有：（1）小众媒体。（2）互动性。（3）超大信息容量。（4）付费性。

在组织形象传播过程中，人际传播和大众传播是不可缺少的两个方面，可根据传播内容、公众对象、经济实力等进行选择。新媒体种类很多，主要有：门户网站、电子邮箱、搜索引擎、虚拟社区、网络游戏、博客、维客、播客、手机短信、手机电视、网络电视、数字电视、手机报、网络杂志等等。新媒体的传播特征是：（1）全时传播。（2）全域传播。（3）全民传播。（4）全速传播。（5）全媒体传播。（6）全渠道传播。（7）全互动传播。（8）去中心化传播。（9）去议程设置传播。（10）自净化传播。

 关键概念

人际传播（Interpersonal Communication）

交往（Contacts）

礼仪（Etiquette）

大众传播（Mass Communication）

传播媒介（Media of Communication）

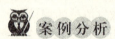 **复习思考题**

1. 简述人际传播及特点。

2. 柜台礼仪应注意哪些？

3. 简述大众传播及特点。

4. 简述电视传播媒介的优缺点。

5. 电脑网络传播媒介的优缺点有哪些？

6. 简述传播方法的选择原则。

案例分析

天猫整合营销传播

一、整合营销传播

整合营销传播理论诞生于 20 世纪 80 年代末，率先由唐·舒尔茨等提出，其核心内涵主要包括：以消费者为导向，运用一切传播方式，实现双向沟通，树立品牌意识，建立持久关系，重视长期效果。90 年代中期，整合营销被介绍到中国，成为市场营销传播中一种新的市场营销传播策略。

纵观这 20 年，可以看到整合营销传播理论在中国的实践过程中逐步渗透、深入并本土化。就目前而言，国内对整合营销传播的运用还处在初级阶段，更多地是将所有的营销传播活动整合在一起。下面这个模型很好地展示了现阶段整合营销传播在国内的应用。

整合营销传播实践的营销组合包括四个部分：公共关系、广告、销售促进、人员推销，其中临近的要素有重叠的部分。企业整合营销传播多采用这种营销模式。以天猫为例，它成功整合多种营销传播活动，精心打造 B2C 购物平台，2011 年上半年占中国 B2C 网络购物超过 50%的市场，全球流量排名达 57 位，中国排名第 10 位。天猫已成为国内最大 B2C 购物平台。

二、天猫的整合营销传播手段

天猫，作为淘宝网的组成部分成立于 2008 年 4 月，2011 年 6 月从淘宝网分拆独立，2012 年 1 月 1 日宣布更名为"天猫"，完成了破茧成蝶的品牌蜕变。2012 年"11·11 购物狂欢节"，支付宝交易额 191 亿元，天猫占 132 亿元，交易额翻了 3 倍，表明天猫在这个所有商家都全力以赴的销售黄金日中打了个漂亮的胜仗，奠定了天猫在中国电子商务 B2C 领域第一把交椅的地位。

1. 公共关系

在整合营销传播组合模型中，公共关系是营销传播活动的四个主要方面之一。它

形象编

170

强调的是企业与公众之间的双向沟通，目的是建立企业与受众间的相互理解并形成企业商誉。

天猫营销过程中在公共关系方面下足了工夫并取得了不俗的效果。

（1）更名"天猫"，重塑品牌。2012 年 1 月 11 日，淘宝商城正式更名为天猫，以 60 万元奖励其"品牌 Logo 和形象"设计方案。一时，"天猫"成了媒体和网友讨论的热词，吸引了众多的目光。天猫二字来自 Tmall 的中文谐音。再加上猫生性挑剔，挑剔品质、挑剔品牌、挑剔环境，代表的就是时尚、性感、潮流和品质。这恰恰是天猫要全力打造的品质之城。

品牌是连接企业与消费者的牢固纽带，是企业最大的无形资产。企业以更新品牌名的方式提升品牌形象的事例屡见不鲜，但也不是可以轻易做出的决定。根据天猫总裁张勇的说法，更名也是为了让消费者更加清楚这个平台的定位，帮助消费者网购时更有针对性地选择和决策。

（2）天猫年度盛典。2012 年 3 月 29 日举行年度盛典，天猫正式公布其全新品牌标志和形象。在盛典现场，天猫联手奔驰、宝洁、三星等数百个知名品牌，采用全新的 AR 互动技术，打造真实和虚拟世界相结合的未来购物城。从眼镜、衣服到手表、数码产品都可以进行试戴、试穿、试用。这让在场的嘉宾过了一把未来网购的瘾，无需出门就可以享受到逛街时对商品的真实感受。

天猫年度盛典的举办标志着天猫独立品牌的问世。天猫自此可以根据自身的个性定位大展手脚，同时借助于这样一个活动鲜明的品牌形象，提高了品牌影响力。

（3）调整与商家的关系。2011 年 10 月，淘宝商城公布了 2012 年的招商新规，将保证金从 1 万元提高到 5 万元、10 万元、15 万元三档，技术服务费从 6000 元一年提高到了 3 万元和 6 万元两档，引起了商家的抗议，但凸显了天猫打造品质之城的决心。高保证金提高了企业入驻的门槛，更有质量保障，保护了消费者的利益，同时天猫承诺给商家最好的平台和服务，也规定商家要合法经营，不能损害消费者的利益。否则就会受到惩罚，一系列从消费者角度出发的行为将换来消费者的信赖和忠诚，而天猫自身与商家实行了共赢。

2. 广告

广告使营销传播能够在很大程度上提高产品知名度，推动品牌发展。天猫当然在广告方面下了一番工夫。

（1）电视广告。电视广告是传播范围最广的广告类型，也是价格最高的类型。以下是"11·11 光棍节"的二则广告。一则广告请来高晓松、小柯、杨幂、李晨、高圆圆等明星助阵，分别有层次地念天猫的广告词："11·11 购物狂欢节，上天猫，就购了。"另一则的广告词是"这一天，不去纽约，也能买空第五大道，不到香港，也能疯抢铜锣湾，天猫 11 月 11 日购物狂欢节，5 折狂购，仅此一天，上天猫，就购了"。天猫的电视广告中，利用明星效应、促销的方式对受众进行狂轰滥炸，形成节假日强大的舆论浪潮，促进销售狂潮的实现。

（2）网络广告。天猫是电子商务网站，商品的选择、交易均在网上实现，所以网络广告是天猫整体广告策略中非常重要的一部分。

天猫根据网络特点制作了一些适合网络传播的广告：①视频缓冲时插入广告。②视频暂停时出现在播放框中的商品展示广告。③出现在 PPS 这一类播放器右侧的特价商品广告。④通过 QQ 等聊天工具跳出的弹窗广告。

在网络上，天猫采用的是"密集出击"的方式，遍布几乎所有的网络活动中，不放过任何一个可能的机会。这样的做法有利有弊，像缓冲时这种强制性的广告容易引起网友的反感，而其他方式的广告，因为不会给网民上网造成明显的影响，一般不会引起负面情绪，在刺激消费方面有一定的作用。

（3）赞助。赞助是指商业组织为了达到其公司或营销目标的预期，而对某项活动提供的现金或贷款形式的贡献。它作为一种营销传播形式，被许多企业加以运用。

天猫赞助了湖南卫视金鹰独播剧场，目前已赞助了《隋唐英雄传》等电视剧。天猫选择湖南卫视这样的赞助对象，一来是看重它的品牌效应，与之联合对于天猫的品牌传播无疑具有很大的推动作用；二来是看重它的高收视率，有利于扩大其传播范围。另外，这个时段的核心受众是家庭主妇以及追逐偶像剧的青少年，也包括一些白领。这些人是网购的主力军，对他们进行定向传播，是有针对性、机智的选择。

3. 销售促进

销售促进是商家使用激励措施吸引消费者购买产品的有效营销手段。这一营销方式为天猫立下了汗马功劳，主要有以下方式：

（1）节假日折扣。例如"11·11"天猫筹划的购物狂欢节，全场 5 折优惠的口号，吸引大量"粉丝"涌入天猫。其实并非所有商品都是 5 折优惠，但仍刺激了交易额的猛增。

（2）会员制。天猫可以直接免费注册成为会员，从而建立商家与消费者的紧密联系。会员可以享受诸如累积积分（用积分买特定的产品可以抵部分现金）、退货保障、生日礼包等优惠。这是商家稳定客源的常用办法，天猫也不例外地使用。

节假日折扣，能够吸引大量的顾客，不仅有利于交易额的提高，更为其带来了潜在消费者，接下来会员制提供诸多优惠进一步为维护和加强顾客的忠诚度增添砝码，所有这些都为天猫的发展、壮大起到了关键的基础性作用。

4. 微博营销

随着网络技术的不断改进，微博因其良好的信息交互性和传播及时性获得广大受众的青睐，成为更富创意的网络营销传播模式。通过微博推广商品，是 B2C 营销的趋势。天猫作为 B2C 营销的领头羊，也很好地应用了这一营销方式。

以天猫身份开通的微博用户包含天猫商家微博、公司成员个人微博、营销社区微博三种层次，形成了一种自上而下的总体营销格局。从天猫的微博内容看，一方面，提供与商城相关的新闻资讯、产品和服务信息、品牌文化，从而构建商城的品牌价值，提升受众的品牌意识。另一方面，即时跟进促销活动状况，方便粉丝获取有关商品打折、优惠活动、抽奖活动等信息。另外，不时发布一些生活常识、名人名言、幽默笑话等，并且，在发布信息时，十分讲究语言，竭力以用户容易接受的方式，拉近与粉丝之间的距离，达到良好的传播效果。

采用微博营销方式对于 B2C 模式的天猫是极具优势的。借助微博可以将商城活动信息主动传达给粉丝。免费的推广为商城的网络营销节约成本。强大的转发功能能够产生滚雪球式的扩大影响。对微博粉丝展开有针对性的传播，收到的效果也更好。新浪微博的主要用户群体集中在影视明星、企业高管、大学生群体等社会精英，与天猫的品牌定位相契合。微博营销作为商城线上和线下营销的耦合剂，与其他营销策略相互促进、相辅相成，形成强势的营销力量。

三、整合营销传播实践的启示

从上面对于天猫整合营销传播的运用，可以得出以下几点启示：

1. 各种传播手段有机结合，共同传达品牌形象

品牌形象的建立对于企业来说至关重要。各种传播形式都要围绕培养和维持统一的品牌形象而进行。因而企业必须有机结合各种传播形式，以形成良好的营销传播效果。

2. 建立客户数据库有利于提高市场竞争力

对客户的资料进行收集，有利于做到营销传播活动的有的放矢，往往能收到事半功倍的营销效果。同时，企业也可以很好地与客户进行互动，增强他们的忠诚度。掌握了顾客，就是掌握了市场。

3. 实现整合营销传播理论的本土化

整合营销传播作为在成熟市场成长起来的营销理论，是值得中国企业借鉴的宝贵经验。但是中国市场的发展程度和特点毕竟和成熟市场有所不同，所以照搬理论不一定是明智的选择，进行本土化的处理可能会取得更好的效果。

资料来源：谭爱芳. 天猫整合营销传播案例分析. 新闻世界，2013-05-10.

案例思考题

1. 天猫的线上与线下整合营销传播是如何协调的？

2. 天猫的整合营销传播运用了哪些线上传播工具？

第 十 章
组织形象的关系调节

☞ 学习目的与要求

理解员工关系、股东关系、顾客关系、社区关系、媒介关系、政府关系的含义。

掌握搞好员工关系、股东关系、顾客关系、社区关系、媒介关系、政府关系的方法。

了解处理好组织内部的公众关系、组织外部的公众关系的意义和重要性。

 引例

乔·吉拉德的汽车关系营销

乔·吉拉德把成交看作推销的开始。他在与客户成交之后，并不是把他们抛于脑后，而是继续关心他们，并恰当地表示出来。他每月要给自己的 1 万多名客户寄去一张贺卡。一月份祝贺新年，二月份纪念华盛顿诞辰日，三月份祝贺圣帕特里克日……凡是在他那里买了汽车的人，都会收到他的贺卡。正因为他没有忘记自己的客户，客户才不会忘记乔·吉拉德。乔·吉拉德在销售过程中总结出了著名的"250 定律"。他认为在每位客户的背后，都大约站着 250 个人，这是与他关系比较亲近的人：同事、邻居、亲戚、朋友。如果一位推销员在年初的一个星期里见到 50 个人，其中只要有两个客户对他的态度感到不愉快，到了年底，由于连锁效应就可能有 5000 个人不愿意和这位推销员打交道。因此，在销售过程中不能得罪任何一个客户，得罪一个客户就等于得罪了 250 个客户。反过来讲，如果你赢得了一个客户的口碑，就等于赢得了 250 个客户。

资料来源：http://www.hztbc.com.

第一节　组织内部公众关系

内部公共关系是组织内部纵向公共关系和内部横向公共关系的总称。针对组织结构而言，纵向公共关系是组织机构上下级之间的关系；横向公共关系是组织机构同级职能部门、科室、班组之间和员工之间的关系。现代组织是一个相互联系、相互依存的开放系统，内部关系是否融洽、团结，目标是否一致，决定着组织能否充满生机，能否具有竞争优势和发展潜力。建立良好的内部公共关系，是组织开展各类对外公共关系活动的基础和前提。

一、组织内部公众关系的构成

根据组织内部构成单位的划分，一个经济组织的内部公共关系主要由员工、团体、领导者、股东四类基本公众组成。

（一）员工

员工是指胜任各个岗位的工作人员。开展内部公共关系工作的主要任务是正确引导员工行为，充分调动员工的积极性、创造性，使所有员工都能围绕组织目标同舟共济、不懈努力。在组织中，员工的言行举止受动机所支配，而动机又以需求为基础。

员工关系是一种合作关系。有些管理者认为，员工关系是雇主与员工、主管与员工以及员工与员工之间的一种对立与冲突的关系。这种关系往往伴随着劳资双方在一些劳动问题上观点的迥然不同和双方关系的不和谐，常常以双方关系的破裂而告终。

随着科技的发展和社会的进步，越来越多的企业已经认识到企业之间的竞争是人才的竞争。在这种大的人才观和人才理念下，员工与企业之间的关系必然从冲突与对立走向和谐与合作，从单赢走向多赢。因此，员工关系应该是雇主与员工、主管与员工以及员工与员工之间的一种合作关系。

基于"员工关系是一种合作关系"这一理念，员工关系管理并非只是根据国家相关劳动法律、法规和企业的相关劳动政策，被动地处理员工与企业之间的劳动关系，而是要从积极的角度来看待员工关系，以积极的方式处理员工关系，引导、构建和谐的劳动环境，从而提高员工的满意度，支持企业战略目标和管理目标的实现。

一旦企业建立合作型的员工关系，不仅可以同员工建立起稳定和谐的关系，减少冲突，而且还可以提高员工的敬业度和整体素质，有效预防和化解人员管理危机。更重要的是，还能建立与发展基于管理层和员工之间价值共享的企业文化，在达成企业目标的过程中实现企业和员工的双赢。

积极的员工关系是企业人才管理最有效的手段。建立在合作关系基础上的员工关系管理具有两个典型特征：一是这种关系必须是劳资双方的一种合作的、和谐的关系，二是这种关系是由企业管理层积极主动的努力构建起来的，需要企业管理人员通过辛勤的劳动不断地进行培育和呵护。这种员工关系我们称为积极的员工关系。

积极的员工关系是企业吸引人才和留住人才最为有效的手段。按照弗雷德里克·赫兹伯格的双因素理论，以具有竞争力的薪资吸引人和留住人，其效果未必能长久，而创建和维护积极的员工关系环境则是员工的内在需求。在这样的工作环境中，员工的聪明才智得到充分发挥，"自我实现"的需要得到更大满足，更利于留住优秀员工。

1. 与员工关系的影响因素

有些管理者认为对员工的积极正确评价是员工关系计划的基础。这些计划在一定程度上是有效的，但是这并不是员工关系的核心。员工关系的核心是一个不断建立关系的过程。企业将花费时间、精力来建立。企业要想建立积极正向的员工关系，首先要明确影响员工关系的因素有哪些，然后根据影响因素制定管理措施从而改进员工关系。

（1）沟通因素。如果企业沟通渠道不畅，缺乏必要的反馈，将会引起很多矛盾，进而导致员工工作热情和积极性下降，影响工作效率。不断进行的双向沟通将会增进员工关系，减少冲突，增加员工对企业的信任，如果员工不信任管理者，上行沟通将会受到阻碍；如果管理者不信任员工，下行沟通将会受到影响。

（2）管理者的管理理念影响员工对企业的信念和管理者的动机进而影响员工关系。如果员工不支持或不理解管理者的道德理念，他们将间接地对管理者的动机产生疑问。这将使员工产生压力，进而影响员工的工作绩效，同时也影响员工对企业的信念，在员工关系中，信念比现实更重要。员工将根据他们对企业的信念履行工作职责，员工应当被明确地告知工作的真实情况，尽管有时这对管理或员工是不合适的。员工的信念将会影响工作绩效。良好的沟通将确保员工的信念与企业的现实相关联。另外重视和关心与工作问题有关的员工情感是建立员工关系的重要内容之一。

（3）冲突因素。冲突是由于工作群体或个人，试图满足自身需要而使另一群体或个人受到挫折时的社会心理现象。企业内冲突表现为由于双方的观点、需要、欲望、利益和要求的不相容而引起的激烈争斗。企业内部的冲突既可发生在个人与个人之间，也可发生在群体与群体之间。如：上下权力层次间的冲突，同一权力层次各部门之间的冲突，职能部门和一线班组之间的冲突等。企业必须解决冲突从而避免不适当的压力对员工或绩效产生负面影响。

（4）管理者对员工的期望不明确将增加员工的压力，进而影响员工关系。员工需要知道管理者对他们的期望是什么。员工不喜欢得到特别的惊喜。知道管理者的期望将极大地减少员工的工作压力。

（5）企业是否公平地对待所有员工是影响员工关系的关键因素。公平可以简单地认为在相同的情况下，对所有的员工都一视同仁，不存在厚薄。这并不意味较高的绩效不应当得到较高的报酬。对员工来说，公平也意味着获得公平的工资和福利。

2. 对员工关系的管理技巧

技巧一：摆正心态

有句谚语说得好："低头的稻穗，昂头的稗子。"所表示的意思是低头是一种谦虚的人生态度，一种真正懂得为人处世的意义后表现出来的态度。有道是"人格无贵贱，人品有高低"。作为老板或管理者老把自己看作官，把自己摆在"高人一等"的位置上，逞威风，实则是把自己的人品降了三等。反之，不摆官架，低调一点，看似少了些官威，实则提升了自己的人品和威信。管理者应该敏而好学，不耻下问，虚怀若谷，把自己的才智和谦虚结合在一起，保持学习的热情，时刻学习别人的长处，不断提高和充实自己

作为一个管理者，不要认为自己比别人高明多少。事实上比自己高明的人有很多，要放下管理者的架子把自己的言行举止融于常人当中，并始终把自己看作是团队中普通一员，永远与下属保持良好的沟通，放低姿态等于抬高自己的身价，每一个人都不是完人，都有不足，所以要多看别人的优点和长处，多肯定和包容部属。

技巧之二：以身作则

《从优秀到卓越》一书中说："言行一致，坚定不移、正直并且强有力的领导人才是优秀的领导人，才能攀越高峰。"作为一个管理者，言行一致不仅是一条做人的基本准则，也是为"官"从政的基本准则。我国的孔圣人曰："政者，正也。君为正，则百姓从政矣。"律人必须先律己，作为企业的管理者，必须注意自身修养，行动要以身作则，先正自身再去影响他人，进而率领员工去开拓进取，己不正，焉能正人？

管理者对于任何一个组织来说，其观点、力量、信心和忧虑，都会影响组织，必须在自己所说和所做的所有事情中为员工树立一个标准，树立起一个高标准的榜样让他们学习。管理者不在于做了多少而是在于带领部属完成了多少工作，在完成工作过程中有没有以身作则，起模范带头作用。

技巧之三：识人于微

"防微杜渐"，见微知著。微的意思是事态的微细变化，君子见到微，就应有领悟，有所作为。人的一举一动，一言一行，无不折射出其人的学识修养。作为一个管理者，应该有叶落而知天下秋，饮一瓢而知河所在的本领。在细微之处来识别一个人的品性才华，为企业的人才选择把好脉。现代企业都需要具有良好心理素质的员工，一个意志不坚强的人，最终会被生活抛弃。而勇敢坚强的人，不会在任何困难面前言输。作为一个管理者，在选择人才时，应该注意对员工的心理素质的考察。

用人以长，适才适所。我们用人就是要用员工的长处和强项，把合适的人才放至最合适的地方，发挥员工最大的价值，一个不会用人的管理者，不会成为一个好的管理者，因此他与员工的关系也很紧张。

3. 对员工关系的管理方法

对员工关系的管理方法有以下四种：

（1）员工关系管理的起点是让员工认同企业的愿景。

（2）完善激励约束机制是员工关系管理的根本。

（3）心理契约是员工关系管理的核心部分。

（4）职能部室负责人是员工关系管理的首要责任人。

4. 员工关系存在的问题

在我国企业的员工关系管理中，主要存在五大问题：

第一，缺乏共同的愿景，导致员工关系管理的起点不清楚。

第二，对短期利益的过度追逐，冲淡了企业内部员工关系管理的是非标准。

第三，缺乏完善的激励约束机制，导致员工关系管理根本的缺失。

第四，员工关系管理的主体不清晰，直线经理作为员工关系管理的首要责任人的理念没有得到广泛确认。

第五，员工需求的实现程度不高，作为员工关系管理核心的心理契约总体失效。

5. 建立与员工的良好关系

（1）制定政策、规则和工作程序

任何一个企业都需要制定规则从而使每一个员工知道管理者对他们的期望。管理者需要不断地与员工进行沟通进而使企业制定的政策、规则和工作程序能够得到下属的支持，并且需要一贯地加以强化。就是说企业要通过建立制度而不是通过人治来建立积极正向的员工关系，从而避免在管理中的随意性。

（2）有效管理

管理者可以通过以下四种管理方式对下属进行有效的管理：

首先，管理者应当以员工是否能够完成任务为标准来进行工作分配。

其次，管理者需要对自己的时间进行管理。因为拙劣的时间管理的后果，是工作过程和程序不能按部就班地进行。

再次，管理者要善于对冲突进行管理。很多管理者由于工作繁忙而没有时间去思考解决冲突的最好办法。他们往往只作出被动反应而不会思考产生问题的原因。

最后，管理者要重视与离职者面谈。事实上离职面谈是发现员工真实感受的一种好的方式，从而在需要的时候采取合适的正确的管理方式。

（3）招聘合适的人

招聘是避免员工关系问题的非常重要的一个方面。预防性的措施包括良好的面试，实际工作预演。需要花费一定的时间把企业的政策、工作程序以及员工与雇主的法律义务告知新员工。

（4）确保良好的沟通

经验表明：建立自由沟通、和睦友好的气氛，可为企业实现管理目标提供精神支柱和思想动力。一般来讲，成员沟通交往机会多、信息沟通状况好的企业员工关系较好。企业中沟通的形式一般有以下五种：

第一，新员工导向。这种沟通有助于减少新员工刚进入企业的不安感和忧虑，从而减少最初的离职率。

第二，会议。此沟通方式在企业是非常普遍的，有利于更快地传播信息，但当被用来进行员工之间信息交换的时候，往往会议不是一个好的方式，特别是如果员工的贡献可能产生争论的时候。

第三，通过公司的刊物进行。这种方式可能是一个主要的沟通工具，但不是唯一的工具，而且可能不是最重要的一种沟通手段，因为公司刊物不能替代面对面的口头交流。

第四，员工反馈。比如定期的员工态度调查和反馈可以作为一种工具，用来预测可能导致绩效问题的员工不满感。如果要征求员工的反馈意见，那么员工需要知道反馈意见如何被采纳。他们需要明白整个过程，知道他们的反馈意见是否在企业决策中起重要作用。

第五，员工座谈会每月定期由人力资源部组织，选定员工比较关心的一个主题，控制进程，不能偏离主题，气氛最好是活跃、轻松，畅所欲言，避免人身攻击等。

（5）公平对待和尊重员工

企业在制定员工奖酬制度时一定要公平对待和尊重员工。有许多方法可以奖酬员工。其中一种方法是通过建立正式的奖酬制度来确保员工受到奖励。如果奖酬制度能够适当地执行，那么员工就会感觉自己受到了公平的对待，从而提高工作的积极性。

（6）建立员工帮助计划（EAP）

EAP又称员工帮助项目或员工援助项目，就是组织为帮助员工及其家属解决职业心理健康问题，由组织出资为员工设置的一套系统的服务项目，是心理卫生服务的一种。员工帮助计划的目的在于透过系统的需求发掘渠道，协助员工解决其生活及工作问题，如：工作适应、感情问题、法律诉讼等，帮助员工排除障碍，提高适应力，最终提升企业生产力。

（二）团体

组织内部的团体，是介于集体与员工个人之间，具有某些共性而集合在一起的群体，包括按职能划分设立的部门、车间、班组等正式团体，也包括因兴趣爱好、地域文化等特征自发联盟的非正式团体。公关人员应了解各个团体的志趣、特点，明确岗位责权，加强沟通交流，协调内部关系，通过发挥团体作用，增强组织凝聚力，激发团体开拓性和创造力。同时，正确引导非团体的群体关系，丰富健康的团体活动，也是内部公共关系的一项重要任务。

（三）领导者

领导者是以处理决策性事务为主要职责的组织代表。他们在组织中处于特殊地位，对内部公共关系的工作效率和效果起着最为直接的影响。领导者应具有强烈的公共关系意识，善于采取有利于公共关系推进的领导方法（比如：注重收集员工意见，建立积极进取的激励机制，推行民主管理等），通过在组织内营造一种团结、拼搏、和谐的人文氛围，使内部公共关系得到凝聚和升华。

管理学界有句名言：一只狼领导的一群羊能打败一只羊领导的一群狼。这句话说明了领导者的重要性，同时，也隐含着团队的力量。

（1）领导者类型

领导者的类型按不同的角度可划分为多种类型，如从制度权力的集中度，可分为集权式领导者和民主式领导者。从创新纬度，可分为维持型领导者和创新型领导者。

第一，集权式领导者。所谓集权，是指领导者把管理的制度权力进行收揽的行为和过程。因此，所谓集权式领导者，就是把管理的制度权力相对牢固地进行控制的领导者。由于管理的制度权力是由多种权力的细则构成的，如奖励权、强制权、收益的再分配权等，这就意味着对被领导者或下属而言，受控制的力度较大。在整个组织内部，资源的流动及其效率主要取决于集权领导者对管理制度的理解和运用，同时，个人专长和影响力是领导者行使上述制度权力成功与否的重要基础。这种领导者把权力的获取和利用看成是自我人生价值的实现。

显然这种领导者的优势在于，通过完全的行政命令，管理的组织成本在其他条件不变的情况下，要低于在组织边界以外的交易成本。这对于组织在发展初期和组织面临复杂突变的环境时，是有益处的。但是，长期将下属视为可控制的工具，则不利于他们职业生涯的良性发展。

第二，民主式领导者。和集权式领导者形成鲜明对比的是民主式领导者。这种领导者的特征是向被领导者授权，鼓励下属参与，并且主要依赖于其个人专长和影响力影响下属。从管理学角度看，意味着这样的领导者通过对管理制度权力的分解，进一步通过激励下属的需要，去实现组织的目标。不过，这种权力的分散性，使得组织内部资源的流动速度减缓，因为权力的分散性一般导致决策速度降低，进而增大了组织内部的资源配置成本。但是这种领导者对组织带来的好处也十分明显。通过激励下属的需要，组织发展所需的知识，尤其是意会性或隐性知识，能够充分地积累和进化，员工的能力结构也会得到长足提高。因此，相对于集权式领导者，这种领导者更能为组织培育未来发展所需的智力资本。

第三，维持型领导者。维持型领导者一般也称为事务型领导者。这种领导者通过明确角色和任务要求，激励下属向着既定的目标活动，并且尽量考虑和满足下属的社会需要，通过协作活动提高下属的生产率水平。他们对组织的管理职能推崇备至，勤奋、谦和而且公正，将把事情理顺、工作有条不紊地进行引以为豪。这种领导者重视非人格的绩效内容，如计划、日程和预算，对组织有使命感，并且严格遵守组织的规范和价值观。

第四，创新型领导者。创新型领导者又可分为以下3种类型。

①魅力型领导者。这种领导者有着鼓励下属超越他们的预期绩效水平的能力。他们的影响力来自以下方面：有能力陈述一种下属可以识别的、富有想象力的未来远景；有能力提炼出一种每个人都坚定不移赞同的组织价值观系统；信任下属并获取他们充分的信任回报；提升下属对新结果的意识，激励他们为了部门或组织而超越自身的利益。这种领导者不像事务型领导者那样不擅长预测，而是善于创造一种变革的氛围，热衷于提出新奇的、富有洞察力的想法，并且还能用这样的想法去刺激、激励和推动其他人勤奋工作。此外，这种领导者对下属有某种情感号召力，可以鲜明地拥护某种达成共识的观念，有未来眼光，而且能就此和下属沟通，激励他们。

②变革型领导者。这种领导者鼓励下属为了组织的利益而超越自身利益，并能对下属产生深远而且不同寻常的影响，如美国微软公司的比尔·盖茨。这种领导者关心每一个下属的日常生活和发展需要，帮助下属用新观念分析老问题，进而改变他们对问题的看法，能够激励、唤醒和鼓舞下属为达到组织或群体目标而付出加倍的努力。

③战略领导者。战略领导者的特征是用战略思维进行决策。战略本质上是一种动态的决策和计划过程，追求的是长期目标，行动过程是以战略意图为指南，以战略使命为目标基础。因此，战略的基本特性，是行动的长期性、整体性和前瞻性。对战略领导者而言，是将领导的权力与全面调动组织的内外资源相结合，实现组织长远目标，把组织的价值活动进行动态调整，在市场竞争中站稳脚跟的同时，积极竞争未来，抢占未来商机领域的制高点。战略领导者认为组织的资源由有形资源、无形资源和有目的地整合资源的能力构

成。他们经常超越传统的组织边界范围中的活动，进入组织之间的相互关系地带，并将这种区域视为组织潜在的利润基地。

（2）职权责利

领导者的职务、权力、责任和利益的统一，是领导者实现有效领导的必要条件。

第一，职务，是指领导者身份的标志，并由此产生引导、指挥、协调、监督、教育等基本职能；

第二，权力，是指领导者职责范围内的支配力量；

第三，责任，是指领导者行使权力所需要承担的任务和后果；

第四，利益，是指领导者因行使职责而得到的报偿和奖惩。

（3）十项特质

市场竞争越来越激励，而人才的重要性不言而喻。涛涛国际企管的卓世杰老师认为，优秀的领导者应该具备以下十个特质：

第一，专业知识与能力。卓越的领导者不仅要熟悉组织内部的运作，更必须随时提高警觉，注意外在环境的变化，如果领导者具有高度的专业能力，他的直觉判断就会非常敏锐，结合专业能力和正确的判断，处理事情有条不紊，企业不仅能够有序发展，即便是陷入危机时也能转危为安。

第二，教导的热情与胸襟。具备专业知识与技能的领导者必须适时地给予员工必要的指导，教导与领导是相辅相成的，领导者必须愿意传授知识、分享见解和经验，协助员工成长和发挥创意。借助领导者高人一等的专业知识与能力，透过指导启发员工的智慧，缔造彼此双赢的局面，为企业创造更多新的契机。

第三，诚实正直的人格。领导者必须具备崇高的道德价值观，要有诚实正直的人格，做到"言出必行"。无论是在生活态度上或是业务的执行上都必须时常检视反省是否依照承诺完成该做的事。诚实正直的人格对一个领导者而言，就如同质量对产品的重要性一样。因此无论是在人前人后，都必须说到做到，保持诚信无欺且言行一致的态度，这样才能与他人建立彼此互相信赖的关系。

第四，自信与睿智。领导者必须透过自信来说服目标和决策的正确性，有足够的智慧搜集、整合、解读大量的信息，以创造愿景、解决问题、做出正确的判断与决策，领导者必须时时检视决策过程，具备敏锐的洞察力，靠智慧并结合环境的变化调整步伐，不墨守成规。

第五，自我尊重并尊重他人。领导者应谦卑为怀并尊重他人、放下身段与傲慢，将别人的尊严视同自己的尊严，并且信任部属和员工，懂得充分授权。如果领导者不愿意相信别人，或者没有给部属充分发挥的机会，就会造成彼此间的不信任、缺乏认同感，这样会导致部属情绪低迷、效率低下，企业无法长治久安。

第六，强烈的企图心。新时代的领导者必须是高瞻远瞩的，充满积极主动的活力，有着影响他人和领导他人的企图心，表现出愿意承担重任的意愿。无私和坚定的领导者才能够获得部属的支持，杰出的企业家无论时代的浪潮和脉搏如何改变，都保持一颗永不止步、不断向前的心，企业也才能实现不断的超越。

第七，有效的时间管理。企业的领导者往往业务繁重，如果无法做到有效的时间管理，不仅会延宕自己的时间，部属甚至整个企业的工作也会变得混乱，进而变成一个恶性循环，领导者会因此无法进行周全的思虑和做出正确的决策。因此，一个优秀的领导者，必须善用时间，掌控自己的行程，避免工作混乱和没效率，既害苦自己，也折腾员工，造成将帅无能累死三军的窘境。

第八，圆润的处世态度。知识经济时代，企业组织将回归以"人性"为核心的领导，科技为表，人性为里，表里合一，组织才能发挥功效。因此，新时代的领导必须具有圆润的处世态度，能充分与别人进行意见沟通及互助合作，耐心地倾听别人的声音，具有人情味、活泼热心、保持幽默、破除头衔、角色与地位的隔阂，随时关怀别人，了解员工的需求，适时传递温暖，营造出团队和谐的气氛，才能提升工作的效率。

第九，跨领域的思考模式。在这个不确定的年代，为了适应快速变迁的竞争形势，企业必须有具备全球化眼光、风险承受度高的领导者。为了增加个人的竞争优势，领导者除了领域内的知识与技能外，还要博学多闻、见多识广，广泛地涉猎各个领域的知识，这样才能为企业创造附加价值。

第十，弹性、灵敏、高EQ。领导者必须是弹性的、灵敏的，知道转变的需要，并实时做调整，行动力强，不被传统与模式所束缚，具有高EQ和自我认知，能够从错误中学习，善于倾听并说服他人，具有接纳与支持别人意见的肚量，了解自己的部属，也让部属知道关心之情，对员工的表现能够公开表示嘉许与勉励，这就是新时代领导者的风范。

（四）股东

股东是按一定比例出资，享有股东会表决权和利润分配权，并在工商部门备案登记的投资者，是企业的所有者。

二、 组织内部公众关系的分类

内部公共关系复杂多样，纵横交错。有自然状态和社会状态的关系，有个体之间、群体之间的各类关系，也有个体、群体与组织之间的诸多关系。综合概括，主要包括人际关系、权力关系、信息关系、竞争关系、利益关系五大类别。

1. 人际关系

人际关系是生活、工作交往过程中，因情感、志趣或公务协作而建立起来的个体之间的人文关系。在组织内部表现为：领导者与被领导者的关系；员工同员工的关系；生产部员工同行政部员工的关系等。这是一种特殊的、隐蔽和自发形成的，以情感为纽带的关系。

根据对内部和谐、团结的影响程度，人际关系可以分为：融合的人际关系、中性的人际关系、排斥的人际关系。融合的人际关系是内部员工志趣相投、文化习性相近、目标利益统一、交往密切融洽的一种关系环境；中性的人际关系是内部员工无争议纠纷、交往平淡、利益责权分割明确的一种关系环境；排斥的人际关系是内部员工矛盾突出、缺乏配合、利益独立、信息闭塞、情感游离的一种关系环境。

形象编

内部公共关系的工作就是要根据物以类聚的人文特点，实现员工层次结构、情趣的合理搭配，营造团结、互助、荣辱与共的文化氛围，正确引导员工对关系的认识，增强关系矛盾的调和能力，促进人际关系的融洽。

2. 权力关系

权力由组织赋予，是指能直接影响他人行为的能力。一个组织的权力相对于群体而言，总是至上而下行使的。不同的组织结构会形成不同的权力关系。同时，不同领导风格形成的权力关系也有差异。

根据权力对员工的影响方式，权力关系可分为：专制式、民主式、分权式。专制式是一种集权制的行权方式，权力掌控在高层领导者手中，对员工的行为约束性强，上下级之间缺乏沟通，下级是在完全被动的条件下开展工作，管理体制呆板、低效；民主式是权力仍集中在高层领导手中，但决策层注重同下级沟通，乐意征集员工意见，善于建立公平、积极、竞争的激励机制，使优秀员工能获得奖励和晋升的机会；分权式是按行政隶属关系实现层层负责的行权方式。主要特点是：决策权和经营权完全分离，管理体制灵活，各职能机构都具有较大的自主权，并且奖励分配形式多样，能充分调动团队的能动性、积极性。内部公共关系的工作对权力关系影响的能力往往较弱，但可以积极向领导层建议一些有利于组织团结，提高组织效率的权力形式，以促进权力关系的和谐。

3. 信息关系

在知识经济时代，信息能开阔组织视野，吸收先进文化，融洽人文氛围。通过信息传递，能为员工搭建交流的平台，促进相互了解，丰富员工情感，增强组织凝聚力，还能传达企业文件精神，宣传企业文化，并为企业经营决策提供依据。公关部门要善于采集、传播信息，加强内部公众情感沟通，紧密组织和员工关系，营造相互了解、彼此信任的关系环境。

4. 竞争关系

企业在市场中面临同行业的竞争，在一个组织中，组织内部公众同样存在竞争。组织内部可以因为利益、攀比、晋升等竞争环境，形成个体之间、职能机构之间及群体之间的竞争关系。健康、积极向上的内部竞争关系能够激发员工热情，提高员工创造力，增强员工斗志。但消极、嫉妒、排斥、紧张的内部竞争关系就会影响员工团结，降低协作效率，制约企业发展。企业要通过建立友爱、公平的竞争机制，引导健康的竞争心态，促进内部公众关系和谐、进取。

5. 利益关系

组织内部公众之间是一种平等互助、荣辱与共的协作关系，同时也是无数个利益相互交融的关系。组织的利益关系由纵向、横向两大利益关系构成。纵向利益关系通常指国家、集体、个人三者利益主体之间形成的关系格局。横向利益关系通常指组织内部的部门、群体、个体各层次之间形成的利益关系。利益的平衡是实现公共关系和谐的基础，组织要注重维护整体利益，同时要兼顾个体利益。按期、按量纳税，同时遵照"各尽所能、按劳分配"的原则，建立高效、公平、激励的利益分配机制，让所有利益主体都能在企业的发展中获得收益。

内部公共关系建立在同一个组织群体内，具有紧密性、稳定性、可控性、逆向性四大特征：

1. 紧密性

组织内部公众的利益相连、目标一致，并且置身在同一个工作、生活、学习环境，需要频繁借助信息的沟通和交流，保持合作互助的紧密关系，共同围绕目标而不懈努力。在公共关系公众中，内部公众之间的关系紧密程度最高。一旦组织内部关系隔阂、疏远，必然会因矛盾、摩擦致使组织陷入形象受损、效益低下的困境。

2. 稳定性

组织内部公众是组织环境中的成员，在一定时期和条件下，组织内部关系是稳定的。只要组织能为员工提供宽松、愉快，且有利益保障的工作环境，组织内部的公众就能处处为集体利益着想，并为维护良好的组织形象献力献策。

3. 可控性

组织内部公众在组织管理体制设置范围内，需要服从组织的统一调配，其行为也需要受到组织的约束。同时，围绕共同目标，员工身上本能的自控能力也能形成内部公共关系的可控能量。

组织要通过健全管理体制，推行计划、预算管理，加强对员工的宣传教育和培训，促进员工意识、行为同组织的目标要求保持一致。

4. 逆向性

良好的内部公共关系能增强员工之间的协作互助精神，提高组织的综合效率。而组织内部排斥、敌意的公共关系，将激化组织内部矛盾，削弱组织的团体竞争力，制约组织的健康发展。

内部公共关系是传递信息、促进沟通、增进员工凝聚力和协作精神的桥梁，在组织中发挥着重要的能动作用，具有导向、规范、激励、辐射、凝聚五大主要功能。

1. 导向功能

内部公共关系是一种集体关系，它依附组织群体文化而存在，反映了广大员工的共同价值、共同利益和共同目标，组织中任何一个个体和小团体都必须融入群体文化中，维护组织形象，为既定的目标共同努力。为此，组织要确立统一的价值观念和行为规范，正确地引导员工的思想、行为，充分发挥公共关系的感召力，使员工的一言一行都尽可能同组织的目标、利益联系起来。

很多组织强调团队精神、呼吁配合，但对于一个群体而言，实现配合的最有效方式是加强组织管理。在组织中，资源需要管理者去整合，否则就会群龙无首，再优秀的个体都将变得无所适从。

2. 规范功能

组织内部通常由具有不同文化、风俗背景的群体构成，这些群体的文化、风俗大部分是自发的、分散的、非正式的、不成文的。因为意识、形态、习惯等差异，自发、分散、非正式的文化、风俗会在一定程度上形成群体帮派，影响组织团结，不利于组织资源的整合。为使员工的价值观念、言语行为同组织目标实现的要求趋于一致，组织在尊重个人情感、文化的基础上，需要制定一套成文的行为准则，让员工能在彼此了解、相互融洽的公共关系环境中工作，减少摩擦、提高效率。

3. 激励功能

激励是通过外部刺激，使个体、集体产生荣誉和进取精神的行为。为表彰先进，鼓励开拓，使员工始终保持高昂的斗志，组织需要通过公共关系活动，建立激励机制，让每个员工、每个团体的进步、成绩都能受到肯定和奖赏，以诱导、激发员工启动潜在的工作热忱和动力，培养员工热爱集体、争创佳绩的开拓精神。

4. 辐射功能

内部公共关系活动以营造相互信赖、精诚合作、亲密融洽、积极进取的人文精神，优化资源配置，提升组织形象，提高组织效益为职责。良好的内部公共关系，不仅能对组织中各个员工产生感应，起到积极的带动作用，还能对社会公众产生影响，提高组织在社会中的知名度和美誉度。

5. 凝聚功能

内部公共关系活动能通过正确的引导和宣传，使员工的意识、行为、目标同组织的要求、目标高度一致，并能通过营造积极、进取、团结的人文氛围，增强员工的集体观念，积聚组织的向心力，使组织在和谐、紧密的团体中，创造绩优的经济和社会效益。

五、 组织内部公众关系的建立

内部公共关系对内部公众心理、行为的引导和调节，不是靠行政的强制手段，而是需要内部公众从知觉、感官、体念和认知上，对组织的行为、群体文化产生认同和共鸣，从而使内部公共关系向良性的健康方向持续发展。为此，内部公共关系的建立应以增加内部公众对组织的认知、正确引导内部公众意识行为、紧密内部公众与组织的利益、激励内部公众动机四个方面为切入点。

1. 增加内部公众对组织的认知

公众认知是指公众从知觉、印象、记忆、想象、判断和理解等情景上对组织形象的感受和评价。组织形象是组织表现出的某些气质、特征和风格，可以分为真实形象、虚拟形象、想象形象。真实形象是组织实际行为表现出的气质、特征和风格；虚拟形象是组织为获取公众好感而刻意渲染的虚幻形象；想象形象是公众凭自我认知对组织的气质、特征和风格产生的印象和评价。

内部公共关系建立以内部公众对组织的认知为前提，组织应从生活、工作、学习环境、言行举止、价值观、服务特色、产品技术等多方面，强化组织特色，增加组织透明度，借助参观、交流、研讨、信息传递、学习宣传等手段，向员工展示积极进取、团结互助、充满生机的真实形象，以此增强员工对组织的了解和信赖，增进员工对组织的好感，获得员工的认同和共鸣。尤其是对新成员应注重岗前培训和宣传引导，让他们尽快熟悉组织环境，消除与老员工之间的陌生感，对组织留下良好的第一印象。

2. 正确引导内部公众意识行为

组织目标的实现需要统一员工的思想、行为。为此，内部公共关系要注重组织文化的宣传，加强员工沟通，并应制定出系统的规则标准，借助经济奖惩、物质与精神激励、舆论导向、教育培训等手段，对内部公众的思想和行为进行正确引导和规范，从而建立良好的工作秩序。引导内部公众意识行为大致需经历感应期、共鸣期、紧密期三个阶段。

感应期。内部公众加入组织的前期阶段，总会保留自我的一些思想意识和处世习惯。一旦受到组织文化的引导，就会有意识地改变以前的行为方式，以便同组织倡导的精神、文化相融合。但若内部公众不认可组织的文化，无法形成意识的默契，就会产生一种抵触，不利于内部良好公共关系的建立和推行。这要求组织应宣传、引导先进、积极、和谐的文化，减少强制手段的约束和控制。通常，组织对文化的宣传、沟通、培训力度越大，内部公众感应的效果愈强烈，感应期便愈短。

共鸣期。随着内部公众受组织精神、文化的影响程度逐渐深入，内部公众便开始遵从组织的规范标准，适应集体认同的行为模式，慢慢减少个人行为，将个人情感、利益、目标与组织的整体利益捆绑在一起。该期间，在保证员工同组织总体步调保持一致时，组织还需要鼓励员工吸纳新观念、勇于创新，以避免造成思想的束缚固封了员工的创造力。不过，新观念和创新方案都应得到组织的认可，并应在组织的统一引导下进行尝试和推广。

紧密期。组织反复宣扬、强化强调的行为主张，坚持按照倡导的精神、文化开展组织活动，对于员工好的行为和先进事迹及时给予肯定、表扬和奖赏，对于不良的行为及时给予批评、指正和处罚，并通过不断补充、完善组织的行为标准，就能使员工同组织的关系日益紧密，促进内部公共关系更加融洽与和谐。

3. 兼顾内部公众与组织的利益

组织是个体、团体利益的集合体，内部公共关系在维护组织利益的基础上，还必须通过明确责、权、利关系，兼顾个体、团体的利益，实现利益的互动。

4. 激励内部公众动机

动机是为满足物质、兴趣、意愿、期望、信念等一定程度的需要而采取的行为。为了提高内部公众的积极性、创造力，围绕员工需要动机，组织可以采取民主管理、精神奖励、物质奖励等多种激励方式来激发员工热情，力求达到有效的激励效应，比如：评选先进、树立榜样、召开座谈会、发放奖金、培训、晋升等。激励内部公众必须尽可能确保公平公正，避免违背激励的原则引发内部矛盾。

第二节　组织外部公众关系

组织或企业外部的公共关系是指与其运行过程发生一定联系的所有外部关系的总和，外部公共关系具体包括：消费者关系、社区关系、政府关系、媒介关系、竞合关系、经销商关系、供应商关系等。

一、消费者关系

消费者关系是指企业为达到其经营目标，主动与消费者建立起的某种联系。这种联系可能是单纯的交易关系，可能是通信联系，也可能是为消费者提供一种特殊的接触机会，还可能是为双方利益而形成某种买卖合同或联盟关系。

消费者关系具有多样性、差异性、持续性、竞争性、双赢性的特征。它不仅仅可以为交易提供方便，节约交易成本，也可以为企业深入理解消费者的需求和交流双方信息提供机会。

（一）消费者关系的重要性

当代社会组织中的工业、商业企业、旅游服务业等都存在着消费者关系。消费者的需求是企业一切活动的中心和出发点，也是企业生存和发展的前提条件，改善企业与消费者的关系，对于企业，尤其是工商企业的生存有着十分重要的意义。

（二）消费者类型

企业与消费者的关系，不仅仅指企业与市场上生活资料消费者的关系，也包括与生产资料的消费者，还有精神产品（如科研成果、思想产品）的消费者的关系。实质上它是各种产品（包括物质产品和精神产品）的生产者、供应者与消费者之间的广泛联系。

（三）消费者关系的目标

企业处理消费者关系要达到的基本目标应包括以下四个：

（1）熟知与企业最密切的顾客和消费者。

（2）强化企业声誉，提高知名度和美誉度。

（3）建立相对稳定的消费者或顾客队伍。

（4）不断取得消费者的理解和支持。

（四）企业同消费者沟通的方式

企业需要采用多种方式同消费者进行沟通，常用的沟通方式有：

（1）口头联系。企业可设立消费者来访接待室，欢迎消费者上门反映他们对企业产品和服务的意见。企业还可以派出专业人员直接走访重点用户，征求消费者意见。

（2）消费者通讯。通过定期或不定期、一家或几家企业出版这种小刊物，及时发布企业的发展情况、使用消费品的知识等，为消费者提供了解企业和产品的途径。

（3）印刷手段。主要包括各类印刷品、宣传小册子、产品说明书以及直接向顾客散发、邮寄的各种资料、画片等。

（4）视听手段。利用互联网、广播、电视播放有关本企业的新闻纪录片、广告片、资助放映电视节目等。

（5）组织消费者参观。通过联系各类社会团体，组织各类消费者到企业参观，让他们亲眼观察厂内的生产环境、工人的劳动情景、产品生产过程，以加深对企业形象的了解。

（6）信函联系。当收到消费者给企业的来信之后，无论是关于哪一方面的内容，都要有善意的回信。

（7）广告和公告。用大众传播媒介上出现的广告和设在厂区或消费者居住区的公告栏，向消费者介绍新产品的性能和用途，宣传一种新的更完善的生活方式。

（8）组织专题公关活动。通过组织消费者同乐联欢会、消费者建议有奖征询等新颖的专题活动，增进企业同消费者的感情。

（五）赢得消费者信任的途径

（1）提供优质的产品或服务。要搞好企业同消费者的关系，首先要以优质产品吸引消费者。优质产品是维系与消费者关系的最根本因素。其次，还要千方百计搞好优质服务，包括对消费者或顾客以诚相待，做好产品的销前售后服务等。最后，以企业的信誉赢得消费者。

（2）重视与消费者的信息交流。加强企业与消费者之间的信息交流，是赢得消费者信任的重要途径。一方面，企业要通过各种途径及时向消费者传播企业的有关信息。另一方面，企业要注意收集消费者信息。

（3）妥善及时处理消费者投诉。处理好消费者投诉，应注意以下几点：①态度要诚恳。②处理要及时。③分析要全面。

（4）重视对消费者的宣传。一些知名企业非常重视让消费者了解自己，它们千方百计地创造条件接近消费者，利用各种条件和机会向消费者宣传本企业的形象和产品，培育消费者对本企业的厚爱心理，变中立公众为顺意公众。

（5）积极维护消费者的利益。消费者的基本权利主要有以下几条：

①获得商品和服务安全、卫生的权利；

②了解商品和服务的权利；

③自愿选择商品和服务的权利；

④监督商品和服务的价格和质量的权利；

⑤对商品和服务提出批评和建议的权利；

⑥购买商品和接受服务受到损害时索取赔偿的权利；

⑦其他为社会公认并与国家法律不相抵触的权利。

二、社区关系

社区是一个社会学概念，即人们共同生活的一定区域，如村落、城镇、街道等等。企业或组织的社区关系主要是指企业或组织与周围相邻的工厂、机关、学校、商店、旅馆、医院、公益事业单位以及居民的相互关系。

1. 社区关系的意义

社区关系的重要意义表现在：（1）社区是组织或企业生存和发展的基础。（2）社区关系是公共关系的综合体现。（3）组织对社区的影响具有二重性。

2. 社区关系的内容

社区关系的内容很广泛，主要包括：组织与社区环境的关系、组织与社区政府的关系、组织与社区内事业单位的关系、组织与社区内其他组织的关系、组织与社区居民的关系。

3. 搞好社区关系的途径

搞好组织或企业同社区的关系，应该做好以下几项工作：（1）主动加强与四邻的交往；（2）保持与社区的信息沟通；（3）努力使组织成为社区的骄傲；（4）热情为社区建设出力；（5）积极为社区排忧解难；（6）维护社区的利益；（7）参与社区组织的各项活动。

三、媒介关系

所谓媒介关系是组织机构与报纸、电视、电台、杂志等大众传播媒介的关系，主要是与新闻界的关系。良好的媒介关系可以把组织机构需要输出的信息最大限度地传播出去，同时，又从媒介方面获取组织需要的信息。

（一）媒介关系的意义

报纸、杂志、广播、电视这四大新闻支柱，以其传递信息的迅速，受众数量巨大，影响波及面广的特点，正日益成为影响和传播社会舆论的权威性机构。媒介关系在公共关系中占据核心位置。因为从传播学的角度讲，在社会关系中，媒介作为守门员，用来控制流向其他团体的信息。媒介工作者并不是那种只受组织的影响，而不影响人的团体。但他们也像其他人那样寻找、加工信息，然后把信息传递给其他公众。

（二）处理媒介关系的原则

归纳起来，称为"三要四不要"原则。其中，三要是指：一要以礼相待，二要以诚相待，三要平等相待。四不要是指：一不要无理干涉，二不要以利相交，三不要急功近利，四不要杂乱无序。

（三）媒介关系的工作方法

（1）组织撰写新闻稿。新闻稿可以涉及以下内容：满足经济界需要的新闻稿；满足社会需要的新闻稿；满足思想领域需要的新闻稿。

（2）利用新闻媒体发广告。

（3）举办新闻发布会。

（4）邀请新闻界参加本组织的活动。

（5）为媒介制造新闻。

四、 政府关系

所谓组织政府关系，是指以组织作为行为主体，利用各种信息传播途径和手段与政府进行双向的信息交流，以取得政府的信任、支持和合作，从而为组织建立良好的外部政治环境，促进组织的生存和发展。

在组织政府关系中，组织是主体，政府公众则是客体，也即组织政府关系的作用对象。政府公众是一个庞大而复杂的体系结构，从公共关系的角度可分为三个层次：一是国家的中央政府和组织利益所触及的各级地方政府；二是政府组织机构的职能部门，组织通过这些部门与政府打交道，接受政府的管理和约束；三是政府组织中的工作人员，在与政府交往过程中，组织需要接触到政府的各级官员、行政部门的助理和秘书，以及职能部门的其他工作人员。

（一）组织建立良好政府关系的原则

组织对政府的公共关系活动需要遵循一些基本的原则：

1. 服从政府的统一管理和领导

为了维护整个国家利益，甚至是全球利益，组织必须自觉服从政府的管理。即使是法律、法令、政策、条例等使组织受到经济损失，如果没有回旋的余地，组织也必须履行。如政府提倡反腐倡廉，要求工商组织在经济活动中应该教育干部和员工，不能违背廉洁奉公的原则，如果某些政府官员利用手中的权力进行权钱交易的腐败活动，组织的相关人员要坚决抵制，还可向主管当局检举，以配合政府的工作。

2. 遵纪守法

组织是法人，对政府来说是一个团体公民。它的所有活动和行为必须在法规所允许的范围内进行，就是说，对政府公众的公共关系活动必须合法。

对政府的公共关系不是阴暗地请客、送礼、拉关系，而是建立在公正、公平和公开基础上的。组织要守法才能在政府面前建立一个良好的政治形象，得到政府的认可，组织的权力和利益才能得到政府公众的保护，并且也更会赢得消费者的信任。反之，如果一个组织无视国家政府的政策和法律，为了组织利益从事违法勾当、偷税漏税、生产仿冒伪劣产品、违章作业，那组织就会受到法律的惩罚和政府的处罚，甚至被取缔，此时，更何谈对政府的公关，更何谈实现组织的目标，更何谈实现组织利益的最大化。

中国已成为WTO等国际组织的成员，因此，中国的组织还必须遵守国际法、国际条约的规定和国际惯例。在海外的组织也必须遵守当地国家政府的法律和规定，甚至一些乡规民俗。这样才能与当地政府融洽关系。

3. 大力支持政府工作

如政府号召援助灾区人民、资助"希望工程"、赞助社会公益事业、维护社会治安等活动，组织应该根据自身的实际情况，力所能及地积极参与社会活动，努力地参与这些活动可以为政府公众分挑一些重担，客观上也可以赢得社会的好评和政府公众的赞赏。

4. 组织利益与国家利益和社会利益一致

形
象
编

组织是社会的一部分，一个局部的群体，有自己的目标和利益。政府则是代表国家维护全体人民的利益，是社会利益的代表。组织追求自己的利益是无可非议的，但这种对利益的追求必须与社会利益趋于一致性，才能得到政府公众的认可，从而获得政府公众的信任和支持。如果违背了局部利益服从整体的社会利益，不能很好地做到组织利益与社会利益一致，则可能失去政府公众对组织的信任，那么，要想获得政府公众的帮助和支持、协调政府关系将成为一种不现实的空想。

（二）组织建立良好政府关系的方法

1. 加强与政府部门的信息沟通

政府作为国家权力的执行机构，代表国家利益和社会公众利益。组织要正确处理与政府的关系，首先要加强与政府部门的信息沟通，了解各级政府的职能、权力及工作程序，与政府部门建立正常的联系方式。因此，组织公共关系部门要密切关注新闻媒介的动态，随时搜集政府部门下达的各种命令和文件，并尽可能根据政策法令的变化来调整组织的政策及活动。当然，组织与政府的关系也不是简单的绝对服从关系，如果组织在执行政策法令过程中，发现政府行为与实际出现偏差，则有责任向政府有关部门提出修正意见。

2. 为政府决策提供支持和帮助

一方面，尽量参政议政，影响政府的决策，使之向有利于自己的方向发展。随着国家、社会对民营经济的认可和重视，越来越多的企业家登上了政治的舞台拥有公共权力。如此，更便于和政府人员沟通，更便于及时了解政府对组织的政策和动向，也就更便于建立良好的政府关系，从而能得到政府更多的保护。

另一方面，树立支持政府工作为己任的观念。组织要赢得政府的理解与支持，就要树立支持政府工作为己任的观念。政府作为非营利性社会组织，一般财政支出较紧，但政府重大决策研究又需要资金支持。因此，组织应为政府的决策研究提供力所能及的资助。国外一些大公司的公共关系部门在这方面做出过积极和富有成效的努力。当他们了解到政府需要进行重大决策，并需要调查研究的资助时，便主动向政府提供有力的资助。

3. 与政府人员建立良好、健康的亲密合作关系

组织要赢得政府的理解与支持，还要主动与政府人员建立密切的联系。如举办组织的周年庆等活动，邀请部分政府官员前来做客，并赠送组织的产品或服务礼券，一方面可以让政府官员更加了解组织的产品和组织的动态，对他们分析、制定各种行业政策有所帮助，另一方面使得他们对组织的产品产生认同感，有利于在他们及政府面前建立良好的组织形象。同时组织领导可以利用这个机会和政府官员成为好朋友，以后可以在工作和生活上互相帮助。

4. 尽可能熟悉政府职能部门的办事程序和方法

了解和熟悉政府公众的组织机构、职权职能、办事程序等状况是组织协调与政府公众关系的前提条件之一。因为各级政府组织一般来说是一个庞大的体系，组织并不需要与政府中所有的部门打交道。如果组织的公共关系人员对经常交往的政府公众的机构设置以及职权分工管理的状况比较熟悉，组织的每一次具体事务需要与哪一级哪一个政府职能部门联系心中有底，那么就能有效地减少组织的申请和报告遭遇诸如"公文旅行"、甚至被

"踢皮球"的现象，特别是当组织有紧急事务需要与政府相关部门沟通时，更能提高工作效率，有利于组织各项活动和工作的正常开展。

5. 由专人负责与政府公众的联系

一般情况下，组织的政府关系是由组织的领导人负责的。这些领导人由于与政府公众的某些官员直接接触比较频繁，双方相互了解，如果领导人与这些官员除了工作关系外还能建立朋友关系，那么，双方之间的沟通就比较随和、顺利，交谈往往能直接切入主题，有利于提高沟通与协调的质量。特别是当双方关系相当融洽时，政府官员往往还会主动地透露一些关系到组织生存、竞争和发展的国内与国际的方针、政策和法规的走向，这种走向的变化和发展趋势的信息如能提前获悉，往往可以使组织在瞬息万变的市场化环境中"领先一步"。在我国成为 WTO 的一员，经济融入全球化程度不断加深，面对只承认"第一"不承认第二的剧烈的市场竞争的条件下，"领先一步"是有着非常重要的意义的。

五、竞合关系

竞合关系一词是在日益激烈的国际国内经济、政治、文化等社会各个方面的竞争和多元化多极的合作中衍生出来的，表示参与事物的双方或多方保持一种即竞争又合作的关系，在竞争中共同发展进步、实现优胜劣汰，在合作中谋求更好的共存方式。它在英语中被称为"copetition"是 competion（竞争）和 coopearation（合作）的组合词语。

毫无疑问，合作和竞争都有各自的特点。合作能有力地协调人际关系，提高工作效率。然而，合作过程中，群体成员之间也有竞争，竞争对于提高个人工作效率有显著的作用。例如，一个篮球队在对抗赛中，队与队之间是竞争关系，而每个篮球队内各成员之间则是合作关系。每个队员都想为全队多作贡献，投篮命中率高的队自然是优胜者，而投篮手则需要其他成员的密切配合。另外，一个群体内部进行合作时，必然会与其他成员展开竞争。所以说，竞争与合作相互依赖，缺一不可。

合作能促进人际关系，提高工作效率。约翰逊（Johnson，1981），控制了四个群体进行比较研究，四个群体指合作的班群体，竞争的班群体，在本群体内合作与外群体进行竞争的群体，以及各成员自己单独活动的群体。学科有阅读，语文、数学、自然科学、社会科学、心理学以及体育。该研究包括从幼儿园到大学的各个年龄组。结果表明，在班级中与他人合作的人，比彼此竞争的人和自己单独学习的人学得好。各学科、各年龄段都如此。大学生合作的积极性作用稍弱一些。约翰逊根据实验结果指出，一个学生若在合作情境下成绩居于中间，那么，在竞争或单独学习的情境下，如果按 100 名排列，他就要落到第 80 名左右了。也就是说，他的成绩要从中游降到下游。约翰逊强调指出，合作不仅对提高成绩，且在促进个体社会化，形成互相支持、喜欢和接纳的人际关系能力，提高自尊心，形成对同伴、教师和学校工作人员的积极态度，保持健康等方面都有重要意义。

竞争有利于提高个人工作效率。奥格登做过一项关于警觉性的实验。实验材料是用一光源在暗室内随机调节发光强度，要求被试加以判断，实验者记录判断的正确和错误次数。实验将被试分为三个等组，给以相同的要求和时间。除 A 组外，其他两组分别接受不同的指导语，即 A 组是控制组，不作任何激励。B 组是个人竞赛组，实验者告诉该组成员说，实验目的是要比较谁的注意力、观察力最强。C 组是群体竞赛组，实验者告诉他们说，实验目的是进行群体之间的比赛，看哪一组成绩最好。结果表明，在个人竞赛条件下，B 组成绩最好，每人判断错误为 8 次（平均）；A 组最差，即对照组未受任何激励，每人判断错误为 24 次（平均）；C 组成绩居中，在合作条件下，每人判断错误为 14 次（平均）。实验结果说明合作也能提高工作效率，但次于个人竞争。

六、 经销商关系

经销商，顾名思义，是指从企业进货的商人。他们买货绝不是自己用，而是转手卖出去，他们只是经个手，再销售而已，关注的是利差，而不是实际的价格。企业对经销商不是赊销，而是收到了钱的。这个商是指商人，也就是一个商业单位。所以"经销商"，一般是企业，或者是从企业拿钱进货的商业单位。

经销商的调查虽然在调查内容中单独分为一个部分，但是经销商作为从企业一直到终端零售商的销售渠道链里的一个重要的环节，在市场中的作用是十分巨大的。而且经销商可以获得的市场信息也是最多的。因此，对经销商的调查几乎可以涉及所有调查内容，也正是这样，对经销商的调查就显得异常重要。

七、 供应商关系

(一) 选择供应商的短期标准

选择供应商的短期标准主要有：商品质量合适、成本较低、交货及时和整体服务水平好。

1. 商品质量合适

采购商品的质量合乎采购单位的要求是采购单位进行商品采购时首先要考虑的条件。对于质量差、价格偏低的商品，虽然采购成本低，但会导致企业的总成本增加。因为质量不合格的产品在企业投入使用的过程中，往往会影响生产的连续性和产成品的质量，这些最终都会反映到总成本中去。

相反，质量过高并不意味着采购物品适合企业生产所用，如果质量过高，远远超过生产要求的质量，对于企业而言也是一种浪费。因此，采购中对于质量的要求是符合企业生产所需，要求过高或过低都是错误的。

2. 成本较低

成本不仅仅包括采购价格，而且包括原料或零部件使用过程中所发生的一切支出。采购价格低是选择供应商的一个重要条件。但是价格最低的供应商不一定就是最合适的，因为如果在产品质量、交货时间上达不到要求，或者地理位置过远而使运输费用增加，都会使总成本增加，因此总成本最低才是选择供应商时考虑的重要因素。

3. 交货及时

供应商能否按约定的交货期限和交货条件组织供货，直接影响企业生产的连续性，因此交货时间也是选择供应商时要考虑的因素之一。

企业在考虑交货时间时需要注意两个方面的问题：一是要降低生产所用的原材料或零部件的库存数量，进而降低库存占压资金，以及与库存相关的其他各项费用。二是要降低断料停工的风险，保证生产的连续性。结合这两个方面内容，对交货及时的要求应该是这样：用户什么时候需要，就什么时候送货，不晚送，也不早送，非常准时。

4. 整体服务水平好

供应商的整体服务水平是指供应商内部各作业环节能够配合购买者的能力与态度。评价供应商整体服务水平的主要指标有以下几个方面。如果采购者对如何使用所采购的物品不甚了解，供应商就有责任向采购者培训所卖产品的使用知识。

供应商对产品卖前和卖后的培训工作，也会大大影响采购方对供应商的选择。安装服务：通过安装服务，采购商可以缩短设备的投产时间或投入运行所需要的时间。维修服务：免费维修是对买方利益的保护，同时也对供应商提供的产品提出了更高的质量要求。这样，供应商就会想方设法提高产品质量，避免或减少免费维修情况的出现。技术支持服务：如果供应商向采购者提供相应的技术支持，就可以在替采购者解决难题的同时销售自己的产品。比如，信息时代的产品更新换代非常快，供应商提供免费或者有偿的升级服务等技术支持对采购者有很大的吸引力，也是供应商竞争力的体现。

（二）选择供应商的长期标准

选择供应商的长期标准主要在于评估供应商是否能保证长期而稳定的供应，其生产能力是否能配合公司的成长而相对扩展，其产品未来的发展方向能否符合公司的需求，以及是否具有长期合作的意愿等。选择供应商的长期标准主要考虑下列 4 个方面：

1. 供应商内部组织是否完善

供应商内部组织与管理关系到日后供应商的供货效率和服务质量。如果供应商组织机构设置混乱，采购的效率与质量就会因此下降，甚至会由于供应商部门之间的互相扯皮而导致供应活动不能及时地、高质量地完成。

2. 供应商质量管理体系是否健全

采购商在评价供应商是否符合要求时，其中重要的一个环节是看供应商是否采用相应的质量体系，比如说是否通过 ISO9000 质量体系认证，内部的工作人员是否按照该质量体系不折不扣地完成各项工作，其质量水平是否达到国际公认的 ISO9000 所规定的要求。

3. 供应商内部机器设备是否先进以及保养情况如何

从供应商机器设备的新旧程度和保养情况就可以看出管理者对生产机器、产品质量的重视程度，以及内部管理的好坏。如果车间机器设备陈旧，机器上面灰尘油污很多，很难想象该企业能生产出合格的产品。

4. 供应商的财务状况是否稳定

供应商的财务状况直接影响到其交货和履约的绩效，如果供应商的财务出现问题，周转不灵，就会影响供货进而影响企业生产，甚至出现停工的严重危机。

形象编

 **本章小结**

　　内部公共关系是组织内部纵向公共关系和横向公共关系的总称。一个经济组织的内部公共关系主要由员工、团体、领导者、股东四个基本公众组成。与员工关系的影响因素包括沟通因素、管理者的管理理念、冲突因素、管理者对员工的期望不明确和企业是否公平地对待所有员工。对员工关系的管理技巧包括摆正心态、以身作则和识人于微。建立与员工良好的关系的方法包括：（1）制定政策、规则和工作程序。（2）有效管理。（3）招聘合适的人。（4）确保良好的沟通。（5）公平对待和尊重员工。

　　组织内部的团体，是介于集体与员工个人之间，具有某些共性而集合在一起的群体。了解各个团体的志趣、特点，明确岗位责权，加强沟通交流，协调内部关系，通过发挥团体作用，增强组织凝聚力，激发团体的开拓性和创造力；同时，正确引导非团体的群体关系，丰富健康的团体活动，也是内部公共关系的一项重要任务。

　　领导者是以处理决策性事务为主要职责的组织代表。他们在组织中处于特殊地位，对内部公共关系的工作效率和效果起着最为直接的影响。领导者具有强烈的公共关系意识，善于采取有利于公共关系推进的领导方法，通过在组织内营造一种团结、拼搏、和谐的人文氛围，使内部公共关系得到凝聚和升华。股东是按一定比例出资，享有股东会表决权和利润分配权，并在工商部门备案登记的投资者，是企业的所有者。

　　内部公共关系主要包括人际关系、权力关系、信息关系、竞争关系、利益关系五大类别。内部公共关系建立在同一个组织群体内，具有紧密性、稳定性、可控性、逆向性四大特征。内部公共关系具有导向、规范、激励、辐射、凝聚五大主要功能。内部公共关系的建立应以增加内部公众对组织的认知、正确引导内部公众意识行为、兼顾内部公众与组织的利益、激励内部公众动机四个方面为切入点。

　　外部公共关系具体包括：消费者关系、社区关系、政府关系、媒介关系、竞争关系、经销商关系、供应商关系等。消费者关系是指企业为达到其经营目标，主动与消费者建立起的某种联系。消费者关系具有多样性、差异性、持续性、竞争性、双赢性的特征。企业处理消费者关系要达到的基本目标应包括以下四个：（1）熟知与企业最密切的顾客和消费者。（2）强化企业声誉，提高知名度和美誉度。（3）建立相对稳定的消费者或顾客队伍。（4）不断取得消费者的理解和支持。

　　社区关系的内容主要包括：组织与社区环境的关系、组织与社区政府的关系、组织与社区内其他组织的关系、组织与社区内事业单位的关系、组织与社区居民的关系。搞好组织或企业同社区的关系，应该做好以下几项工作：（1）主动加强与四邻的交往；（2）保持与社区的信息沟通；（3）努力使组织成为社区的骄傲；（4）热情为社区建设出力；（5）积极为社区排忧解难；（6）保护社区的利益；（7）参与社区组织的各项活动。

　　媒介关系是组织机构与报纸、电视、电台、杂志等大众传播媒介的关系，主要是与新闻界的关系。处理媒介关系的原则归纳起来，称为"三要四不要"原则。其中，三要是指：一要以礼相待，二要以诚相待，三要平等相待。四不要是指：一不要无理干涉，二不要以利相交，三不要急功近利，四不要杂乱无序。处理媒介关系的方法：（1）组织撰写新闻稿。（2）利用新闻媒体发广告。（3）举办新闻发布会。（4）邀请新闻界参加本组织的活动。（5）为媒介制造新闻。

组织政府关系，是指以组织作为行为主体，利用各种信息传播途径和手段与政府进行双向的信息交流，以取得政府的信任、支持和合作，从而为组织建立良好的外部政治环境，促进组织的生存和发展。组织对政府的公共关系活动需要遵循一些基本的原则：（1）服从政府的统一管理和领导。（2）遵纪守法。（3）大力支持政府工作。（4）组织利益与国家利益和社会利益一致。组织建立良好政府关系的方法：（1）加强与政府部门的信息沟通。（2）为政府决策提供支持和帮助。（3）与政府人员建立良好、健康的亲密合作关系。（4）尽可能熟悉政府职能部门的办事程序和方法。（5）由专人负责与政府公众的联系。

竞合关系一词是在日益激烈的国际国内经济、政治、文化等社会各个方面的竞争和多元化多极的合作中衍生出来的，表示参与事物的双方或多方保持一种既竞争又合作的关系，在竞争中共同发展进步、实现优胜劣汰，在合作中谋求更好的共存方式。选择供应商的短期标准主要有：商品质量合适、价格水平低、交货及时和整体服务水平好。选择供应商的长期标准主要有下列 4 个方面：（1）供应商内部组织是否完善。（2）供应商质量管理体系是否健全。（3）供应商内部机器设备是否先进以及保养情况如何。（5）供应商的财务状况是否稳定。

关键概念

内部公众关系（Internal Public Relations）

员工关系（Staff Relations）

股东关系（Shareholder Relations）

外部公众关系（External Public Relations）

顾客关系（Customer Relations）

社区关系（Community Relations）

媒介关系（Media Relations）

政府关系（Government Relations）

复习思考题

1. 建立良好员工关系的重要意义有哪些？

2. 如何搞好员工关系？

3. 如何搞好股东关系？

4. 搞好顾客关系的方法有哪些？

5. 如何理解社区关系的重要性？

形象编

196

6. 处理媒介关系的具体方法有哪些？

7. 搞好政府关系的具体方法有哪些？

 案例分析

安利（中国）公共关系营销的启示

安利是蜚声海内外的大型日用消费品生产及销售商，1959 年诞生于美国密歇根州的一个小镇——亚达城。时至今日，安利已发展成为世界知名的大型日用消费品生产及销售商，业务遍布 80 多个国家和地区，公司产品发展为五大系列 450 多种，涵盖了纽崔莱营养保健食品、雅姿美容化妆品、个人护理用品、家居护理用品和家居耐用品等系列，全方位满足消费者日常生活的需要。安利通过遍布全球的营销人员把公司的优质产品和服务推广到世界的各个角落。目前，安利在全球拥有 6000 多名正式员工以及 350 多万以直销员为主的营销队伍。

1. 安利（中国）的历史

1992 年 9 月，美国安利公司看到中国蓬勃发展的市场机会，进军中国内地市场，在广州投资设厂，成立了安利（中国）公司，经过长达三年时间的市场调研，安利于 1995 年正式投入运营。

20 世纪 80 年代末，以欺诈为目的、以金字塔式或多层次式结构为组织手段的传销（含直销业）进入中国，于 90 年代中期风靡全国，严重扰乱社会治安和社会经济秩序；1998 年 4 月 21 日，国务院发布紧急通知，重拳出击、全面禁止传销（包括直销）经营活动。以直销为营销渠道的安利（中国）不可避免地受到政策的全面打压和封杀，安利（中国）的业务不得不陷入停顿，损失（经济和品牌形象）惨重。安利（中国）这个在中国的初生婴儿可谓生不逢时。

在其他国际直销企业纷纷撤离中国市场后的短短两三个月时间，安利（中国）却在 1998 年 7 月，经国家有关部门批准允许其采用"店铺销售加雇佣推销员"方式转型经营，取得了合法的"Pass"；其规模、业绩迅速放大。目前，安利（中国）产品线达四大类别 160 款产品（国内销售）；安利累计投资 2.2 亿元人民币在全国开设了 140 多家店铺，培育了 18 万名活跃营销人员。中国已发展成为安利全球最大的市场，名列 2004 年"中国日用化学品行业 20 强"第 2 位，并再度被《财富》（中文版）评为 2004 年"最受赞赏的公司"第 23 位；是年，安利（中国）销售额达 170 亿元人民币，缴纳税款 37 亿元人民币。安利在这一刻，实现了产品销售和品牌美誉度的双赢。安利（中国）凭什么能够在短短的 2~3 个月之内获取市场准入证并能够在不到 10 年的时间取得如此骄人的业绩？

相对于国内许多企业靠广告轰炸的品牌推广而言，安利（中国）开展的一切营销活动基本都属于公共关系主导型的品牌营销策略。安利（中国）懂得更多地通过公关策略来树立企业形象，提升品牌知名度和美誉度。除了更多地与政府打交道、与

政府主动而且不遗余力地沟通外，安利（中国）还倾情公益事业，紧紧围绕"儿童、环保、健康"三大公益主题，通过赞助、捐赠来回馈社会，树立了一个有社会责任感的企业好公民形象。安利（中国）还积极和新闻部门打交道，全国各大媒体几乎都有对安利的新闻报道或专访：如专题片《探访营养的奥秘》，由安利（中国）公司与中央电视台《科学历程》栏目合作制作；特别制作的纪录片《营养探索之旅》，上下集分别于 2 月 5 日和 2 月 12 日 19:45 在中央电视台第 10 套节目（CCTV-10）播出。除此之外，安利（中国）还开展以社区、员工、消费者、国际社会等为对象的公共关系活动。以公共关系为主导的品牌战略被安利（中国）成功地发挥到极致，强力提升了安利（中国）的知名度和影响力。

2. 抓住政治机会，双向政府公关，获取市场准入证

20 世纪 90 年代中期，中国正处于加入世贸组织的关键时期，而美国国会许多议员及财团的"防华"倾向严重，对中国加入"世贸组织"设置了许多障碍和限制性条件。在此关键时期，安利董事长史迪夫·温安洛果断出击，极力游说国会及其他财团，为中国加入世贸组织创造机会和条件，曾先后两次在美国国会发表演说，支持中国加入世贸组织，并要求给予中国"永久性最惠国待遇地位"。"投桃报李"，如果有妥善解决安利（中国）问题的办法，中国政府岂能置身事外？

1998 年，美国总统克林顿就中国加入世贸组织访华，安利借此机会，进一步向中国政府说明安利的实际情况及解决有关直销问题的变通新思路，以求得"合理合法"的生存空间，即"直销加店铺"的经营模式。

就在中国政府"斩立决"令下达后的三个月之际，安利（中国）成为第一家获得国务院有关部门正式批准的以"店铺销售加雇佣推销员销售"模式经营的公司。安利（中国）通过变通的方式，终于取得了市场"准入证"，使安利直销大大方方地走到前台，走进老百姓的生活。

为进一步巩固公共关系，加强与中国政府的沟通，2001 年，时任美国商会主席的安利董事长史迪夫·温安洛五次组织美国工商界人士访华，并亲率首批由美国中小企业组成的美国商会投资贸易考察团来华考察。2003 年 6 月 26 日，在中国"SARS"危机后，史迪夫·温安洛是第一个携带巨资回到中国投资的世界级商人，为安利（中国）增加投资 1.2 亿美元，并新增注册资本 4010 万美元，大大刺激了国外投资者投资中国的信心和热情。

3. 公益活动营销，树立良好公民形象

围绕"营养、运动、健康"，有健康才有将来的品牌理念；坚持"回馈社会、关怀民生"的企业理念，开展各类公益活动，以实际行动反哺社会。

2002 年，安利（中国）公司面对公众郑重承诺：在未来的五年内，安利（中国）公司要植树 100 万株，让有安利店铺的地方就有一片安利人培植的树林或认养的绿地。

安利（中国）言出必践，凡有其店铺的地方，都增加了一丛新绿，也带动了一大批关注环保的热心人士。安利（中国）基本提前 2 年实现了植树 100 万株的公众

承诺；如今，"哪里有安利、哪里就有绿色"的"安利林"多数已是枝繁叶茂，郁郁葱葱。从"安利林"来看，这个创意并不新鲜，每年3·12就是中国的植树节，全国人民基本都植树，实在是很普通不过了；但是长期坚持下去，形成了规模，见到了成效，再辅之以正面宣传，就形成了营销传播的"聚合效应"。

围绕"儿童、环保、健康"三大公益主题，实施"关怀民生"的社会公益活动。这些年，安利（中国）累计助残捐赠金额达1.2亿元人民币，参与实施或独自实施的1100多项公益活动，都从不同侧面、不同角度培育并塑造了其对社会负责的良好公众企业形象、良好的公民形象，并受到了国家、社团及市民的高度认可。安利（中国）这种"新闻式"、"热点式"的无形的软性公益活动广告被发挥得淋漓尽致，不仅仅是抢了市民的眼球，塑造了形象，更带来了销量的快速增长。

4. 文化营销：诠释品牌内涵，确立权威品牌形象

安利旗下高档化妆品品牌——雅姿，与艺术结有不解之缘，她的英文名称即"Artistry"，英文本意即"艺术性"；而艺术性、时尚美，就是雅姿品牌一直倡导的理念，同时"艺术与美丽"天生就是一对孪生姐妹。雅姿品牌行销50多个国家和地区，并连续荣膺全球最畅销的高档面部美容化妆品五强之列。为强力推崇其品牌形象，2004年岁末，安利（中国）以"雅姿"独家冠名赞助的《剧院魅影》在上海成功上演，轰动了整个艺术界。这部音乐剧由天才作曲家韦伯谱写，被誉为世界四大音乐剧之首（其余三部为《悲惨世界》、《猫》、《西贡小姐》），其中不少唱段已成为全球传唱的经典名段。《剧院魅影》的演出品位，也正好与"雅姿——美丽呈现"的高贵、雅淑、美丽、魅力相吻合，安利（中国）以这种高品位的文艺营销作嫁接，提升了"雅姿"品牌的美誉度，注入了品牌的文化内涵，确立了安利（中国）在化妆品市场的权威品牌形象。

5. 服务营销：维系品牌美誉度、忠诚度

安利（中国）利用一对一的直销方式，将客户与安利人捆在一起，直销人员要将产品推销出去，并形成忠诚客户，除了安利（中国）的公众形象、广告宣传外，还必须取得"客户"对直销人员的信任，因此，"诚信"是其服务营销的基础。安利（中国）公司不仅高举社会责任的大旗，并从内部入手，上至董事长，下至部门主管皆亲力亲为，树造个人的良好公民形象，教育全体安利人作为社会人，要勇于承担社会责任。2004年，安利（中国）约有4万人次热情地参与到社会各项社会公益活动中，这些公益活动大至企业行为，小至员工各自自发的社区公益活动，哪里有安利，哪里就有安利人的良好形象，这些活动无疑提升了人们对安利人（包括直销人员）的信任感和对安利（中国）的忠诚度。

多年来，安利（中国）公司一直实行售出商品的"保退"政策，在中国市场上是"30天保退"。安利产品在全球的平均退货率约为5%，而在中国市场，因部分消费者的不规范行为，曾一度达到32%；但安利（中国）坚持实行这一政策不动摇。即使是消费者自身的行为不符合退货政策，但是安利（中国）都无条件退货。这种聪明的"无形广告"、口碑传播不仅提升和巩固了顾客的忠诚度，更为安利（中国）

带来了大批新客户，提升了其销售业绩。

6. 借鉴与启示

（1）巧打公共关系牌，借助公益广告，增加消费者（客户）、公众对公司及产品的信任度

公益广告较之硬性产品广告更具传播优势，公益广告不是以促进产品销售为直接目的，而是以提升企业形象为最终目的，与公共关系的效果有异曲同工之妙。因此，下文主要侧重于谈公共关系较之商业广告的传播优势。

A. 更能深入人心。尽管电视、报纸、杂志、户外广告如火如荼，但并不表示消费者对广告的喜爱，相反，消费者是被迫接受而且对广告存在怀疑甚至戒备心理。相比之下，公共关系的亲和力要强得多，可信度要高得多，会在公众毫无防备的情况下，"随风潜入夜，润物细无声"，慢慢移植到他们的心里。

B. 类型多样，更加主动。针对细分的消费群可以制作投其所好的各类型广告，博得消费者的好感进而求得共鸣。而公共关系除了针对不同消费者开展活动外，还可以以政府、社区、媒体、员工为对象进行诉求，这都是广告很难具有的优势。相比之下，公共关系更加多样和自由。

C. 有更深远的传播效果。广告的目的在于以最少的花费在短时间之内推出产品或者劳务，达到促进产品销售的目的。而公共关系产生的效力是长期的、深远的。冰冻三尺非一日之寒，企业要想长期保持一个良好的形象，需要长期的、有计划、有步骤的公关工作；它的目的不在于短期内促进产品销售，而是树立企业形象，不断提升品牌形象，提升顾客的忠诚度。

从安利（中国）的广告来看，绝大多数属于企业形象塑造的专访、事件、活动类公益广告，鲜有直接宣传产品的硬性广告；虽然它不直接叫卖产品，但是其产品销量却迅速上升。

（2）利用公共关系，维系顾客的消费忠诚

公共关系不仅可以通过活动触摸消费者的需求，采取有效的方式去满足这些需求；而且可以在消费者有疑虑的时候，及时采取危机公关，真诚客观地传达信息，争取目标消费者的理解和支持，打消疑虑，继续维系原有的品牌忠诚，为顾客创造更多价值，增强顾客满意度。为了在竞争中取得优势，企业必须能够比竞争对手更多地为其顾客创造价值。顾客获得较多的消费价值才满意，只有满意的顾客才有可能忠诚于某个企业。企业形象是否鲜明独特，能否感染顾客心理，为顾客许可接纳，直接关系到企业在顾客心目中的地位和对产品的评价，进而影响到顾客能否建立并维系对企业、对产品的忠诚。因而，企业积极投身于社会公益活动，树立丰满生动的企业形象，提升品牌的感染力和吸引力，自然地维系了顾客的品牌忠诚。

安利（中国）遭封杀之后，许多消费者一度视之为洪水猛兽，纷纷退单，最高退货量达32%，即使是顾客的原因，不符合退货条件的，安利（中国）同样包退；并以产品本身的过硬质量保证，通过一系列的公益活动，履行其社会责任，塑造其良好的"企业公民形象"及社会责任承担者形象，强力提升了政府、市民、消费者对

安利（中国）的信任度，自然维系了顾客的消费忠诚。

（3）充分利用"欲取之，必先予之"的市场经济经营哲学，实现双赢

"安利（中国）"在中国遭封杀，中国"入世"命运多舛，这看似毫不相干的两件事，其实有其必然的联系。安利董事长史迪夫·温安洛在美国国会发表演讲：支持中国"入世"并要求给予中国永久性最惠国待遇地位，为中国加入"世界贸易组织"创造机会和条件，这就是"先予之"。对中国加入"世界贸易组织"这一重大事件来讲，一个美国财团在国会发表演讲支持，从某种意义上说，比一个中国的副总理访美公关的作用要大得多；然后就有了中国政府采纳变通办法解除禁令的决定，安利这一措施可为恰到好处。从另一个侧面上讲，中国政府对安利（中国）的开禁，不完全是一个"市场经济行为"，更是一个"政治行为"。

（4）危机处理，化险为夷

国际危机管理权威 Robert D. Ramsey 指出处理好危机应注意以下几点：

①不要被分化，分化就不能挺过危机。所以安利高层管理者齐心协力，共同应对危机。

②不能没有反应，危机管理需要行动，而不能瘫痪。

③不要逃跑，从灾难中恢复的第一关键是存在和可见。

④不要拖延，拖延只能增加解决问题的难度。

⑤不要按以前的老方法做事，如果出了问题，做更多同样的事情，并不能纠正错误。

⑥不要放弃，一旦缴械投降，就永远没有胜算的机会。

"安利（中国）"在中国遭封杀，是安利历史上的一个重大危机事件，对"安利（中国）"是一个致命打击。而安利是如何处理危机的呢？国内，当天晚上，安利（中国）董事长李锦芬将高管层聚集到北京，定下了"不慌、不乱、不离、不弃"，齐心协力共渡难关的原则，并迅速行动起来，主动公关；国外：安利董事长史迪夫·温安洛在国会发表"支持中国加入世界贸易组织，并要求给予中国永久性最惠国待遇地位"的演讲，主动向中国政府伸出了橄榄枝。从手段上看，主攻政府，事件营销层出不穷，媒体则摇旗呐喊；对消费者而言，不满意者，货物一律包退。从其处理该危机的策略来看，也完全符合上述"危机处理告诫"的要求，并且做得很好。这就是安利之所以能够在危机中突破封锁、迅速扭转局面的关键。

（5）利用"公共关系"营销，坚持与政府的沟通，取得政治力量的支持

对欲进入国际市场的企业，必须充分利用公共关系营销，上至政府、下至消费者，一个都不能少，以树立良好的"企业公民"形象。特别是对那些欲进入非洲、东南亚、西亚等第三世界国家的企业更是如此，这些国家市场经济不发达或不是完全意义上的市场经济国家，政府干预经济的行为非常严重，搞好公共关系营销，取得政府的支持，是企业立足的根本。安利（中国）之所以成为1998年之后，中国直销界的王者，就是因为它顺应国情，配合政府的管理，并做了许多突破常规和传统的努力，按照安利（中国）董事长李锦芬的话说，就是学习并运用了邓小平同志"摸着

石头过河"的理论，虽然过程充满艰辛，但是却赢得了政府及消费者的认可，最终创造了今天的辉煌业绩。

资料来源：王婷. 安利（中国）日用品有限公司市场营销策略研究. 沈阳：东北大学硕士学位论文，2009.

 案例思考题

1. 安利是如何处理与政府的关系的？
2. 安利是如何树立公司良好形象的？

实 务 编

公共关系是百分之九十靠自己做得对，百分之十靠宣传。

第十一章
公共关系实务与策划

☞ 学习目的与要求

理解公共关系实务及特征。

掌握公共关系策划及步骤、公共关系策划方案内容、公关策划书及表达方式、公共关系项目策划书的写作要求。

理解公共关系实务的要素及其实施过程，掌握公共关系实务评估的要点。

引例

法国白兰地的精彩"亮相"

1957 年某日，美国首都华盛顿。主要干道上竖立着巨型彩色标牌："欢迎您，尊贵的法国客人！""美法友谊令人心醉！"整洁的售报亭悬挂着一长列美法两国的小国旗，它们精致玲珑，在微风中轻柔地飘拂，传递着温馨的情意，报亭主人特意设计绘制的"今日各报"的广告牌上，最鲜艳夺目的是美国鹰和法国鸡干杯的画面和"总统华诞日贵宾驾临时"及"美国人醉了"等大标题，它们吸引着络绎不绝的路人光临。

马路上，许多轿车、摩托车、自行车涌向白宫……

白宫周围，已是人山人海。人们满面笑容，挥动法兰西小国旗，期待着贵宾的出场。

贵宾是谁呢？不是政府要员，不是社会名流，在美国总统艾森豪威尔诞辰日，光临华盛顿的法国特使却是两桶法国白兰地！

这是怎么回事？原来，这是法国公关专家精心策划实施的一幕公关杰作。

白兰地当时在法国国内已享盛誉，畅销不衰。厂商的目光开始瞄向美国市场。为此，他们邀集了几位公关专家，慎重研讨公关方案。受聘请的专家们通过调查，搜集了有关美国的大量信息，并经仔细斟酌，提出了一项颇具新意的设计。

公关宣传的基点是法美人民的友谊，整个规划的主题是"礼轻情义重、酒少情意浓"。

选择的宣传时机是美国总统艾森豪威尔 67 岁寿辰。要求公关活动尽可能广泛地利用法美两国的新闻媒介，赠送的是两桶窖藏长达 67 年的白兰地酒。贺礼由专机送往美国，酒桶特邀法国著名艺术家特别设计制作。然后于总统寿辰日，在白宫的花园里举行隆重的赠送仪式，由 4 名英俊的法国青年身穿法兰西传统的宫廷侍卫服装抬着这两桶白兰地正步前行，进入白宫。

这项公关规划立即得到公司最高决策者的批准，并且获得法国政府的赞赏和支持，外交渠道的绿灯也亮了。

于是，美国公众在总统寿辰一个月之前就分别从不同的传播媒介获得了上述信息。一时间，法国白兰地成了新闻报道、街谈巷议的热门话题。千百万人都翘盼着这两桶名贵的白兰地的光临。

于是，便出现了前面所述的万人空巷的盛况。

当这两桶仪态不凡的美酒亮相时，群情沸腾，欢声四起，有些人甚至大声唱起了法国国歌《马赛曲》。

此刻，美国公众似乎已经闻到了清醇芬芳的酒香，更由此而品尝到了友谊佳酿的美味。从此，法国白兰地昂首阔步地迈进了美国市场。国家宴会和家庭餐桌上几乎都少不了它的倩影！

资料来源：http://www.coc88.com.

第一节　公共关系实务概述

一、公共关系实务的含义

公共关系实务，也可称为"公共关系实践"、"公共关系应用"，是指在公共关系理论指导下，社会组织开展公共关系活动，从事公共关系工作的总称。它是一项系统工程，由一系列相互关联、相互影响和作用的公关活动组成。

公共关系实务是对公共关系理论的实际运用，对公共关系方案的具体实施，对公共关系的技术、技巧和方法的掌握和应用，是公共关系的主体——社会组织改变、调整自身以适应外界的行动。

公共关系实务与公共关系原理都是公共关系的有机组成部分，公共关系原理来源于公共关系实践，同时又必须回到公共关系的实际工作中去指导实践，并且接受实践的检验。

二、公共关系实务的构成要素

公共关系实务活动是由以下要素组成的：

1. 公关实务目标

任何公共关系活动都要求解决社会组织特定的问题，达到某种较理想的公关状态。这就是公关实务的目标。没有目标的公关实务活动是毫无意义的。公关实务活动在策划、实施和总结时，必然要求围绕特定目标来进行，这样才有可能提高公关实务工作的目的性、科学性和有效性。

2. 公关实务主体

公关实务主体是指公关活动的组织者和执行者，即公关实务组织及人员。由某一组织和组织的公共关系人员，监测组织的公关环境和状态，确定公关活动目标，针对特定的公众实施传播，并不断地积累实务工作经验，使组织处于良好的公关状态之中。

3. 公关实务客体

公关实务客体是指公关活动的承受者或接受者，即公关工作的对象——公众。公众指与社会组织存在某种现实的或潜在的利益关系，从而发生直接或间接联系的组织内部和外部的社会群体。它对某个社会组织机构的目标和发展具有现实的或潜在的制约力或影响力，而其自身的利益又受组织机构的政策、行动的影响。任何公关实务活动都有特定的客体对象，缺乏客体对象的组织无法实施公关活动方案，也就谈不上公关实务的运作。

4. 公关实务的手段和方法

传播是连接社会组织与公众的中介、桥梁，也是公关实务活动进行的手段和方法。公共关系实务注重传播上的双向性，注重在传播中组织利益与公众及社会利益的对称性。公共关系实务的最终目的，是要在组织与公众之间建立一种和谐而良好的关系。因此，要实现这种互利关系，必须做到：一方面向公众传播和解释组织的想法和信息；另一方面又要把公众的想法和信息向组织进行传播和解释。只有这样，社会组织才能求得双向沟通和对称平衡的最佳生存发展环境。

公共关系实务工作在组织中发挥着重要的管理职能。一方面对内实施科学管理，内求团结，实现目标；另一方面对外实施科学教育引导，争取公众对组织的接纳和认同，塑造良好形象。可以说，公共关系管理职能的发挥是通过双向信息传播得以实现的。

5. 公关环境

任何公关实务活动都发生在特定的环境之中，这种环境既包括宏观的政治、经济、法律、文化等因素，又包括微观上具体的时间、地点、人员、条件等因素，社会组织正是在特定的环境背景下，策划和操作各种公关实务活动。

事实上，任何公关实务活动都离不开目标、主体、客体、手段方法和环境这些要素。因此，在策划公关实务活动时，必须客观分析组织自身的特点、组织公关部门和公关人员的情况、组织所处的环境条件和组织所面临的公众特点，确定特定的公关实务目标，选择适合的公关传播方式和媒介，使这五种要素之间协调一致，才能较好地完成公关实务工作。

三、公共关系实务的基本特征

公共关系实务作为一种活动，与其他活动一样有着应用实践性、可操作性、动态性和效果性等相同的特征。除此之外，公共关系实务还存在着一些不同的基本特征：

1. 策划性

公共关系实务是公共关系实际事务，由一个个活动构成，活动成效如何，目的能否达到，取决于前期的策划。任何公关实务活动，都离不开策划这个环节，策划是公关实务活动的灵魂。

2. 多样性

社会组织的性质、实力、职能、环境和面临的问题都各不相同，所开展的公关活动也不尽相同，这体现了公关实务的多样性。如大型企业设置大型规范的专职公关机构，小型企业可能设置小型或兼职公关机构，或不设公关机构只设公关秘书。政府组织重视社会服务公关，企业组织重视营销公关；商业企业注重全员公关，工业企业更看重专项公关等。

3. 综合性

公关实务活动特别是公关专题活动是由一系列具体的公关活动组成的。这体现了公关实务的综合性特点。如举行记者招待会，这个具体实务活动是由分发请柬，确定会址，迎送来宾，讲话致辞，印发资料等更具体的公关活动组成。公关实务综合性要求公关人员在公关实务操作时，全盘考虑，注意细节，优势互补，系统处理。

4. 程序性

公关实务活动的操作有一定的规律性、计划性，这些都是通过程序化表现出来的。公关工作程序就是使公关活动朝着一个既定公关目标持续向前推展。公关实务工作程序中必须突出主要的工作环节，这些主要工作环节是整个工作体系的关键点，也是公关实务操作的重点。

第二节 公共关系策划

公共关系策划就是策划在公共关系中的运用，亦即企业或组织在调查分析的基础上，确定公共关系的目标，构思、设计与制订相应的策划方案的过程。

一、公共关系策划的作用

1. 公共关系策划是公共关系实务运作目的得以实现的保证

公共关系战略和实务运作，是为实现公共关系目标以及企业发展目标服务的，离开这个目的，公共关系就失去了自身的意义。而为了保证公共关系目标以及组织发展目标的顺利实现，组织的总体公共关系战略和具体的实务运作必须经过事先的周密策划。

2. 公共关系策划是公共关系实务运作计划性得以实现的前提

公共关系实务运作必须有一个完整的实施计划。只有经过周密的公共关系策划，才能

实
务
编

保证整个公共关系的战略计划的统一性和完整性，保证每个具体实务运作都按照总体规划的要求，为实现预定的公共关系战略目标和企业发展目标服务。

同时，公共关系目标的实现需要经过长时期的持续努力，只有经过周密的公共关系策划，才能保证公共关系的各项实务运作相互衔接，成为既在具体运作中具有独创性，又在总体战略上具有连续性的有计划、有步骤的公共关系工作。

另外，公共关系的各项实务活动，都必须根据一定的时间、地点以及主、客观条件拟定切实可行的具体实施计划，这本身也是公共关系策划的重要组成部分。可见只有周密的、精心的公共关系策划才能保证所有工作环节的公共关系实务运作按照预定的战略和目标有计划地顺利实施。

3. 公共关系策划是公共关系实务运作有效性得以实现的基础

有效的公共关系必须使其在建树良好的组织形象并为组织发展争取最佳的经济效益和社会效益方面发挥显著的作用。这就要求公共关系人员善于根据不断变化的环境，着眼不断变动的公关需求，精心策划自己的公共关系战略和策略。这种策划愈是深谋远虑、独具匠心，公共关系的成功率也就愈高，也就愈能保证公共关系目标和组织发展目标的顺利实现。

二、公共关系策划的分类

（1）按照公共关系策划所处的行业来划分，分为企业公共关系策划、政府公共关系策划、事业单位公共关系策划和军队公共关系策划等。

（2）按照公共关系策划所面向的对象来划分，分为内部公共关系策划和外部公共关系策划。

（3）按照公共关系策划所采用的手段来划分，分为公共关系广告策划、公共关系调查策划、公共关系 CI 策划和公共关系危机策划。

（4）按照公共关系策划的层次来划分，分为战略型公共关系策划和战术型公共关系策划。

三、公共关系策划的要素

公共关系策划的六要素：

（1）市场调查——公众心理、主要竞争对手信息、政策法规、公司或组织内部状况、公关活动场所。

（2）策划目标——每一次公关策划都要有明确的目标。

（3）策划者——宽广的知识面和深厚的人文积淀、全面的能力素质与完善的人格心理。

（4）策划对象——公共关系活动不可能面对所有的公众，必须有所选择。

（5）策划方案——策划过程的书面体现，也是策划最终的表现形式。

（6）效果评估——评估从质和量两个方面进行。

四、 公共关系策划的原则

（1）创新性——要有绝佳的创意。

（2）可行性——一是现实性，二是可操作性。

（3）适当性——包括尊重当地的文化传统、民族感情和心理习惯，符合当地的法律制度、政府政策和行业规范。爱德华·伯纳斯的名言"投公众所好"是对适当性原则最好的诠释。

（4）科学性——防范将策划泛化和神化的错误思想。

（5）真实性——公共关系之父艾维·李认为公共关系的本质就在于"公众必须被告知"。

五、 公共关系策划的四大技巧

（1）名人效应——一是请名人担任企业、组织或产品的形象代言人，另一种是请名人为企业、组织或产品做广告。

（2）制造新闻——就是策划者为引起媒体的注意而故意制造出来的事件或消息，如"放风"和"炒作"。

（3）设置"陷阱"——是将企业、组织或产品的品牌、标志或实体隐藏于文艺节目或者其他形式的表演当中，激发目标公众的好奇感与新鲜感，吸引目标公众主动靠近公关策划的目的。

（4）借题发挥——即借助突发事件、热门话题进行相应的公关策划，以达到提高企业或组织形象，促进产品销售或改善与公众之间的关系的目的。

六、 公共关系策划的内容与程序

公共关系策划是一项系统工程，它包含许多层次的内容与步骤，主要有以下内容：

（一）综合分析、寻求理由

公共关系策划人员被称为"开方专家"。如同医生拿到一系列病患者的检查化验报告，医生要想开出一个理想的治疗方案，首先必须对这些资料进行再一次的综合分析，确定问题所在，然后对症下药。公关人员进行公关策划的第一步工作，就是综合分析在公关调查中收集的信息资料，对组织进行诊断，认识问题。

（二）确定目标、制订计划

1. 确定目标

确定目标是公共关系策划中重要的一步，目标一错，便一错百错。所谓公共关系目标，是公共关系策划所追求和渴望达到的结果。目标规定公关活动要做什么，做到什么地步，要取得什么样的效果。公共关系目标是公共关系全部活动的核心，它是公共关系策划的依据，是公共关系工作的指南，是评价公共关系效果的标准，是提高公共关系工作效率的保障，也是公关人员努力的方向。

2. 制订公关计划

一旦确定公关目标，便可制订具体的公关计划。一个完整的公共关系策划方案应包括以下几个方面的内容：

（1）目标系统

公共关系目标不是一个单项的指标，而应有一个目标体系。总目标下有很多分目标、项目目标和操作目标。长期目标要分成短期目标；总目标要分成项目目标、操作目标；宏观目标要分解成微观目标；整体形象目标要分解成产品形象目标、职工形象目标、环境形象目标。

（2）公众对象

任何一个组织都有其特定的公众对象，确定与组织有关的公众对象是公关策划的首要任务之一。只有确立了公众，才能选定需要的公众人才、公关媒介及公关模式，才能将有限的资金和资源科学地分配使用，减少不必要的浪费，取得最大的效益。

（3）选择公共关系活动模式

公共关系活动模式多种多样，不同的问题、不同的公众对象、不同的组织都有相应的公关活动模式，没有哪一种公关活动模式可以解决所有问题。究竟选择哪一种公开活动模式，要根据公关的目标、任务、公关的对象分布、权利要求来具体确定。常见的公关模式有以下几种：

①交际型公关模式。这种模式主要以面对面的人际传播为手段，通过人与人直接交往，广交朋友，建立广泛的联系。这种活动模式富有人情味，主要适用于旅游服务等第三产业部门。

②宣传型公关活动模式。这种活动模式重点是采用各种媒介向外传播信息。当组织要提高自己的知名度时，一般采用此种模式。发新闻稿、开记者招待会、新产品展览、广告、演讲、板报等都属于这种模式。

③征询型公关活动模式。这是以民意测验、舆论调查、收集信息为活动模式。目的是为组织决策咨询收集信息。如有奖征文、有奖测验、问卷调查、信访制度、举报中心、专线电话等都属于征询型公关活动。这种活动有助于增强公众的参与感，提高组织的社会形象。

④社会型公关活动模式。这种模式是通过开展各种社会福利活动来提高组织的知名度和美誉度。如赞助各种文化体育活动，公益性和福利慈善性事业等都属于这种类型。社会型公关活动模式不局限于眼前的利益，而是进行长远利益的投资，一般实力雄厚的组织可以开展此类活动。

⑤服务型公关活动模式。这种活动模式主要以提供各种服务来提高组织的知名度和美誉度，如消费指导、售后服务、咨询培训等。

⑥进攻型公关活动模式。这是在组织与外界环境发生激烈冲突、处于生死存亡的关键时刻采用的以攻为守、主动出击的一种公关活动模式。

第十一章 公共关系实务与策划

211

⑦防御型公关活动模式。公关部门不仅要处理好已出现的公关纠纷，还要预测、预防可能出现的公关纠纷。如及时向决策部门反映外界的批评意见，主动改进工作方式、争取主动，就是防御型的公关活动模式。

⑧建设型公关活动模式。在组织创建初期，为了给公众以良好的"第一印象"，提高组织在社会上的知名度和美誉度而采用的一种模式。如举办开业庆典、奠基仪式、免费参观等一类的活动，主要着眼于组织知名度的提高。

⑨维系型公关活动模式。维系型公关活动模式的主要目的是通过不间断的宣传和工作，维持组织在社会公众心目中的良好形象。这种模式一方面通过各种优惠服务吸引公众再次合作，另一方面通过传播活动把组织的各种信息持续不断地传递给各类公众，使组织的良好形象始终保留在公众的记忆中，一旦有需要，公众就可能首先想到自己，接受自己。

⑩矫正型公关活动模式。这是一种当组织遇到风险或组织的公共关系严重失调，使组织形象发生严重损害时所采用的一种公关活动模式。这种模式的特点是及时发现问题，及时纠正错误，及时改善不良形象。

（4）确定公关传播的媒介

媒介的种类很多，有个体传媒、群体传媒和大众传媒之分。大众传媒又可分为电子类传媒和印刷类传媒。各种传媒各有所长，也各有所短，只有选择恰当的传媒，才能取得良好的效果。

（5）确定时间

即制定一个科学的、详尽的公关计划时间表。公关计划时间表的确定，应和既定的目标系统相配合，按照目标管理的办法，最终的总目标、项目目标、每一级目标所需的总时间、起止时间都应列表，形成一个系统的时间表。

对活动的起始时间，公关人员要独具匠心，抓住最有利的时机，以取得事半功倍的效果。

（6）确定地点

即安排好每一次活动的地点。每次公关活动要用多大的场地，用什么样的场地，都要根据公众对象的人数多少，公关项目的具体内容以及组织的财力预先确定好。

（7）制定公关预算

为了少花钱多办事，在有限的投入内，获取最大的社会效益和经济效益，就要进行科学的公关预算。编制公关预算，首先要清楚地知道组织的承受能力，做到量体裁衣，还可以监督经费的开支情况，评价公关活动的成效。公共关系活动的开支构成大体如下：行政开支，其中包括劳动力成本、管理费用，以及设施材料费。项目支出，即每一个具体的项目所需的费用，如场地费、广告费、赞助费、邀请费以及咨询费、调研费等。其他各种意想不到的可能支出，如突发性事件支出。

（三）分析评估、优化方案

经过认真地分析信息情报，公关人员确定了公关目标，制订了公关行动的方案。但这些方案是否切实可行、是否尽善尽美，这就有赖于对方案的分析评估和优化组合。对公关方案评估的标准只有两条：一是看方案是否切实可行，二是看方案能否保证策划目标的实现。如果方案实施成功的可能性大，又能保证策划目标的实现，方案便可认可；否则，方案便要加以修正优化。

方案的优化过程，是提高方案合理性的过程。方案的优化可以从3个方面去考虑：即提高方案的可行性，增强方案的目的性，降低经费开支。如果方案的目的性强，费用少，只是可行性较差，那就以提高可行性为重点。

常见的方案优化法是综合法，即将决策出的各种方案加以全面评估，分析其优点和缺点，然后将各方案的优点移植到被选上的方案中，使被选上的方案好上加好，达到优化的目的。

（四）审定方案、准备实施

公关策划经过分析评估、优化组合，最终形成书面报告，交给组织的领导决策层，以最终审定决断，准备实施。任何公关策划方案都必须经过本组织的审核和批准，使公关目标和组织的总目标一致，以便使组织的公关活动和其他部门的工作相协调，从而得到决策层和全体员工的积极配合支持。

策划报告能否得到决策层的认可，并最终组织实施，取决于3个因素：一是策划方案本身的质量，这是根本；二是策划报告的文字说明水准；三是决策者本身的决断水平。

决策者在进行决断时，一要尊重公关人员的意见，但不要受其左右；二要运用科学的思维方法，对策划方案和背景材料进行系统的科学分析；三要依靠自己的直觉，抛弃一切表象的纠缠，这种直觉在应急对策时尤其重要。

策划方案一经审定通过，便可组织实施了。

七、公关策划书

公关策划书即公共关系策划书，也称公关策划方案、公关策划文案、公关专题建议书等。它是指企业或公关公司的公关策划者按照社会组织的需要，以及实现组织目标的要求，分析组织内外的各种条件，运用公关策略，进行构思谋划的最佳行动计划，并以文字与图表记录表述的书面文书。公关策划书是公关实践中常用的文书之一。

公关策划书的表达方式有两种：①条文形式：按照条款的逻辑顺序，逐条陈述策划书的内容。②表格形式：借助图表来简洁明晰地表述策划书的内容。

公关策划书是按照特定格式记载公共关系调查结论、公共关系策划成果的应用文，是开展公共关系活动的蓝本，由三个方面构成，即项目标题、正文内容和署名。其中，项目标题一般采用公文式标题，如"大红鹰全民健身万里行、支持申奥大签名公关活动策划书"，涵盖了事由单位（大红鹰）、事由（全民健身万里行、支持申奥大签名）和文体（策划书）三个公文标题的基本要素。署名为项目的策划单位名称和撰稿日期。

（一）公共关系策划书的内容

公共关系策划书的正文是主体，主要包括以下部分：

（1）前言。简要介绍策划书项目的由来、公共关系活动主题思想的社会背景等。

（2）市场状况与形象分析。比较详尽地介绍公共关系调查分析的结论。这个结论一般是在比较了公共关系宣传的信息内容、市场特性、竞争对手和公众需求之后，提出的本策划的优势点、问题点与机会点。

（3）目标体系。比较概要性地介绍公共关系活动的目标设想，主要内容有：①总体目标，包括企业在未来某一较长时期内所追求的形象特性、品牌忠诚度指标等。②具体目标，明确企业通过某一公共关系活动希望实现的具体指标。

（4）创意说明。主要介绍公共关系活动的主题思想、宣传文案，涉及的内容主要有：指导思想、活动主题、活动总名称、细项目活动名称、宣传作品（包括电视宣传作品的分镜头脚本、报纸杂志宣传作品的设计图、POP广告的设计图等）、标语和饰物（介绍营造现场主题气氛所使用的吉祥物、彩旗、现场色调、音乐、音响等。）

（5）媒体策略。主要介绍宣传媒体的分配规划（包括媒体分配、地理分配、时间分配、内容分配方面的内容）、组合方式，一般用表格形式陈述。

（6）活动方案。这是策划书的重点内容，重点介绍公共关系的整体运作方案，其主要内容有两个方面：①日程安排：即介绍公共关系项目从承接项目任务开始到完成公共关系活动所涉及的工作进度安排。②活动布置：介绍公共关系各个主体活动与后援活动的项目名称、实施时间、地点、运作步骤、程序方案，其中运作步骤、程序方案一般表现为"节目单"，采用表格形式表述。

（7）公共关系预算方案。主要介绍公共关系预算表。

（8）效果展望。简明介绍公共关系活动的理想化效果。

（二）公共关系策划书的写作要求

公共关系项目策划书的写作要求是：①文案的简洁性：公共关系项目策划书的文字叙述，要力求简洁、明确，朴实无华。②内容表述的写实性：内容表述一定要完整，即使是细节性内容，也应有专门项目加以表述。③结构的条理性：借助数字序列分层次、分步骤安排写作结构。④计划安排的周密性：公共关系策划书涉及多方面的操作性内容，一定要注意计划的周密、严谨，确保公共关系工作的顺利进行。公关策划书草案编写后，应及时组织有关人员如创意人员、策划人员、执行人员、企业负责人、财会人员、新闻公众等，对策划书进行综合评估。

（三）公共关系策划书的内容要素

公共关系策划书没有固定的格式，策划者一般根据实际的需要和自己的文笔风格来撰写。但无论策划书的形式、内容有怎样的差别，理应包含的要素都不可或缺。

一份完整的公共关系策划书应当具备5W、2H、1E，即：

Why（为什么）——策划的缘由；

Who（谁）——策划者、策划方案针对的公众；

What（什么）——策划的目的、内容；

Where（何处）——方案实施地点；

When（何时）——方案实施时机；

How（如何）——方案实施形式；

How much（多少）——活动经费预算；

Effect（效果）——活动实施效果猜测。

上述八个要素就是一份完整的公共关系策划书应当具备的基本骨架。针对不同组织、不同内容与形式的公共关系策划方案，应当围绕这八个要素，根据自己的需要进行丰富完善和组合搭配，公共关系策划书的创造性与个性风格，就存在于对要素的丰富完善和组合搭配的差异之中。

第三节　公共关系实务的实施和评估

一、公共关系实务的实施原则

要想使社会组织的公共关系实务工作实施得科学有效，必须遵循一定的原则。

1. 以公众利益为出发点的原则

在公共关系实务的实施中，要注重公众利益，以公众利益为出发点。这也是所有公关活动的最基本原则。在市场由"卖方"转向"买方"的情况下，市场比生产显得更为重要；市场竞争已由产品和价格竞争转向信誉和形象的竞争。社会组织必须以各种途径表明自己的努力与公众利益的一致性，自己服务于公众利益的忠诚心，自己的社会责任感，以争取社会公众的信任与支持。因此，在公共关系实务中，都应以公众利益为前提，努力谋求组织与公众利益的协调一致。如果不顾及公众利益，让组织形象受损，公共关系实务就不可能成功。

2. 以事实为基础的原则

在公共关系实务的实施中，要坚持以事实为基础的原则和方法。这包括两个方面：①公共关系工作的开展要以深入细致的调查研究为基础，做到有的放矢。②传播信息要客观、真实、全面、公正，使公关实务工作中的宣传以事实为基础，向公众公开一切事实真相，尤其是当组织出现失误或遇到挫折时，更要把情况如实告诉公众，绝不能以欺骗手段来掩饰失误，推卸责任。

3. 以科学为指导的原则

在公共关系实务的实施中，要借助现代科学的理论和方法，以强烈的公关意识和系统的思想为指导去开展工作，而不能仅凭感觉、经验办事。公共关系是塑造组织形象的科学和艺术，它以社会学、心理学、传播学、新闻学、组织管理学、舆论学、广告学等众多的学科为其理论基础，并吸取这些学科中的众多方法和工具为实务工作服务。

4. 坚持有效、系统、创新原则

效益原则也是公共关系实务实施的一条基本原则。要合理预算，以较少的公关费用去取得更佳的公关效果，达到企业的公关目标。

公共关系实务的实施应将公关活动作为一个系统工程来认识，按照系统的观点和方法予以谋划统筹。同时，公关活动涉及的不可控因素很多，任何人都难以把握，留有余地才可进退自如，这需要一定的弹性原则。

公共关系实务讲究操作的技巧性与艺术性，因此就要特别强调富于创造性的个性特点。因此，公共关系实务的实施应追求刻意求新、别出心裁、打破传统，使公关活动生动有趣，从而给公众留下深刻而美好的印象。

二、公共关系实务的实施过程

实施公共关系就是通过公共关系活动的开展来获得相关公众的了解、理解、信任和支持的过程，实质上是一种信息传播活动。因此需要做到下几点：

（1）优化传播效果：①选用目标公众所习惯使用的传播媒介与传播形式。②控制信息传播活动，发现偏差、分析原因并制定纠偏措施。

（2）进行媒介整合：根据目标可选择各种适合的媒介形式。

（3）设计传播过程：选择传播（人际传播、组织传播、大众传播）的类型，在此基础上，再选择合适的通道。

（4）排除沟通障碍：①要了解信息沟通发生障碍的原因。②进行实施计划前的测试。③做好各项协调工作。④处理好突发事件。

三、公共关系实务的评估

公共关系实务评估，就是根据特定的标准，对公共关系计划、实施及效果进行衡量、检验、评估和估计，以判断其优劣。

（1）实施效果的评估要点包括：①了解信息内容的公众数量。②改变观点、态度的公众数量。③发生期望行为与重复期望行为的公众数量。④达到的目标与解决的问题。⑤对社会经济与文化发展产生的影响。

（2）公共关系机构工作绩效评估包括：①市场营销分析。②广告研究。③新闻宣传。④专题活动。⑤管理绩效。

（3）公共关系评估的方法：①专家意见法。②民意测验法。③公众意见征询法。④实验法。⑤组织活动记录法。⑥传播审计法。

（4）公关总结写作的基本要求（写好总结报告要注意的几个问题）：①必须掌握全面情况和整个工作进程，广泛搜集材料，这样才能达到纵观全局的效果，并全面、真实地反映出工作中的成绩与问题、经验与教训。②坚持实事求是，从实际出发。总结内容必须完全忠实于实际情况、肯定成绩，找出存在的问题与缺点。③着眼发展，着眼提高，着眼未来。④在总结报告的写作方法上，应注意记叙性和说理性相结合。

四、公共关系实务实施中应注意的问题

公共关系实务的开展是一项复杂的工作，做好公共关系实务应注意以下问题。

1. 目标要明确

公共关系实务的实施，要有一个书面的方案。一个公共关系实务的实施方案，最主要的是要有一个明确的目标。好的实务实施方案，必须易于操作和实现，要有定性和定量的具体指标。

2. 范围要适度

公共关系实务工作要有针对性，要突出重点，范围适度。要保证做到这一点，就应尽可能地使公共关系实务工作目标分明。从公共关系实务工作的时间跨度上看，可以分为近期、中期和长期等阶段。

3. 时间要充裕

公共关系实务工作操作性极强，因此，它的时效性也就较强。国际公共关系业务的代理计时收费，并且常常以分为单位。在公共关系实务工作的时间上，要考虑时间的价值，对一个活动开展需要多少时间，应该有一个比较准确的估计。同时，在时间安排上要留有充分的余地。

4. 维系要周全

在目标确定的前提下，所涉及的方方面面应该有一个周全的考虑。尤其是在关系的照应与维系方面，更应该予以足够的重视。这一点，是公共关系实务与其他实务最本质的区别。而所谓维系要周全，就是在公共关系实务方案实施时，应预先认真考虑涉及的各种公众关系面，对一些必须顾及的关系面，不能因疏忽而将其遗忘。以商业企业的公共关系活动而言，它应涉及的关系面，除了新闻界、政府，还涉及消费者、金融界、行业社团、股东、社区和内部员工等。这些公众关系都要周全地维系。

本章小结

公共关系实务又称为公共关系实践、公共关系应用，是指在公关理论的指导下，社会组织开展公共关系活动，从事公共关系工作的总称。

公共关系实务活动是由以下要素组成的：（1）公关实务目标。（2）公关实务主体。（3）公关实务客体。（4）公关实务的手段和方法。（5）公关环境。

公共关系实务活动作为一种活动，与其他活动一样有着应用实践性、可操作性、动态性和效果性等相同的特征之处。除此之外，公共关系实务还存在着一些不同的基本特征：（1）策划性。（2）多样性。（3）综合性。（4）程序性。

公共关系策划就是策划在公共关系中的运用，即企业或组织在调查分析的基础上，确定公共关系的目标，构思、设计与制订相应的策划方案的过程。公共关系策划可以根据公共关系策划所处的行业、公共关系策划所面向的对象、公共关系策划所采用的手段和公共关系策划的层次进行分类。公共关系策划的要素包括市场调查、策划目标、策划者、策划对象、策划方案和效果评估。公共关系策划的原则包括创新性、可行性、适当性、科学性和真实性。公共关系策划主要有以下内容：（1）综合分析，寻求理由。（2）确定目标，制订计划。（3）分析评估，优化方案。（4）审定方案、准备实施。

公关策划书即公共关系策划书，也称公关策划方案、公关策划文案、公关专题建议书

第十一章　公共关系实务与策划

等。它是指企业或公关公司的公关策划者按照社会组织的需要，以及实现组织目标的要求，分析组织内外的各种条件，运用公关策略，进行构思谋划的最佳行动计划，并以文字与图表记录表述的书面文书。公共关系策划书的正文是主体，主要包括以下部分：（1）前言。（2）市场状况与形象分析。（3）目标体系。（4）创意说明。（5）媒体策略。（6）活动方案。（7）公共关系预算方案。（8）效果展望。公共关系策划书的写作要求是：（1）文案的简洁性。（2）内容表述的写实性。（3）结构的条理性。（4）计划安排的周密性。

公共关系实务的实施原则包括：（1）以公众利益为出发点的原则。（2）以事实为基础的原则。（3）以科学为指导的原则。（4）坚持有效、系统、创新原则。公共关系实务的实施过程需要做到以下几点：（1）优化传播效果。（2）进行媒介整合。（3）设计传播过程。（4）排除沟通障碍。

公共关系实务的开展是一个复杂的工作，做好公共关系实务应注意以下问题：（1）目标要明确。（2）范围要适度。（3）时间要充裕。（4）维系要周全。

 关键概念

公共关系实务（Public Relations Practice）

公关实务目标（PR Practice Goals）

公关环境（PR Environment）

公关实务策划（Planning Public Relations Practice）

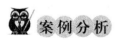 复习思考题

1. 简述公共关系实务及特征。

2. 公共关系实务的要素有哪些？

3. 简述公共关系策划及步骤。

4. 公共关系策划方案的内容有哪些？

5. 简述公关策划书及表达方式。

6. 公共关系策划书的正文有哪些内容？

7. 公共关系项目策划书的写作要求有哪些？

8. 简述公共关系实务的实施原则。

案例分析

宝洁沙宣品牌全国推广活动案例

1998 年 7 月，爱德曼公关公司为沙宣在北京成功地举办了全国性品牌推广活动，从而使沙宣在不到一年的时间内，迅速进入了中国护发产品市场的前列。一年之后，爱德曼公关公司再次与宝洁（中国）有限公司在北京举行了"沙宣再创辉煌，世纪

实务编

大行动"活动，旨在通过一系列公关活动扩大沙宣目标群体的数量，使其覆盖面广及各类消费群体如专业发型师、零售商等。这次大规模的品牌全国推广活动，充分体现了爱德曼公关公司的运作实力。其策划方案主题突出，实际运作精细，宛如一条专业化服务流水线。本期刊登宝洁沙宣品牌全国推广活动案例。

一、目标

★活动策略

1. 以独特方式展示沙宣新世纪形象。

2. 向媒体、消费者和发型师讲解沙宣新产品系列的优越性。

3. 聘请沙宣发型师举办专业发型创作展，宣传沙宣作为美发界权威的形象。

★活动主题

世纪风采 由你而来。

★目标群体

1. 年龄在 18~34 岁的消费群体。

2. 专业人士。

3. 新闻媒体。

4. 美发协会及发型师团体。

二、实施

★工作安排："沙宣再创辉煌，世纪大行动"项目计划于 1999 年 4 月正式启动。初期爱德曼公关与伦敦沙宣发廊的一批著名发型师举行了碰头会，提出了适合中国市场的新世纪发型表演的初步设想。爱德曼所承担的主要任务是策划项目内容和协调整个项目规划，制订并实施针对各个目标群体的各项活动计划。

★前期新闻资料发放

为了向媒体发送活动信息，并为它们提供背景资料，爱德曼公关于 1998 年 6 月就提前向媒体发送了关于沙宣世纪大行动的前期新闻稿，使媒体在发型展示会之前就能发布消息。爱德曼公关还考虑到杂志社的截稿时间往往比发稿时间提前 30 天左右，因此爱德曼公关向杂志社发送新闻稿的时间又比报社提前了一个多月。在活动前期爱德曼共收到 30 余篇新闻报道，报道面涉及北京、天津、上海、广州、大连、沈阳、长春和哈尔滨等城市。

★与合作伙伴的系列公关策划

1. 与沙宣伦敦发型师合作拍摄沙宣中国特色发型照片

为了展现具有中国特色的沙宣新世纪发型，爱德曼公关特约沙宣国际创意总监、国际知名摄影师、名模胡兵等人在具有中国古典建筑风格的古庙——智化寺拍摄了一组极具中国特色的沙宣新世纪发型照片。爱德曼公关为成功组织拍摄这组照片进行了大量工作：从寻找地点、预订拍摄场景、协调摄影师的工作，到用计算机进行加工处理、预约模特儿、对摄影场景的现场管理、挑选及复印照片和向媒体发送等。从媒体发稿情况来看，这组照片得到媒体的青睐，超过 50% 的媒体选用了部分或全部照片。

2. 与亚洲音乐电视 MTV 合作

这次活动所选中的合作伙伴是 MTV 电视网亚洲部。对方所承担的工作包括提供两位名牌节目主持人，录制并播放 5 次长达 5 分钟的促销电视片和 10 分钟的专题片。播放的内容包括：沙宣 1999 年发型展示会；为著名节目主持人制作发型的过程；发型的未来趋势；沙宣的辉煌经历等。

爱德曼公关与 MTV 电视网亚洲部进行了密切合作，向节目主持人、电视制作组及导演等人员介绍情况，编写主持人台词及有关沙宣的文字及图像资料。此外，爱德曼公关还安排了对中国宝洁洗发护发用品总经理戴怀德先生 David Taylor 和沙宣国际创意总监夏特里先生 Tim Hartley 的专访，并安排了新闻发布会。由于对发型展示会及主持人的活动进行了实地排演，从而确保了新闻发布会及发型表演的顺利进行。

3. 与时尚界名流的合作

台湾地区名模、影星兼电视节目主持人孟广美是沙宣选定的 1999 年秋冬季沙宣发型亚裔女性代表。她在中国拍摄了沙宣去头皮屑洗发露广告片。在新闻发布会上，她作为发言人，对沙宣品牌及其新款去头皮屑洗发露产品给予了赞誉。

大陆名模、演员兼歌手胡兵是 1998 年沙宣发型展示会的主持人，在今年的活动中，他作为模特在沙宣中国特色照片中亮相，并在新闻发布会上发言。

王一扬是中国逸飞女装公司的设计师。他在 5 月的上海时装周上崭露头角，这次他首次与沙宣合作，孟广美就是身着他设计的服装出现在 T 形台上的。他还应邀在新闻发布会上与媒体对话。

从媒体对活动的报道看，邀请社会名流参与使活动成效显著。爱德曼公关不仅为活动找到社会名流作为合作对象，而且还就发邀请函，签约，介绍情况，编写发言稿及现场管理等事宜进行了协调工作。

三、媒体

★新闻发布会及为媒体举办的发型展示会

共有 161 名文字记者和摄影记者出席了在北京举办的"沙宣再创辉煌，世纪大行动"新闻发布会，其中 56 位记者专程从外地来参加此会。爱德曼公关还为新加坡媒体的专访安排了日程，并协调了两家国际新闻机构——路透社和美联社的报道工作。此外，爱德曼公关还向另外 8 个省市发送了专题资料并安排了所有活动的细节。包括制定媒体代表名单，与有关地方媒体进行协调，发送邀请函及新闻资料，为所有发言人员编写发言稿，向宝洁主管人员及沙宣伦敦工作组介绍情况，组织排练，现场管理及对全国媒体报道的跟踪等事宜。

★媒体专访

在为期三天半的活动期间，59 位媒体代表对沙宣伉俪及宝洁（中国）有限公司洗发护发用品总经理戴怀德先生（David Taylor）和裴逸群女士（Yvonne Pei）进行了单独或集体采访。三个采访室的活动都是由爱德曼协调管理。其工作内容包括媒体采访日程，现场接待，准备媒体资料，与客户联络，日程的最后一分钟修改，回答媒体咨询等方面的工作。

★摄像与摄影服务

在这项活动中，录像与摄影起着关键作用，有利于对沙宣新产品的报道。爱德曼在电视采访前与摄像人员一起干了个通宵，编辑了所有新闻资料及照片，以便在次日发送给媒体。录像资料不仅包括活动现场内容，而且还包括由沙宣提供的伦敦时装周的内容。这项工作确保了各家电视台获得了有关活动的全部资料。对促进媒体报道起到重要的作用。媒体单位获得了高质量的资料，因而愿意进行深入报道，编辑较长的电视节目。

★媒体报道情况

爱德曼不仅为这次"沙宣再创辉煌，世纪大行动"邀请了来自119家新闻媒体的161位文字记者、摄影记者和电视制作人员，而且还邀请了来自31家外地新闻单位的56位记者到北京参加各项活动，新闻发布会开得非常成功，媒体的相关报道也非常多。

★专业美发师培训及发型展

爱德曼与宝洁品牌业务部及沙宣伦敦创作组人员密切合作为中国的发型师举办了两次发型培训及发型展，包括现场剪发和染发，许多国内知名的发型师应邀出席，此次发型培训及展示会在美发界引起极大的反响。

★晚宴及发型表演

爱德曼公关代表、沙宣夫妇及宝洁（中国）有限公司，邀请了200位社会名流及演艺界人士出席了这次晚宴及发型表演，包括艺术家陈逸飞、世界花样滑冰冠军陈露、流行歌星黄格选、杭天琪、艾静、张咪、耿乐、谢雨欣、潘劲东和满江等。再一次利用沙宣夫妇的名人效应唤起了中国的社会名流对沙宣品牌的关注和赞誉。

四、总结

截至1999年10月底，有关此次沙宣活动的电视报道时间总计13小时。收集到来自全国的132篇有关此次"沙宣再创辉煌，世纪大行动"的文字简报。中国国际航空公司又一次在国内外航线上播出此次发型表演的全部内容。爱德曼公关公司再一次成功、有力地巩固了沙宣在消费者心目中的品牌地位。

点评：专业化服务高分胜出

外企和国企办事的最大区别是他们认真的工作态度：同样是给客户的几页文件，国企顶多用几个铝质书钉订上完事，外企却用塑订机加透明塑料进行包装，其实只是多几块钱的事儿，外企却显得更加专业。按理说，国企在服务上有天时、地利、人和等诸多优势，但多年来市场格局却是：外企因服务周到在广告、公关等服务行业中总是高分胜出。

爱德曼是国际知名的公关公司，据业内人士称，它得到宝洁的青睐并非因其是国际知名公司的缘故，在合作伙伴的选择上，宝洁经验丰富，长期合作的原则只取决于合作伙伴的优良绩效。宝洁这个广告投入的"财神爷"多年来与爱德曼合作的主要原因就是爱德曼的专业化服务在国内无与伦比。爱德曼的专业化服务的核心竞争力是什么？难道它有什么别家无法掌握的秘方吗？答案是否定的。它的核心竞争力就在认真的工作态度上：杂志社发稿时间比其他媒体要提前一个月；提前拍好一堆照片供媒体挑选；同媒体的摄像一同熬夜准备资料；各种活动均有专人负责各种细节工作……这些细节，其实就是爱德曼的核心竞争力。WTO临近，服务业将更加开放，公关公司这种出售创意、服务的机构也会越来越多。

类似爱德曼公关公司这样靠高品质服务挣钱的案例应该受到国企的重视。国企在财力、技术难以超越国外大公司的情况下，从服务上挣钱应该是完全可行的。

　　资料来源：巩关. 世纪风采由你而来——爱德曼国际公关（中国）沙宣品牌管理案例. 公关世界，2001-11-15.

 案例思考题

1. 公共关系策划书包括哪些内容？
2. "沙宣再创辉煌，世纪大行动"活动对提升该公司形象有什么作用？

第十二章
公共关系调查

☞ **学习目的与要求**

理解公共关系调查的目的、作用与原则。

掌握公关调查的内容，掌握抽样调查、问卷调查、语言访问调查、文献研究、平均数法、相对数法、动态数列法等具体方法的使用。

了解公关调查收集信息及分析的方法。

 引例

先搞清这些问题，然后开始你们的公共关系工作

有一家宾馆新设了一个公共关系部，开办伊始，该部就配备了豪华的办公室，漂亮迷人的公关小姐，现代化的通信设备……但该部部长却发现无事可做。后来，这个部长请来了一位公共关系顾问，向他请教"怎么办"，于是这位顾问一连问了以下几个问题：

"本地共有多少宾馆？总铺位有多少？"

"旅游旺季时，本地的外国游客每月有多少，港澳游客有多少？国内的外地游客有多少？"

"贵宾馆的'知名度'如何？在过去三年中，花在宣传上的经费共多少？"

"贵宾馆最大的竞争对手是谁？贵宾馆潜在的竞争对手将是谁？"

"去年一年中因服务不周引起房客不满的事件有多少起，服务不周的症结何在？"

对这样一些极其普通而又极为重要的问题，这位公共

关系部部长竟张口结舌，无以对答。于是，那位被请来的公共关系顾问这样说道："先搞清这些问题，然后开始你们的公共关系工作。"

资料来源：MBA智库文档，http：//www.mbalib.com/.

讨论以下问题：

1. 你是如何理解公关顾问的话"先搞清这些问题，然后开始你们的公共关系工作"的？公共关系调查对组织有何意义和作用？

2. 公关顾问所提的五个问题体现了公关调查的哪些内容？

一个组织，不论是政府机关，还是企事业单位，都希望树立本单位在社会公众中的良好形象。组织的形象越好，它便能赢得更多的顾客，占领更加广阔的市场，实现更大的收益。组织形象不好的企业，在市场竞争中必然处于不利的地位。

那么，一个组织机构怎样才能了解自己在社会公众心目中的真实形象即自身的公共关系状况呢？这就需要组织机构中的公共关系工作人员进行针对社会公众的调查。公共关系调查是公共关系实务工作的基础，是公共关系的一项重要业务，它广泛借用统计学、舆论学、社会学、市场学、社会心理学、社会调查学等学科的研究成果，科学、准确地调查研究社会组织的公共关系现状和历史，预测组织公共关系的发展，检测公共关系活动的效果。

第一节　公关调查的目的与作用

一、公共关系调查的含义

关于公关调查，学界的定义有几个版本。有学者从调查内容进行定义，如"通过环境分析、舆论分析或形象分析，确定公关的对象和问题"。有学者从调查方法进行定义，如"运用定量分析与定性分析相结合的方法，科学、准确地调查研究公共关系的现状和历史，预测发展、检查活动效果的活动"。

我们认为公关调查是社会调查方法在实践性、应用性极强的公共关系活动领域的一种运用，具体讲，公共关系调查是社会调查的一种表现形式，其指社会组织通过运用科学的方法，收集公众对组织主体的评价资料，进而对主体公共关系状态进行客观分析的一种公共实务。

公共关系调查虽然是社会调查的一种，但它同其他的调查活动如市场调查、人口调查、资源调查等相比，有着自身的特殊性。这种特殊性首先表现在公关调查的目的和作用上。

二、公关调查的目的

首先，公关调查能帮助社会组织准确地了解自己在公众中的形象地位。第四章"公共关系工作程序"中已论述过这一问题。社会组织公关工作的第一个环节就是要找出组织自我期望形象与实际社会形象之间的差距。而只有通过公关调查，才能了解社会公众对组织各种决策和行动的态度、反应和意见，才能确定组织形象差距，进而使社会组织能针对这一差距拟定公共关系工作计划，使有效的公关活动得以开展。

其次，公关调查能帮助社会组织提高开展公共关系活动的有效性和针对性。社会组织在开展公关活动之前，为了提高公关活动的有效性和针对性，除了要经过调查分析确定形象差距之外，还必须对组织所处的环境状况、公众对象的分布状况、组织现有的人力和物力条件、开展公关活动的必要性和可行性等等作充分的调查分析。在开展公关活动之中，社会组织的公关人员也必须随时调查掌握活动发展状况、公众反应状况、社会舆论状况，以便于及时调整正在开展的公关活动，使其具有更好的效果和针对性。

总的来讲，公共关系调查的目的就是为更好地塑造组织形象、宣传组织形象，而广泛地接触社会公众，了解民意舆情、公众态度、社会趋势，并在此基础上对所收集到的有关组织形象的信息进行分析加工，从而对社会组织的公共关系工作提供科学的依据。

三、公关调查的作用

公共关系调查作为公共关系实务工作的基础，它为组织负责人的决策起着"参谋"的作用，为组织预测监测环境起着"耳目"的作用，为组织和公众之间的沟通起着"中介"作用，为增强组织的社会适应力和社会应变力起着"资料库"的作用。

1. 决策参谋，反馈信息

决策，简单地说是对组织未来行动的选择和决定。一个组织决策者的正确决策，是以对组织所处的环境及社会趋势做出正确估计为保证的。但决策者常常受各种条件的限制，只能和各个方面公众中的少数人接触，因此他们对组织环境和社会趋势不可能做出百分之百的正确估计，难免有错误。公共关系调查可较全面地了解组织环境和社会趋势，克服组织决策者的局限性和片面性，避免错误决策。同时，公共关系调查还可深入了解公众的利益和愿望，为决策者提供有关的系统资料和数据，从而使决策者的决策能与公众的利益和愿望相适合。

当决策者对社会组织的未来行动做出选择和决定后，还可通过公共关系调查，了解组织这一"未来行动"产生的效果并收集公众对组织这一"未来行动"的反应情况，进而使决策者能根据公众的反应和效果情况，不断地调整和完善组织的"未来行动"，以谋求公众对组织的信任、好感和合作。

2. 监测环境，调整活动

社会组织总是处在变动的社会环境中，它必须根据环境的变化及时调整公共关系活动。而要了解环境变化，就必须对环境加以监测。公共关系调查则可全面地对组织所处的环境进行监测，它既可以对组织所处的社会环境和市场环境进行监测，又可对组织所处的信息环境和舆论环境进行监测。有了对环境进行监测，组织的公共关系部门和公共关系工作人员可根据组织所处的环境，发动切合实际的广告宣传活动；并根据环境的变化，改进组织和公众之间的信息交流活动；还可根据不同时期的不同环境，为组织开展建立舆论、引导舆论、控制舆论和纠正舆论的活动，以保持组织在公众中的良好形象和声誉，不断提高组织的知名度和美誉度。

3. 沟通观点，协调工作

公共关系作为一种内求团结、外求发展的经营管理艺术，它要协调和改善组织的对内对外关系，就必须在组织和公众之间建立起沟通的桥梁。公共关系调查既可收集到公众对组织的评价、意见、希望和要求，又为向公众发布信息提供可靠的依据。那些在企业内部刊载的调查结果，进一步增强了内部公众对企业的了解；那些通过新闻传播媒介广为流传的、具有新闻价值的调查报告，更会引起社会公众对组织的密切关注。这样，无形中加强了组织同内外公众之间的联系和沟通。

同时，公共关系调查还可协调组织内部各部门的工作并密切它们之间的配合。拿企业来说，它的生产、采购、销售、财务等部门及其工作人员，都是依据大量资料和数据来接受生产指标，确定采购销售方向，制订财务计划的；用资料和数据来说话，是他们日常工作的习惯。公共关系调查则可比较全面地掌握各部门的资料和数据，并在有关部门及工作人员之间进行沟通，以促进他们的合作，统一他们的步调；进而使组织成为一个结构稳定、发展有序、功能最优的有机整体。

4. 整理信息，积累资料

我们当今所处的时代从本质上讲是一种"信息时代"，各方面的社会信息无不同社会组织的生存和发展联系着。在信息就是资源、信息就是竞争力、信息就是财富的今天，公共关系调查的作用就是要从大量社会信息中，识别、整理同社会组织有关的信息，不断积累起来，形成社会组织中有关社会问题的"资料库"和"信息源"及决策信息的传递系统，以满足组织经营管理人员随时查询的需要，更充分地发挥社会信息在组织决策中的作用。

第二节　公关调查的内容和原则

正因为公共关系调查主要是围绕树立组织形象，为社会组织决策提供信息咨询，沟通协调公众关系而进行的，所以它在内容和原则上也和其他调查活动不尽相同。

一、公关调查的内容

在不同的社会组织中，由于情况的差异和公众对象的不同，公共关系调查的内容也有区别。但从公共关系调查的基本方面来讲，主要内容可归结为两大方面：

（一）对组织内部状况的调查

组织内部的基本状况既是社会组织开展公关活动、树立组织形象的基础，又是外部公众评价的对象，全面了解组织自身状况是公关调配的基础内容。组织内部的基本情况主要包括组织的概貌及内部公众状况。

调查组织概貌就是对组织历史与现状的全面了解。具体内容有：组织建立的时间，组织历史上的重大事件及这些事件在社会上、在舆论界的反响，组织的经营目标、范围及原则，组织对社会的贡献，组织的产品与服务及价格、质量、风格、特点，组织市场分布、市场占有率以及市场竞争的情况，组织设备、技术、环境状况，组织管理状况，组织名称、标志、建筑外观，等等。

调查内部公众状况就是对社会组织人员状况的全面了解。具体内容有：组织员工队伍的变化情况，目前员工的一般状况、年龄状况、文化程度状况、家庭生活状况、专长特长状况、兴趣爱好状况、对组织的态度状况，对组织作出过重大贡献的人员如革新能手、劳动模范、技术权威等的成就与经历以及对外界的影响状况，组织主要负责人状况，等等。

（二）对组织外部环境的调查

公共关系帮助一个组织建立并维持与公众之间双向的交流、理解、认可与合作，它参与处理各种问题和事件；它帮助管理者及时了解公众舆论，并对之做出反应；它明确并强调管理部门为公众利益服务的责任；它作为社会变化趋势的监视系统，帮助管理者及时掌握并有效地利用社会变化，保持与社会变动同步；它运用健全的、正当的传播技能和研究方法作为主要的工具。正因为如此，公关调查如企业等组织的外部雷达，其主要内容就是全面了解社会组织外部环境状况，包括对外部公众状况的调查、社会各种因素的调查等等。其中最主要的是对外部公众状况的了解。

对外部公众的调查首先要了解公众的基本情况。一是背景资料，包括被调查者的姓名、年龄、性别、住址、职业、文化程度、经济来源、家庭情况等。二是知晓资料，即被调查者对与社会组织政策和行为有关的各种问题了解的程度。三是态度资料，即被调查者对各种问题的看法及所持的态度。四是行为资料，即被调查者就某个问题正在或已经采取的行动及其影响。

对外部公众的调查最重要的是了解他们对组织的评价。调查公众对组织的认识、态度与评估，包括两个方面：一是知名度调查，了解公众是否知晓组织的名称、标志、产品或服务以及这种了解的程度和范围如何；二是美誉度或信任度调查，了解公众是否承认组织的存在及作用，是否信任本组织的产品或服务，信任程度如何，公众是否知道组织所获得的荣誉，对组织获得的荣誉公众是否认可或信服，等等。

对外部公众给予组织评价的调查，还应该更深入地了解其评价的动机，或造成他们评价的主观原因。这种调查实际上是了解公众对组织更深入、更全面的具体评价，包括：

（1）公众对社会组织机构的评价。即公众对组织机构是否健全，设置是否合理，人员是否精简，运转是否灵活，办事效能是否高等方面的评价。

（2）公众对社会组织管理水平的评价，即公众对组织经营决策的评价，生产管理的评价，销售管理的评价，信息管理的评价或人事管理的评价等。

（3）公众对社会组织人员质量的评价。人员质量包括人员的素质、能力以及文化水准等方面的内容。对于不同的人员来讲，评价其质量的标准也有所不同，但无论对于哪类人员的评价，都必须围绕他们的素质、能力及文化水准等方面来进行。

（4）公众对社会组织服务质量的评价。它包括：服务态度，对顾客的责任感，向顾客提供咨询建议的诚实感，以及售后服务的好坏等。

对社会的各种因素进行调查也是十分必要的。具体内容有：社会的政治、经济形势，社会的风气和时尚，有关的国家法律、政策，社会组织所在社区的状况，有关交通、通信、原材料供应、金融等状况，社会新闻、舆论发展状况，等等。

二、公关调查的原则

公共关系调查不可或缺，但也不可盲目开展，更切忌为调查而调查的形式主义倾向。在很多专业公关公司的提案中，公关调查的力量仍然十分单薄，不少公关人员更倾向于相信自己的经验和直觉，这表面看来有利于提高工作效率，但实际却给整个公关工程带来了太多不确定性。为了保证科学性，在公共关系活动调查的实务操作中，必须遵循以下要旨：

公关调查的需要性原则是指调查的目的、范围、程度等必须根据社会组织和公众的客观需要而定。这是指公关调查不能无目的地随意进行，而必须依照组织的客观需要，有针对性地确定公关调查的具体目的、范围大小、程度深浅。一般来讲，社会组织与公众关系发展过程中最迫切需要解决的问题便是公关调查的首选目标。

公关调查的代表性原则是指在有限的人力、物力、财力的条件下，通常采用抽样调查的方式来以小见大。比如，调查某饮料品牌的受众认知情况，公关人员不可能对该饮料用户群整体调查，故可以采取对饮料品牌目标市场抽样调查的方式获得信息。公关人员采取抽样调查，必须确保受调查人群的代表性。代表性是指与目标总体人群保持人口学性质的一致。如果目标总体跨越北京、上海、广州、成都四个城市，公关人员只选取广州地区居民做样本，显然不能推断目标总体的情况，至多作为广州方面的调查资料。在代表性方面，必须提及的是，网络调查具有明显的局限性，在我国，网络人群以中青年人群为主，采取网络调查的公关人员必须权衡网络人口特性与组织目标受众是否吻合。

公关调查的可行性原则是指调查的内容、形式、项目、指标以及所需要的公关预算，必须符合实际，具有可行性。相对于调查对象——公众来讲，公关调查的可行性就是指被调查的内容、形式、具体项目和指标，公众必须更能理解和愿意配合回答。例如，调查中如果涉及公众不愿回答的问题，该调查就不具备可行性，而不能取得预想的效果。相对于调查主体——社会组织的公关人员来讲，公关调查的可行性就是指调查者的思想状况、工作作风、知识经验能否胜任调查工作，或者是组织的人力、物力、财力等条件能否支持调查工作的进行，只有切实可行的公关调查才能取得来自公众的大量真实可靠的第一手信息资料。公关调查受到组织公关预算的约束，有些公关调查在现实中并不可行，因为组织预算无法支持。如果组织实力不够强大，公关调查可充分利用公开信息，如学术研究报告、市场调查报告、重大会议报告、政府部门报告、公共组织报告等进行比较、借鉴。同时，公关人员应建立相应的调查信息数据库，让调查信息具有持续效应。

公关调查的求实性原则是指在调查过程中必须坚持实事求是、尊重实际、尊重公众的做法。在调查前不带任何主观框框，不搞先入为主；在调查中，积极主动地争取各方面公众的配合，运用科学的调查方法和手段广泛地收集公众的信息；在收集到大量信息之后，应在尊重事实的基础上，对信息资料作进一步的分析研究，找出组织形象的差距、组织决策和行为上的问题及原因，进而修正和完善组织决策和公关目标，并通过新的良好行为和公关活动去满足公众的需要，赢得公众的信任和支持。

公关调查的创新性原则是指调查的方式、时机要有创造性、富有新意。公关调查既是为组织收集社会信息、公众评价的过程；也是组织向公众宣传形象、沟通信息的过程。一项公关调查活动搞得成功，既可以为组织的决策取得大量的信息资源，也可以为组织争取更多的朋友，扩大组织的知名度和美誉度。因此，公关调查为了吸引更多的公众注意，必须在调查方式上创新，在推出时机上创新，使整个调查在形式和内容上统一。

第三节　公关调查的过程和基本方法

一、公关调查的过程

（一）确定调查课题

公共关系调查的第一步，是要明确调查研究的主要内容和调查对象。课题的选择是多种多样的，可以是与经营、销售有关的问题，如公众的消费习惯或消费心理需求等，也可以是社会组织与各类公众间的关系状况，如社会组织与新闻媒介公众间的关系，与同行业竞争对手的关系等，重要的是要慎重选择课题，寻找与社会组织密切相关的实用、急需和针对性强的课题。

调查课题的确定一般分为三个环节：第一是提出问题，从社会组织的实际情况出发，结合社会组织的公共关系目标，选择有潜在发展价值的课题。第二是分析问题，将所提问题规范化和具体化。第三是确定问题，明确调查课题的目的和所要解决的问题之后，必须清晰地阐明课题，并以一种假设性的方式提出，最后形成可研究的题目。

公共关系调查课题一般有两种类型：一种是描述性课题，即通过调查来详尽描述对象的轮廓和细节。另一种是解释性课题，通过调查阐述既成事实为何或发生的原因，解释某些急需了解的现象的因果关系，以便采取对策。无论采用何种类型课题，一旦确定课题，就要以科学调查来得出结论，不能受传统的思维方法和观念的束缚。

（二）制订调查方案

公共关系调查成败的关键就是调查方案制订的好坏。制定科学、正确的调查方案，可以使公共关系调查紧扣主题，有明确的目的性；公共关系调查人员对调查的内容作通盘考虑，从而使调查结论更显效果。方案制订得好可以确保调查工作有条不紊地展开。

分两步制订调查方案：首先是设计调查指标。这是调查方案的主题部分，调查指标是公共关系调查的目的和科学假设的集中体现。因此，必须注意设计指标的可行性，在科学理论的指导下，进行综合分析，形成一套完整的调查指标系统。其次是设计调查具体方案。这一步涉及的内容相当广泛，一般包括调查的对象、工具、时间、地区范围和调查的方法等。在调查中每个环节必须仔细考虑，不可疏漏，才能开展卓有成效的调查，获得理想的调查效果。

（三）收集和分析调查资料

收集调查资料的过程，是应用科学的方法和手段的过程。公共关系调查人员采取科学的收集方法，如调查统计表、统计图和调查问卷等，及时、真实而全面地反映与调查内容相关的各种资料。然后，对各种资料进行系统整理和统计分析。应用统计学知识，对调查资料进行更深层面的发掘，理清头绪，抓住问题的要害，得出正确的调查结论。

（四）评价调查结果

这是公共关系调查过程的最后一个环节，经过对调查资料的汇总统计分析，得出了公共关系调查的结果。将这一结果与第一阶段课题确定时拟定的目标进行比较研究，如取得一致，说明公共关系调查取得了成功。反之，则是失败的。但不论结果如何，都可以从中获知许多新的情况。

调查结果是用调查报告来表现的，当调查报告被决策层作为参考依据时，也就是结果已得到了应用，这是公共关系调查的最终目的。

二、 调查方法

公共关系调查的方法，是在公共关系实践中，吸取其他现代调查方法、统计方法、分析方法的基础上形成的。公共关系调查常用的方法包括两大方面：调查方法和分析方法。

公关调查方法主要是收集信息的方法，主要有：抽样调查、问卷调查、访问调查和文献研究。

（一）抽样调查

社会经济调查通常有两种方法：一种是全面调查，又叫普查；另一种是抽样调查。全面调查就是对需要调查的对象进行逐个调查。这种方法所得资料较为全面可靠，但调查花费的人力、物力、财力较多，且调查时间较长，不适合一般企业的要求。全面调查只在产品销售范围很窄或用户很少的情况下采用；对品种多、产量大、销售范围广的产品，就不适用全面调查，而可以采用抽样调查。抽样调查是从需要调查对象的总体中，抽取若干个个体即样本进行调查，并根据调查的情况推断总体特征的一种调查方法。抽样调查可以把调查对象集中在少数样本上，并获得与全面调查相近的结果。这是一种较经济的调查方法，因而被广泛采用。

抽样调查有随机抽样与非随机抽样之分。抽样调查要达到结果的有效性，就必须使抽取的样本具有代表性。这就要从调查对象、调查目的、调查内容等方面综合考虑，来决定抽什么、怎么抽、抽多少。在公共关系调查中常用的抽样调查有：

1. 间隔随机抽样

间隔随机抽样也叫等距随机抽样或系统随机抽样。这种方法首先是找出抽样间隔或抽样距离，比如总体上3000人，样本容量是100人，抽样距离要相等，就应该用100去除

3000，得到的商是 30，这就表示每隔 30 个人抽取一个人，共可抽得 100 人。这种抽样，主要考虑样本在整体中分布均匀，并以此作为代表性。在公共关系调查中，如果调查对象的数量是确定的，而且调查内容无需考虑到对象群体内部的其他各种差异时，可采用这种方法。

2. 分层随机抽样

这种方法先要按照一个有意义的标准将调查对象划分为不同的层次（例如将企业的职工划分为男工、女工；青工、中年工、老年工；工人、干部、技术人员等），然后按层次抽样。这种方法，主要是考虑样本的层次性，而不考虑数量上的均匀分布。如在 1000 名调查对象中，妇女不足 50 人，但调查内容要了解妇女情况，如按间隔抽样，可能一个妇女也抽不到，因此要按性别划分单位，保证在妇女中可抽取样本。

3. 分群随机抽样

通常对于数量广大而分布散乱的一般公众，可按区域或其他标准划分为若干群以这些群为单位抽样调查。这种方法也可看作是分层随机抽样的一种。

4. 滚雪球随机抽样

第一步先选取所需要的几个人，请他们提供情况；第二步访问这些人，请他们推荐别的人，得到更多的访问对象，依次类推，一直访问下去，直到调查得到满意的结果为止。这种方法常用于历史调查和材料收集。

（二）问卷调查

问卷调查法也称民意测验法。它的发源地是美国，其起源可以追溯到一个半世纪以前，现在仍被许多组织所广泛采用，像哈里斯组织、美国民意研究所、杨科格维奇组织和罗帕组织等。该方法是通过书面提问的方法，直接了解公众的需要，了解他们对企业或产品、或某一个问题的认识和看法。实际上这也是一种舆论研究。这里的民意，简言之，就是社会公众意见。民意可以推动公共关系工作目标的实现，进而帮助企业树立良好的形象。

问卷调查的难度在于问卷的设计。设计问卷是将调查人员的研究问题转换成调查问卷的形式。调查人员应清晰地把握自己的研究主题，进而围绕研究主题设计不同的维度，最后将不同的维度转换成具体的问题。

1. 问卷的结构

一般包括前言、主体、结语三个组成部分。

"前言"是对调查的目的、意义及有关事项的说明，它的主要作用是引起被调查者的重视和兴趣，争取其支持和合作。

"主体"包括调查的问题和回答的方式，以及对回答的指导和说明等内容，它是问卷的主要组成部分。

"结语"可以只是简短地对被调查者的合作表示真诚的感谢，也可以向被调查者征询对问卷设计和问卷调查本身有何看法和感受。

结语要求简短，有的问卷也可以不要结语，但主体和前言在问卷中是不可少的。

2. 问卷的设计

依据问题的形式，问卷可分别设计为开放式或封闭式两种，但一般以封闭式为主。

开放式问卷即提出的问题没有限定的答案，可由调查对象自由作答的问卷。

封闭式问卷即在提出每一问题下面列出可供选择的备选答案，请调查对象选择作答的问卷，具体有：是非题、多项选择题、顺位题等。

3. 问卷设计应注意的问题

问卷调查的成功与否，关键在于问卷设计是否合理，问卷设计要合理，就必须在问卷设计中注意以下几点：

第一，问题提得不要太多，也不要提得太窄，应尽可能地了解各方面的问题。

第二，要按顺序提问，先提简单的、一般性的问题，后提复杂的、敏感性的问题。

第三，措辞应简明易懂，要用调查对象看得懂的语言，不要用专业术语，以让调查对象对问卷一目了然。

（三）访问调查

访问调查是直接实地收集公众资料的方法，它在形式上可分为有结构访问和无结构访问。

有结构访问是调查人员带着事先准备好的问卷，由被调查者填写。可以本人填写，也可以调查人员问，对方答，然后由调查人员填写。

无结构访问没有问卷，只有一个简单的卡片或提纲。访问可以当面进行，也可以通过电话进行。不过，复杂的问题一般都不用电话访问。

访问调查涉及的问题大体有：

1. 访问前的准备

即对问卷或提纲的准备，对有结构访问中访问对象的抽样挑选，对被访问者社区环境的了解等。

2. 进行访问

访问者选定了访问对象，并开始工作，就要积极接近访问对象。在接近中，访问者要向访问对象介绍自己的身份、任务和解释被访问对象是如何被挑选出来的，介绍时可作些轻松的交谈，以活跃气氛，增进访问者和访问对象的亲近感。此外，访问者在访问时，应注意谈话技巧，例如通常应说："我有点事找你"，而不说："我可以进来谈谈吗?"或"你现在有空吗? 我想找你谈点事"。因为这类问话很可能使对方找到一个拒绝你的机会，使访问难以开始。

3. 访问应注意的问题

第一，尽可能做到访问者与访问对象的年龄相当。例如被访问者是年长的人，访问者就不宜太年轻，否则被访问者就会对访问者产生一种不信任感，就会对访问掉以轻心，致使访问者难以获得准确的资料。

第二，访问者衣着要得体，应尽可能同被访问者的身份相吻合。一个衣着华丽的人难以从一个贫穷的人那里得到真诚合作；相反，访问者衣着随便，也不容易得到有地位有身份的人的信任。

第三，访问者的举止要大方庄重，不要轻浮拘泥，要给人以诚实可信赖的感觉。

第四，访问者应审时度势，善于引导和提问，对访问中出现的各种问题，应采取相应的措施，避免访问中出现尴尬的局面。

访问调查还包括集体访谈的方法。集体访谈法一般以会议形式出现，如：公众代表座谈会。这种方法一般用于问题比较集中的调查项目，其特点是收集信息快，反馈及时，省时省力。集体访谈法的注意事项大致与访问调查法相似。

（四）文献研究

文献研究是收集、保存、检索、分析文献资料的方法，它主要是采用内容分析的方法，核心是将语言表示的文献转换成用数量表示的资料，比如百分比、图表等。同时文献研究还可用于整理、积累资料、建立资料数据库。

利用手头可以找到的历年统计资料、档案资料、样本资料乃至报章杂志刊登的工商广告之类的第二手资料进行研究分析。这种方法往往不被人们所重视，人们一是担心资料难以收集，二是对资料处理无从下手，因为通常调查人员面对的是成百上千的文本资料。但事实上，这是一种十分有用的调查研究的方法，可以协助调查人员通过文本资料勾勒出调查内容的基本图景。随着社会信息不断透明化和公开化，可收查资料将越来越充足，随着调查技术的不断发展，通过电子编码手段可以大大减少调查人员花费的时间精力。

文献研究大体分为以下几个步骤：

（1）收集。包括收集政府的统计资料，公开发行的报纸、杂志、书籍，未公开发表的各种内部刊物、研究报告、企业年报、市场情报资料和业务记录等。

（2）整理。对收集的资料按不同的研究题目，遵循类别详尽而又不互相交叉的原则进行分类整理，建立分类检索系统。如"新闻界档案"、"竞争对手档案"等。

（3）保存。包括剪贴、复印、装订、登记、编目、归档等工序。有条件的可采用电脑储存和管理。

（4）检验分析。根据工作要求或职能部门的需要，检索出有关资料，提出分析报告，为决策提供咨询建议。

三、分析方法

通过调查收集到大量来自公众的信息资料后，还必须经过分析研究，才能把握住组织与公众关系发展中的问题、特征、本质及规律。公关调查的分析研究一般需从两方面进行，一是定量分析，二是定性分析。

（一）定量分析法

在公关调查中，我们常用统计分析的方法来分析研究所收集到的数据资料，这就是定量分析法。定量分析法的主要方法有平均数法、相对数法、动态数列法。

1. 平均数法

平均数法是通过计算出某个项目中两个以上紧密联系而又独立的指数的平均值来说明

该项目在某一时期一般水平的方法。

公关调查中常用的是简单算数平均数，是最普通的一种平均指标，指总体中的各个变量值的总和除以这些变量值的个数所得的商。

平均数法在公关调查中的作用主要在于，它能将众多的对某一现象、某一问题的不同量化指标，集中到一个平均的水平上，反映这一现象或问题的集中趋势并以量化形式出现。例如，公众对社会组织产品的了解有高低、深浅之分，而通过平均数法将公众态度量化并平均，得出公众认识的一般集中趋势，以准确地反映该组织产品和公众联系的密切程度。平均数法更多地使用于具体项目的统计分析之中，如某企业的销售额每月、每日是不同的，但为了掌握一般水平，必须采用平均销售额。

2. 相对数法

相对数法就是用某项目中两个有联系的指标数值来进行比较，用以表示该项目数量变化关系的方法。这种方法可以帮助人们了解事物发展过程中不同阶段的情况，不同部分之间的相互联系以及发展趋势。

相对数法往往是以平均数法为基础的，但它又具有比较性质，能弥补平均数法只反映一个项目的平均值的局限性。

相对数法在公关调查中的主要作用有：一是可以反映在组织形象各个项目上组织与公众认识的相对差距，从而找出完善组织形象的目标。二是可以反映社会组织各方面发展变化的速度、程度及趋势。三是可以反映事物部分与总体之间的相对比重，反映计划与实际完成状况之间的差异，进而分析社会组织中具体工作的状况及规律。

3. 动态数列法

动态数列法是一种系统综合分析方法，即把某项目在不同时间段上所取得的绝对数、平均数、相对数按照前后顺序排列起来加以分析的方法。根据事物发展过程中的数量变化，分析事物的发展速度、程度和趋势，有利于社会组织准确地把握自身各方面的发展水平和力度。

以上三种定量分析法在公关调查中经常综合使用，相互配合，使我们对事物的分析基本上处于一种由静到动，由单因素到多因素的发展过程中，最终达到对社会组织各方面状况及规律的全面把握。

（二）定性分析法

在公关调查中，定性分析方法既是定量分析法的补充，又是其重要的前提和基础。定性分析方法就是用理论思维分析的方法，比较事物现象间的异同，概括现象的类型及特点，从而对事物的发展规律做出科学的说明，为社会组织新的决策和行为提供科学依据。其主要方法有因果法、比较法、归纳法、演绎法、分解法、综合法。

1. 因果法

因果法就是通过现象之间的联系分析，找出某现象的原因或是结果的方法。例如，在公关调查中，我们经常要分析公众为什么会对组织有好的或坏的评论，这就是寻找引起公众评价的原因；而在确定某一公关活动项目中，总是先要预测其效果，这就是分析这一公关活动所要带来的结果。

因果分析法就是公关调查中常用的定性分析方法，在使用时应注意的方面有：一是在众多的现象中找出构成因果联系的主要因素，并确定其性质，以避免遗漏和错误的分析；二是注意因果关系的复杂性，对一果多因、一因多果、多因多果的因果关系应作出深入细致的分析；三是对因果联系中的紧密程度作出仔细的分析，以便从中分出主要原因或结果、次要原因或结果、直接原因或结果、间接原因或结果，等等。

2. 比较法

比较法就是通过现象之间的对照，找出现象之间的异同，并探寻其原因的方法。在公关调查中，分析某种产品在一类地区受公众欢迎，而在另一类地区不受顾客青睐时就需要使用比较分析的方法。

比较分析方法在公关调查中使用比较广泛，既有定性方面的比较，也有定量方面的比较。使用比较法应注意的事项有：一是要考虑事物或现象的可比性，避免将不可比的现象来做比较分析，导致人力、财力的浪费；二是为了保证比较的同一性，要选择或制定较稳定、统一、精确的比较标准。

3. 归纳法

归纳法就是通过对大量个别现象进行分析，并从中推导出一般性结论的方法。在公关调查中，通过对众多公众给予某组织形象的评价进行分析，进而得出该组织的知名度和美誉度处于哪一个层次。这就是一次归纳法的运用。

归纳法使用的前提是掌握大量的、真实可靠的信息资料，这就需要公关人员在调查过程广泛地收集公众的各种信息。另外，归纳法的使用还必须在比较的基础上进行从个别到一般的思维加工，概括出事物本质性的认识。

4. 演绎法

演绎法则是从一般的理论出发，推导出个别性结论的方法。在公关调查中，总是根据某个目标去设计调查方案、调查范围、指标等，这就是一个演绎法使用的过程。

演绎法总是与归纳法相互补充，共同使用的。在公关调查中，演绎法常常用于以下情况中：一是在设计调查方案时，需要演绎法对某些未知情况做出预测；二是收集并分析了资料后，需要阐明所得出的结论并指明该结论的适用范围和普遍意义时，需用演绎法进行论证。

5. 分解法

分解法就是把研究对象的总体在思维中剖解为各个部分、方面、层次和因素，分别考察它们各自的状况及其在总体中的地位和作用，进而把握研究对象内在本质的方法。例如在公关调查中，把组织形象分解为知名度和美誉度两个方面考察，就是使用分解法。

分解法是在对事物总体把握基础上进行的，首先对事物应该有宏观的综合考察；其次，分解的标准要相同；最后，对事物各个部分应做深入细致的分解，以便于进一步综合分析。在对事物进行分解的过程中，可综合运用比较、归纳、抽象、概括等具体方法。

6. 综合法

综合法就是将通过思维分解考察得到的关于研究对象各部分、方面、层次和因素的认识总和起来，形成对研究对象整体的、统一认识的方法。在公关的调查中，分别对影响组织形象的因素，如产品、服务、人员、规模等进行考察，得到关于组织形象总体的定位评价，这就是综合分析法的运用。

综合法以分解为前提。但是综合并不是对各个分解的部分、方面、层次和因素的认识的机械相加，而是一个再创造的思维过程。掌握综合分析法必须善于从事物总体和一般的角度，认识事物的性质和特征，从事物各部分、方面、层次和因素的相互关系中把握事物的运动规律。

以上这些定性分析方法在公关的调查研究活动中经常同定量分析方法配合使用，使组织对于公众及自身的了解不仅仅停留在现象认识上，而是上升到本质规律性的认识，从而更好地指导各种公关活动的开展。

🦉 本 章 小 结

公关调查是社会调查方法在实践性、应用性极强的公共关系活动领域的一种运用，具体讲，公共关系调查是社会调查的一种表现形式，其指社会组织通过运用科学的方法，收集公众对组织主体的评价资料，进而对主体公共关系状态进行客观分析的一种公共实务。公共关系调查是社会调查的一种表现形式。

公关调查的目的：（1）帮助社会组织准确地了解自己在公众中的形象地位。（2）帮助社会组织提高开展公共关系活动的有效性和针对性。公关调查的作用：（1）决策参谋，反馈信息。（2）监测环境，调整活动。（3）沟通观点，协调工作。（4）整理信息，积累资料。

公关调查的内容：（1）对组织内部状况的调查。（2）对组织外部环境的调查。

公关调查必须坚持：调查的需要性原则；公关调查的代表性原则；公关调查的可行性原则；公关调查的求实性原则；公关调查的创新性原则。

公关调查的过程包括：确定调查课题；制订调查方案；收集和分析调查资料；评价调查结果。

公共关系调查常用的方法包括两大方面：调查方法和分析方法。公关调查方法主要是收集信息的方法，主要有：抽样调查、问卷调查、访问调查和文献研究。

抽样调查是了解民意的基本方法，是从调查对象的总体中，按照随机原则抽取一部分单位作为样本，并以对样本进行调查的结果来推断总体的方法。在公共关系调查中常用的抽样调查有：（1）间隔随机抽样；（2）分层随机抽样；（3）分群随机抽样；（4）滚雪球随机抽样。

问卷调查也叫问卷法，它是调查者运用统一设计的问卷向被调查者了解情况或征询意见的方法。它涉及问卷的结构，问卷的设计及问卷设计应注意的问题。

访问调查是直接实地收集公众资料的方法，它在形式上可分为有结构访问和无结构访问。

文献研究是收集、保存、检索、分析文献资料的方法。

公关调查分析方法需从两方面进行，一是定量分析，二是定性分析。

定量分析法就是用统计分析的方法来分析研究所收集到的数据资料。定量分析法主要有平均数法、相对数法、动态数列法。

平均数法是通过计算出某个项目中两个以上紧密联系而又独立的指数的平均值来说明该项目在某一时期一般水平的方法。

相对数法就是用某项目中两个有联系的指标数值来进行比较，用以表示该项目数量变化关系的方法。

动态数列法是一种系统综合分析方法，即把某项目在不同时间段上所取得的绝对数、平均数、相对数按照前后顺序排列起来加以分析的方法。

定性分析方法就是用理论思维分析的方法，比较事物现象间的异同，概括现象的类型及特点，从而对事物的发展规律做出科学的说明，为社会组织新的决策和行为提供科学依据。其主要方法有因果法、比较法、归纳法、演绎法、分解法、综合法。

因果法就是通过现象之间的联系分析，找出某现象的原因或是结果的方法。

比较法就是通过现象之间的对照，找出现象之间的异同，并探寻其原因的方法。

归纳法就是通过对大量个别现象进行分析，并从中推导出一般性结论的方法。

演绎法是从一般的理论出发，推导出个别性结论的方法。

分解法就是把研究对象的总体在思维中剖解为各个部分、方面、层次和因素，分别考察它们各自的状况及其在总体中的地位和作用，进而把握研究对象内在本质的方法。

综合法就是将通过思维分解考察得到的关于研究对象各部分、方面、层次和因素的认识总合起来，形成对研究对象整体的统一认识的方法。

关键概念

公共关系调查（Public Relations Survey）
调查方法（Survey Methods）
抽样调查（Sampling Survey）
问卷调查（Questionnaire Survey）
分析方法（Analysis Methods）
定量分析（Quantitative Analysis）
定性分析（Property Analysis）

复习思考题

1. 简述公关调查的目的。
2. 公关调查的作用有哪些？
3. 简述公关调查的内容与原则。
4. 公关调查收集信息的方法有哪些？
5. 简述公关调查分析方法。

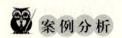

案例分析

奥迪 A8 新产品上市——时、空、安、静

一、项目背景

1. 实施项目单位的性质

奥迪中国是大众集团奥迪公司在中国的子公司，建立于 1988 年，负责奥迪品牌进口车在中国的整车及零部件的市场营销及售后服务。自建立以来，奥迪中国成功地在中国销售了 10 万辆进口奥迪轿车。目前中国市场已经成为奥迪公司在亚洲最大的市场。

罗德公共关系有限公司是全球性公关公司，总部设于纽约。罗德公共关系有限公司拥有 50 多年历史，是世界第二大独立经营的公关公司。营业额超过 5000 万美元，在世界各地拥有 800 多名员工。其全球范围经营的业务涉及消费产品的营销、企业形象管理、危机管理等。罗德亚洲公司创建于 1989 年，在中国的业务发展已 12 年时间，在北京、上海和香港设有办事处，代表诸多行业的著名跨国公司开展公关活动，具有在全国各地管理公关项目的丰富经验。12 年来罗德公司与全国各地的媒体建立了密切关系，具有非常强的媒体控制力。该公司聘用中国雇员作为主要业务骨干。2000 年，盖洛普中国咨询公司所做的调查与评选中，罗德公司被评为中国汽车行业内实力最强、影响最大的公关公司。目前在汽车行业内主要汽车客户是奥迪中国、一汽—大众奥迪。

2. 面临的挑战和机遇

奥迪 A8 轿车是奥迪公司计划 2001 年向中国市场推出的三款产品之一。在国内的销售对象是政府高级官员、外交官、商界领袖及社会名流等一批上层人物。

奥迪 A8 轿车是奥迪豪华轿车系列中价格最昂贵、技术最先进的最高档旗舰产品，也是奥迪与奔驰 S 级轿车和宝马 7 系列轿车相抗衡的法宝。在中国，豪华轿车市场还在成长中，与经济型轿车和中档轿车相比，市场规模还较小。尽管如此，竞争却非常激烈。Audi、Mercedes-Benz、BMW、Volvo 等国际知名品牌分割豪华车市场。值得注意的是，在豪华轿车市场，品牌知名度是这几大厂商主要竞争手段。

尽管奥迪公司制定的 A8 轿车的销售指标并不大（第一年为 500 辆），但却有很大的宣传效应，因为购买者都是高级官员和社会知名人士等公众人物。因此，奥迪中国所确定的公关目标是利用 A8 轿车在豪华轿车领域的特殊地位来增强奥迪品牌在中国的总体形象。为实现这个目标，奥迪公司特地聘请罗德公关公司策划并实施一项强有力的媒体报道计划。

更严峻的挑战来自于，虽然中国消费者对奥迪 A8 并不熟悉，但奥迪 A8 在国际市场上并不是一款刚推出的新车型。如何把这款车型重新包装、重新定位，并把它的特性介绍给中国消费者，这无疑对罗德公关公司的策划能力提出了极高的要求。

在欧美国家，汽车业界的媒体记者往往具有很深厚的汽车专业知识；中国的专业记者对汽车技术仍需要一个学习过程，而且刚刚开始接触试驾驶活动。因此，公关活

实
务
编

238

动所面临的一个主要课题，是如何根据中国媒体的专业水平，采取别开生面的方式向他们说明 A8 轿车的诸多技术优势和车主可以享受到的种种利益。由于时间紧迫预算有限，开展这项活动的难度就显得更大。

3. 执行项目的地域

针对中国豪华车消费状况，此项目选定三个城市实施：北京、上海、广州。这三个城市也是中国豪华轿车消费最集中的城市。选定这三个城市，目的是通过公关活动分别影响华北、华东、华南市场。

二、项目调查

1. 媒体调研

中国汽车专业媒体记者对试车活动还没有很专业的知识和了解。如何针对中国媒体现状，实施一次别开生面、令人难忘的公关活动；同时，又能准确地把奥迪 A8 的特性传达给媒体？公关活动实施前，罗德公关有限公司对国内 20 家主要的汽车和生活时尚杂志进行了电话采访。具体了解以下问题：记者对搞一次新款豪华轿车的试驾驶活动在形式上有些什么需求？记者希望选择什么样的地点？时间是一天还是半天或安排在晚间为宜？他们希望自己有多长时间进行试驾驶？调查结果表明，大多数记者希望活动时间为一整天，活动地点应选在各个举办城市附近开车 1~2 小时就可抵达的地方。通过调研，充分了解了媒体记者的需求，这对罗德公关公司更有的放矢地开展活动非常有帮助。

2. 市场调研

活动开始前，罗德公关公司对中国豪华轿车市场进行了充分调研。调研发现，在中国豪华轿车市场，奥迪 A8 的主要竞争对手是奔驰 S 级轿车和宝马 7 系列轿车。通过调研还发现，在此之前，奔驰 S 级轿车和宝马 7 系列轿车虽然在中国市场有一定的销量，但从来没有在中国国内市场实施过某一具体车型的投放市场公关活动和试驾活动。另据了解，宝马中国区计划在中国市场实施"体验完美"巡回试车活动，但并非针对某一具体车型投放公关活动。因此，罗德公关公司将要实施的此次公关活动，将是中国高端豪华轿车市场第一次车型投放和媒体公关活动，意义非比寻常。奥迪品牌在全球的核心价值是"技术领先"。罗德公关公司为奥迪中国策划的此次公关活动为其实现了"公关领先"——在公关活动和策划上已经领先于其竞争对手。

三、项目策划

1. 具体公关目标

● 利用奥迪 A8 轿车的优秀品质增强奥迪轿车在中国的总体品牌形象，使之成为豪华配置和领先技术的代表；

● 创造消费需求，协助奥迪销售人员实现今年的销售指标（500 辆）；

● 充分宣传奥迪 A8 的领先科技所带来的突出卖点，如全铝车身结构、全时四驱系统等领先技术以及这些技术优势为消费者带来的全新感受；

● 在整个项目实施期间，敦促媒体进行广泛而持续的报道；

● 奥迪 A8 主要面向公务用车，因此要加强与政府部门之间的公关联系。

2. 具体公关策划

- 组织新闻媒体代表参加奥迪 A8 轿车的试驾驶和试乘坐活动，让他们亲身体验拥有 A8 轿车一族所享受到的生活风格；
- 根据奥迪 A8 轿车正式上市活动中所宣扬的主题设计四次演示活动，这些活动的宗旨是诠释 A8 轿车在"时间、空间、安全和创造宁静氛围"诸方面所具有的优势，并采取非常直观和饶有兴趣的互动方式显示 A8 轿车给消费者带来的独特享受；
- 聘请奥迪的技术人员和专业试车员讲授 A8 轿车的各项技术和行驶特征；
- 通过高雅的艺术表演烘托出奥迪 A8 豪华至尊的地位。

3. 目标公众

- 政府高级官员、商界领袖、外交官、社会名流等上层社会人士，他们具有很高的社会知名度。

4. 主要传播信息

- 奥迪品牌理念的内涵——人性、激情、领先、远见。
- 奥迪 A8 的特性被概括为"时、空、安、静"：

时间魅力——奥迪 A8 的强劲发动机为旅途节省了大量时间；该车配备了豪华的车载一体化办公系统，使车主可以充分利用旅途时间；

空间魅力——奥迪 A8 轿车为乘员提供充裕的内部空间。内部除宽敞外，还具有极高的舒适性和最豪华的装备。因此许多国家元首和国宾车队选用奥迪 A8；

安全魅力——全铝空间框架结构、全时四驱系统等先进技术使奥迪 A8 可提供超豪华轿车所能提供的最大程度的安全性能；

宁静魅力——奥迪 A8 的优秀隔音特性营造了车内非常宁静的氛围。

5. 媒体选择

- 在汽车业界对公众舆论起主导作用的各家报刊和电子媒体；
- 宣扬高档生活风格的实力派刊物和电视节目；
- 部分面向大众的文字媒体。

6. 具体传播手段

- 互动式专家讲解——来自德国的奥迪技术专家以专业的知识背景向记者详细介绍了奥迪 A8 的各种高科技装备。在介绍奥迪 A8 的全铝车身结构时，德国专家让记者们手持一个带磁铁的铁质小壁虎玩具，在奥迪 A8 车身上实验看其能否黏附上。结果可想而知，奥迪 A8 采用了先进的全铝车身结构，铁质玩具当然黏附不上。现场非常活跃，记者们啧啧称奇。罗德公司就是用这种巧妙而又富有趣味的传播手段，把奥迪 A8"技术领先"的理念以令人难忘的手段传播给媒体记者。
- 紧扣主题的艺术表演——怎样让广大媒体记者对奥迪 A8 的"宁静"特性留下深刻的印象？让每个记者坐在车内体验宁静似乎很难。罗德公司在向媒体记者传播所要传播的信息时，并没有采取生硬的灌输手段。而是采用了由感性认识产生联想，再深入理性认识的方法。罗德公关公司特意邀请到中央音乐学院著名古琴演奏大师李祥霆教授，为媒体记者们上了一堂别开生面的"宁静课"。以在北京的活动为例，在天下第一城古色古香的庭院中，微风轻送，李大师要么即兴演奏，要么让记者点题演奏。只听古音铮铮，一首清雅的古风《高山流水》，窗外蝉声稀疏，再浮躁的人也能立刻心灵澄净下来。而李大师身后设计独特的奥迪A8画板，则又突现出一个鲜明的具象。所听、所见被渲染，记者们就是这样高雅地体验到了奥迪A8的宁静。

● 大开眼界的试车表演——如何把奥迪A8超凡的操纵特性展现给媒体记者呢？罗德公关公司请来奥迪德国总部的专业试车专家，也曾是欧洲赛车手的克兰特先生，在试车场地为记者们表演了惊险试车。为了体现奥迪A8配备的ESP电子稳定程序在打滑或高速刹车等极端情况下所具有的卓越操控性能，克兰特在车速达到120公里/小时的情况下，双手撒开方向盘，伸出车顶天窗，同时急踩刹车。奥迪A8在场地上720度急转弯，稳稳地停在记者面前。只有在电影特技表演中才能看见的一幕发生在眼前，媒体记者热烈鼓掌。试车员的精彩表演为记者留下了深刻的印象，但更重要的是奥迪A8的超凡操控性令记者们折服。

● 实时互动的网络传播——为了实现广大消费者与爱车者之间的互动交流。奥迪中国开通了一个小型奥迪A8网站（www.audi.com.cn/audia8），喜爱A8的消费者可通过这个专门网站，了解到更多A8的资讯并可直接与奥迪中国进行交流。

● 记者亲身试驾奥迪A8——活动在记者亲身试驾奥迪A8活动中达到高潮。记者试驾在专业试车员的陪同下进行。试驾形式也别有趣味。记者在驾车加速到80公里/小时的速度时，急踩刹车，体验奥迪A8 ABS防抱死刹车系统的卓越性能。通过试驾，媒体记者们对奥迪A8的卓越安全性能留下了深刻的印象。而奥迪A8的这一卓越性能并没有经过刻意传播，而是通过记者的亲身体验，自己得出的结论。

7. 与管理层的协调及获得的支持

● 在公关活动中需要十几辆奥迪A8轿车，用来接送记者前往试车活动地点。虽然奥迪A8是非常昂贵的豪华轿车，但奥迪中国特地协调其在中国的经销商，最后调集10辆奥迪A8用于试车活动。

● 10辆奥迪A8及其养护车辆形成一个庞大的车队。经过与当地交通管理部门协调，最后由当地交管部门派出警车开道，车辆行驶问题得到非常圆满的解决。

四、项目实施

1. 项目实施中遇到的困难

项目实施场地的选择是实施中遇到的最大的困难。项目实施的场地必须符合下列条件：该场地必须符合奥迪品牌高档豪华车的形象——高档、豪华；要有足够的试车空间；交通要方便，离市中心开车行程不超过2小时。寻找同时符合上述三个条件的场地非常困难。以寻找北京的场地为例，罗德公关公司花费了近百个小时，走访了北京市区以及周边郊区所有可能适合以上条件的场地。可以说，在寻找场地的过程中，罗德公关公司花费了巨大精力。最后寻找到的场地客户表示非常满意。

在每座活动举办城市，罗德公司所选定的地点都是以高档和豪华著称的名胜：

北京：天下第一城，这是一座仿照紫禁城而设计的酒店/娱乐综合性设施，有城墙、瞭望塔、湖泊、佛塔、庭园和茶馆等景观，离市中心仅50公里。

上海：西郊宾馆，这是一座五星级宾馆，用来接待访华的国家元首和其他贵宾。

广州：海滨度假村，过去是广东省人民政府接待贵宾的宾馆。

准备时间异常紧迫。当客户最终确认策划方案时，离项目实施时间只有两个星期。在短短两个星期时间里，罗德公关公司在如此短的时间里完成各个实施细节，面临着巨大的挑战。罗德公关公司所有员工加班加点，最终在短时间里完成了所有活动实施的准备工作。

2. 项目实施细节（以北京活动为例，上海、广州两地实施细节相同）

活动实施分为两站：在北京古老的皇史晟，参加试驾驶活动的记者都受到奥迪主要官员的迎候，并应邀观看一部有关 A8 轿车的录像带，由奥迪官员向他们简要介绍为该款轿车而提出的在中国的行销计划以及奥迪最新的市场销售情况。接着，记者们分别乘坐十辆配备专职司机的崭新奥迪 A8 轿车奔赴天下第一城。在行驶期间，车内播放由罗德公司事先录制的一组原创诗歌，这些诗歌在古典音乐的烘托下描述了 A8 轿车的各项主要特征。

抵达活动地点后，先让记者们享受一顿精美的午餐。然后引导他们去参观四个互动式演示区。奥迪 A8 的特性被概括为"时·空·安·静"。大幅中文标题说明所要表达的各个主题：

空间优胜：由一位来自德国奥迪总部的产品工程师对 A8 轿车的主要特性进行全面而简要的介绍，包括该轿车所采用的全铝质车身结构、外观设计风格、内部配置特征、宽敞的座椅、最佳的人机工程设计等。记者可随意拍照和提问。

享受宁静：由一位琴师在古琴上演奏节奏柔美而幽婉的中国古典乐曲。记者们可一边品茗，一边赋诗，并由琴师当场为他们配曲演奏。在这种氛围下，记者由感性的古乐充分体验了"静"的境界；由感性的认识又联想到奥迪 A8 的安静魅力。

时间概念：由一对舞蹈演员在奥迪 A8 轿车和钟楼的背景下表演现代舞，以诠释时间的本质及其稍纵即逝的特性。

安全性能：由来自德国的奥迪驾驶学校的一位教练讲述并表演 A8 轿车的各项安全设施及其操作过程，包括四轮驱动系统、防抱死刹车系统和电子稳定程序（ESP），后者可防止轿车在湿滑路面上行驶时因车轮打滑而失去控制。该教练还表演了极其惊险的驾驶技术：将车加速到 120 公里/时后立即刹车并转弯，原地旋转 720 度，以显示轿车在不使用 ESP 程序时的行为特征。然后他在使用 ESP 程序的情况下重复这个惊险动作，并且把两只手臂都伸到天窗外面，证明 ESP 程序如何有效地防止轿车失去控制。

试车活动的高潮是由记者们在教练的陪同下亲自驾驶 A8 轿车在试车线路上行驶。

五、项目实施结果和评估

1. 媒体覆盖率（定量和定性分析）

在北京、上海和广州 3 地，总计来自 93 个媒体单位的 126 名记者参加了针对 A8 轿车发布会的公关活动。截至今年 8 月 20 日，本项活动所产生的直接媒体报道文章

实务编

共有 144 篇。

其中作了重点报道的媒体包括：中央电视一台的《清风车影》栏目在 6 月 1 日对 A8 轿车的上市进行了为时九分钟的专题报道，该栏目是国内最重要影响最广泛的汽车电视节目。广东有线电视台在 8 月 17 日的《车世界》栏目上作了为时 5 分钟的报道。中国最大汽车爱好者杂志《冠军赛车手》在 7 月 1 日出版的一期杂志中对 A8 轿车进行了详细介绍。8 月 8 日出版的《南方城市新闻》刊登了一篇专题文章，题目为《奥迪在中国推出 A8 型轿车后，再度与奔驰和宝马展开激烈竞争》，文章高度评价了 A8 轿车的优秀性能。我们对所有的报刊、电视台和在线媒体的报道都进行了全面跟踪。

有关 A8 轿车的报道中，97.78% 的文章从正面角度报道了这次活动。至少 92.24% 的文章在标题中提到 A8 轿车的名称，并有 82.76% 的文章至少同时刊登一张参加这次活动的 A8 轿车的照片。在媒体报道中，绝大多数介绍了 A8 轿车的主要特征，例如 quattro 全时四轮驱动系统、ESP 程序和全铝质车身结构等。

2. 媒体反馈

"在所有国内外轿车试驾驶活动中，在北京举行的奥迪 A8 试驾驶活动是我所经历的最富创造性最新颖的一次活动。"——《车王杂志》

"从来没有参加过像奥迪 A8 媒体投放这样独特的试车活动。高雅的艺术表现方式，虚实结合地传达出奥迪 A8 的特性，而且给我们留下如此深刻的印象。我认为，奥迪 A8 媒体投放活动是我所参加的汽车媒体活动中最具特色的。"——《经济日报·汽车周刊》

"从空间、宁静、时间和安全等角度来展示轿车的优越性能给人印象深刻，是一个极富想象力的主意。这次试驾驶活动的安排非常独特；所选择的地点十分理想。"——《车王杂志》

这项活动所获得的投资回报率按照广告价值计算超过 400 万元人民币。在 5、6、7 三个月期间，由于对 A8 轿车的大量报道，奥迪在国内媒体报道中所占的份额比奔驰或宝马高出 134%。

3. 对销售工作产生的直接影响

自从奥迪中国于 6 月开展营销活动以来，各地经销商已经售出 50 辆 A8 轿车，相当于奥迪一年指标的 10%。奥迪经销商们反映，前去询问销售信息的顾客人数出现稳定增加。

4. 客户评价

奥迪中国区总监麦凯文对该次公关活动评价说："我们对 A8 轿车媒体公关活动对我们的销售业务所产生的效果感到惊喜，这种积极作用不仅表现在 A8 轿车，而且也表现在奥迪的所有产品线上。"

奥迪中国区公关经理于丹评价说："我自豪地看到，所有参加完我们奥迪 A8 公关活动的记者，无不认为这是他们所参加过的最别开生面的产品投放公关活动。特别是，奥迪 A8 在国际市场上并不是一款刚推出的新车型。罗德公关公司通过巧妙的策划将它重新包装、重新定位。而且在如此短的时间里，能完成如此一流水平的公关活动，再次证明罗德公司是业界公认的汽车行业内实力最强、影响最大的公关公司。这也是奥迪中国与罗德公关公司保持长期合作的原因。"

资料来源：我爱公关网，http：//suqin. 5ipr. cn/2015/djt24/.

 案例思考题

1. 结合案例，讨论公共关系调查研究的作用及意义。
2. 分析案例中公共关系调查研究的范围及思路。

第十三章
公共关系广告

 学习目的与要求

理解公关广告的特点及定位。

掌握公共关系广告类型，掌握公关广告主题、内容、标题、正文、方式的选择及应用。

了解选择公关广告媒体的原则、公关广告的创新技巧。

引例

奥利奥100周年：饼干上的历史

周年庆是公关和营销中的重要宝库，这个品牌年轮的分割点让品牌可以超越产品本身，用更自然和更人性化的方式去讲述故事，拉近和消费者的距离。奥利奥的100周年庆典活动，不仅有效地利用社交媒体实现了好玩的互动，同时也很好地把产品有机地融入互动和营销活动中。

奥利奥迎来100岁生日了。在这100年里，奥利奥陪伴了许多人度过美好的一天。以此为活动主旨，以年轻消费者和辣妈潮爸为目标对象，品牌创建了一个"Dailytwist"（每日一扭）项目，从Twitter中摘取每天的热点事件结合奥利奥进行创作。在持续100天的时间里，每一天为粉丝们进行奥利奥创作，粉丝们可以分享讨论，再从中筛选出最佳创意。例如风靡一时的骑马舞，彩色电视诞生，Pac Man（经典游戏吃豆人）诞生，人类第一次登月成功……

奥利奥100周年庆典首先从平面广告开始。和一般品牌只强调自己的品牌历史和文化不同，奥利奥更懂得什么样的内容更容易打动消费者——用一堆奥利奥饼干、牛奶和玻璃杯拼出过去100年的历史。而且，奥利奥知道什么样的历史讲述具有让大众目光停留3秒的魔力。

100年的历史不过是扭一扭、舔一舔和点一点。这组平面广告在平面媒体、户外广告牌和脸书上发布和传播，其核心是吸引大家到官方网站 www. oreo. com/birthday，奥利奥的官方网站也没有落入"送祝福送大奖"的俗套。奥利奥清楚如何把这一品牌的节日变成大众的节日——一起分享你心中的童趣。

资料来源：中国广告AD网，http://www.ad-cn.net/.

公共关系广告是向社会公众传递组织形象的重要手段，它能帮助公众增强对社会组织的总体了解，提高组织的知名度和美誉度，从而使组织的决策和行为得到公众的信任与合作。因此开展公共关系广告活动是公共关系的一项重要业务，也是公关实务中的重要组成部分。

第一节　公关广告的特点和类型

公共关系广告是广告家族中的一个新的成员，产生的历史并不长，但从其产生之日起，就备受社会组织的重视。之所以如此，就在于公共关系广告有着与商业广告不同的特点。

一、公关广告的特点

首先，公共关系广告具有宣传社会组织整体形象的显著特点，这是公关广告与商业广告的最大区别。为了引起公众对社会组织的关注，争取公众对组织的了解、好感、信赖与支持，社会组织可以利用公共关系广告广泛地宣传组织的自然状况和价值观念，让更多的社会公众了解组织，树立组织的良好形象。

社会组织的自然状况包括生产和技术、设备情况、产品及服务状况、企业的规模、历史、人员素质等。许多公关广告以介绍组织的技术装备、产品的制作工艺、生产流程、质量检验方式为主，使公众对组织的技术力量产生信任，随之信任该组织的产品，从而达到了创造购买气氛的目的。有的公关广告则以介绍组织的规模、科研成果、人才素质为主，给公众留下成绩斐然、人才济济、力量雄厚的印象，以引起公众对社会组织及其产品的信任。

社会组织的价值观念包括经营方针、目标策略、基本宗旨、行业准则等。精通管理艺术的领导者和公关人员总是十分重视培养和形成本组织的价值观念，并善于在公关广告中创造性地提出一些口号，并配以一些画面，把这些价值观念鲜明地表达出来，使它成为一个基本象征和基本信念，对内产生凝聚力，对外产生号召力，使组织形象连同它的观念、口号和画面深入千家万户。美国可口可乐公司几十年来，一直以"只有可口可乐，才是真正的可乐"作为总的口号体现其价值观念。同时，又根据条件的改变，提出一些相应的口号反映其价值观念，如"可口可乐令你万事如意"，等等。这些独特的口号使可口可乐的价值观念深入人心，使其在世界上始终享有很高的声誉，产品一直保持世界销售前列。

其次，公共关系公告具有引导公众的特点。公关广告向社会公众宣传组织的自然状况和价值观念，既是一个向外传播信息的过程，也是一个引导和吸引社会公众的过程。除此之外，还可以通过公关广告宣传，帮助公众建立和改变某种意识和观念，如消费观念、道德观念等，以此来影响公众，加强公众和组织的联系，使公众对组织有更深入的了解，从而在公众心目中建立良好的组织形象。许多公关广告并不是直接宣传自己的组织，而是宣传某种消费观念、生活方式或道德伦理。如生产香烟的企业宣传"吸烟有害身体健康"的观念；有的组织则宣传"尊老爱幼"的传统美德；等等。这些公关广告主要是以社会公众的利益为主，在公众心目中塑造了一种具有社会责任感、公众利益至上的良好组织形象，以此来引导公众对组织的信任和支持。

再次，公共关系广告具有处理公众关系的特点。公关广告宣传组织整体形象，引导公众在比较深的层次上了解组织，为较好地处理组织与公众的关系打下了牢固的基础。同时，公共关系广告还可以从各方面直接地处理公众关系。当社会公众对组织的有关情况不了解而产生误解时，可刊登解释性的公关广告说明理由，以消除公众误解，调整组织与公众的关系。当由于某种原因影响组织的声誉时，可发出纠正性的公关广告，沟通群众，使公众迅速了解真实情况，避免组织形象受损。当同行业组织或紧邻组织有重大庆典，如开业纪念、周年纪念等活动时，可以用祝贺性公关广告表示致敬，以广结良缘，搞好与同行公众、协作公众及其他公众的关系。

最后，公共关系广告还具有配合公关活动，迅速提高社会组织知名度和美誉度的特点。社会组织为了提高自身的知名度和美誉度，搞好与社会公众的关系，往往通过率先发起某些社会活动，如举办文艺、体育、科教赞助活动，开展社会公益活动等，来表明社会组织对社会活动的关心、支持与积极参与，使组织形象与这些有益于公众的公关活动融洽地结合在一起，给社会公众留下深刻而良好的印象。而在开展这些公关活动的整个过程中，都需要公关广告的配合。在活动之前，可以通过声势广告将公关活动的信息公布于众，引起公众的极大兴趣和关注；在公关活动中也可用公关广告解释、说明活动的内容、宗旨，促进公众对活动的举办组织进一步了解；在公关活动后还可以运用公关广告向公众报告活动的结果、效益及影响，使公众对组织的活动有一个完满的了解，从而加深对组织的认识，使组织形象在公众心目中留下良好的回忆。

总之，公关广告是公共关系中不可缺少的主要手段和组成部分，它在传播组织的公关信息，宣传组织整体形象，处理公众关系等方面起着重要的作用。可口可乐公司总裁认为：许多制造商只热衷于为消费者提供产品，而大多数消费者所需要的则是产品的牌子。公关广告推销的正是组织的牌子、组织的整体形象，为组织带来的是众多的朋友。

企业的公共关系广告与产品广告有着明显的区别，表13-1即可说明这一问题。

表 13-1		公关广告和产品广告的区别	
项　目	公关广告	产品广告
广告行为	长期行为	短期行为
广告性质	公关内容	促销内容
广告内容	企业信誉	产品特色
制作周期	长	短
费用	高	低
认识路线	公众—企业—产品	公众—产品—企业

从表中我们可以看出公共关系广告一般属于企业的长期行为，是企业在一个较长的时间内始终要做的，其性质是企业形象宣传，内容是企业的特色和信誉，以及企业对社会的贡献、对公益事业的关心、支持等。企业的公共关系广告制作和播出的周期较长、费用高，其目的是使公众认识企业、信任企业，进而购买企业的产品，实现"公众—企业—产品"的认识路线。而产品广告，则是通过产品来认识企业。

二、公关广告的类型

公关广告的宗旨就是宣传企业的形象，而组织形象涉及组织的方方面面，由此形成了形形色色的公关广告。一般地讲，公共关系广告有以下多种类型：实力广告、观念广告、信誉广告、声势广告、祝贺广告、致歉广告、致谢广告、解释广告、公益广告、倡议广告、响应广告等。

公关实力广告是向社会公众展示组织实力的广告形式。实力广告是公关广告中较为常见的一种广告形式，主要是通过介绍组织的生产、运营、技术、装备、人员、规模等方面的实际能力，使社会公众对组织有较全面的了解，增强对组织提供的产品和服务的信任，以营造一个良好的购买气氛。如某制药厂所做的实力广告如下："深圳首家制药公司——深圳新光联合制药有限公司，创办于 1984 年，位于深圳市福田区的中心，与香港新界隔河相望，公司占地面积 40 亩，交通方便，地理条件优越，现有员工 400 多人，主要生产中西药制剂和来料加工，兼营医药进出口贸易。"这则广告配以该公司整体外形照片以及厂长照片，就使原先不了解该组织的公众对其整体有一个概括的了解。

公关观念广告是向社会公众传播组织价值观念的广告形式。观念广告也是公关广告中最为常见的形式之一，主要是通过介绍组织的经营方针、基本宗旨、行为准则等组织的价值观念，加强组织与社会公众的观念沟通、情感沟通，使组织形象连同其观念深入公众心中。例如：美国奥尔巴赫公司的广告是："百万的企业，毫厘的利润"，宣传的是大企业微利润的经营方针。深圳新光联合制药有限公司的观念广告则更详尽些："确保质量，遵守信用，是新光制药有限公司生产经营的准则。本公司有一大批制药专业人员掌握生产技术及产品质量，建立了三级质检系统，严格把好产品质量关。"

公关信誉广告是直接向社会公众宣传组织良好形象和信誉的一种广告形式。它主要是

实务编

248

通过介绍组织的成果、影响、服务项目、服务水平、决策及行为，举办社会活动，开展公益活动等内容，把组织的良好信誉信息传递给社会公众，同时也把组织将继续保证良好信誉的决心和承诺告知社会公众，以取得社会公众对组织的信任和支持。如"可口可乐令你万事如意"，"海鸥表赞助十一届亚运会"，"自1910年创建以来，日立始终竭尽全力，发挥创新精神，把尖端技术送到我们生活中的各个角落"等，都属这种信誉广告形式。

公关声势广告是以宣传社会组织的大型活动为中心，从而迅速提高组织知名度和美誉度的一种广告形式。它主要是通过直接介绍组织举办的展览会、纪念活动、赞助活动、公益活动等，为组织开展的公关活动制造声势，扩大影响。例如，《人民日报》曾经刊登的"松下电器录像机誉满全球，竭诚赞助1988年奥运会"的广告，介绍了松下电器公司支持奥运的活动。而"我们崇拜大自然"的广告以及相应的种植树木、保护动物的照片则向社会公众介绍了加拿大爱·伦多兄弟公司保护生态平衡的活动。

公关祝贺广告是向社会各界公众表示祝贺的广告形式。主要包括在重大节日向公众祝贺，在同行组织、协作组织或社区组织举办重大活动时向其表示祝贺，等等。祝贺广告是社会组织心胸开阔、善结人缘的一种公开表示，它能帮助组织和公众之间增进情感沟通，加强相互理解和配合，是树立组织形象和信誉的好方法。

公关致歉广告是向社会公众承认错误、消除误解、表示歉意、承诺改正、取得谅解的一种广告形式。当社会组织的决策和行为出现和公众相矛盾的状况时，欲尽快恢复组织和公众的正常公共关系，保证组织形象和声誉不受损失，使用致歉广告是较好的一种办法。如1987年11月17日日本《读卖新闻》刊登了明治糕点股份公司因产品质量问题而推出的一则"致歉启示"，其主要内容是，这家日本最大的糕点公司最近生产的产品"巧克力豆"中含有超出食品卫生法规标准的碳酸钙，因此其生产线被当局勒令停产一天，并使消费者对该公司充满疑虑和担心。对此公司向公众表示歉意，借广告说明碳酸钙对人体无害，还主动决定回收并为消费者调换该产品，请消费者不要怕麻烦。同时，公司承诺不再发生此类事件，将更严格地加强质量管理，采取有效措施，恳请诸位多多关照。致歉广告要求认真陈述公众希望了解的真实情况，不能隐瞒真相，不得文过饰非，应明确地表示组织敢于承担责任和知错必改的态度。只有这样，才能真正得到社会公众的谅解，取得更好的支持和配合。

公关致谢广告是对公众的支持表示感谢，以达到宣传组织形象，进一步取得公众支持的广告形式，致谢广告主要是在社会组织取得成绩、或时逢重大节日、纪念日期间，向合作者、消费者、客户表示感谢，以达到组织和公众之间的信息、情感交流，扩大组织影响，进一步提高组织的知名度和美誉度。如××厂建厂二十周年，向国内外新老朋友、广大客户鸣谢！

公关解释广告是向社会公众阐述或解释某些涉及组织和公众共同利益、共同关心的问题，以排除公众误解，正确影响舆论，维护组织形象和声誉的广告形式。在实际生活中，有许多组织和公众之间的矛盾是客观原因引起的，当组织及时发现了矛盾和原因时，就应该迅速通过解释广告将信息告知公众，并告知相应的解决矛盾的方法。这样就可以确保公众利益不受损失，也可以增强公众对组织的进一步了解、爱护和支持。公关解释广告一般是以通知、声明、呼吁、启示等具体形式体现。

公关公益广告是以组织名义推出的对公众事业、公共观念热心支持、大力提倡的广告形式。公益广告的内容不一定与社会组织本身直接联系，但是和社会公众的利益息息相关。通过这种关心社会利益、公众利益的广告宣传，可以给组织树立高尚的社会形象，吸引公众对组织的爱护和关心。公益广告具有社会的效益性、主题的现实性和表现的号召性的特点。如为保护野生资源而做的广告、为宣传植树造林而做的广告、为保护文化古迹而做的广告、为防止青少年酗酒而做的广告、为防止交通事故而做的广告等。又如农夫山泉在"购买一瓶农夫山泉就为希望工程捐款 1 分钱"这一活动中利用软文展示农夫山泉公益的一面。

倡议广告是以社会组织名义率先发起一项对社会有重要意义和影响的活动，或倡议一种新观念，显示其社会责任感、伦理道德观、创新精神等，显示其良好的社会风范，显示其率先开拓、领导潮流、敢为天下先的胆识，为公众所瞩目和称道。

如 2002 年为"科学消费"年，由包括周光召（中国科学院院士）、王大珩（中国科学院、工程院院士）等在内的 75 位中国科学院院士、中国工程院院士和 153 位科技专家签名并发出倡议，倡导科学消费。

又如 2008 年 5 月 12 日，汶川地震震惊全国，这场大地震给灾区同胞造成了巨大的创伤和痛苦，灾害突如其来，震撼着每个人的心灵，中国人民在经历了 2008 年年初冰雪灾害之后，面临又一场严峻的考验。全国人民纷纷行动起来，支援灾区抗震救灾。一方有难、八方支援、团结一致、众志成城。汶川加油，汶川雄起！汶川抗震救灾的广告温暖人心、振奋人心。

公关响应广告是社会组织响应社会管理单位或其他单位的号召，支持社会整体事业发展，以求得社会各界公众理解和支持的一种广告形式。响应广告的主要内容，是对当前社会生活中的重大问题或者政府主管部门的某项政策措施，以组织的名义表示响应。如在 3 月 15 日保护消费者权益日期间，某公司积极响应政府有关部门关于保护消费者权益的号召，以实际行动保证消费者的利益，并就此发表广告向社会公众承诺。响应广告表明社会组织不仅站在本身的利益之上，而且站在全社会的利益之上，从全局的角度考虑公众利益，为社会整体事业作出努力，是在整个社会公众心目中树立组织整体形象的重要办法。

公关广告除上述基本类型外，在实际运用中还有多种不同形式，而且这些形式往往是混合使用的，有时公关广告还同商业广告交叉结合运用，以提高宣传社会组织的效果。

第二节　公共关系广告的创意与策划

小小一则广告，一个画面，短短几行字，要想打动公众的心，引起共鸣，达到树立企业形象和推销产品的目的，可谓一担挑起千斤重。公关广告的创意与策划，就是使公共关系广告担起这千斤重担的关键，它要求在制作广告之前，首先了解企业处境，然后选择对象目标，再进一步确定广告的主题、手法、媒介等，也只有这样形成的公共关系广告，才可以起到应有的作用。

一、企业处境分析

常言道："知己知彼，百战不殆"，公共关系广告的运用也是如此。因此，企业公共关系广告的创意与筹划，是从对企业自身状态的分析，即企业处境分析开始的。公共关系广告对企业处境的分析，主要是分析公众对这个企业的看法如何，进而通过公共关系广告，改变公众对企业的不良态度或模糊认识，强化和完善公众对企业的良好印象。

企业处境分析，首先要发现和掌握公众的真实态度，一般可以通过两种方式获知。一是调查、访问，直接了解；二是从本企业的产品销售情况与同行的对比分析入手。前者比较准确，但费用较高；后者费用较低，但结论的准确性较差。

在获取公众对企业的态度以后，作为企业处境分析的第二步工作，就是要弄清公众对企业持不良态度的原因，进一步寻找解决的办法。例如速溶咖啡问世之初，销路打不开，产品不被公众接受，原因是：在许多国家，一般家庭主妇把煮咖啡作为拿手厨艺，而选用速溶咖啡会使丈夫觉得妻子偷懒或治家无方。针对这种情况，就必须通过宣传，如举办品尝大会，或宣传速溶咖啡省时省事、味道醇美，从而改变公众的消费观念，使其接受这一产品。如果公众对企业的态度是冷淡的，如对保险公司不感兴趣，不愿参加保险，则可以通过公共关系广告，介绍保险公司的发展和规模，介绍保险事业给公众带来的好处，使公众感到有兴趣。关于公众对企业的无知，原因可能有很多，通过公共关系广告，可以起到使公众从无知变熟知的作用。明确了企业的处境以后就可以确定公共关系广告要完成的任务，做到有的放矢。

二、选择目标对象

企业要想通过公共关系广告转变公众的不良态度、树立良好形象，在公共关系广告活动中，就必须选择好目标对象，即确定自己的广告是向谁宣传的，要影响哪一类人，这就需要对公共关系广告的对象进行细分。与企业产品广告的对象不同，公共关系广告的对象可以细分为八种。

(一) 政府

所谓政府，既包括国家的政权机构，又包括地方政府。在国外，政府对企业同样有重要的作用，这一作用主要表现在两个方面。第一，政府是法律的制定者，尤其是反垄断法，对一些大型企业有着重要的制约作用。在企业迅速发展时期，通过公共关系广告，宣传企业的继续发展和扩张对整个国家经济发展如解决就业等问题的作用，可以避免政府用反垄断法干预企业的发展，甚至强行把企业分为若干个小企业；而当企业经营不善时，通过公共关系广告宣传企业破产后对社会可能带来的失业、其他大企业的垄断、社会经济发展受阻等负面影响，可以促使政府在财政等方面对企业给予支持。第二，政府是最大的公共产品的购买者。企业通过公共关系广告，可以影响政府的购买决策，有利于产品的促销。从国内情况分析，随着我国社会主义市场经济体制的建立，政府的职能也开始转换，指令性计划要逐步转变为政府采购为主。因而，通过企业的公共关系广告影响政府有关部门，有利于政府更好地为本企业服务和增加对本企业的采购。

（二）社区居民

任何企业都处在一定的空间范围内，所谓社区居民，就是企业或工厂所在地区的公众。企业的存在经常会给社区居民带来许多困扰和不便，如排放的废气、废水、废渣对环境的污染，噪音对社区居民正常生活的影响，把原材料堆放在厂区外的街道上给附近居民带来很大不便等，自然会引起公众的意见，因此，首先要搞好与所在社区公众的关系。为有利于迎办2008年奥运会，北京市从2002年上半年开始整治三环路，在三环路的主要路段改造立交桥。立交桥的改造给三环路的交通带来了许多不便，导致道路拥挤和行车时间延长，为减少汽车司机对道路阻塞的不满和怨气，市政公司的建设者们在立交桥改造现场立起了"感谢司机同志对北京市政建设的支持"等公共关系广告，对于消除司机的不满起到了良好的作用，为立交桥的改造创造了良好的环境。

（三）雇员

雇员包括管理人员和一般职工，他们都是企业公共关系广告的目标对象，对他们进行公共关系广告宣传，目的是要使全体职工了解企业过去的历史、目前的规模和成就以及发展的远景规划，使职工团结一致，共同为建设一家现代化的企业而奋斗。有不少企业是通过编辑企业刊物来协调企业和员工的关系的，如日本三井物产株式会社将自己编辑出版的《三井生活》送给职工，企业每次招收职工，都要举行一次入社仪式，把这份刊物送给他们，并在封面印上"欢迎新入社员诸君"。

即使是在面向企业外部的公共关系广告中，也可以带上一句话，起到激励职工的作用。如美国某电子工业公司在自己的广告中有这样一句话："通过职工参与管理而提高质量和产量。"职工看到本企业的广告中提到自己，很容易产生一种自豪感，于是会更加努力地工作，随时提出合理化建议。

（四）供应商

供应商主要是指原材料、能源的供应商及企业的协作单位，它们与企业之间的经济关系十分密切，对企业的生存和发展具有重要作用，是利益相关者。因此，企业的供应商也是企业公共关系广告的重要对象。通过公共关系广告同它们保持和发展良好的合作关系，可以获得供应商的更大支持，乃至结成命运共同体。

（五）财务公众

财务公众包括企业的股东、银行和与企业有信贷关系的其他金融集团和机构。企业财务公众是企业资金的注入者，也是企业命脉的掌握者，企业必须使财务公众相信企业是有前途的。国外的大企业每年都有年度报告发给股东和金融界。这种年度报告印得很精致，使收到的股东感到投资于这家企业是值得的，使金融界在对企业有了深刻的了解以后，乐于在资金上予以支持。此外，许多企业往往在年终结算后，利用各种宣传媒介刊登公共关

实
务
编

系广告，以取得更广泛的财务公众的支持。对于一些股份制企业来说，这也是影响其他股民投资的重要手段。

（六）消费者和用户

消费者和用户是企业公共关系广告的最主要对象，是企业产品和服务的使用者，他们对企业的态度与企业的命运生死攸关。在企业竞争日趋激烈的今天，消费者一般购买自己熟悉的企业的产品，而绝对不会购买自己厌恶的企业的产品。因此，企业公共关系广告的首要任务是在消费者和用户中树立起良好的形象。

（七）经销商

经销商是企业商品流通中的一个重要环节，是企业通向市场的桥梁和纽带。企业与经销商之间的关系是决定企业产品能否顺利进入市场的重要因素，特别是当企业准备进入新的市场和需要沟通新的经销商时，企业与供销商的关系就更为重要。这一关系的形成和巩固往往也需要依靠公共关系广告。

（八）舆论领袖

舆论领袖主要是指一些在社会上具有较大影响的人士，他们的演讲、文章、评论可以影响许多人。这些人士包括报刊的新闻记者、评论家、文艺体育明星等，此外还包括一些政界人士。由于这些人对舆论和公众的影响较大，他们对企业的印象、态度和好恶往往可以影响相当一批人，因此，舆论领袖虽然人数不多，但与企业形象关系很大，是企业公共关系广告的重要对象之一。

上述八种对象是企业的基本公众，其中每一种公众都有自身的特点，如消费者公众数量多、分布广，而企业的供应商和协作单位可能只有若干家，相对集中。每个企业需要根据自身处境状况和发展需要来确定广告对象，使企业的公共关系广告更好地发挥作用。

三、公关广告的定位

公关广告的定位是指社会组织在公关广告宣传中，将自身的形象放在什么位置上。这种定位对于组织形象的宣传是非常重要的，因为这种定位对于组织来讲，无疑是一个努力的目标；而对于公众来讲，就是一种承诺。如果定位过高，组织行为达不到标准，就会给公众带来失望，影响组织形象的宣传；如果定位太低，组织在竞争中就不可能脱颖而出，不能引起公众的注意，也会影响组织形象的传播。因此，公共关系广告的定位主要是从组织实力和公众心理两方面去寻找根据。

首先，公关广告要根据社会组织自身的实际能力以及在同类组织中的地位来定位。组织的实力主要是指社会组织在经济、技术、产品、人员等方面的实际状况和综合能力。一般来讲，在同类组织中居于领先地位的大型组织实力总是比较强些，其公关广告的定位宣传就可以强调组织在技术、经济上的实力，突出地表现组织领先地位的形象。而一般的组织在公关广告的实力定位上，应坚持实事求是的原则，既不拔高，也不降低。这也是公真实性原则在广告宣传中的具体要求，只有根据组织的实力状况真实定位，才能使公众从公关广告中真正地认识和了解组织形象。

其次，公关广告还要根据公众心理状况来定位。在不同的条件、环境下，公众心理是有所不同的，因此公众对社会组织的评价和期望也是不尽相同的。从组织本身的性质来评价，我国有些公众就认为国有企业是比较可靠的；也有一些公众认为合资企业可靠，其技术力量，经济实力比较强。从组织对社会公益事业的支持来看，一些热爱体育运动的公众可能对支持我国体育事业发展的组织充满好感，一些关心公益事业的公众就可能认为，支持社会公益活动的组织是值得称赞的。同时，随着社会公众关注的热点、焦点问题的不同，人们的心理状况也是不同的，因此，社会组织在推出公关广告时，必须认真研究自身所面临的公众心理状况，将组织形象的宣传建立在符合公众心理要求的基础上，提高形象传播的有效性。这也是公关以公众利益为出发点原则在广告宣传中的具体体现，只有根据公众心理状况适当定位，才能使公众在积极的或者不知不觉的过程中接受公关广告所传播的组织形象信息，提高广告广告宣传的有效性。

四、公关广告的主题

公关广告定位以后，就要确定其主题了。主题是广告的灵魂，它要通过公关广告制作人员的思维、提炼、浓缩，用准确的语言、动作、画面、声音等来表达广告的中心思想。组织形象的特色就是通过广告的主题来表现的。

公关广告的主题应该坚持集中、简单、明了的原则，使公众易懂、易记，留下长远而深刻的印象。如美国联合航空公司为了宣传其公司航班的安全和舒适，其公关广告的主题只用了一句话表示"乘美国联合航空公司的班机到处都是好天气"。而那些面面俱到的公关广告反而给人印象不深的感觉，就是因为其主题不简洁明确。

一般来讲，公关广告的主题可以从以下几方面选择：

（1）以组织名称为主题。包括组织名称、名称的变更、名称字体、组织标志、组织旗帜、组织代表色等等。

（2）以组织风格为主题。包括组织创业者、经营者及人员介绍，组织环境介绍，组织经营宗旨、发展前景、服务方针、经济实力、技术力量、管理水平等方面的介绍。

（3）以组织业绩为主题。包括客户拥有量、销售记录、市场占有率、获奖介绍、业务成就、在同类事业中的排名、社会地位等状况。

（4）以组织传统为主题。包括组织发展史、创业史、创业理想、产品纪念日、创立纪念日、获奖纪念日等等。

（5）以组织与社会的沟通为主题。包括各重大节日对公众的问候或慰问、向公众的致歉或致谢，各种征募（如人才、合作者、名称、广告语、方案、标志等），各种社会公益活动（如拥军优属、关心残疾人等），对公众的调查咨询，等等。

（6）以组织内部文化生活为主题，包括体育运动、文艺演出、专业竞赛、演讲会、研讨会、展览会等等。

公关广告的主题一经确定之后，就必须通过一定的表现手法将主题信息传递给公众，在运用表现手法时应注意四个方面的要求：一是注意主题鲜明醒目，简洁精练，让人过目难忘，好懂易记；二是将主题的一贯性和内容的创新性有机地结合起来；三是避免商业化的痕迹太重，要诚实，不能言过其实，无限夸张；四是讲究编排，做到图文并茂，版面轻重配置要错落有致、层次分明。

第三节　公关广告的制作与运用

公共关系广告的定位和主题确定之后，就进入了制作和运用的过程。在这一过程中，仍然应坚持实事求是、独具特色、富于创新、注重实效和抓住有利时机的原则，只有将这些原则贯彻到公关广告的制作、运用过程之中，才能增强公关广告的传播效果，更好地宣传组织形象。

一、公关广告的制作

广告既是一门科学，又是一门艺术。公关广告的制作更需要综合运用多种科学知识和较高的表现技巧。

（一）公关广告的内容

公关广告的内容主要有两项：标题和正文

1. 标题是广告的题目

它表明广告的主要宗旨，起着画龙点睛的作用。标题使用恰当，能使公关广告取得点明主题、激发兴趣、加深印象的效果。

从方式上看，公关广告的标题可分为直接标题、间接标题、复合标题三类。

直接标题的特点是简明、确切、能一语中的地说明广告的主题。例如化妆品厂的公关广告选择"把你脸上的暮气一吻而光"为标题，就较简明直接。

间接标题的特点是不直接点名广告主题，而是以含蓄的词句诱人深入正文。如服装厂公关广告以"他又升级了"为标题，并没有直接表明广告主题，只有当人们深入阅读正文，才明了是"××服装使他显得一表人才并升级了"。

复合标题的特点是直接标题和间接标题混合使用，如"迎亚运电视广告有奖竞答——长城电器"。

公关广告标题的制作应建立在对公众利益和公众心理的综合掌握基础上，一是要让公众明白看了广告后给其带来什么利益；二是要满足公众的好奇心理；三是要告诉公众有用的信息。只有把以上三个原则综合运用于公关广告标题的制作中，才能制作出富有创意、醒目突出、引起公众注意的好标题。

2. 广告正文是广告的主体

正文内容的制作应按照广告的主题或标题而定，其大部分是说明性或报道性的文字。公关广告的正文主要涉及宣传组织的宗旨、方针、历史、成就等内容，以增强公众对组织形象的了解。

公关广告正文的制作没有固定的模式，但应根据公众的需求及心理变化特点来写作，一是注意事实的真实性，不能欺骗公众；二是注意写作技巧的创新性，使读者对广告有阅读兴趣；三是注意写作内容的说服性，吸引读者对组织形象产生理解、配合、支持的态度。

（二）公关广告的文字和画面

一个好的公关广告就是一幅精美的艺术作品。公关广告的制作必须根据其主题和不同的媒介特点，巧妙而合理地构思广告文字与画面的布局，使其更好地反映组织形象。

公关广告的文字写作要求是比较高的。因为它是面向社会各界公众，并要在最短的时间里给人留下深刻的印象。因此，无论是标题、正文在文字上都应采取通俗明了、一目了然的表达方式，在文字修辞上要语言简练、主题突出、寓意深远、耐人寻味，使公众易读好记、趣味盎然。公关广告文字切忌冗长枯燥、生硬呆板。同时，为了使公众在比较轻松愉快的气氛中接受、领会公关广告的信息，广告文字写作中可运用比喻、夸张、象征、双关、谐音、幽默等多种多样的语言表现手法，使广告里渗透出一种生机和活力，增强其传播的效果。

公关广告也经常以画面来反映组织形象，运用色彩、构图和文字甚至音响的综合构思共同推出组织形象标记，使公众对组织形象有一种感性整体联想，有利于组织形象深入人心。在广告画面中，色彩是比较重要的因素之一，它能使人产生各种各样的联想和心理反应，产生不同的情感。如在一般的情况下，蓝色使人感觉寒冷，红色表示喜庆，绿色象征希望，黄色意味光明，紫色代表尊严，等等。因此，在安排广告画面时就应该考虑公众对色彩的接受心理，既要照顾一般公众的心理状况，又要考虑不同公众的特殊心理状况，如不同时代、不同地区、不同年龄、不同文化素养的公众对色彩可能有着独特的个性心理状况。只有使广告画面安排得有的放矢，才能设计出公众永久喜爱的广告。例如，可口可乐广告的整体设计就比较成功，在大红底色上用 CoCaCoLa 八个白色的英语字母组成的标记，已经得到世界公众的认同，甚至成为一种美好享受的象征。

二、公关广告的运用

公关广告的制作及运用是紧密配合的。运用公关广告必须正确地选择广告媒体，准确地掌握广告推出的时机，以及运用适当的技巧。

公关广告所能运用的媒体很多，按照媒介载体形式的不同来划分，主要有以下几类：

第一，电子媒体。电子媒体是现代科技发展的产物，是以音响或动感画面形象直接传播组织形象信息，其传播特点生动、感人、易于为公众接受。电子媒体的具体形式很多，最普遍运用于公关广告的有广播、电视、网络、录像、音乐等。

第二，印刷媒体。印刷媒体是以一定的文字、静态画面印在纸上直接传播组织形象的，其特点是可以反复阅读，易对公众产生持久的影响。印刷媒体包括报纸、各种刊物、小册子、宣传单等。

第三，实体媒体。实体媒体是以组织的产品、服务以及人员参加的具体活动传播组织形象的，其特点是真实可信。

第四，建筑媒体。建筑媒体是利用社会上的各种建筑物特点而向公众传播组织形象信息的，包括各种交通工具、房屋、墙壁、固定标牌、店铺橱窗、霓虹灯箱，等等。建筑媒体的特点是灵活机动、点多面宽，可使组织形象的传播范围增大。

众多的媒体各有特色，运用公关广告必须正确地选择媒体。因为公关广告主要是传播组织形象诸方面的信息，所以选择媒体的原则包括：一是广泛性，即广告信息尽可能地影响大些，影响范围宽些；二是迅速性，广告信息应很快地传递给公众；三是准确性，广告信息应无误地直接告知公众；四是持久性，广告信息应反复、经常地出现在公众视觉、听觉等感觉范围内，以不断加深公众的印象；五是节约性，广告的单位成本支出应结合组织的实际能力来确定。

由此可见，正确地选择媒体必须首先考察媒体本身的性质及特点，其次还要研究公众接触媒体的习惯，最后应结合社会组织自身的目标、实力综合分析，才能选择好合适的公关广告媒体。当然，如果社会组织实力很强，组织形象宣传的目标很迫切，将各种媒体同时运用，形成一股组织形象宣传的声势，也是一种有效的公关广告传播策略。

公关广告的运用要收到较好的效果，把握广告推出时机也是非常重要的。一般地讲，如果社会组织刚刚开业、或者组织转产、更改名称等时期，其知名度是较低的，这时就应该抓紧时间推出公关广告，大造声势，迅速提高组织的知名度；社会组织由于主观或客观上的原因，和环境或公众发生矛盾，被公众误解时，应及时推出公关广告，来消除误解，维护组织形象；社会组织取得成就时，也应及时推出公关广告，告知或感谢公众，提高组织的知名度和美誉度；等等。在公关广告运用中适当把握时机是一种不可忽视的技巧。

在公关广告运用中还需要大量的创新技巧，以增强其传播的有效性。这些技巧主要体现在公关广告的类型、定位、主题选择、标题及正文写作、媒体运用等方面。例如在致歉广告的运用中，广州某药厂曾在《广州日报》上刊登过一则"歉意启示"，说明该厂生产的某产品由于购者过多，一度出现市场脱销，工厂为此深表歉意，正在组织加班生产，很快就会满足广大客户的需要。这个致歉广告很巧妙地宣传了该组织受欢迎的状况，该组织重视顾客要求的实际行动，扩大了其组织形象在社会公众中的影响，增强了公关广告传播的效果。

本章小结

公关广告的特点：（1）公共关系广告具有宣传社会组织整体形象的显著特点，这是公关广告与商业广告的最大区别。（2）公共关系公告具有引导公众的特点。（3）公共关系广告具有处理公众关系的特点。（4）公共关系广告还具有配合公关活动，迅速提高社会组织知名度和美誉度的特点。

企业的公共关系广告与产品广告有着明显的区别。公共关系广告一般属于企业的长期行为，是企业在一个较长的时间内始终要做的，其性质是企业形象宣传，内容是企业的特色和信誉，以及企业对社会的贡献、对公益事业的关心、支持等。企业的公共关系广告制作和播出的周期较长、费用高，其目的是使公众认识企业、信任企业，进而购买企业的产

257

品，实现"公众—企业—产品"的认识路线。而产品广告，则是通过产品来认识企业。

公共关系广告的类型有：实力广告、观念广告、信誉广告、声势广告、祝贺广告、致歉广告、致谢广告、解释广告、公益广告、倡议广告、响应广告等。公关实力广告是向社会公众展示组织实力的广告形式。公关观念广告是向社会公众传播组织价值观念的广告形式。公关信誉广告是直接向社会公众宣传组织良好形象和信誉的一种广告形式。公关声势广告是以宣传社会组织的大型活动为中心，从而迅速提高组织知名度和美誉度的一种广告形式。公关祝贺广告是向社会各界公众表示祝贺的广告形式。公关致歉广告是向社会公众承认错误、消除误解、表示歉意、承诺改正、取得谅解的一种广告形式。公关致谢广告是对公众的支持表示感谢，以达到宣传组织形象，进一步取得公众支持的广告形式。公关解释广告是向社会公众阐述或解释某些涉及组织和公众共同利益、共同关心的问题，以排除公众误解，正确影响舆论，维护组织形象和声誉的广告形式。公关公益广告是以组织名义推出的对公众事业、公共观念热心支持、大力提倡的广告形式。倡议广告是以社会组织名义率先发起一项对社会有重要意义和影响的活动，或倡议一种新观念，显示其社会责任感、伦理道德观、创新精神等，显示其良好的社会风范，显示其率先开拓、领导潮流、敢为天下先的胆识。公关响应广告是社会组织响应社会管理单位或其他单位的号召，支持社会整体事业发展，以求得社会各界公众理解和支持的一种广告形式。

公共关系广告要想打动公众的心，引起共鸣，达到树立企业形象和推销产品的目的，必须注重公关广告的创意与策划，它要求在制作广告之前，首先要了解企业处境，然后选择对象目标，再进一步确定广告的主题等，也只有这样形成的公共关系广告才可以起到应有的作用。

企业处境分析主要是分析公众对这个企业的看法如何，进而通过公共关系广告改变公众对企业的不良态度或模糊认识，强化和完善公众对企业的良好印象。

企业要想通过公共关系广告转变公众的不良态度、树立良好形象，在公共关系广告活动中，就必须选择好目标对象，即确定自己的广告是向谁宣传的，要影响哪一类人，这就需要对公共关系广告的对象进行细分。与企业产品广告的对象不同，公共关系广告的对象可以细分为政府、社区居民、雇员、供应商、财务公众、消费者和用户、经销商、舆论领袖八种对象。

公关广告的定位是指社会组织在公关广告宣传中，将自身的形象放在什么位置上。公共关系广告的定位主要是从组织实力和公众心理两方面去寻找根据。

公关广告的主题应该坚持集中、简单、明了的原则。公关广告的主题可以从以下几方面选择：（1）以组织名称为主题。（2）以组织风格为主题。（3）以组织业绩为主题。（4）以组织传统为主题。（5）以组织与社会的沟通为主题。（6）以组织内部文化生活为主题。

公关广告的内容主要有两项：标题和正文。从方式上看，公关广告的标题可分为直接标题、间接标题、复合标题三类。

运用好公关广告必须正确地选择广告媒体，准确地掌握广告推出的时机，以及运用适当的技巧。

公关广告所能运用的媒体主要有：电子媒体、印刷媒体、实体媒体、建筑媒体。选择媒体的原则：广泛性、迅速性、准确性、持久性、节约性。

在公关广告运用中还需要大量的创新技巧，以增强其传播的有效性。这些技巧主要体现在公关广告的类型、定位、主题选择、标题及正文写作、媒体运用等方面。

关键概念

公共关系广告（Public Relations Advertising）

公关观念广告（PR Concept of Advertising）

公关信誉广告（PR Credit Advertising）

公关祝贺广告（PR Congratulatory Advertisements）

公关致歉广告（PR Apology Advertisements）

复习思考题

1. 简述公关广告的特点。
2. 简述公共关系广告的类型。
3. 公关广告主题如何选择？
4. 公关广告的内容有哪些？
5. 公关广告的标题有哪些？
6. 公关广告媒体有哪些？
7. 简述选择公关广告媒体的原则。
8. 公关广告的创新技巧主要体现在哪些方面？

案例分析

柯震东吸毒致歉公关广告案例

2014 年 8 月 18 日，《京华时报》的一则关于证实有网友日前所曝，台湾地区演员柯震东 14 日在北京因吸毒已经被警方控制的报道，像一颗巨石投入平静的湖面，不仅在娱乐圈引起轩然大波，在社会也引起广泛关注和激烈讨论，更为大众所诟病的是，柯震东在 2012 年还作为"禁毒形象大使"拍摄过禁毒宣传教育片。随后，也有外国媒体对此事进行了报道，柯震东此前阳光、青春、健康、积极的正面形象受到重创，引用"组织形象地位四象限图"，可以明确知道，柯震东的形象和谐度已由象限一骤降至象限四。事件正在迅速发酵，柯震东也由此陷入一场空前的信任危机。

随即，以柯震东所属经纪公司老板柴智屏为主的公关团队做出的一系列危机公关，较成功地化解了眼前的这场危机。

危机爆发后的最佳处理时间是 12~24 小时之内。媒体 18 日报道柯震东被捕消息，同日，柴智屏发表声明，证实柯震东在北京因吸毒被拘留 14 天，并代柯震东向广大粉丝、网友致歉。在接下来的一段时间内，她也始终以最快的速度通过媒体，告知公众事实和进展。在29日和30日，也就是柯震东获释后的第二天和第三天，柴智屏立马连续组织召开北京、台北两场道歉会，解除公众这么多天来的疑惑。

危机爆发之后，公众往往表现得比较情绪化，更加关注的是利益和情感两方面的问题。这就要求公关主体始终把公众的利益放在第一位，及时采取合适行为维护他们的利益，积极承担责任，用良好的态度争取到公众和新闻媒体的认可。在北京和台北的两场致歉会上，作为现场节奏调控者的柴智屏在多次的发言中都表达出公司只注重柯震东事业的发展而忽略对其生活的关心的自责；作为事件主人公的柯震东在致歉词和接受记者采访时的回答中也表示十分抱歉和遗憾，并愿意承担一切责任。这样坦诚、勇敢和有担当的做法，满足了危机暴发之后公众的利益和情感诉求。

遇到危机时，公关人员不可能改变既定事实，但可以通过诚实、诚恳、富有诚意的沟通态度，改变公众的心态和看法，也就要求公关人员既不能有不切实际的承诺，也不能逃避、掩盖事实，必须告知公众全部情况。柴智屏曾先后六次发声，主动公开事件进度；在北京、台北两场致歉会上，作为致歉会的主持人柴智屏和主角柯震东在活动中也分别以黑色裤装和白衬衫黑长裤的朴素形象露面，符合活动的主题；在发言前两人也都先深鞠躬；柴智屏的发言语气平稳，字句坚定，包含诚意，为此次公关加分不少；柯震东向公众交代了事情的来龙去脉，让公众清楚地了解到事件发生的前因后果；其发言措辞清晰、正确、得体，过程中先后10次道歉；道歉会最后还设置了记者提问的环节，提供了双向沟通的平台；两地记者会结束后柯震东还借助微博这一新媒体，发表了道歉微博。

柯震东的公关团队很好地利用了新媒体传播速度快、范围广、接地气的特点，前期不断通过微博向公众通告事件进展，随后又主动联系媒体，邀请记者们参加柯震东的致歉会，主动联络柯震东与媒体公众，加速危机的化解，最后，仍不忘由主人公柯震东亲自发微博再次致歉，表示改过决心。从事后有媒体用"不会道歉的明星不是好明星"的新闻标题，以及柯震东的道歉微博在发出一个半小时就有超约140万评论和约50万人点赞的情况来看，此次危机公关引用权威（广大媒体）证实、争取权威机构以及主要目标公众代表支持的做法获得了一定的成功。

尽管此次事件中一直周旋于柯震东和媒体公众之间的公关人员是柴智屏，但不难看出，在她背后还有一群与她观点一致，致力共渡难关、解除危机的团队，他们冷静应对，果断决策并快速实施，联合多方力量，有计划有步骤地化解了这场突如其来的危机，最后使得舆论关注在高峰期后在较短的时间内消退，最终回归平静。

资料来源：百度文库，http：//wenku. baidu. con/？fr＝nav.

 案例思考题

1. 结合案例，讨论公关广告和商业广告的区别。
2. 讨论本案例中公关广告媒体选择的利弊。

第十四章
公共关系专题活动

☞ 学习目的与要求

理解公关专题活动目的与主题的选择。

掌握公关专题活动的类型，参观组织、赞助、展览、记者招待会、社会公益活动、危机公关活动的操作内容和要求。

了解公共关系专题活动的特点及其开展的各种要求。

 引例

千万梦想支持计划：阳光飞轮公益活动案例

项目主体：阳光保险爱心基金会

项目执行：关键点传媒

项目背景：

大学生有高涨的公益热情和无限的创意，是公益事业未来的生力军、公益文化未来的传播者。但在公益实践方面，大学生群体缺乏经费的支撑、规范的指导和专业的平台，这使得很多充满创意的公益梦想无法实现。

而阳光飞轮公益活动的传播目标是：与高校人群充分沟通，吸引大学生群体广泛参与到公益活动中来；以高校活动为突破，积累经验，持续公益，做成品牌活动；影响高校目标受众，品牌深入年轻人群，打造长期、可持续的公益事业，提升品牌形象。

策略创意：

活动策略：弱化商业信息，加强公益气质——只露出阳光慈善基金，不宣传出资方，强调每一个参与者都是慈善家；

推广策略：深入高校阵营，注重精准营销——依傍优势资源，确保活动落实；

沟通策略：轻松活动，真诚对话——运用大学生常接触的媒体，采用激励及漫画式的信息传达。

项目执行：

打破传统公益执行模式，开拓"预支—践行—传递"这一公益创新模式。

预支：首期采用"预支梦想"的方式，参加"阳光飞轮"活动的大学生需要在平台上展示自己的爱心公益梦想，通过争取网友的投票支持及公平、公正的审核评选，64位大学生获得了由阳光保险爱心基金会提供的万元公益基金。

践行：入围者获得梦想基金之后，开始践行公益梦想，包括助学支教、保护环境、看望孤寡老人、关爱流浪动物等，在此过程中要将活动的实施过程及感想回传到"阳光飞轮"。

传递：通过推动在校大学生投身公益，并号召他们未来走向社会后，将公益基金返还至"阳光飞轮"，让社会上更多有需要的人实现梦想，这寓意着将爱的接力棒传递下去，让爱的种子播撒，完成爱心传递。

项目评估：

"阳光飞轮"公益活动一经推出，其引发的热烈反响已大大超出了预想。活动自上线以来，吸引了来自105所院校的上千名在校大学生报名参与，超过25万人关注并投票，互动总人数突破50万。最终，64位入围大学生奔赴全国32个城市、地区践行公益梦想，活动执行地遍布华夏。从公益梦想的内容来看，除不断涌现助学支教、保护环境、看望孤寡老人、关爱流浪动物、促进外来务工人员及其子女的城市融入等爱心公益梦想外，还出现了走进少管所、保护黑顶鹤等拥有更加广阔视角的同学，践行了异乎寻常的公益梦想，有效地发挥了年轻群体的无限创意。

此次阳光飞轮公益活动打破了传统公益模式，充分调动了大学生的公益兴趣，并且有效实现了手机和PC端的双屏联动，从公益创新的角度来看，相信这是未来公益事业发展的新趋势。

资料来源：梅花网，http：//www.meihua.info/.

公共关系专题活动是公共关系工作的一个重要组成部分，内容十分广泛。有效地开展社会组织的公共关系专题活动，能促进组织与内外公众的良好关系，增进组织与公众的相互了解，相互支持。

第一节　专题活动的主题与类型

公共关系专题活动又称为公共关系特殊事件。所谓公共关系专题活动是指社会组织为了某一明确目的、围绕某一特定主题而精心策划的公共关系活动。公共关系专题活动是社会组织与广大公众进行沟通、塑造自身良好形象的有效途径，因此，国内外许多组织经常

实
务
编

采用公共关系专题活动的形式来扩大影响，提高声誉。在每次专题活动中，展现在公众面前并与公众进行重点沟通的，通常是社会组织的某一方面。通过许多公关专题活动的多方面展示和沟通，组织的公共关系工作将会有良好的成效。

任何活动的开展都有一定的目的及其与之相适应的主题，公共关系专题活动也是如此。明确专题活动的目的与主题，是开展公共关系专题活动的关键。

一、专题活动的主题

确定专题活动的主题，首先就是有明确专题活动的目的，而这一目的不同于公关活动的总目的。专题活动的目的应该是具体的，其针对性很强，如记者招待会、展销会等，每次都有明确的目的。明确的目的有赖于周密的计划。在开展专题活动之前，公共关系人员应该做好充分的调查研究工作，在调查研究过程中，要善于发现问题、解决问题，使专题活动的目标尽可能具体化。例如，第29届北京奥运会开幕式恢弘的场面和磅礴的气势深深打动了国内外观众。网民认为，北京奥运会开幕式大型文艺表演独具匠心，体现了中国风格、中国气派，宏大的场面之中，蕴涵着史诗的韵味，是一场以文明魅力为内容的视觉盛宴，给人以强烈的震撼。美国马萨诸塞州共和党前执行主席说："这场表演太精彩了，是整个中华民族历史的高度浓缩。中国文化再一次成功地向世界展示了其魅力。"

明确了具体化的专题活动目的，紧接着就是确定公关专题活动的主题。主题是公关专题活动的中心思想。任何一项公共关系的专题活动，都是围绕某个明确具体又针对性很强的主题而开展活动的。每一次演讲、每一张宣传画、每一本宣传小册子、每一条电视和广播中的广告，都要体现一个明确的主题。主题的表达方式可以是一个简短的陈述，也可以是一个简短的口号。例如，日本表为了打破瑞士钟表垄断世界市场的局面，决定组织一次以宣传日本表卓越的抗震质量为主题的专题活动。于是他们精心地设计这次活动：让公众目睹飞机从天上往下抛撒日本手表，从而证明了日本手表惊人的质量。观众亲眼目睹了大量日本表从高空坠落，却丝毫无损，从此日本表名声大振。

由于公共关系工作涉及社会组织的各个方面，公关专题活动的主题也就可以从构成组织形象的诸方面去开掘和提炼，包括组织名称与标志、组织实际状况、组织业绩、组织的发展历史、组织内部文化生活、组织的产品与服务、组织与公众的沟通等多方面。公共专题活动主题的选择既要考虑组织本身各方面的实际状况，又要根据社会环境、条件等状况，以及公众的需求和心理状况来进行综合考察。只有这样，所确定的公关主题活动主题才可能具有较强的针对性。

二、专题活动的类型

在确定公关专题活动主题的同时，还应该围绕这一主题来选择公关专题活动的类型。公关专题活动的类型有很多，公关人员可以根据公关工作的任务及专题活动的具体目的、主题来选择。

（一）根据工作方式的特点不同，公关专题活动可区分为宣传型公关活动、征询型公关活动、交际型公关活动、服务性公关活动和社会型公关活动

宣传型公关活动就是利用各种传播媒体向外传播的公共关系专题活动，如各种形式的新闻报道、演讲、记者招待会、公关广告等等。这是一种单向性的信息传递与扩散，其主要作用在于向社会公众宣传社会组织的经营方针、产品服务、历史业绩等，以求形成有利于组织的舆论氛围，既沟通外部公众的联系，又激励内部职工的积极性。这种类型的专题活动主导性、时效性都较强，沟通面也比较广泛，但只是停留在信息层次的交流上。

征询型公关活动就是以收集信息、舆论调查、民意测验为主的公共关系专题活动，如社会组织聘请消费监督员、公众信息员，征集标记、口号、厂歌等活动，这种活动同宣传型公关活动的显著区别是：前者起着从社会公众中收集信息的作用，而后者起着向社会公众传递信息的作用。征询型公关活动通过收集信息、反馈信息，既加强了与外部公众的沟通，又为组织的决策和行为提供了信息基础。其主导性、时效性也较强。

交际型公关活动就是以无媒介的人际交往为主，对内外公众进行直接沟通的公共关系专题活动，如举办参观游览活动，各种庆典活动、联谊活动、座谈会、茶话会、午餐会等。这是一种双向沟通性的直接交流，其主要作用是社会组织与内外公众交流信息、沟通情感，一方面达到社会组织和外部公众的相互了解、相互熟悉以至于相互支持、相互配合；另一方面，组织与内部公众加强团结，增强组织的凝聚力，提高职工的积极性。这种类型的专题活动直接交往性强，信息反馈及时，已经由信息层次进入情感层次，但沟通面比较窄小。

服务型公关活动就是以社会组织为社会公众提供各种服务为主的公共关系专题活动，如售后服务、消费指导、产品追踪、技术咨询、特种服务等，这也是一种双向沟通性的直接交流，其主要作用是围绕着组织提供给社会的产品或服务为社会公众奉献更高层次的跟踪服务。一方面使公众更好地使用产品或服务，了解公众对产品或服务的看法和评价，让公众从实际行为中熟悉和喜爱组织的产品及整体形象；另一方面，通过了解公众对产品、服务、组织的评价，为组织新的决策和行为提供市场信息资料和公关形象资料。这种类型的专题活动易于引起公众内心情感的交流，密切组织与公众的关系，具有信息交流和情感沟通两个层次的意义。但其沟通面仅限于消费者和顾客公众。

社会型公关活动就是社会组织举办各种社会性、公益性活动，以表示组织的社会责任感的公共关系专题活动，如赞助文体事业，协办科研项目，帮助孤寡老人，资助希望工程，支持社会管理等活动。社会型公关活动的主要对象是全社会的公众，而不仅仅限于组织的某一方面公众。因此，开展社会型公关活动可以使社会组织在社会公众中迅速提高知名度和声誉。这种类型的专题活动具有立意高尚，信息和情感沟通面广泛而持久的特点。但开展这种专题活动必须有雄厚的经济实力。

（二）根据社会组织与社会环境、社会公众之间适应程度的变化，可将公关专题活动分为建设型公关活动、维系型公关活动、防御型公关活动、矫正型公关活动和进攻型公关活动

建设型公关活动是新开办的社会组织或新研制的产品为了适应社会环境、增进与公众联系，扩大社会影响而开展的公共关系专题活动。当一个社会组织刚刚开始运行，一个产品或服务刚开始进入市场时，其知名度和美誉度都不可能很高，公众对其也不可能很熟悉。为了打开这一局面，社会组织就可以采取一系列的建设型公关专题活动，如扩大宣传、举办新闻发布会、加强消费者指导和售后服务，举办公益性活动等，使社会公众增加对该组织及产品、服务的了解，提高社会组织的知名度和美誉度。

维系型公关活动是社会组织在已经适应环境、得到公众支持的状况下，进一步开展公关活动，以求得更稳定发展的公共关系专题活动。由于社会竞争程度的增强，许多社会组织虽然已经取得了很大的成绩，和公众的关系也比较融洽，但为了进一步增强组织的竞争能力，争取更多公众的支持，在更大的范围内发展事业，它们仍然不断地推出一系列的公关专题活动，如举办大型社会公益赞助、扩大形象宣传、征询公众意见等，以维系组织形象的健康发展，不断提高自身形象。

防御型公关活动是当社会环境即将发生变化，社会组织与公众之间可能出现差距时，社会组织主动改进自身的决策和行为，开展以防为主的公关活动，保持自身与环境一致，与公众协调的公共关系专题活动。社会环境总是在不断地变化发展，公众的需要和心理也是在不断变化，社会组织及时地预测环境、市场、公众的变化发展趋势，适时地改善产品、服务及方针政策，有利于保持良好的公众关系，提高组织的适应能力、竞争能力。防御型公关活动具有预测性、超前性的特点，可通过公众调查、消费指导、扩大宣传、举办社会公益活动等具体形式来体现。

矫正型公关活动就是社会组织出现了某些方面的工作失误，造成组织形象受到损害，引起和公众的矛盾时，为了挽回受损的组织形象，重塑新的组织形象而采取一系列措施的公共关系专题活动。这种专题活动包括收集公众信息、调查事实真相、查明内在原因、采取补救措施、发表致歉广告、改善决策和行为、扩大正面宣传、加强公众联络、举办社会公益活动等具体形式。

进攻型公关活动就是当社会环境已经发生变化，组织与公众之间已经出现了差距时，社会组织开展以攻为主的，完善自身的决策和行为，保持组织与环境、公众要求一致的公共关系专题活动，如开展引导市场消费潮流的公关活动、扩大产品和组织宣传、增强和公众的联系、举办大型赞助公益活动等。

进攻型公关活动和防御型公关活动的区别在于：第一，在环境预测方面，前者是被动的，后者是超前的；第二，在适应环境方面，前者是进攻型，后者是引导型。同时，进攻型公关活动还包括社会组织受到外部谣言干扰、假冒产品冲击时所采取的种种措施，如及时向公众澄清真相，制止谣言，协助有关部门"打假"，奖励公众"打假"行为等，以取得公众和舆论的支持和理解，维护组织的声誉。

第二节　专题活动的特点与要求

公共关系专题活动是一种处理公众关系，树立组织形象的重要活动方式，公关人员必须了解活动的特点与要求，才能有效地开展活动，并使之举办得卓有成效。

一、专题活动的特点

公共关系专题活动与其他活动有所不同，它具有以下特点：

第一，公关专题活动具有较强的针对性。公关专题活动都是经过审时度势、调查分析后，根据组织的某种需要而举办的。举办这类活动，总是具体针对某一些特殊公众来传播信息，沟通情感，改变其态度，引导其行为，从而达到协调公众关系，树立组织形象的目的。

第二，公关专题活动具有较强的感染力。由于公关专题活动是在特定的公众中进行的，活动内容比较集中，规模也相对地要隆重些，因此容易吸引公众的注意力，使他们有身临其境之感，直接感受到和社会组织的信息交流、情感沟通，使组织行为给公众留下深刻的印象，具有较强的感染力。

第三，公关专题活动具有较灵活的形式。专题活动的形式比较灵活多样，不仅有演讲、纪念会、庆祝会、记者招待会，还有参观访问、社会公益活动等。其活动的规模、活动的内容也是根据组织的需要而选择安排的，有时活动的形式在活动过程中还可随时调整，以便更好地达到活动的目的。

第四，公关专题活动具有较机动的时间安排。专题活动一般不受时间的限制，只要社会组织在处理公众关系、树立组织形象上需要，即可举办。而在开展公共关系专题活动的过程中，具体活动占用时间的长短也不一样，有的活动只有一两个小时，如各种联欢会、记者招待会等；有的活动则持续数周，如巡回报告会、参观访问等。因而，美国有位公共关系人员认为：实际上没有一天、一周、一月、一年是没有特殊事件可供纪念的，而历史上任何事物都有它的一周年、十周年、一百年……都是值得纪念的。所以，每时每刻、每一件事情，经过公共关系人员的精心策划都可以成为专题活动。

二、专题活动的要求和应注意的问题

（一）公共关系专题活动具有很强的针对性，开展专题活动有若干具体要求

（1）活动富有特色。要使专题活动产生预期的效果，在公众中留下深刻的印象，必须富有特色。同样是针对某一类公众进行的专题活动，有的就能深深地影响这类公众，有的效果却非常有限，其原因在于是否体现了自己的特色。因此，举办这类活动，一定要在活动的形式、内容、时间及地点上下工夫，根据组织的特点作一些创新，吸引众多公众的注意力。

（2）符合公众的心理。举办专题活动，最重要的一点就是要符合公众的心理，满足公众的需求和愿望。因此，专题活动的形式及内容要符合公众的审美情趣、文化习惯、道德规范等，并能为公众所注意，为公众所接受。如果举办的活动脱离了实际，往往会顾此失彼，达不到宣传的效果。

（3）注意行为规范。专题活动实质上也是一种交往活动，因而活动中的行为规范对公众也有较大的影响。公共关系人员在接待、欢迎、宣传等工作中，要特别注意自己的言行举止。不要因为请到了社会名流，而随意冷落其他公众。对于公众提出的问题要热情而有礼貌地解答，对于公众提出的要求也要尽可能地满足。

（4）做好宣传工作。专题活动的目的就是扩大社会影响。举办专题活动时，最好事先与新闻界取得联系，争取他们的参与和支持，以便借助新闻媒介广为传播，提高社会组织的知名度，扩大其社会影响。

（二）公共关系专题活动是一项技术性很强的工作，必须注意有关具体问题

要使专题活动办得富有特色，必须注意若干具体问题：

（1）目标明确，计划周密。举办专题活动不是为了凑热闹，而是为了密切社会组织与社会公众之间的友好关系，扩大组织的社会影响。因此，在举办专题活动时，应该把握这一目的，精心策划各项活动。一次成功的专题活动，来自于周密的计划。计划订得愈周密，专题活动的效果也就愈好。

（2）主题鲜明，内容具体。每次专题活动最好能根据活动的主题设计一个醒目的标题或切合实际、简短有力的口号。口号切忌华而不实。华而不实的标题或口号只会骗得一时的宣传效果，却经不起长久考验。鲜明、实在的主题和明确、具体的内容可以使公关专题活动锦上添花。

（3）时间恰当，规模适中。专题活动时间的选择是能否吸引公众的一个重要条件。逢年过节、开张吉庆等，都是举办专题活动的好机会。另外，活动的规模也要适中，一般应根据组织的具体条件和活动的特点合理安排。例如，母亲是伟大的，选择"母亲节"来歌颂母爱，容易引起公众的注意。所以，广州花园酒店选择了"母亲节"这一时机，举办了一个以歌颂母爱为主题的活动，就深受公众的欢迎，大大提高了酒店的知名度。

（4）形式新颖，组织得体。一次成功的专题活动，有赖于新颖的形式，得体的组织。专题活动的形式愈是新颖，其活动获得的效果也就愈好。例如，美国通用汽车公司就曾举办过一次别开生面的专题活动：他们选择汽车发明纪念日这天举办了历代汽车"进步大游行"。这一天，纽约的主要街道上，停满了各式各样的老爷车，穿着考究礼服的司机拿着启动摇柄。这条长龙式的车队晃晃悠悠地从纽约驶向其他城市，引得沿途的行人好奇地驻足观望。这一活动的目的是让人们了解发展的历史，宣扬通用汽车在汽车发展史中所做的贡献，进而使人们产生该公司的汽车最现代的印象。

三、专题活动的作用

公共关系专题活动对于改善组织的公共关系状态有极为重要的意义。它往往能够使组

织集中地、有重点地树立和完善自身的形象，扩大自己的社会影响，使组织形象出现意想不到的飞跃，也是塑造组织形象的有力驱动器。

公共关系专题活动施加影响的对象并非组织的所有公众，而是以其中某一部分公众为重点。在这种情况下，尤其是当组织与公众的关系出现或可能发生不协调时，公共关系专题活动将会起到很好的协调和沟通作用，以便与这部分急需协调的公众保持良好的关系。但是，如果公共关系专题活动的形式选择得当，策划新颖，技巧纯熟，所举办的公共关系专题活动也可能对组织的所有公众，甚至无关的人们产生影响，在社会上产生极大的轰动效应，因此，公共关系专题活动既有利于同某一部分公众进行沟通，又有利于组织在社会中的整体竞争，它是一种目的明确、对象确定、影响深远的公共关系过程。

由于公共关系专题活动具有特殊作用，因此，组织经常有举办这种活动的特殊需求。公关人员在举办活动时必须掌握一个基本原则：只可成功。成功的专题活动有巨大的效应；同样，不成功的专题活动也会产生巨大效应，但那是负效应。

创新是公共关系专题活动的基本要素。缺乏新意，公共关系专题活动就失去了意义。创造性地利用各种具体的专题形式为组织目标服务，可以构成公共关系专题活动最有价值的部分。成功的公共关系专题活动之所以会产生轰动效应，其原因就在于它的创新性给公众留下了令人难忘的印象，因此，能否成功地举办各种形式的公共关系专题活动，不仅是对公关人员综合能力的考验，也是对他们创造力的综合测试。

20世纪90年代末，IBM公司出资110万美元举办了一场国际象棋的"人机大战"。决战的双方是：IBM公司设计的超级计算机"深蓝"和人类历史上最杰出的国际象棋特级大师、俄罗斯棋王卡斯帕罗夫。这项赛事一下子就成了世界上所有媒体关注的焦点。

棋赛的结果是"深蓝"以2胜3和1负的比分赢得胜利，事后这一事件受到了人们前所未有的讨论与关注。一场关于人类与电脑到底谁是赢家的争论在全球蔓延开来，各个阶层的人物纷纷发表自己的看法：

有人说"深蓝"的胜利表明机器总有一天会统治人类；也有人说不管比赛结果如何，最终的胜利仍然是人类，因为"深蓝"毕竟是IBM公司的人员制造的。

与此同时，IBM公司收到了几个十分令人兴奋的消息：

在"人机大战"期间，全世界每天有上千万用户通过国际互联网访问IBM公司的网址，关注棋局的发展，使IBM公司名声大噪。

沸沸扬扬的"人机大战"使IBM公司的股价大幅上扬，其收益净增2亿美元。

"深蓝"的胜利证明了IBM公司强大的技术能力，显示了它在计算机领域的王者地位。

这种花费几千万美元的广告费都无法保证达到的宣传效果，却让IBM公司仅仅凭借几局棋赛奇迹般地实现了。

看来"人机大战"的最终赢家既不是"深蓝"这台机器，也不是研制"深蓝"机器的人，而是以极低代价不动声色而取得高额回报的IBM公司。

IBM公司的收获绝不是偶然的。实际上，"人机大战"是它多年来精心策划的一项公共关系活动。为使"深蓝"达到今天的水平，IMB公司的电脑专家整整花了七年的时间。随着"深蓝"从不堪一击到能与国际象棋高手互有胜负，人们的好奇心就如水涨船高，直至产生今天的社会轰动效应。

当然，大众传媒在 IBM 公司的这次公共关系活动中具有举足轻重的地位。究竟电脑能不能战胜人脑，始终是人类社会的一大悬念，而 IBM 公司来了个投其所好，设计了一场世纪之战，这就是后来媒体之所以愿意争先恐后报道这次赛事的重要原因。

另外，公共关系还能够以比广告低得多的成本让公众增进对公司及其产品的了解，特别是运用公共关系能增强宣传内容的可信度。人们对待广告和公共关系宣传的态度往往不同，因为新闻媒体为公共关系发布的任何消息都是不收报酬的，公众会更多地认可消息的客观性，而不去注意实际上是由公司直接或间接地促成了这种宣传，这就是公共关系在 IBM 公司里的妙用。

第三节　专题活动的基本形式

公共关系专题活动的形式很多，其中经常使用的基本形式有：参观组织、赞助、展览、记者招待会、危机公关活动等。

一、参观组织

社会组织为了让公众更好地了解自己，可以搞一些参观组织的专题活动，即邀请员工家属、新闻工作者、政府官员及其他对组织感兴趣的公众到组织内参观考察。这一活动可以使公众熟悉组织状况，对组织产生兴趣和好感，增强组织的社会影响。

参观组织是件不太复杂的工作，其具体操作的主要内容有：

第一，明确主题。即通过参观要让公众留下怎样的印象，取得什么效果，达到什么目的。这一活动最常见的主题是：展示组织的优良环境、技术和行为。

第二，安排时间。参观社会组织的时间最好安排在有纪念意义的日子里，如周年纪念日、组织开业日或新产品试制成功日等。在有意义的时间里进行参观，可以吸引公众的兴趣，获得较好地宣传效果。

第三，成立专班、准备宣传资料。根据确定的主题，召集相关部门，组织专门的活动筹备小组。针对参观活动，准备必要的宣传资料，如说明书、电影、录像、幻灯片、纪念性的小册子等等，以便更好地帮助参观者了解组织状况。

第四，做好接待服务工作。

二、赞助

所谓赞助活动，是指社会组织以不计报酬的捐赠方式，出资或出力支持某项社会活动、某种社会事业。开展赞助活动是组织对社会作出贡献的一种表现，越来越多的组织认识到自身的发展离不开社会的支持，作为社会的一员，自己也应对社会的发展承担一定的责任和义务，为社会贡献一份力量。实际上，现代社会开展赞助活动的主体是企业，因此，这里主要以企业的赞助为例。

众所周知，提高企业的知名度、树立企业在社会公众中的美好形象，是企业生存和发展的重要条件，以此为目的的公共关系赞助活动，是创造这一条件的有效手段。

在北京，一家五星级饭店公关部的工作备忘录上曾记录了这样一句话："赞助，提供活动场地或出资赞助社会文化活动，通过大众传播媒介专文介绍或现场直播，用这些活动有计划地提高本饭店的知名度和美誉度。"这里我们可以看到，有目的、有计划的赞助活动，是一种同社会沟通的有效手段。通过赞助活动，一方面为社会活动的顺利进行提供物质保证；另一方面展示自我、树立美好形象，为企业的发展创造良好的市场环境。中美合资的北京长城饭店主办了举世瞩目的美国总统里根访华的答谢宴会（赞助场地），并通过500名中外记者的报道，将长城饭店的知名度和美誉度在世界范围内大幅度提高，就充分说明了赞助的目的及其重要性。

综上所述，我们不难看出，赞助活动的目的主要有如下几个方面：

（1）出资赞助社会公益事业，为企业经济效益的提高创造了社会大环境，因此提高社会效益是赞助活动的重要目的。

（2）关心和支持社会公益事业，表明企业作为社会的一员，为社会做出贡献，从而树立企业的美好形象。因此，承担企业的社会责任和尽义务是赞助活动的主要目的。

（3）赞助可以证明企业的经济实力，赢得社会公众的信任，谋求社会公众的好感。因此增进感情的交流是赞助活动的主要目的。

（4）赞助活动可以扩大企业知名度，增强企业商业广告的说服力和影响力，因此扩大影响是赞助活动的主要目的。

赞助有许多具体的类型。按内容划分，有文化、教育、体育事业赞助，社会福利、慈善事业赞助，环境保护赞助，社区建设赞助等等。按形式划分，有资金赞助、物资赞助、劳务赞助、技术知识人才赞助等等。按规模划分，有大型赞助、小型赞助。按时间划分，有定期赞助和不定期赞助。

可口可乐公司自1928年赞助阿姆斯特丹奥运会至今，已有几十年的历史。2008年北京奥运会又为可口可乐提供了新的契机，可口可乐包装以红色为主体，配合红色的北京奥运会会徽和祥云火炬，使得可口可乐品牌和北京奥运浑然一体。可口可乐公司"红色运动"与"爽"的主题在每次奥运会期间都会得到极大的渲染，2008年也不例外。当年初，可口可乐制作的广告片——"红遍全国"引起了很大反响，瞬间让中国变成了红色的海洋。

赞助活动的步骤共分为四阶段：

第一，前期研究。不论是主动赞助还是被动赞助，都应该对赞助活动及项目进行可行性、效益等方面的论证和预测，以保证组织和社会同时受益。同时，为了更好地开展赞助活动，社会组织应成立专班，负责研究各项赞助的具体事宜。

第二，制订方案。在前期研究的基础上，由赞助活动专门班子根据组织处理公众关系的需要、赞助方向和基本方针，制订赞助方案。赞助方案包括：赞助活动名称、时间、主办单位、协办单位、赞助性质及活动方式、费用预算、赞助方应尽的责任和应得到的权利，等等。赞助方案是前期研究的具体化，它可使组织的赞助活动有的放矢，收到良好的效果。

实
务
编

第三，具体实施。赞助方案经过审核评定后，社会组织应派出专门公关人员负责赞助方案的具体实施。赞助方案的实施过程实际上就是社会组织公关活动的开展过程，在这一过程中，组织的公关人员应在主办单位的合作下，充分运用各种有效的公共关系技巧，使社会组织的良好形象随着赞助活动的开展而逐渐在公众心目中树立起来。

第四，检测效果。赞助活动结束后，社会组织应对其效果进行检测评定，并对照赞助方案，检测预定的指标哪些实现了，哪些没有实现，还要总结实现方案计划或未实现计划的原因，最后以报告形式整理归档，为以后的赞助研究提供参考。

三、展览

展览是通过实物、图表、图片、文字来展现社会组织业绩、形象的宣传方式。它通过实物的展示和示范表演，加之图文并茂，往往会给公众留下直接的观感印象，增进公众对组织的好感。

1. 展览会的作用

展览会通过实物、模型和图表进行宣传，不仅可以起到教育公众、传播信息、扩大影响的作用，还可以使组织找到自我、宣传自我、增进效益。

①找到自我。中国有句古话："酒香不怕巷子深。"的确，高质量的产品会得到社会的认可，广大消费者会对之产生偏好，所以"寻香不怕巷子深"；另外，大凡好东西都会驱使消费者自愿为其进行宣传，这就必然会出现"好酒不怕巷子深"的现象；再者，在自然经济条件下，"独此一家，别无分店"是客观现实，故"独香不怕巷子深"。但是，随着商品经济的高度发展，产品和生产者的垄断现象已不易存在，若不借助其他工具，人际传播已很难使好酒飘香万里，故"酒香也怕巷子深"。此外，伴随着市场竞争的激烈化，生产者已认识到了"质量是后盾，信誉是保证"的重要性，故产品的质量差距已大大缩小。因此，"酒香遍地"的局面，使消费者很难选择。利用展览会，可以使生产者找到真正的自我，让消费者认识并辨别出真正的自我。

②宣传自我。展览会通过实物、文字、图片、图表等客观手段来展现成果、风貌和特征。与其他形式的宣传效果相比较，其说服力大大提高，这会使社会公众对组织及其产品的信任度大大提高。优质的产品、精美的图片、动人的解说、艺术的陈设，加上轻松的音乐，使参观者有赏心悦目之感，极大地强化了组织宣传自我的感染力。我国曾在澳大利亚悉尼"假日与旅游展览会"上获最佳展台金奖的"中国一条街"，就是以具体、翔实的图片、实物和现场演示，介绍了中国的旅游资源（长城、泰山、布达拉宫等）、民俗及民族手工艺品、美食烹饪等，使参观展览会的观众对到中国旅游的兴趣大增。这足以说明展览会在宣传自我方面的积极作用。

③增进效益。公共关系的基本原则是：真诚合作、互利互惠。作为一个组织，找到自我、宣传自我是十分必要的。但是，要想最终得利，就必须以真诚的态度为社会、公众服务。展览会在宣传自我、告诉别人"庭院深处有好酒"的同时，又服务于社会，为消费者提供了购物指导。这里需要强调的是：组织在举办展览会时，必须考虑社会效益，要让消费者受益，要树立为广大公众服务的良好形象，要谋求社会公众的好感与合作，要争取

社会效益与经济效益双丰收。正如每年两次的广州"中国出口商品交易会"，既展示了我国的改革成果，成为开放的窗口，又推动了经济的发展，带来巨大的经济效益，是增进效益的典范。

2. 展览的类型

展览的类型很多：既有以贸易为目的的展览会，也有以宣传组织为目的的展览会；既有单一商品的展览会，也有混合商品展览会；既有在室内举办的展览会，也有在室外举办的露天展览会；既有大型的综合展览会，也有小型甚至微型的展览会；还有各种不同内容的展览会，如科技展览会、服装展览、食品展览；等等。

3. 举办展览的各阶段

第一阶段为筹备阶段。首先，要确定展览的主题和目的，并以此决定展览中将使用的沟通方法、展览形式和接待形式。其次，确定参展单位和参展项目，可以用广告或邀请信的形式说明展览的宗旨、类型、参观人数、要求及费用等，吸引参加展览的单位。最后，进行展览总体设计，制订总体方案。总体设计包括：选择展览地点，展室总体布局，解说词的编写，图片、实物的摆放，会标、主题画的设计，前言及结束语的撰写，工作人员的培训，经费预算，等等。

第二阶段为展览方案实施阶段。首先，应按照总体设计方案中确定的总体设计，选好展览地点，搞好展品布置，制作并布置各种解说词、文字、图画等。在这一过程中，应注意展览技巧，使展览办得生动别致，新颖活泼。其次，应做好与新闻界的联系及对外发布新闻的工作。展览中会产生许多有新闻价值的信息，公关人员应善于挖掘，写出新闻稿发表，扩大展览的影响和效果。最后，准备展览的配套工作，如各种辅助设备、相关服务、宣传材料、纪念品等。

第三阶段是展览对外开放及测定展览效果阶段。展览对外开放的过程，是社会组织通过展品和公众进行沟通的过程。一方面，社会组织向公众集中展示自身的业绩等，使公众全面地了解组织状况；另一方面，公众通过参观展览，给组织留下各种各样的评价，使组织根据公众的要求进一步完善自身行为。这一阶段中频繁接触公众，工作量大而复杂，公关人员应根据实际情况随时调整展览的组织与管理，使展览的效果更好。同时，在展览开放过程中和展览结束后，应该实施效果的测定。具体办法有：在展厅里设置观众留言簿以征求观众意见，发放调查问卷或追踪调查，组织观后座谈会，举办有奖征答等。检测展览效果后，应对整个展览作书面总结，总结成绩，找出差距，为以后的同类活动提供资料、经验。

四、记者招待会

记者招待会是社会组织邀请新闻记者出席，宣布某些重要信息，并让记者就此进行提问，由专人回答问题的一种特殊会议。记者招待会是公共关系信息传播的一种主要形式，属于二步式传播范畴，即首先由社会组织通过记者招待会将信息告知新闻媒介，然后由新闻媒介以大众传播的方式将信息传播给社会公众。

记者招待会的最大特点就是信息发布的形式比较正规、隆重，而且规格较高。在记者招待会上，记者们还可以根据自己的经验和感兴趣的问题进行提问，以便于更好地发掘新闻。社会组织还可以结合记者招待会，在现场展出实物、图表、照片、录像，进行示范表演，发放资料等，以配合信息的发布。

由于以上特点，记者招待会对于社会组织加强与新闻机构的联系，向社会公众广泛、深入地传播组织形象信息是十分重要的。其具体作用有：一是有利于组织与媒介机构的相互沟通；二是能同时将信息发布给所有的新闻机构，使信息内容得到充分的宣传报道；三是能掌握组织信息传播的时间，造成舆论集中优势，扩大组织影响，有利于提高组织声誉。

记者招待会的筹备关系到其成功与否。在筹备的过程中，应充分考虑的内容有：

第一，论证记者招待会举行的必要性。记者招待会是一种形式正规、成本较高、占用新闻记者时间较多的会议。在举办之前，社会组织应从自身的需要及实力、新闻媒介和社会公众的需要及心理角度出发，认真考察举办记者招待会的可能性和必要性。考察、论证的内容主要是，所要发布的信息是否具有广泛传播的新闻价值，信息与组织形象的关系是否密切，能否引起社会公众的注意，以及信息发布的最好时机等。

第二，选择记者招待会的时间和地点。记者招待会的时间选择，应避开社会上的重大活动、节日或庆典等，以防被邀记者不能出席会议。其地点选择主要是考虑给新闻记者提供各种方便采访的条件，如交通便利，现场灯光、视听工具、播放设备完善，会场布置适用等。

第三，确定邀请对象。记者招待会的邀请对象范围应根据会议的具体内容和组织的预定目标来确定。一般来讲，被邀请的新闻机构越多越好，而且被邀请的新闻机构层次越高越好。邀请对象确定之后，应及时印刷请柬，并提前几天送到被邀请对象手里，以利对方安排时间并有充分准备。

第四，选定会议主持人和发言人。由于记者的职业要求，他们所提的问题大都深刻尖锐，这就要求会议的主持人或发言人反应迅速，有较高的文化修养或专业水平，并且口齿伶俐，善于言谈。一般地讲，会议的主持人或发言人应由社会组织的领导人担任，因为他们能全面、清楚地掌握本组织的整体情况及计划、方针等问题，回答问题具有全面性、权威性。

第五，准备发言材料及宣传辅助资料。记者招待会的发言材料是整个会议的中心内容，应组织专门起草小组，全面收集相关资料、情报，写出准确、生动的发言稿供发言人参考。还应该预测、模拟会议上可能提出的问题，根据中心发言稿的思路和口径，拟出回答提纲，一并给发言人参考。另外，还应尽可能准备好各种具体的宣传辅助资料，包括文字资料、实物资料、照片或模型资料等，在会议举行时现场分发或摆放，以增强发言人的信息发放效果。

第六，其他安排。记者招待会前后，还可组织记者进行参观，给记者创造实地采访、摄影、录像的机会，增强记者对会议主题的感性认识。如有必要并且财力和时间许可，可在会后安排小型宴请。另外，还应考虑会议的拍照、录像、纪念品的发放等事宜。

第七，经费预算。包括场租、会场布置、资料印刷、音响器材、礼品、文书用具、交通费用等。

会议充分地筹备只是一个好的开始。更关键的还是会议召开本身。记者招待会是社会组织通过发言人与新闻记着双向沟通的过程，主持人和发言人的一举一动、一言一行都代表着组织的形象。因此，为了使会议获得成功，在记者招待会召开过程中，主持人或发言人应注意以下内容：

第一，充分发挥会议主持人的作用。会议主持人应该充分发挥组织能力和语言技巧，活跃整个会议气氛，引导记者踊跃提问。当提问离会议主题太远时，要善于巧妙地将话题引向主题；当会议出现紧张气氛时，应能及时调节缓和。对会议程序的掌握要紧凑有序，不可松松垮垮，也不要随便延长预定时间。

第二，要尊重记者的发言、提问，不要随便打断他们的发言或提问，也不要采取任何动作、表情或语言阻止他们。即使记者的发言提问带有很强的偏见和误解，主持人和发言人也不能激动，显出愤怒、不耐烦的表情，说话应有涵养，风趣而不失庄重。

第三，所发布的信息必须准确无误，若发现错误应及时予以更正。对于不愿发表的内容，应婉转地向记者做解释，千万不可吞吞吐吐，造成尴尬局面。遇到回答不了的问题，不能简单地说"不知道"、"不清楚"、"我不能告诉你"等直接拒绝的语言，而应采取灵活而通情达理的办法给予回答，切忌因此而引起记者的不满和反感。

记者招待会结束之后，社会组织还应做三方面的工作：一是收集到会记者对会议的反应，请他们提出意见和评价，以便改进今后的工作。二是收集各新闻媒体的报道，检测信息发布的效果。若报道中出现差错或歪曲，应及时在有关媒体上给予纠正和澄清。三是对记者招待会的组织、布置、主持和回答问题等方面工作作认真总结，从中汲取经验和教训，并将总结材料归档备查。

五、危机公关活动

危机公关活动是社会组织面临形象或声誉危机时，所开展的与社会公众充分交流信息，达成谅解，解决组织与公众间纠纷，改变组织在公众意识中的不好形象，消除危机的公共关系活动。

（一）组织出现的公关危机类型

社会组织的形象危机往往是社会组织和公众之间的纠纷而导致的。通常社会组织有可能出现的公关危机大致有五种：一是组织内部关系纠纷，如干群关系纠纷、员工关系纠纷等等，其纠纷的核心问题是工作方法、管理方式不同及利益关系问题。二是消费者关系纠纷，其核心问题是产品的质量、价格、服务所带来的利益关系问题。三是组织之间的关系纠纷，如合作者关系纠纷，其核心是因供销、合作等所引发的利益关系问题。四是政府关系纠纷。五是社区关系纠纷。后两类纠纷的核心问题是社会管理及社会性问题而引起的利益问题。

面临着这些可能出现的纠纷，社会组织的危机公关活动应该以预防为主。即社会组织应树立强烈的公众至上的意识和自律意识，经常以公众的利益和需要检查自己的行为，改善组织的行为，并自觉接受各方面公众的监督，加强与公众的沟通，使组织行为不违反公众利益，从而避免公关纠纷的出现。在这一点上，社会组织的公关部门应经常性地了解社会舆论信息，调查研究公众信息，及早预测、咨询，为组织提供预防纠纷的对策。

（二）危机公关的原则

危机公关 5S 原则是指危机发生后为解决危机所采用的 5 大原则，它由北京关键点公关游昌乔总裁创导，包括承担责任原则（shouldering the matter）、真诚沟通原则（sincerity）、速度第一原则（speed）、系统运行原则（system）、权威证实原则（standard）。

1. 承担责任

危机发生后，公众会关心两方面的问题：一方面是利益问题，利益是公众关注的焦点，因此无论谁是谁非，企业都应该承担责任。即使受害者在事故发生中有一定责任，企业也不应首先追究其责任，否则会各执己见，加深矛盾，引起公众的反感，不利于问题的解决。另一方面是感情问题，公众很在意企业是否在意自己的感受，因此企业应该站在受害者的立场上表示同情和安慰，并通过新闻媒介向公众致歉，解决深层次的心理、情感关系问题，从而赢得公众的理解和信任。

实际上，公众和媒体往往在心目中已经有了一杆秤，即企业应该怎样处理，我才会感到满意。因此企业绝对不能选择对抗，态度至关重要。

2. 真诚沟通

企业处于危机漩涡中时，是公众和媒介的焦点。其一举一动都将接受质疑，因此千万不要有侥幸心理，企图蒙混过关，而应该主动与新闻媒介联系，尽快与公众沟通，说明事实真相，促使双方互相理解，消除疑虑与不安。

真诚沟通是处理危机的基本原则之一。这里的真诚指"三诚"，即诚意、诚恳、诚实。如果做到了这"三诚"，则一切问题都可迎刃而解。

（1）诚意。在事件发生后的第一时间，公司的高层应向公众说明情况，并致以歉意，从而体现企业勇于承担责任、对消费者负责的企业文化，赢得消费者的同情和理解。

（2）诚恳。一切以消费者的利益为重，不回避问题和错误，及时与媒体和公众沟通，向消费者说明危机处理的进展情况，重拾消费者的信任和尊重。

（3）诚实。诚实是危机处理最关键也最有效的解决办法。我们会原谅一个人的错误，但不会原谅一个人说谎。

3. 速度第一

好事不出门，坏事行千里。在危机出现的最初 12～24 小时内，消息会像病毒一样，以裂变方式高速传播。而这时候，可靠的消息往往不多，社会上充斥着谣言和猜测。公司的一举一动将是外界评判公司如何处理这次危机的主要根据。媒体、公众及政府都密切注视公司发出的第一份声明。对于公司在处理危机方面的做法和立场，舆论赞成与否往往都会立刻见于传媒报道。

因此公司必须当机立断，快速反应，果决行动，与媒体和公众进行沟通，从而迅速控制事态，否则会扩大突发危机的范围，甚至可能失去对全局的控制。危机发生后，能否首先控制住事态，使其不扩大、不升级、不蔓延，是处理危机的关键。

4. 系统运行

危机的系统运作主要是做好以下几点：

（1）以冷对热、以静制动：危机会使人处于焦躁或恐惧之中，所以企业高层应以"冷"对"热"、以"静"制"动"，镇定自若，以减轻企业员工的心理压力。

（2）统一观点，稳住阵脚：在企业内部迅速统一观点，对危机有清醒认识，从而稳住阵脚，万众一心，同仇敌忾。

（3）组建班子，专项负责：一般情况下，危机公关小组由企业的公关部成员和企业涉及危机的高层领导直接组成。这样，一方面是高效率的保证，另一方面是对外口径一致的保证，使公众对企业处理危机的诚意感到可以信赖。

（4）果断决策，迅速实施：由于危机瞬息万变，在危机决策时效性要求和信息匮乏条件下，任何模糊的决策都会产生严重的后果。所以必须最大限度地集中决策使用资源，迅速做出决策，系统部署，付诸实施。

（5）合纵连横，借助外力：当危机来临，应和政府部门、行业协会、同行企业及新闻媒体充分配合，联手对付危机，在众人拾柴火焰高的同时，增强公信力、影响力。

（6）循序渐进，标本兼治：要真正彻底地消除危机，需要在控制事态后，及时准确地找到危机的症结，对症下药，谋求治"本"。如果仅仅停留在治标阶段，就会前功尽弃，甚至引发新的危机。

5. 权威证实

自己称赞自己是没用的，没有权威的认可只会徒留笑柄，在危机发生后，企业不要自己整天拿着高音喇叭叫冤，而要曲线救国，请重量级的第三者在前台说话，使消费者解除对自己的警戒心理，重获信任。

（三）危机公关的活动步骤

但是，当公关纠纷发生，形象危机出现后，社会组织也应该处乱不惊，及时开展危机公关活动，解决公关纠纷，消除危机。

危机公共关系活动的核心就是迅速及时地争取社会组织和公众的双向沟通，达到双方的互相谅解。其具体活动步骤如下：

第一，开展调查研究活动。形象危机是组织与公众之间纠纷的激化。通常在这种情况下，公众的批评是尖锐严厉的，有时还过于偏激。公关人员应代表组织耐心接受，组织公众代表座谈会，认真听取公众意见，尽量避免情绪的对立，使公众情绪逐渐和缓平静。同时，公关人员应立即行动，查清事实真相。为使调查中立公正，还可委托第三者调查事实真相。

第二，组织交流意见活动。在充分调查研究和查清事实的基础上，调整组织决策和行为，并将组织的态度告知公众，并通过座谈会、对话、媒介上的致歉公告等方式，与公众交换意见，达成谅解。座谈会、对话活动也可委托组织和公众双方都信任的第三者主持。组织在与公众交换意见时，应真诚接受公众的监督和批评，不推卸责任，主动将调查报告印发给公众代表，恳请公众与组织携手，共同解决危机问题。

第三，进行沟通感情的活动。在组织和公众双方达成谅解的基础上，社会组织应积极主动地改进行为，争取公众的好感；同时，应从物质和情感上，给予公众以一定的补偿和慰问。危机解除后，组织应不计前嫌，尽量加强与公众之间的信息交流、感情交流，促进双方的互相了解和永久性合作。

如果公关纠纷和形象危机是在较大范围内发生的，并引起了一些不利于组织发展的舆论反应时，社会组织还应该在开展危机公关活动中，加强有利于组织发展的舆论宣传。

本章小结

所谓公共关系专题活动是指社会组织为了某一明确目的、围绕某一特定主题而精心策划的公共关系活动。明确专题活动的目的与主题，是开展公共关系专题活动的关键。公共专题活动主题的选择既要考虑组织本身各方面的实际状况，还要根据社会环境、条件等情况以及公众的需求和心理状况来进行综合考察。

公关专题活动的类型有很多，公关人员可以根据公关工作的任务及专题活动的具体目的、主题来选择。(1) 根据工作方式的特点不同，公关专题活动可区分为宣传型公关活动、征询型公关活动、交际型公关活动、服务性公关活动和社会型公关活动。(2) 根据社会组织与社会环境、社会公众之间适应程度的变化，可将公关专题活动分为建设型公关活动、维系型公关活动、防御型公关活动、矫正型公关活动和进攻型公关活动。

宣传型公关活动就是利用各种传播媒体向外传播的公共关系专题活动。

征询型公关活动就是以收集信息、舆论调查、民意测验为主的公共关系专题活动。

交际型公关活动就是以无媒介的人际交往为主，对内外公众进行直接沟通的公共关系专题活动。

服务型公关活动就是以社会组织为社会公众提供各种服务为主的公共关系专题活动。

社会型公关活动就是社会组织举办各种社会性、公益性活动，以表示组织的社会责任感的公共关系专题活动。

建设型公关活动是新开办的社会组织或新研制的产品为了适应社会环境、增进与公众联系，扩大社会影响而开展的公共关系专题活动。

维系型公关活动是社会组织在已经适应环境、得到公众支持的状况下，进一步开展公关活动，以求得更稳定发展的公共关系专题活动。

防御型公关活动是当社会环境即将发生变化，社会组织与公众之间可能出现差距时，社会组织主动改进自身的决策和行为，开展以防为主的公关活动，保持自身与环境一致，与公众协调的公共关系专题活动。

矫正型公关活动就是社会组织出现了某些方面的工作失误，造成组织形象受到损害，引起和公众的矛盾时，为了挽回受损的组织形象，重塑新的组织形象而采取一系列措施的公共关系专题活动。

进攻型公关活动就是当社会环境已经发生变化，组织与公众之间已经出现了差距时，社会组织开展以攻为主的，完善自身的决策和行为，保持组织与环境、公众要求一致的公共关系专题活动。

公共关系专题活动的特点是：(1) 具有较强的针对性。(2) 具有较强的感染力。(3) 具有较灵活的形式。(4) 具有较机动的时间安排。

公共关系专题活动的开展有若干具体要求：（1）活动富有特色。（2）符合公众的心理。（3）注意行为规范。（4）做好宣传工作。

要使专题活动办的富有特色，必须注意若干具体问题：（1）目标明确，计划周密。（2）主题鲜明，内容具体。（3）时间恰当，规模适中。（4）形式新颖，组织得体。

公关专题活动的作用。（1）公共关系专题活动对于改善组织的公共关系状态有极为重要的意义。（2）公共关系专题活动施加影响的对象并非组织的所有公众，而是以其中某一部分公众为重点。在这种情况下，公共关系专题活动将会起到很好的协调和沟通作用。（3）公共关系还能够以比广告低得多的成本让公众增进对公司及其产品的了解，特别是运用公共关系能增强宣传内容的可信度。

公共关系专题活动的形式很多，其中经常使用的基本形式有：参观组织、赞助、展览、记者招待会、危机公关活动等等。

参观组织即邀请员工家属、新闻工作者、政府官员及其他对组织感兴趣的公众到组织内参观考察。

赞助活动，是指社会组织以不计报酬的捐赠方式，出资或出力支持某项社会活动、某种社会事业。赞助活动的目的主要有如下几个方面：（1）出资赞助社会公益事业，为企业经济效益的提高创造了社会大环境，因此提高社会效益是赞助活动的重要目的。（2）关心和支持社会公益事业，表明企业作为社会的一员，为社会作出贡献，从而树立企业的美好形象。（3）赞助可以证明企业的经济实力，赢得社会公众的信任，谋求社会公众的好感。（4）赞助活动可以扩大企业知名度，增强企业商业广告的说服力和影响力，因此扩大影响是赞助活动的主要目的。

赞助有许多具体的类型：按内容划分，有文化、教育、体育事业赞助，社会福利、慈善事业赞助，环境保护赞助，社区建设赞助等等。按形式划分；有资金赞助、物资赞助、劳务赞助、技术知识人才赞助等等。按规模划分：有大型赞助、小型赞助。按时间划分：有定期赞助和不定期赞助。

展览是通过实物、图表、图片、文字来展现社会组织业绩、形象的宣传方式。展览会通过实物、模型和图表进行宣传，不仅可以起到教育公众、传播信息、扩大影响的作用，还可以使组织找到自我、宣传自我、增进效益。展览的类型：以贸易为目的的展览会，以宣传组织为目的的展览会；单一商品的展览会，混合商品展览会；室内举办的展览会，在室外举办地露天展览会；大型的综合展览会，小型甚至微型的展览会；科技展览会、服装展览、食品展览；等等。

记者招待会是社会组织邀请新闻记者出席，宣布某些重要信息，并让记者就此进行提问，由专人回答问题的一种特殊会议。记者招待会是公共关系信息传播的一种主要形式，属于二步式传播范畴。

危机公关活动是社会组织面临形象或声誉危机时，所开展的与社会公众充分交流信息，达成谅解，解决组织与公众间纠纷，改变组织在公众意识中的不好形象，消除危机的公共关系活动。社会组织有可能出现的公关危机大致有五种：一是组织内部关系纠纷。二是消费者关系纠纷。三是组织之间的关系纠纷。四是政府关系纠纷。五是社区关系纠纷。危机公关5S原则是指危机发生后为解决危机所采用的5大原则，包括承担责任原则、真诚沟通原则、速度第一原则、系统运行原则、权威证实原则。危机公共关系活动的核心就是迅速及时地争取社会组织和公众的双向沟通，达到双方的互相谅解。其具体活动步骤如下：第一，开展调查研究活动。第二，组织交流意见活动。第三，进行沟通感情的活动。

关键概念

公共关系专题活动（Public Relations Special Events）
赞助（Sponsorship）
展览（Exhibition）
记者招待会（Press Conference）
危机公关活动（Crisis Public Relations Activities）

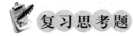

复习思考题

1. 简述公共关系专题活动类型。
2. 比较矫正型公关活动与进攻型公关活动的区别。
3. 简述公共关系专题活动的特点。
4. 公共关系专题活动的形式有哪些？
5. 简述赞助及类型。
6. 简述展览及类型。
7. 记者招待会的筹备应注意哪些方面？
8. 简述危机公关活动及步骤。

案例分析

马航客机失联事件

北京时间 3 月 8 日凌晨 1 时 20 分，由马来西亚飞往北京的马来西亚航空公司MH370 航班与地面失去联系，机上 239 人中包括 153 名中国大陆乘客。2 时 40 分，马来西亚苏邦空中交通管制台证实航班失联。6 时 30 分，失联航班没能按时抵达北京首都国际机场。8 时左右，马航发布航班失联官方消息。

9 时，中国民航局空管局向新华社记者证实 MH370 航班在越南胡志明市管制区同管制部门失去通信联络，并失去雷达信号，同时客机未进入我国空管情报区。

10 时，中国交通部部长杨传堂在中国海上搜救中心召开紧急会议，宣布立即启动一级应急响应。

11 时，马航公布乘客名单。马航 VP 接受 CNN 访问表示，本次航班配有 7 小时航油，他们相信到目前为止，飞机航油已经耗尽。马航目前对飞机位置完全没有头绪。

有媒体报道称，越南搜救人员当天在越南南部金瓯省西南 120 海里处发现失联客机信号。随后越南官方予以否认。

8日下午，马航召开发布会，比预定时间推迟2小时。发布会仅持续5分钟，发布的仍是"失去联系"的消息，也未给记者提问机会。主持人离场时现场一片骚动，场外则一片混乱。

马来西亚交通部长8日否认了马航MH370航班已经坠毁的消息。

波音公司8日下午发表关于马来西亚航空公司MH370航班的声明，对失去联系的马来西亚航空公司MH370航班上所有人的家庭致以最深切的关切，并宣布波音正在组建一支团队，以向调查当局提供技术协助。

在失联13个小时后，马来西亚总理纳吉布16时将就事故情况召开记者会。记者会又因故推迟数小时。

8日晚，一些媒体报道，失联客机乘客名单中一名意大利乘客并没有登机，其护照于一年前丢失。意大利外交部证实，这名乘客身在泰国。9日凌晨，奥地利外交部证实，乘客名单中一名奥地利籍乘客也没有登机，人在奥地利，2012年曾在泰国丢失护照。国际刑警组织当天下午证实，至少两本已在这一机构数据库备案的被偷护照被马航失联客机乘客使用。这一消息引发人们关于航班遭恐怖分子劫持的猜想。

马来西亚官方9日15时说，吉隆坡国际机场现场监控已经锁定使用虚假护照信息登机的乘客画面。马方称用假护照登机的乘客为"亚洲面孔"，晚些时候否认这一说法。11日，马来西亚警方公布监控视频截图。国际刑警组织证实，两人均为伊朗人，只是，他们的目的应该是偷渡欧洲，没有发现与恐怖组织有关联。

与此同时，多国海空搜寻继续，尤其是越南，尽力调动资源，反复查找可疑漂浮物。中国舰船和飞机则在超过5万平方公里的茫茫大海上夜以继日地拉网式搜寻。

3月12日，马航方面召开与失联乘客家属的沟通会。在会上，马航方面公布了领取特殊慰问金需要签订的说明。随后，31000元特殊慰问金开始发放。

3月15日，马来西亚总理纳吉布亲自出席发布会，并确认失联客机联络系统是被人为关闭的，而客机航线也是被蓄意改变的，卫星与飞机之间的最后一次通信为3月8日8点11分。针对客机的最后位置，纳吉布给出了两种可能，即南部走廊地带和北部走廊地带。

而此前，美国媒体援引客机发动机制造商提供的数据报道，飞机失联后飞行了4个小时，遭马方否认。

3月23日，马来西亚政府称，法国当局当天提供的卫星图像显示，在印度洋南部海域发现可能与马航MH370航班有关的可疑漂浮物。

北京时间3月24日晚10时，马来西亚总理纳吉布在吉隆坡就有关失联客机MH370的相关进展召开新闻发布会，根据最新的分析结果，MH370客机已坠落在南印度洋，机上无人生还。纳吉布表示，25日早上会开新闻发布会公布更多细节。马航已经向家属通报了相关进展，随后纳吉布的声明结束，未透露更多细节。

媒体称，马总理宣布MH370航班在印度洋中部坠毁的结论，只是根据inmarsat公司的海事卫星数据分析得出的，尚无残骸、黑匣子的有力佐证。

在北京丽都酒店守候了十余天的乘客家属在听到马来西亚官方宣布飞机失事的消

息后悲痛欲绝，但鉴于以往马方在调查事件时的反复和滞后表现，一部分家属表示不信任这一说法，只有看到飞机残骸才能确信飞机失事。

25日上午，乘客家属举着自制标语步行前往马来西亚驻华大使馆进行抗议。

下午3点半，马来西亚驻华大使在丽都饭店参加家属说明会，家属正对昨天马方宣布飞机坠海这一结果向马来西亚驻华大使提出质疑，马大使表示现在无法回答。家属要求大使现场给马总理打电话询问，马大使沉默，只称会转达问题。

飞机失联后，马航和马政府立即展开寻找和搜救工作，公布乘客名单，召开发布会向乘客家属表达慰问和歉意，这一点符合承担责任原则。

然而，在整个事件过程中，对于信息的发布，马航除了"no idea"，就是不断地否认、否认再否认，拖延，隐瞒事件真相，导致危机急剧蔓延。

在对飞机失联的各种可能性依次否认后，24日晚突然召开发布会，在没有飞机碎片和黑匣子等证据的情况下，仅凭卫星数据就断定飞机终结于南印度洋，无人生还。这种漠视家属情感、无视各国联合搜救努力的武断行为，无疑是对全世界的极端不负责任，引发了中国以及其他国家的严重抗议和不满。

飞机失联后，马航以及马政府虽然多次召开新闻发布会、家属沟通会与媒体和乘客家属进行沟通，然而其沟通并未取得如期效果，反而使危机愈加严重。

一方面，对于事件进展的发布，马航并未在第一时间发布权威官方信息，导致舆论真空期谣言满天飞；同时，信息发布没有统一口径，信息来源多样，马方不断否认，给公众带来极大负面形象。另一方面，沟通态度缺乏诚意，几次发布会都是无故推迟，甚至单方面更改地点，草率应对，不给媒体提问机会，导致媒体形象极端负面。

在这一危机处理过程中，马方的行为严重违背速度第一原则。首先，飞机失联5个小时候才发布航班失联官方消息。当天上午媒体已经广泛报道，下午才召开新闻发布会。其次，在搜救过程中，马方也一直给人带来拖延的印象。

在整个事件过程中，自始至终，马方缺乏系统的危机应对策略，发布信息，否认，再发布，再否认，再承认，整个危机处理混乱不堪，使马航以及马来西亚政府的形象跌入谷底。

权威证实方面，虽然有很多国家参与搜救，在24日晚举行的发布会上，马方也借助英国inmarsat公司的海事卫星数据得出飞机在印度洋中部坠毁的结论，然而很多信息和结论要么被推翻被否认，要么缺乏确凿证据，从而引发更大的质疑和抗议，没有起到权威证实应有的效果。

资料来源：我爱公关网，http://www.5ipr.cn/.

 案例思考题

1. 联系案例，谈谈如何开展公共关系专题活动。

2. 结合案例，讨论如何开展危机公关活动。

第十五章
公共关系文书

☞ 学习目的与要求

理解公共关系文书的内涵及特点。

掌握新闻稿、公关工作计划、公关书信、公关柬帖、公关函件、简报的撰写。

了解公关文书的写作原则、文体形式、公务文书的要求。

 引例

腾讯向用户发布致歉声明

2010 年，北京奇虎科技有限公司与深圳市腾讯计算机系统有限公司在互联网业务中产生纠纷，采取不正当竞争行为，甚至单方面中断对用户的服务，影响了用户的正常使用，引起用户不满，造成了恶劣的社会影响。事件发生后，工业和信息化部高度重视，会同相关部门及时了解情况，平息争议，坚决维护用户合法权益和市场秩序。经各方共同努力，目前事件处置已取得初步效果。

11 月 21 日晚间消息，腾讯公司在其官方网站显要位置刊载致歉声明，称向所有在事件中受到困扰的用户致以诚挚的歉意。

以下为致歉声明全文：

和你在一起

亲爱的 QQ 用户：

前段时间，腾讯公司和 360 公司爆发了一场广为人知的纷争。最终在工业和信息化部等政府部门的协调下，这次纷争告一段落，QQ用户的安全和权益得到了保障。在此，我们向所有在事件中受到困扰的用户致以诚挚的歉意！对工业和信息化部等政府部门的通报批评我们虚心接受，并且会按照有关要求认真落实后续工作。对大家在此过程中对我们提出的意见和各种批评，我们也会认真听取、总结，吸取教训。

痛定思痛，我们处理的方式和与用户沟通中采取的方式有很多值得反思的地方。起初，我们把注意力都放在"谁对谁错"、"是非曲直"这样的问题上，与此同时，却忽略了用户的感受。

作为一家发展较早、规模较大的企业，同时作为行业领先者，我们应该更加注重用户的感受；如果我们在做出那个"艰难的决定"之前能够和您有更充分的沟通，让您能有机会更明白风险和问题所在，整个事件的演化也许就是另外一幅情景。

事件发生后，我们从用户、媒体、行业专家那里得到了很多信息，其中有意见，有建议，也有批评。无论从哪个角度，能得到您的帮助是我们的幸运，也是我们在这个事件中的一分收获。您现在也许还无法想象这些意见对我们有多么重要。正是您的这些意见，将会成为腾讯公司战略转型和企业升级的关键动力。

也正是因为有了这样的认识，公司领导在不久前致员工的一封信里才会提出："这不是最坏的时刻；也没有最好的时刻；让我们放下愤怒；让我们保持敬畏；让我们打开未来之门。"我们相信，这次事件结束之后，在政府的推动下，我们一直渴求的"阳光下的竞争"时代终将到来。腾讯也将以更开放的心态和用户、行业一起去拥抱这个时代。

随着QQ用户数的持续增长，我们明白身上的责任越来越重大。面对责任，我们必须对自己要求更高、做到更好。这样的心态也让我们更能理解您在此事件中所受到的困扰。因此，我们再次向您致以诚挚的歉意，希望未来能继续得到您的支持。

无论过去、现在还是未来，我们的心愿不变：和你在一起。

腾讯公司

2010 年 11 月 21 日

资料来源：新浪网，http://www.sina.com.cn/.

公共关系文书在公共关系实务中是十分重要的"交通工具"，它用文字语言在社会组织和公众之间沟通观点、反馈信息、传播情感。公共关系工作要使社会组织和公众相互了解、相互适应，是离不开公共关系文书的，公共关系工作人员必须熟练地掌握公共关系文书的写作。

第一节　公关文书概要

公共关系文书是社会组织为了树立组织良好形象，在与社会公众交往过程中记录信息，交流信息，传递情感，表达意图，互相联络的文字材料。

公关文书涉及的面很广。一般来说,公关部门及其公关人员在对内对外联系的过程中,经常是通过函件、报告、报道、计划、总结、公文、简报、书信、请柬等形式和社会公众交流沟通的。这些文字语言媒介,往往直接表达着社会组织的政策方针,体现着组织的形象声誉,反映着组织的文化素养。所以,要搞好社会组织的公共关系工作,必须在公关文书写作方面具有较强的能力和水平。

一、公关文书的特点

公关文书在公共关系实务工作中用途极广,涉及面较大。在公共关系交往中,公关文书已形成了自己的特点,可归为以下九方面。

(1) 实用性。公共关系文书是和社会组织的公共关系活动紧密联系的,它是为公关工作服务的,因此其功能具有很强的实用性。它不必像写文学作品那样虚构和夸张,而是用文字直接地表达社会组织和公众之间信息的传递、交流和反馈。正因为公关文书具有较强实用性,所以其用途极为广泛。

(2) 使用范围较广。有人说公关文书是"无所不在的交通工具",是很有道理的。就范围来看,公关文书的使用十分广泛。有对内部公众的,有对外部公众的;有对群体公众的,有对个人公众的。而且在公共关系活动的各个环节中都必须使用公关文书,从调查报告到工作计划,从咨询建议到公关广告,从新闻报道到内部简报等等,每个社会组织只要开展公关活动,几乎天天都要和公关文书打交道。

(3) 信息容量比较大。公共关系文书作为一种文字书面表达形式,其信息容量比较大。例如,组织形象调查报告就包括各方面公众对组织各方面行为的评估及其项目分析。就连极不起眼的请柬也容纳了大量的信息,包括发请柬的目的、被邀请的公众、出席项目的名称、时间、地名、要求等等。面对公关文书,公众往往可以获得全面、完整、深入的信息,这是其他传播工具难以相比的。

(4) 表达的艺术性。公共关系本来就是一门富于艺术性的工作。作为公关工作书面表达形式的公关文书,无疑也要讲究艺术性。公关文书的艺术性并不是华而不实、矫揉造作,而是指文书的结构、语言、表达方式等要适合社会公众的心理状况,要使公众愿意接受并且容易接受文书中所传递的组织信息。也就是说,在公关文书中,要达到内容、语言、形式三者的完美结合,从而体现社会组织的良好形象。

(5) 较高的权威性。公共关系文书是社会组织为了改善与公众的关系,树立组织形象而在开展各种公关活动中制发的,因此具有一定的声誉权威性。这种声誉权威性来自制发公关文书的社会组织的声誉和权威。也就是说,声誉越高的组织,其制发的公关文书声誉的权威性就越高;反之亦然。例如一个声誉不高的企业所做的广告,其声誉的权威性就可能不高,也就不可能完全得到社会公众的信赖。

(6) 传播的单向性。通过公共关系文书传递的信息往往是一种单向性的传播。比如报告、请示等仅仅是向上的信息传递,指示、命令等则是向下的信息传递,书信、函件等是平行的单向信息传递,通知是向内部公众的信息传递,新闻稿则是向外部公众的信息传递。就这一点讲,公关文书不能像各种会议如记者招待会、座谈会那样直接地进行信息的双向交流。

（7）接受的主动性。公共关系文书作为公关活动中的一种书面文字表达形式，提供给公众的都是一些文字资料，这就可以使公众或读者反复阅读、熟悉和理解文书中所包含的信息内容，而且还可以自我控制阅读速度，主动选择阅读时间或地点。公关文书的这一特点也是广播、电视等传播媒介所不具有的。

（8）反馈的间接性。公共关系文书作为社会组织向社会公众传递信息的手段和载体，其传递的内容也会有信息的反馈，但其反馈比较缓慢，是一种间接的信息反馈。例如，社会组织向某公众组织发出函件，其回函就需要等待一段时间。公关文书的这种信息反馈的间接性，可能使传播者难以得到及时、准确和充分的反馈信息。

（9）储存的长久性。公共关系文书作为组织的公关活动的文字资料，对于组织来讲，它具有长久储存的意义。如调查报告、工作计划、公文、简报、函件等都可以存档备案，为以后的公关工作提供资料和经验。对于公众来讲，公关文书也具有长久储存的意义，如产品或服务广告、公关书信、简报等可以保存下来，以备查用或留作纪念。

掌握公关文书的特点，主要是帮助人们在运用公关文书开展公关活动时，发挥其优越的一面，避免其不利的一面，使公关文书更好地为树立组织良好形象服务。

二、公关文书的写作原则

公共关系文书属于应用文，它同一般的应用文具有共同性。因此也要求在写作上坚持主题鲜明、结构紧凑、层次清楚、文字流畅等原则。

但是，由于公关文书从属于社会组织的公关工作，实用性和目的性都很强，所以，除了上面所要求的原则外，还有自身的一些特殊原则。归结起来，主要的有以下几点：

（1）立意准确。公关文书的写作首先要求立意准确、观点鲜明，提倡什么，反对什么，说明什么观点，解决什么问题，都必须十分明确。而且文书中所传递的信息应该是准确无误的。例如：请柬中所要求的时间、地点都必须准确，新闻稿所报道的信息也必须是准确真实的。只有这样，才能获得公众的信任和好感。

（2）注重实际。公关文书同供读者欣赏的文学作品不同，它不能像文学家那样将生活中的素材加以提炼集中创造出典型，也不能用含蓄的表现手法去感染读者，让读者自己去品味。公关文书是公关工作的办事工具，要用它来沟通公众，树立形象，因此，公关文书的写作必须注重实际，讲求恰如其分。在公关文书的各种文体中，其写作手法大多是直诉其事，直指其意，直表其情，不允许任何虚构和杜撰。

（3）语言生动。公共关系文书的写作也要求语言生动活泼，以增添文书的耐看性、可读性，吸引社会公众更多地了解社会组织的信息，对社会组织产生好感。要使公关文书的语言生动应从两方面努力，一是从社会组织形象的个性和特色出发，写出与众不同的新闻稿、调查报告、工作计划、广告等公关文书；二是讲究语言的独特表达方式，公关文书虽然多是直叙性文章，但站在公众能愉快接受的角度运用灵活机动的表达方式，也能使呆板的文书生动起来。

（4）文字简练。契诃夫曾说过："简练是才能的姐妹。"无论什么文章，写得累赘冗长都不好。而讲究立意准确、注重实际的公关文书更要求简练明了。只有文字简练，观点明了，公关文书才便于阅读和处理，才能提高办事效率。要使公关文书写得简练，首先在写作思路上要头脑清晰，对文书中所说明的事项、存在的问题、采取的措施及步骤要有一个清楚明确的分析和概括。这样写作起来，就能做到层次清晰、文字简练。其次，在写作技巧上，公关文书都应开门见山，意尽即止，切忌主题不明，画蛇添足。

（5）迅速及时。公共关系文书大都用于社会组织与公众之间的信息传递，而信息往往是转瞬即逝的。因此，公关文书的写作还要求迅速及时。如新闻稿的写作，当新闻事件发生后就必须迅速将稿件送往新闻媒体编发，才具有新闻价值，并使社会公众及时了解组织的形象信息。如果公关文书的写作拖拖拉拉，像有些文艺作品那样"构思十年"，就会失去它的功效。

（6）大方得体。公共关系文书大都要在广大社会公众中传递，散发面广。社会公众可以通过文书的写作及制作水平、方式，分析该组织的人员状况、文化素质乃至组织形象。因此，在公关文书的写作以及相关的书写、外观设计上，在文书传递的方式和时机上，都要做得大方得体，不可草率从事。特别是在公关文书的写作上更要注意件件得体，因为公关文书涉及的文体较多，而各类文体都有自己的格式，不可混淆或滥用，否则，就会贻笑大方。为此，公关文书的写作者必须掌握各种文体的规定形式，使发出的文书符合本组织的地位和身份，以利于组织声誉的提高。

第二节　公关文书的基本文体形式

公共关系文书的文体形式比较多，但在公关活动中较常用的有新闻稿、公关工作计划书、公关书信和柬帖、函件、公文和简报。

一、新闻稿

新闻稿，包括向新闻界提供的各种信息，它是社会组织与新闻界保持密切联系和良好合作关系的纽带。社会组织若要使自己和社会公众达到信息上的沟通和联系，就必须经常向新闻界提供一些时效性强、有新闻价值的稿件。从对外公共关系技术来说，社会组织要能提供较好的新闻稿，主要应当掌握两种文体的撰写技术，一种是新闻报道，另一种是说明介绍。

1. 新闻报道

撰写新闻报道应在"新、特、众"上下工夫。新，是指信息的时间及时性。凡是要提供给新闻界的新闻信息，都应在最短时间内完成信息的整理、撰写和发送工作，保证其是"新闻"而不致成为"旧闻"。

特，指新闻信息的内容，一定要有社会组织自身的特点、特色。

众，也就是要求社会组织的新闻报道稿一定要与公众有着某种联系，即要有社会意义。

"新、特、众"这三点汇集起来，可以叫做"新闻点"，是支撑整篇新闻报道稿的关键。因此，公共关系工作人员在撰写新闻报道稿时，要以敏锐的观察力和深刻的分析力捕捉"新闻点"。此外，在写作技巧上，还要注意"五个 W 和一个 H"，即 when（何时），where（何地），who（何人），what（何事），why（何因），how（怎样发生的），只有简洁完整地表达了以上内容，才能算一个比较完整的信息。

2. 说明介绍

说明介绍是针对一些新闻价值比较小，但是对社会组织有益的事件或服务项目、产品等进行的比较详细清楚的说明。

撰写说明介绍稿件，要注意三个特点：一是知识性，要使公众了解一些以前不了解的知识；二是趣味性，要使公众感兴趣，产生好奇心，在题材的选择和写作的技巧上，切忌叙述平淡的事物和使用枯燥的文字；三是普及型，对一些专业性较强的产品，要尽可能用通俗易懂的文字去描述，使公众能够突破专业性知识缺乏的障碍。

【例文】

2015 年苹果发布会新品第三弹：全新的 Apple TV

2015 年苹果发布会，可谓是苹果有史以来新品最多的发布会了，虽然 iPhone6s/6sPlus 是主角，但新款 AppleWatch，iPadPro 发布之后，全新的 AppleTV 也正式在发布会上亮相了，AppleTV 是苹果的全新电视产品。

全新 AppleTV 采用 64 位 A8 处理器，支持蓝牙 4.0 以及 802.11acWiFi 网络连接，提供 HDMI 接口。遥控器采用蓝牙方式连接，具备加速和重力传感器，提供 3 个月的续航能力。

苹果认为，智能电视的未来是 App。苹果重新设计了 AppleTV 的 UI 界面，系统叫 tvOS，基于 iOS。Siri 主打 AppleTV 语音交互，用户可以通过语音指令来控制 AppleTV 的操作。语音搜索将是 AppleTV 的主要操作方式，并内置 AppStore，在遥控器上滑动可以实现快进功能。

Siri 进行了多方面程度的整合，在观看视频过程中，如果观众错过了精彩内容，则可以对 AppleTV 说"刚刚他们说了什么"，让电视画面自动回退 15 秒钟等。这将是非常便捷的操作。

AppleTV 支持全新的游戏操作体验，游戏功能将是 AppleTV 此次的重头戏之一，用户可以通过遥控器进行游戏体验操作。AppleTV 遥控器上有玻璃触控板、菜单按钮、显示按钮、Siri 按钮、播放/暂停按钮、音量按钮。触控板不仅支持视频操作，玩游戏时操作也更简单了。

AppleTV 还支持全新电视购物，赛事回放等多种电视娱乐功能。32GB 版本 149 美元，64GB 版本 199 美元，10 月晚些时候开始发售。

二、公关工作计划书

公关工作有很强的目的性，因此必须有事先的计划和准备。制订公关工作计划，首先要进行前期调查研究，通过调查研究掌握组织和公众状况，明确公关问题，确立公关活动所要达到的目标，然后制订具体行动方案。

一项重大的公共关系活动在具体实施时都是由若干项目组成，由一定的原则、策略指导，在一定时机内执行的整体活动。因此，在制订行动方案时，既要考虑对象公众、传播方式，也要考虑项目、策略和时机等因素。

具体的公共关系项目可分四种类型：一是利用社会组织现有设施举行的活动项目，如邀请公众参观组织、联谊活动等；二是以提供信息为内容的活动项目，如记者招待会、演讲会等；三是专门介绍产品或服务的活动项目，如产品展览会、售后服务活动等；四是利用节假日、纪念日等特殊时机举行的活动项目，如庆祝会、游览活动等。

撰写公关工作计划，在写作时主要以表述事项为主，语言要简洁、扼要、明确、具体，避免冗长、累赘。在结构上，先写公关工作的指导思想、总的目标，然后再写公关活动项目。公关活动项目是工作计划的主体部分，应写得具体。同时也要写清落实活动项目的措施和办法，包括人员调配、组织分工、方法步骤都应拟定妥当。还应把活动项目按轻重缓急、时间前后排出顺序。整个工作计划的篇幅及文字表述可根据计划的内容给予详略安排。

【例文】

酒店公关部 2015 年工作计划

为了更好地开展我公司公共关系工作，稳定现有客户资源，建立起与客户之间的良好合作关系，把酒店全面地推向旅游市场，提高酒店的知名度，争取做到最大限度为酒店创造经济效益。公共关系部将在 2015 年开展以下工作：

一、公关销售部的主要工作是在提高散客入住率的基础上，加大会议及旅游团队的营销工作，我们存在的优势是大型会议可以享受独处的环境，旅游团队为其提供合理的价格和优良服务。

二、今年重点工作之一建立完善的客户档案，对宾客按签单重点客户、会议接待客户，有发展潜力的客户等进行分类建档，详细记录客户所在单位、联系人姓名、地址、全年消费金额等，建立与保持同政府机关团体、各企事业单位、商人知名人士、企业家等重要客户的业务联系。为了巩固老客户和发展新客户，除了日常定期和不定期对客户进行销售访问外，在年终岁末、重要节假日及客户的生日，通过电话、发送信息等为客户送去我们的祝福。今年计划在适当时期召开一次大型客户答谢联络会，以加强与客户的感情交流，听取客户意见。

三、协调好三个营业部门的正常营运工作，尽量互相配合开拓创新，建立灵活的激励营销机制。开拓市场，争取客源。在旅游淡季的时候，加强餐饮、康乐部门的营销力度，做好招待工作，确保服务质量。

在总经理的正确领导与各部门的通力协助下，公关部 2015 年的工作一定能够再上新的台阶。

××酒店公共关系部

2014 年 12 月 15 日

三、公关书信与柬帖

1. 公关书信

公关书信是公关部门、公关人员在业务工作中不可缺少的传播和交际工具。当公关人员代表社会组织与外部公众、内部公众取得联系、沟通思想、联络感情时，书信便是一种简便、亲切、自然的沟通形式。

公关书信一般包括慰问信和便函两种形式。

①慰问信。慰问信是在公关活动中，为了表示对某些组织、某些公众的关怀所使用的书信格式。

写慰问信时，要表示出非常亲切、关怀的感情，使被慰问的公众有情义深厚、温暖如春的感觉。要在慰问信中热情赞颂被慰问对象的工作成绩、可贵精神，表示出深深的理解之意。写作语气要诚恳、真切，文字要朴实，篇幅要短小。

【例文】

春节的慰问——XX 远洋运输公司
致全体船员、职工、家属的慰问信

鸿雁传书关山度，春节假期慰亲人。值此一年一度新春佳节来临之际，我们谨向处在深化改革第一线奉献着辛勤劳动的远洋船员、职工们，向身负家庭重担、任劳任怨的海员职工家属们，致以节日的问候和祝贺，祝同志们新春快乐，家庭幸福，工作顺利！

……（略去的内容分别是在过去的一年里公司所取得的总成绩，广大海员为公司做出的贡献，海员家属默默的奉献，新的一年中奋斗目标，等等——作者注）

迎新春，展宏图。让我们团结在党中央周围，继续发扬中国海员的光荣传统，同心同德，艰苦奋斗，振奋精神，迎接时代的挑战，以优异的成绩迎接国庆六十周年。

恭祝同志们新春快乐，龙马精神！

××远洋运输公司
中共××远洋运输公司委员会
××远洋运输公司工会委员会
2009 年 2 月

②便函。便函是公关活动中不可缺少的宣传工具，是公关人员与公众保持联系、沟通思想、联络感情的一种正式形式。

便函写作要求主题简洁明了，用词准确贴切，布局条理清楚。便函的称呼应用亲切的方式表达，如"尊敬的先生"、"尊敬的顾客"等。便函的正文应开门见山，一语中的，文字畅晓，准确无误，语言真诚，简练生动。便函的结尾应写上礼貌语言，如"祝您健康"、"顺颂安好"等。

【例文】

中国大酒店公关部经理常××
给所有宾客的便函

亲爱的宾客：

　　欢迎×××阁下光临中国大酒店！

　　广州不仅有中国"南大门"之称，亦被誉为美食者之天堂。中国大酒店的多个餐厅，提供各式各样的中西美食，无论驰名中外的地道广州菜，还是正宗欧美佳肴，皆应有尽有，名副其实是"食在中国"。

　　敝店为求让宾客尝遍世界风味，二楼西餐厅正在举行"美国食品双周"，牛排阁为您挑选最佳美式牛排，最具鲜美、嫩滑之特色，配以烤马铃薯、先天玉蜀黍，十足之美国口味，更有青翠诱人之沙律及各式香醇加州美酒，任君选择。

　　若阁下嗜好汉堡包，不要错过丽廊餐厅及逸致轩推出的各式汉堡包，均为纯正美国口味。款式尤多，从夏威夷式至纽约式必有一款合您心意。阁下光临敝店，恰逢"美国食品双周"，愿诸君畅游美国食品世界……

　　　　谨祝

　　阁下有一舒适居停！

公共关系部经理

常××

×年×月×日

2. 公关柬帖

　　柬帖是用简要文字表述组织或个人的意向、感情，或者是通告某一方面事情的传播媒介方式。它内容虽简，但比一般信函更具有庄重、谦恭的特点。公关柬帖是公共关系活动中最礼貌又最简便的一种传播手段，通过它的传播，可给社会组织和公众之间带来信息交流，感情沟通。

　　公关柬帖常用的有两种形式：请柬和贺卡。

　　①请柬。请柬是社会组织为了开展某项活动对公众发出邀请的简要文字形式。

　　在公关活动中，常常要对外发出邀请，邀请信一般采用请柬形式。请柬一般都是印制的。其形状和大小可根据请柬的内容自行设计。请柬的封面颜色可不限，多选用红、蓝、白等色。不论使用自行设计的请柬还是使用固定的填空请柬都要注意仔细核对书写的地点、人名、内容、时间是否清晰无误。书写请柬时一定要注意字迹工整、漂亮、大方。

【例文一】

> 兹定于✕年✕月✕日（星期六）下午二时在✕✕俱乐部举行✕✕联欢会。（内容：游艺、棋类、录像、谜语、交谊舞、卡拉 OK 等）
>
> 届时敬请光临
>
> ✕✕公司
>
> （每柬一人）

【例文二】

> Dr   and   Mrs   Friedman
>
> Request the pleasure of your Company
>
> at dinner
>
> Friday，the fourth of May
>
> At eight o'Clock（p. m）
>
> Nanjing   Hotel

译文：弗里德曼博士和夫人谨订于 5 月 4 日（星期五）下午 8 时在南京饭店举行晚宴，敬请光临。

②贺卡。贺卡是公关活动中表示祝贺情感的一种简便书面方式。

贺卡是社会组织与公众之间感情上的一种联系和交流。寄送贺卡虽然简便，但也要认真填写祝贺之意。为了使贺卡更亲切感人、别具一格，一些大型的社会组织还可以特意制作本单位专门的贺卡。贺卡的形状、大小均无严格规定，一般为 12×21（cm）的长方折页形。封面应有恭贺致意之类的祝辞。内页上应有亲切的贺语，并注上制作或送发单位的名称、地址、网站、电子邮箱、电报、电话等。

【例文】

感谢您在过去的一年中对我
局的关心和支持，并祝您在新的
一年中事业发达，再展宏图。

Many thanks for the concerns and
favours you showed to Beijing Tou
-rism Administration in the past year,
and best wishes for your greater
success in the coming new year.

（内页一）

标记	北京市旅游事业管理局 BEIJING TOURISM ADMINISTRATION

中国：北京霞公府街×号　　　　　×Xiagongful Street，Beijing China
电话：×××××××　　　　　TEL：×××××××
电挂：××××北京　　　　　　　Cable：××××BEIJING
电传：××××BTTC CN　　　　　Telex：××××BTTC CN

（内页二）

四、函件、公文、简报

1. 函件

公关函件是处理公关事务的往来信件。它是上下级和各平行组织或不相隶属的组织之间在洽谈和联系工作、询问和答复问题时所使用的文体。

函件的特点是具有往来性和简便灵活性，它是以成对的形式出现的，有来函必有复函，有发函必有回函。在写作上，它不受公文格式的严格限制，如不用正式文件头，可不编文件号，有时还可以不拟标题，行文自由，简便灵活，篇幅也较短。

函件的构成有四个部分——标题、受文机关、正文和落款。

①标题。大体有四种写法：

一是公文规范标题法，即由发函机关、事由和文种组成。例：《××部关于组建公共关系咨询公司的函》。

二是由发函机关、事由、受函机关和文种组成。例《国务院办公厅关于悬挂国徽等问题给湖北省人民政府办公厅的复函》。

三是由事由和文种组成。例《关于订购〈市场信息报〉的函》。

四是特殊标题法。即第三种标题法之前加事由。例《事由：关于×××同志工作调动事宜》和《事由：关于×××同志工作调动的复函》。

②受文机关。与一般公文写法相同。

③正文。由三项内容构成。一是发函因由，写为什么发此函。复函先告知情况。通常写“××年×月×日函（电）悉”，或“××发［20××］×号函收悉”，或“××年×月×日关于问题的函悉”等。二是商洽、询问或答复的事项。这是函件的主体。发函要把联系的工作或询问的问题写清楚；复函要把自己的意见或答复的问题写明白。三是结语。发函写希望或要求，复函写“特此复函”等字样。有的写“此致，敬礼”。

在公共关系函件的写作过程中，首先必须在行文语气上慎重选择，在用语上反复推敲，不断斟酌，力戒行文语气中经常出现的毛病。有的平行机关或隶属机关之间的行文，语气生硬，甚至用写指示或命令的口吻给人家谈问题，忘记了行文关系。另一种倾向是用语过于谦恭，受旧公函的影响，用些“承蒙”、“施教”、“不胜感激之至”、甚至使人听后有些肉麻的词句，忽视了人与人之间的平等关系。这两种行文用语倾向都是应该避免的。

2. 公文

公文是公务文书。它是公共关系部门在处理各种事务中形成的体式完整、内容系统的各种书面材料。按使用范围公文可分为专用公文和通用公文两大类：

一类为专用公文，是由具有专门职能的机关，根据特殊需要使用的具有特定内容和格式的文书。如命令、照会、备忘录、条约等。司法机关使用的起诉书、判决书、调解书等也属于专用公文，但它们只能在一定的领域和范围内使用。

另一类为通用公文。通行于各机关、团体、企事业单位中，如命令、指示、决定、通知、请示、报告等。它们的使用范围较为普通。我们通常所说的公文，是指通用公文。

公文具有权威性和约束力，公文的格式要求规范化，一般包括：标题、主送机关、正文、附件、发文机关（或机关印章）、发文时间、抄送单位、文件版头、公文编号、机密等级、紧急程度、阅读范围等项。

写作公文要条理清晰，文字简练，措词造句准确，论理合乎逻辑，引文合乎文法，使用标点符号正确，并符合保密制度。

附：一般公文的格式

××××公司

××发（2005）××号

关于×××××××的决定

××厂．××所

（正文略）

附：《××××》

××××公司（章）

×年×月×日

抄报：××局

抄送：××××公司

（共印××份）

3. 简报

简报是一种汇报工作、反映问题、交流信息的一般性文体，是公共关系实务中一种常用常见的文件。按其性质，简报可分为业务工作简报、中心工作简报和会议简报三种；按刊出日期分，有定期的，也有不定期的；按阅读范围分，有的只供领导阅读，属于内部机密文件，也有的发行较广，属于一般公开文件。

从性质和作用上来讲，简报具有汇报性、交流性和指导性三大特点。

从写作上看，简报又具有"快""简""准""精""新""活"等特点。"快"即迅速及时，有时比报刊上的消息还快，事情发生之后马上予以反映；"简"，即简明扼要，短小精悍；"准"，即事实上要准确无误，人名、地名、时间、地点等都要真实可靠；"精"，即在材料选择上要精当、典型；"新"，即反映情况时，要以"新"见长，反映最近发生的新情况、新动向、新事物、新问题、新经验，尤其是要抓住萌芽状态的事情加以反映；"活"，即在表现形式上要灵活多样，可以一事一反映，也可以作综合反映，还可以作专题反映，有时还可以加编者按语。

简报的写作有固定格式，它由报头、标题、正文和报尾四部分组成。

①报头。一般是固定的。由简报名称、简报编制单位、发简报时间和期号组成。其样式为：

××××简报

第×期

××××编 ××××年×月×日

报头中的简报名称，是什么类型的简报就写什么名称。如业务工作简报——《经济工作简报》，会议简报——《公共关系工作计划会议简报》，中心工作简报——《调整公共关系部简报》。简报名称用大字套红印刷，期号写"第×期"，也可只用阿拉伯数字表示。编写单位就是简报撰写的具体组织。报头与标题用一红线隔开。

②标题。可用新闻标题法，也可用文章标题法，还可用公文标题法。

③正文。一般由开头、主体和结语组成。

④报尾。在简报末页，一般在两条平行横线之间，注明"抄报"、"抄送"和"下发"单位。

撰写简报要在"简""实""新"上下工夫。"简"，是篇幅不要太长，材料取舍要得当；"实"，是内容要翔实，不能胡编乱造和无限拔高；"新"，是对典型材料的收集要及时。

本章小结

公共关系文书是社会组织为了树立组织良好形象，在与社会公众交往过程中记录信息，交流信息，传递情感，表达意图，互相联络的文字材料。

公关文书具有实用性、使用范围较广、信息容量比较大、表达的艺术性、较高的权威性、传播的单向性、接受的主动性、反馈的间接性、储存的长久性等特点。

公关文书的写作原则是：（1）立意准确。（2）注重实际。（3）语言生动。（4）文字简练。（5）迅速及时。（6）大方得体。

公共关系文书的文体形式比较多，但在公关活动中较常用的有新闻稿、公关工作计划书、公关书信和柬帖、函件、公文和简报。

新闻稿主要应当掌握两种文体的撰写技术，一种是新闻报道，另一种是说明介绍。撰写新闻报道应在"新、特、众"上下工夫。撰写说明介绍稿件，要注意三个特点：一是知识性；二是趣味性；三是普及型。

制订公关工作计划，首先要进行前期调查研究，通过调查研究掌握组织和公众状况，明确公关问题，确立公关活动所要达到的目标，然后制订具体行动方案。具体的公共关系项目可分四种类型：一是利用社会组织现有设施举行的活动项目；二是以提供信息为内容的活动项目；三是专门介绍产品或服务的活动项目；四是利用节假日、纪念日等特殊时机举行的活动项目。撰写公关工作计划，在写作时主要以表述事项为主，语言要简洁、扼要、明确、具体，避免冗长、累赘。在结构上，先写公关工作的指导思想、总的目标，然后再写公关活动项目。公关活动项目是工作计划的主体部分，应写得具体。同时也要写清落实活动项目的措施和办法，包括人员调配、组织分工、方法步骤都应拟定妥当。还应把活动项目按轻重缓急、时间前后排出顺序。

公关书信一般包括慰问信和便函两种形式。慰问信是在公关活动中，为了表示对某些组织、某些公众的关怀所使用的书信格式。便函写作要求主题简洁明了，用词准确贴切，布局条理清楚。

公关柬帖是用简要文字表述组织或个人的意向、感情，或者是通告某一方面事情的传播媒介方式。常用的有两种形式：请柬和贺卡。

公关函件是处理公关事务的往来信件。它是上下级和各平行组织或不相隶属的组织之间在洽谈和联系工作、询问和答复问题时所使用的文体。函件的特点是具有往来性和简便灵活性。函件的构成有四个部分——标题、受文机关、正文和落款。

公文是公务文书。它是公共关系部门在处理各种事务中形成的体式完整、内容系统的各种书面材料。按使用范围公文可分为专用公文和通用公文两大类；写作公文要条理清晰，文字简练，措词造句准确，论理合乎逻辑，引文合乎文法，使用标点符号正确，并符合保密制度。

简报是一种汇报工作、反映问题、交流信息的一般性文体，是公共关系实务中一种常用常见的文件。按其性质，简报可分为业务工作简报、中心工作简报和会议简报三种；按刊出日期分，有定期的，也有不定期的；按阅读范围分，有的只供领导阅读，属于内部机密文件，也有的发行较广，属于一般公开文件。从性质和作用上来讲，简报具有汇报性、交流性和指导性三大特点。从写作上看，简报又具有"快""简""准""精""新""活"等特点。简报的写作有固定格式，它由报头、标题、正文和报尾四部分组成。

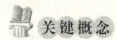 关 键 概 念

公关文书（PR Instrument）
新闻稿（Release）
公关工作计划书（Public Relations Plan）
公关书信（PR Letter）

复 习 思 考 题

1. 简述公共关系文书及其特点。
2. 简述公关文书的写作原则。
3. 简述常用的公共关系文书的文体形式。
4. 新闻稿有哪些文体及撰写要求？
5. 公关书信有哪些形式及撰写要求？
6. 简述公关柬帖及其形式。
7. 简述公关函件及其构成部分。
8. 简述公文及其撰写要求。
9. 简述简报及其特点、写作格式。

 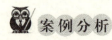 案 例 分 析

电子信息学院公关部工作计划

一、工作目标

公关部旨在树立电子信息学院的品牌，促进学生会内部联谊，开创自己的舞台，起到桥梁纽带作用，全心全意为广大同学服务，主要注重加强学生会内部的团结和联系，把我院的学生工作推上一个新的台阶。承担女生部的活动职责，为女生在生活和心理方面提供帮助，从而形成一个良好的生活氛围。展现女生热情上进，活泼大方的青春风采。随着时间的流逝，我们又来了新学期，新的工作也随之而来。所谓在其位，谋其职，为了能更好、更有效地做好自己的本职工作，公关部门有如下计划：

二、具体措施

1. 自身部门建设

①对干事的培养：在干事的培养上，注重培养他们的工作责任心和创新能力，因为责任心是一切工作的主题，而创新能力又是工作充满活力的源泉。如果没有强烈的责任心则一切只能成为纸上谈兵，不能把工作任务切实地落实到位，把每一件工作做准做细。干事是部门发展运行的支柱，对部门里的决策、调整起着决定性的作用，同时也肩负着对部门里新生的带领责任，有效利用好干事的榜样作用可以使部门的运作效率大大提高。部长要充分了解公关部的职责和任务，熟悉公关部各项活动的进行流程及工作方法，高标准严要求，以身作则；要经常和干事交流，了解他们的工作态度和工作想法，促进干部和干事之间的感情发展，更好地完成工作。

②对新进人员的锻炼：新生是学校注入的新鲜血液，新进人员也是我们部门的希望。在以后的工作中我们要侧重对他们能力的锻炼，他们是部门的明天，相信优秀的他们可以给我们部门带来更加全新的面貌。平时的相处中我们都会尽全力地将自己在学习、生活、工作中的心得经验和他们交流，让他们以饱满的工作热情和积极的心态去迎接每一个挑战，用严谨的态度去工作。工作中我们会尽可能多地给机会让他们自己尝试和锻炼，在实践中成长。

③对作风的重建：我们相信物质上的建设重要，精神上的培养更加是必不可少的。我们会努力促进各个同学之间的交流，增进大家的了解，充分发挥每个人的特长，这样在今后的工作中大家就能比较轻松地互相合作；同时，培养大家对工作负责的态度，还有对细节的认真；并且挖掘大家的创新能力，争取在工作中出现更多的亮点。优良的作风能使我们部门的同学们更加团结、奋进，努力做好自己的工作，把部门建设得有声有色。

2. 与其他部门合作

作好本职工作的同时，我部还将积极配合其他部门的工作和有关活动，使学生会的工作更好地开展。学生会就像一部精密的仪器，而各个部门就像仪器中的齿轮，只有环环相扣，机器才能正常运作，我们应加强与各部门之间的工作交流，了解其他部门的工作内容，在需要的时候互相帮助，使学生会内部更加团结和谐。

①招新工作：大一军训过后学生会开展招新活动，我们部门也要做好一年一度的迎新工作，包括对上级任务、指示做到上通下达，以一种饱满、热情的精神面貌迎接新生，在新生接待车上给他们介绍公关部的由来，并进行一系列的宣传，为招新做一个铺垫。希望他们能参加公关部，融入公关部这个集体。好的开始是成功的一半，所

以从招新开始就要对本部门的形象做好完美的诠释。

②内部人员培训：在招新后，召开部门例会，和他们说明相关的职责任务。世上没有两片相同的叶子，人也如此，每个人都有一扇封闭的门，门后便是他们无限的潜力宝藏，聪明的寻宝者不仅能打开这一紧闭的门，更能好好地利用这笔财富。作为一个学生会成员，首先要加强自身的专业素质建设，不仅要学好自身的专业知识还要多读书以拓展知识面，提高科学人文素质和人文修养，才不会"有知识没文化，有学识没修养"，坚持德与才的统一。最重要的一条就是要有团队精神和协作意识，这是从古至今都流传的美德。团队精神是一个集体是否有吸引力的标志，而个人主义是大家需要克服的障碍。在工作中，团队精神和协作意识使人能充分发挥出潜在能力，更加高效地完成任务。要有良好的道德修养，平时要关心同学，帮助同学，不怕苦不怕累，遇到困难主动克服，工作作风民主，善于听取和采纳同学的意见，多为别人考虑，勇于接受批评，改正自己的缺点和错误。另外，在部门内部进行礼仪培训、化妆培训和后勤培训。

③礼仪相关讲座：从十月份开始，开展礼仪系列讲座，周期为半个月一次。优美的仪态是教养的体现，而后天训练和培养的仪态美更值得注意。随着人们社会交往的日益频繁，礼仪已经越来越突显其重要性。如何才能在社交场合上不失礼仪，这是许多人所关注的。所以我们筹备的礼仪讲座将向同学们讲解礼仪的具体含义以及在当今社会中礼仪的重要性，邀请专业人士就美容、服饰、心理等方面进行讲座，让同学们更了解自己，使自己变得更自信，并着重以"形象礼仪"为主题，分别从静态和动态即服饰礼仪、仪容礼仪以及举止礼仪、言谈礼仪两大方面进行讲解。我们认为这对同学们处理人际关系具有重要的意义，同时能够帮助同学们更加注意处理生活中的细节问题，树立良好的形象。

④插花大赛：在十月中旬，为了丰富校园生活，陶冶情操，培养同学们的动手能力，让同学们拥有一个展现自我的舞台；充分发挥参赛选手各自的创新思维能力和想象能力；进一步培养同学们的竞争意识以及同学之间的团结协作精神；提高同学们的艺术设计与审美素养，公关部将举办一个面向全学院的、主题为"庆国庆党，花开校园"的插花比赛。

⑤万圣节学生会联谊活动：为了加强学院学生会各部门间的联系与交流，增强学院学生会的整体凝聚力；交流各部门成员间的感情；让大家在学习的同时感受到竞争与合作并存；让学生之间相互进一步接触，有更深的了解；丰富学院学生会成员的课余生活；展现我院学生的青春风采与精神风貌；提高大学生的艺术素质，推动校园精神文明建设，公关部计划在10月31号举办学生会联谊活动。

电子信息学院公关部
2015 年 9 月 1 日

资料来源：百度文库，http：//wenku.baidu.com/？fr=nav.

案例思考题

1. 结合案例讨论公关关系计划的基本要素。
2. 为什么说公共关系文书在公共关系实务中是十分重要的"交通工具"？

第十六章
公共关系语言

 学习目的与要求

理解公关语言的特征、公关语言对于公共工作的作用、演讲的类型、现场演讲过程。

掌握有声语言及其具体形式、公关语言技巧的运用、常见的开场方式和结尾技巧。

了解公关语言的表达形式、演讲的主要特点，防止和消除紧张情绪的具体方法。

 引例

肯德基中国公司 "超值星期二" 秒杀活动

2010 年 4 月 6 日，肯德基中国公司在网上推出 "超值星期二" 三轮秒杀活动，64 元的外带全家桶只要 32 元，在全国引爆热潮。但当消费者拿到从网上辛苦秒杀回来的半价优惠券时（优惠券上标明复印有效），突然被肯德基单方面宣布无效。而中国肯德基发表声明称，由于部分优惠券是假的，所以取消优惠兑现，并向顾客致歉。但 "各门店给出的拒绝理由并不一致"。由于对电子优惠券的真假争执不下，部分门店店员和消费者发生了长时间的争执状况。消费者认为是肯德基忽悠了大家，在各大论坛发表谴责帖子，不时出现 "出尔反尔，拒食肯德基" 这样的言论，有网友甚至把各地的秒杀券使用情况汇总，一并向肯德基投诉。肯德基陷入 "秒杀门"。4 月 12 日，肯德基发表公开信，承认活动欠考虑，未能充分预估可能的反响，承认网络安全预防经验不足，表示应对不够及时，个别餐厅出现差别待遇带来安全风险，承认第一次声明中"假券"一说用词欠妥。随后，肯德基"秒杀门"愈演愈烈，一面是消费者辛苦"秒杀"来的优惠券被叫停，不断传来消费者起诉肯德基的传闻；另一面是肯德基发声明道歉，但却对优惠券的真假讳莫如深。一场企业与消费者之间的角力由此展开。6月1日，肯德基在中国内地的第3000家餐厅落户上海，公司高层首次就"秒杀"事件公开向消费者致歉。

资料来源：百度文库，http：//wenku.baidu.com/? fr＝nav.

公关人员在代表社会组织与内部公众、外部公众进行信息交流、情感沟通的过程中，交谈、对话、发布新闻、演讲、辩论等等，每一个环节都伴随着语言，公关语言是公关实务工作中不可缺少的重要部分。公关人员要做好本职工作，就必须掌握公关语言的艺术和技巧。

第一节　公关语言的特征与形式

语言是人们用来传递信息、交流思想的工具，任何沟通都必须通过语言来进行。公关工作离不开语言这一传播手段。而语言一旦进入公共关系这一领域，便成了独具特色的公共关系语言。

一、公关语言的特征和作用

1. 公关语言的特征

公共关系工作要同各种各样的社会公众打交道。为了树立良好的组织形象，公关人员在联系公众时，必须从公众利益和协调公众关系的角度出发。在运用公关语言与公众交往时，必须懂得并掌握公关语言的特征。

第一，公关语言具有情意融融的特征。"感人心者，莫先乎情。"作为处理公众关系重要工具的公关语言应该具有影响公众情感的功能。首先，公关语言艺术中的"礼貌语"就是最明显的情感性语言，在公关传播中的"您好"、"请"、"再见"、"打扰啦"、"对不起"、"谢谢"等礼貌用语不仅打开了沟通公众的大门，而且带有浓浓的情感成分，容易引起公众好感。其次，在公关语言中随时随地体现出来的那种对公众利益的维护和关怀，也极具有感染力。如交通管理部门向公众的劝告是："您的家人盼望着您安全归来！"简单的语言，渗透着深深的关怀，极易引起公众注意交通规则和交通安全。

第二，公关语言具有言辞丰富的特征。在公关工作中，公关人员要沟通公众，打动公众，改变公众的态度，引起公众支持社会组织的行为，只有言辞丰富的语言才能达到这一目的。在公关语言艺术中，常利用语调高低、语速快慢、语音轻重、音量大小等来加强有声语言的效果，从而影响公众的情绪与态度，同时，在公众语言的运用中，还经常用比喻、夸张、幽默、委婉等手法，使语言生动活泼，便于沟通公众，激励公众，引导公众。

第三，公关语言具有语体多样的特征。一般语言只讲究有声语言和书面语言。而公关语言是从全面的角度来沟通公众的，因此，它的运用既包括有声语言、书面语言的运用，也包括人体动作语言、实物符号语言、视觉语言和其他辅助语言的运用。这些语言配合一定的话题、语音、词语、句式组成相对固定的体系，便是语体。公关语体的类型，是根据公关语言艺术在不同的公关环境中语言运用的特点来划分的。一般分为社交语体、谈判协商语体、广告销售语体、演讲论辩语体、新闻发布语体和公务处理语体等。这些形式多样的语体是在公关语言实践中逐步形成的。同时，这些语体也为公关人员在不同的公关工作环境中提供了相对稳定的语言模式，使他们能熟练应付复杂的语言交流任务。

第四，公关语言具有因人而异的特征。公关语言的对象是千差万别的公众，这些公众之间有着民族心理、风俗习惯、宗教信仰、知识水准、职业角色、年龄结构、兴趣爱好等众多方面的差异。因此，在和公众交流信息和感情的过程中，语言的运用应根据不同的公众对象来发挥效果：一是根据不同的对象选择不同的语言材料和表达方式，二是根据公众在不同的环境中选择不同的语调、语速和语音。例如：对于知识水准较高的公众，可以采用比较庄重的语言风格，交谈中引经据典、富有文采，能引起他们的共鸣；对于青年公众，则可以采用比较活泼的语言风格，交谈中多使用喜闻乐见、活泼生动的词语，能活跃交谈的气氛，缩短双方的距离，增强语言传播的效果。

2. 公关语言的作用

正因为公关语言具有以上这些良好的特征，所以，它在公关工作中得到了广泛的运用，甚至在人们的日常交往中也得到了肯定和使用。公关语言对于公共工作的作用主要表现为：

第一，有利于信息传递的畅通。公关语言从情感、言辞、语体多方面影响公众，使组织和公众之间有着多层次的信息通道，从而使组织信息最终一定会传送到公众那里。

第二，有利于和谐人际关系。公关语言因人而异的权变特征，以及以情动人的人和原则，使组织和公众的交往摆脱了一般的业务交往，而上升到一种朋友交往的境界，从而改善了组织与公众的关系。

第三，有利于引导公众行为。公关语言带来的浓浓情意、丰富言辞的劝说、多种语体的配合既使公众了解、熟悉了社会组织的决策和行为，又使他们对组织产生了好感，因此，就很容易激发他们对社会组织采取相互配合、相互支持的行为。

二、 公关语言的形式

公关语言按其表达形式可分为四大类：一是有声语言，二是书面语言，三是无声语言，四是其他语言，包括类语言和时空语言等。其中，书面语言的主要内容已在上一章中作了详细论述，此处便不再阐述了。

1. 有声语言

有声语言就是自然语言，即人们发出声音的口头语音，它可分为独白式与会话式两种具体形式。

①独白式口语。独白式口语是一人讲众人听的讲话形式。这种形式在公共关系活动中大量地运用，如对公众所作的演讲、工作报告、工作总结、节日致辞、迎送宾客致辞等。

独白式口语在传播信息过程中主要是以单向传播为主，便于使说话者的思想、情感得到充分地、有秩序地展开。而对于听者来讲，其主要任务是接受信息。如果讲话者不善于调动听者的注意力，就容易使听者提不起听话的兴趣。因此，在独白式口语传递中，讲话者要善于运用技巧，吸引听者的注意力，引导听者接受所讲的信息，以期达到最好的传播效果。

②会话式口语。会话式口语是两个以上的人之间进行交谈的讲话形式。这种形式在公共关系领域中使用得非常广泛，如记者招待会上的答记者问，社交场合的交谈，与员工谈心，接待来访公众，谈判等。

会话式口语在传播信息过程中是以双向交流为主的，便于及时反馈。这种谈话可能有准备，也可能是即兴发挥的；可能是有中心话题的，也可能没有中心话题。因此，参加会话式口语的交谈，必须提高交谈者的文化素养、语言技巧，及现场观察、应变的能力。

2. 无声语言

无声语言主要是指人体语言，也称体语，它是以人的动作、表情、界域和服饰来传递信息的一种无声伴随语言。在公关活动中，无声语言是和有声语言、书面语言相辅相成的，它们共同配合，以求表达出完整、准确的信息。

体语可分为动态体语和静态体语两大类。动态体语又可分为肢体语和表情语。其中，肢体语包括首语和手势语；表情语包括目光语和微笑语。静态体语又包括姿势语、界域语和服饰语。

①首语。首语是运用头部动作传递信息的形式。主要包括点头和摇头两种动作。一般情况下，点头表示肯定，也可引申为同意、承认、应允、满意、赞同、认可、顺从、理解、感谢、致意等语义；而摇头表示否定，也可引申为不同意、不承认、不应允、不满意、不赞同、不认可、不顺从、不理解等语义。

因文化习俗的差异，首语在不同的地区所表示的语义也有不同。如在保加利亚和印度的某些地区则与一般情况相反，点头表示否定，摇头表示肯定。

②手势语。手势语是通过手及手指动作传递信息的体语形式。它包括握手、招手、摇头和手指动作等。

握手，作为公关领域中使用得最多的一种见面致意或道别的礼节，是人类在长期交往中逐步形成的。握手的一般语义是：见面致意或离别欢送，有时也表示祝贺和鼓励。

手指动作表示的语义较为复杂，不同文化背景下形成的手指动作所表示的意义可能完全不同。例如：伸出大拇指，中国人认为是"顶好"的意思，法国人认为是"一个"的意思；伸出食指向下弯曲，中国人认为是"9"这个数字，日本人认为这表示"偷窃"，等等。由此看来，运用手指动作，必须首先掌握其在不同地区和民族中所表示的特定含义，才能有效发挥手指语的交流信息作用。

③目光语。目光语是通过眼神、视线的变化传递信息的体语形式。

眼睛是心灵的窗口，人们的目光、眼神往往会自觉不自觉地流露出内心的意向和情绪。一般来讲，视线的俯视表示爱护、宽容；视线的正视表示理解、平等；视线的仰视表示尊敬和期待。高兴、喜欢、坚定等总是和眼睛有神联系在一起；而痛苦、厌恶、犹豫则和目光黯淡联系在一起。

在公关传播领域中，目光语言在不同的语境条件下的作用是不同的。例如：与公众交谈时，正视所交谈的人，是重视其谈话的表现；在宾客众多的场合，用眼神加首语向那些还没来得及打招呼的客人示意，可消除他们的被冷落感；等等。当然，在公关场合最忌闪烁不定的眼神或故意回避对方的视线接触。

同时，运用目光语时，也应注意不同民族的心理习惯差异。

④微笑语。微笑语是通过礼貌而善意的笑传递信息的体语形式。微笑所表达的含义在全世界各民族中基本上是一致的。微笑表示亲切、热情、可信、有诚意。在公关沟通中，微笑往往能使愤怒转为平静，敌对转为友好，强硬变为温柔，被动变为主动。微笑便于交流信息、沟通情感、商量问题、相互协作。微笑是公关语言中不可缺少的润滑剂。

⑤姿势语。在公关活动中，坐式和站式是较为常用的姿势。它要求坐得端正、优雅，避免随意歪斜、弓腰驼背。而良好的站立姿势给人一种挺拔、庄重、潇洒的印象。

⑥界域语。界域语是交际者之间的空间距离对信息交流影响的形式。界域语包括亲热界域语、个人界域语、社交界域语和大众界域语四种形式。

亲热界域语指接触性界域语，距离一般在 15 厘米之内，语义为热烈、亲密，表现为公关领域中某些外交礼节，如拥抱等。

个人界域语指接近性界域语，距离在 75 厘米之内，语义为亲切、友好，表现为公关礼节中的握手等。

社交界域语指交际性界域语，距离在 210 厘米之内，语义为严肃、庄重，表现为公关中的谈判、接见来访公众等。

大众界域语指无特殊心理联系的界域语，其空间距离大，人们不一定发生联系。

值得注意的是界域语也受到民族文化的影响，如阿拉伯人与欧美人的界域语就有极大的区别。

⑦服饰语。服饰语是指通过服装和饰品传达信息的语言形式。在公关场合，服饰是一种特殊的交际语言，它显示出个人的职业、爱好、气质、素养、生活习惯和民族风尚等。

服饰语有许多构成要素，如色彩、款式、质地等，这些要素要和时间（time）、地点（place）、目的（object）等配合一致，才能达到最佳的传播效果，这也是国际上公认的TPO衣着原则。这就要求公关人员服饰穿戴要根据不同的目的、对象、季节、时间、场合来选择搭配，以便更好地与公众交流信息、沟通观点。

3. 其他语言

在公关传播中，还往往要用到类语言和时空语言。

①类语言包括交谈中的停顿、沉默、重读、语调、笑声和掌声。这些交谈中的类语言形式往往给人们的交谈、演讲等带来丰富的含义。如，掌声既可表示欢迎、赞成，又可表示反对、嘲弄；语调的轻重抑扬强调的含义就有所不同，传递给公众的信息也不一样；等等。公关人员在同公众交往的过程中，既应适当地运用类语言技巧，又应善于分析公众的类语言表现形式。

②时空语言是指时间和环境在信息传播中产生的语义。选择恰当的时间进行公关传播，可以增强传播效果。在人际交往中，准时赴约则是礼貌、有诚意的表示。环境对传播效果的影响也有两方面：一是交往环境的气氛能影响交往的效果，如色彩适中、高雅大方的房间给人以舒适、愉悦的感觉，容易造成和谐的气氛。二是设施、座位的安置方式也能

影响交流的效果，一般地讲，圆形的会议桌使与会者没有地位的差异感，也使双方交流比较融洽。

因此，在公关活动中，公关人员也应该重视时间、环境的选择和设计。

第二节　公关语言技巧

在公共关系的语言运用中，还必须根据具体的时间、地点、环境、对象采取适当的技巧和方法，以增强公关传播的效果，处理好社会组织和公众的关系。

一、公关语言的基本方法

公关语言艺术的基本方法主要有幽默法、委婉法、模糊法和暗示法。

1. 幽默法

幽默法是运用意味深长的诙谐语言传递信息的方法。在公关传播过程中，幽默是具有智慧、教养和学识的表现。它能润滑人际关系，调节语言氛围，促进社会组织与公众之间的交流与理解。

幽默法的类型一般可分三种：

第一，否定型幽默法。这种幽默法往往是从否定交谈者的观点开始，引用另一角度的论证，最后再回到交谈者的原观点上的方法。例如：一顾客在某饭店吃饭，米饭中砂子很多，他不得不把它们吐在桌上。在一旁的服务员见此情景很是不安，上前抱歉地说："净是砂子吧？"顾客摇摇头微笑地说："不，也有米饭。"顿时，两人都不由自主地笑了。顾客使用的就是否定式幽默法，他先否定服务员的说法，最后又回到服务员的观点上，使"净是砂子"变成了"米饭中有砂子"。顾客这种宽宏的幽默，消除了服务员尴尬不安的心理，也让人透过微笑察觉到必须纠正的问题。

第二，岔道型幽默法。这种幽默法往往是把一方面的问题引到相关的另一方面去加以发挥的方法。例如，在餐厅里，一顾客对服务员说："我的菜怎么还没有做好？"服务员问："您点了什么菜？"顾客回答："炸蜗牛"。服务员马上告诉顾客："您稍等，我去催一下。"顾客抱怨地说："我都等半小时啦！"服务员安慰顾客道："那是因为蜗牛是行动迟缓的动物。"引得两人都笑了。服务员用岔道式幽默法，自嘲服务动作迟缓，以此表示歉意，活跃了紧张的气氛，缓解了顾客的抱怨。

第三，双关型幽默法。这种幽默法是利用词语的同音或同义加以引申的方法。如某商场正在举行"大酬宾"促销活动，柜台前购买者争先恐后，秩序混乱。一位女士愤然对营业员说："幸好没打算向你们找礼貌（礼帽），我看这里根本找不到。"营业员沉默了一会儿，热情地说："请让我看看您所需礼帽的样品。"那位女士愣了一下，和营业员一起笑了。营业员在这里巧借双关式幽默法，使顾客的不满情绪得以化解，避免了与顾客的争吵，维护了组织的公众关系。

2. 委婉法

委婉法是运用迂回曲折、含蓄的语言表达本意的方法。在与公众交往的过程中，总会有一些不忍、不便或不好直说的信息，于是说话者不直陈本意，而是说些与本意相近的信息加以暗示，让公众思而得之。委婉的语言技巧是公关语言中的"软化"艺术。

委婉法也有三种类型。

第一，讳饰型委婉法。这种方法是用比较隐讳、掩饰的词语表示不便、不愿直说或使人感到难堪事情的方法。例如：在马克思墓前，恩格斯沉痛地说："3月14日下午两点三刻，当代最伟大的思想家停止了思想……他在安乐椅上安静地睡着了——但已经是永远地睡着了。"以委婉的方法宣布了这条大家不愿直说的信息，表达了他的惋惜之情。

第二，借用型委婉法。这种方法是借用事物的某一现象来代替对事物实质问题的直接回答的方法。如在一次记者招待会上，一位西方记者问周总理："请问，中国人民银行有多少资金？"周总理巧妙地回答说："中国人民银行的货币资金嘛，有18元8角8分"。因为记者问话涉及有关机密，周总理借用当时人民币发行的面额总数来回答记者的问题，实际上是对问者的一种委婉拒绝，保持了招待会的和谐气氛。

第三，曲语型委婉法。这种方法是用商量含蓄的语言表达自己看法的方法。例如，汽车售票员对不主动购票的乘客说"请大家不要忘记购买车票"，超市菜场营业员对故意损害蔬菜的顾客说"请当心，不要把菜叶碰下来"，都是以含蓄的语言提醒不自觉的公众注意社会公德。在和公众交往的场合中，为了减少语言的刺激性，照顾公众的情绪，往往以曲语型委婉法"软化"语言，来沟通公众，以避免出现矛盾的激化现象。

3. 模糊法

模糊法是运用不确定、不精确的语言进行交际的方法。在公关交往的过程，有许多事情及信息本身就不是绝对的，因此结论不能下得太确定，范围不能规定得太窄。还有些问题也不便于明说或回答，这就需要模糊。在公关语言中运用适当的模糊法，是必不可少的技巧。

模糊法有三种类型。

第一，伸缩型模糊法。这种方法是用含义宽泛、富有弹性或余地的语言传递信息的方法。例如：毛泽东同志1944年给丁玲、欧阳山等人写信说："……除了谢谢你们的文章之外，我还想多知道一点，如果可能的话，今天下午或傍晚拟请你们来我处一叙，不知是否可以？"这种邀请就采取了伸缩型的语言模糊法，让对方选择可能和时间的范围更为宽泛。

第二，闪避式模糊法。这种方法是巧妙地避开确指性内容从另一角度含混传递信息的方法。如：在一次记者招待会上，一名外国记者想知道王蒙对自己20世纪50年代当右派和80年代任文化部部长这一悬殊地位的看法："请问部长先生，50年代的你与80年代的你有何相同与不同？"面对这不便回答的问题，王蒙机智地答道："50年代的我叫王蒙，80年代的我也叫王蒙，这是相同的；不同的是那时我二十来岁，而现在我则五十多岁。"这一看似回答、而实际并未回答之语，巧妙地回避了这一敏感且一时难以说清的问题，既活跃了现场气氛，又告诉了对方自己不好作答的信息。

第三，选择型模糊法。这种方法是用具有选择性的模糊语言来传递信息的方法。如：瑞士著名的科学家、教育家裴斯泰洛齐一向思维敏捷，言锋语利。一次，有个故意挑刺的人向他提出这样一个问题："既然你是科学家，你能不能从襁褓中就看出，小孩长大后会成为一个什么样的人?"裴斯塔洛齐干脆地回答说:"这不用动脑筋,如果在襁褓中是个小女孩,长大她一定是个妇女;如果在襁褓中是个小男孩,那他一定是个男子汉。"这就是一种选择型的语言模糊技巧,既巧妙地作了回答,又适当地反击了对方的诘难。

4. 暗示法

暗示法是通过相关的语言、行为来指示某一事物或行为并引起公众注意的传递信息方法。在公关宣传中,为了提高传播的效果,经常使用暗示法帮助公众自觉地建立某种观念,形成某些看法或态度。

暗示法也有三种类型:

第一,点化型暗示法。这是一种用点明关键问题而指示公众行为并引起公众注意的方法。如:美国海岸一条公路的急转弯处的告示牌上写着:"如果你的汽车会游泳的话,请照直开,不必刹车。"点明此处为海岸急转弯处,暗示公众注意行车安全。

第二,衬托型暗示法。这是用点明事物整体中某一部分或方面的特征、作用、性质等,而指示另一部分或方面的特征、作用并引起公众对这部分或方面注意的方法。如:某单位召开会议时,主持人说:"坐在前面的同志表现很好,注意力很集中。"言外之意就是暗示坐在后边的同志应集中注意力。

第三,图像型暗示法。这是用图像点明事物主题而引起公众注意并建立某种观念的方法。这种方法在广告中用得较普遍。如用一只手接一滴水的图形,暗示着"节水"的含意,提醒公众建立节约用水的观念。

二、公关语言的技巧运用

公关语言技巧的运用有许多方面,其中最常见的是关于赞扬、劝说、拒绝和道歉的技巧运用。

1. 赞扬的语言技巧

美国著名心理学家威廉·詹姆斯说过:"人性中最本质的愿望,就是希望得到赞赏。"赞扬往往是人们交流思想和情感的钥匙。在公关交往中,善于赞扬是沟通公众的主要方法。

首先,赞扬要具有针对性、指向性,切忌空洞、抽象、漫无边际的奉承。这就需要在赞扬别人时,应该根据不同对象的年龄、性别、个性、知识层次、场合等不同特点,有目的、有针对性地进行。同时,赞扬应该是具体的,针对被赞扬者的优点给予适度而得体的称赞。

其次,赞扬应是由衷的、真情实意的,切忌牵强、做作、虚情假意的夸奖。这就需要细心观察被赞扬者身上的优点,赞扬那些值得称赞的地方,并具体明确地说出自己的感受或愿望。同时,在称赞被赞扬者时,要善于发现并赞扬其身上潜在的优点,帮助其重新认识和发展自我。

最后,赞扬应是客观的、公正的,而不应该带有主观、片面的色彩。这就需要学会肯定被赞扬者的具体行为,从而达到赞扬其本人的目的,这是一种间接赞扬方法。另外,通过第三者赞扬被称赞人的优良行为,也会使人感到这种称赞是比较客观、公正的。

2. 劝说的语言技巧

劝说是一门艺术。在公关实践中，如能将婉言规劝用得恰到火候，对与公众的理解沟通将大有好处。劝说的语言技巧很多，一般的方法有：

一是以退为进的劝说。当说服公众出现困难时，劝说者可以先绕开正在劝说的话题，作些适当的让步，先消除公众激动和对立的情绪，待其平静下来以后，再因势利导，以退为进，陈述利害。

二是自然诱导的劝说。劝说的有效性是建立在双方态度的一致性或接近性上的。因此，劝说者可以先寻找两人一致或相似的观点、立场、兴趣等方面，以减弱对方的对立情绪。然后以一致性为前提，运用逻辑推进，分析利弊，层层递进，因势利导地得出令对方不得不口服心服的结论，从而改变对方的态度。

三是类比借喻的劝说。在劝说过程中，采用类比借喻的方法，使劝说的道理形象具体、浅显易懂，往往能够避开劝说对象的戒备情绪，使其在不知不觉中受到暗示、引起思索、获得启发，从而改变原有的看法。

四是直话曲说的劝说。劝说的对象是千差万异的。倘若劝说对象固执己见、刚愎自用，直接劝说往往是很难奏效的。这时，可以采用间接迂回的方法，转移其注意力，削弱其戒备心理，直话曲说，使其在不知不觉情况下，自觉地接受劝说。

3. 拒绝的语言技巧

在实际生活中，拒绝是不可避免的。然而，拒绝又往往容易伤害对方的自尊。因此，讲究拒绝的技巧是处理公众关系的重要方法。

首先，拒绝要讲究场合和环境。在拒绝或否定别人时，应该是避免在大庭广众之下或有第三者在场的场合。因为，当众拒绝或否定，不管拒绝者多么有道理，都可能使被拒绝者产生强烈的防卫感或戒备心，并导致误会或情绪的对立。

其次，拒绝要使对方退有余地。在拒绝或否定别人时，应该既为自身着想，也要为对方着想，尽量避免使被拒绝者感到难堪，保护其自尊心不受伤害。这就是设法给被拒绝者留下退步的余地，为其寻找开脱的理由，即找个台阶让他下来。

最后，拒绝之中要有肯定。善意的拒绝或否定是为了把事情办得更好，而不是为了羞辱对方或刺伤对方。而被拒绝的一方所提出的问题、观点也是有多种原因或理由的，在这些原因和理由中多少也有些合理的成分。拒绝者就应该在肯定被拒绝者合理一面的基础上，解释拒绝的理由。这样就能使拒绝富有人情味，显得婉转、迂回，使被拒绝者能愉快地接受拒绝。

4. 道歉的语言技巧

在公关交往中，难免会产生一些误解或隔阂，而道歉则可以帮助人们获得谅解，消除误会或隔阂。掌握道歉的技巧是公关实务中不可缺少的工具。

第一，应勇于道歉。如果公关工作中出现了问题，公关人员应敢于正视自己的错误，并勇于向公众表示歉意。及时道歉不仅不是一件丢人的事，相反，它可以反映出一个人、一个社会组织的内在涵养和心胸的坦荡、豁达。只有勇于道歉，才可能真正地把公众利益放在第一位，迅速调整公众关系。

第二，要诚恳道歉。只有态度真诚、话语恳切、不虚伪、不做作的道歉，才能获得公众的信赖和谅解，并获得公众善意的回报。那种被迫勉强、虚情假意、故作姿态的道歉，只会给公众带来一种不诚实、不情愿的感觉，这样不但不能得到公众的谅解，反而会火上浇油，造成更大的僵局。

第三，要贬己道歉。在公关实际中，道歉不仅是自己失误的检讨，也是对公众自尊的一种补偿。在道歉中，尽量亮出自己的不足，赞扬对方的优点，容易消除对方的心理隔阂，使对方在自尊得到满足的基础上原谅道歉者。在贬己道歉技巧的运用中，可以用自嘲、幽默等具体语言方法。

第三节　公关语言与演讲

在公共关系活动中，演讲是一种最基本的形式。要在演讲中宣传组织形象，沟通公众感情，取得公众认同，必须把公关语言艺术和演讲内容融合为一体，从而提高演讲的效果。可以说，演讲是公关语言艺术的集中体现。

一、演讲的特点和类型

演讲是一种就某个问题向公众发表见解、主张，陈述原因和理由，以感化听众，教育听众，引导听众的特殊的说话形式。

1. 演讲的特点

演讲是一种优于其他口语表达的形式。其主要特点有：

一是演讲的对象众多。演讲不同于个人之间的交谈，它是在大庭广众之中，面向公众，就某个具体问题发表见解。演讲要面向公众，就要考虑公众的心理，准确地理解公众，并运用各种手段，控制听众的心理变化，满足听众的心理需要，使听众理解和接受演讲的内容。

二是演讲的结构完整。演讲不是漫无目的的闲谈，而是一种有目的的说话形式。为了达到演讲的目的，必须有中心论点，并围绕这一论点，有层次、有条理地展开论述，使整个演讲有一个比较完整的结构体系。

三是演讲的感染力强。演讲是一种富有说服力、感染力和鼓动性的说话形式。演讲者面对众多听众，要使其接受演讲的论点和内容，从而引到听众的行为，就必须采用典型、丰富的材料，通过严密的逻辑论证，用富有说服力、鼓动性、艺术性的语言，去感染听众、打动听众、吸引听众。

四是演讲的综合性强。演讲是一种集有声语言、人体语言和其他语言于一体的语言综合表达形式。它能集中发挥各种语言形式的优点，而避免不足之处，对演讲内容进行艺术、技巧的综合创造，从而增强影响听众的效果。

2. 演讲的类型

（一）宣读演讲

宣读演讲是指演讲时按照已准备好的演讲稿宣读。它适用于一些比较严肃的重要会议，或宣布某些重要决定等。

这种方式的优点在于：事前准备充分，误差性小。演讲者事前已将演讲稿的内容及观点、文法等做过周密的推敲，所以能避免在演讲时信口开河及说错话或漏话。听众也难以找到可挑剔之处，因此误差小。

但是此种方式也存在着不足之处。由于是照本宣读，演讲者的目光只是注视稿纸，缺乏与听众的交流，显得程式化，因此难免给人以呆板和枯燥的感觉。

（二）背诵演讲

背诵演讲是将已经准备好的演讲稿全部背下，演讲时凭记忆背诵出演讲词。此种方式适用于演讲经验不足的演讲者，它可以避免由于经验不足而出现的信口开河及心理失控等毛病，具有较好的控制性。

但是，此种方式要花费较多的精力和时间。演讲时一旦忘记演讲词，就会出现"卡壳"现象，而且，背诵演讲稿往往使演讲者与听众之间难以进行融洽的感情交流。

（三）提纲式演讲

提纲式演讲是指在充分收集、研究有关资料的基础上，列出演讲提纲，演讲时按照提纲进行演讲。

此种方式的优点在于：其一，易于做到中心突出，层次清楚，详略得当。其二，无须全部背下演讲稿，易于记忆。在不脱离提纲的基础上，能充分地发挥出自己的演讲水平。其三，易于同听众交流感情。演讲时演讲者能掌握听众的情绪变化情况，并能根据具体情况采取相应的措施，以沟通与听众的感情。

（四）即兴演讲

即兴演讲是指事先无准备，但由于主观上对某事有所感触，发生兴趣，或者是客观需要临时进行的演讲。这种演讲方式难度较大，需要演讲者具有相当丰富的经验和娴熟的技巧。一般来说人们并不要求演讲者在即兴演讲中发表宏大精辟的演讲，只要做到演讲内容得体、有益有趣、言简意赅、恰到好处就可以了。

二、 演讲的语言艺术

演讲的效果受多方面因素的制约。作为一次优秀的演讲，至少应具备主题深刻，有针对性，材料真实、新颖、典型，论证逻辑性强，结构层次清楚，口语表达准确、通俗、生动，语音规范，姿势适度，仪表端庄，态度友善，从容镇静，善于应变等条件。而具备这些条件是同演讲人素质的全面培养分不开的，也与演讲的事前准备分不开。所有的素质培养及事前充分准备，都必须集中表现到演讲者的现场讲演过程中，因此公关人员应该提高现场演讲的艺术和技巧。

1. 演讲过程的语言艺术

现场演讲过程大体可以分为三个阶段，即开场、中间、结尾，三个阶段各有不同的特点和要求，分别掌握其语言艺术，有利于增强演讲效果。

①开场阶段。演讲的开场白艺术是给听众留下良好第一印象的关键。演讲的开场也是演讲者与听众之间沟通的第一道桥梁。在演讲开始时要给听众留下好的印象，应注意两方面内容：

首先要有良好的风度。演讲者走上讲台，首先给听众的是相貌、神情、举止、衣着等风度方面的印象。因此，演讲者应保持仪表整洁，举止大方，态度自然，充满自信。不可畏畏缩缩，左顾右盼，神色慌张。

其次，演讲的开场要具体，一般以自然、平易、简单、明确为基调。开场的语言应该根据具体情况而定，没有统一的固定模式。

常见的开场方式有：

第一，以问题开场，直接提出演讲所要论证的中心问题。这种方法开门见山，入题迅速，不拖泥带水，能迅速把听众带入问题之中，引起听众的积极思考。

第二，由题目说起，围绕演讲题目论述其背景、来历、相关材料。这种方法能够使听众对演讲题目有一个全面的了解，容易激起听众对演讲内容的兴趣。

第三，由现场情景说起，利用现场环境、听众的表现来沟通和听众的联系。这种方法注重和听众的交流，显得比较自然，能够活跃会场气氛，提高听众的兴趣。

第四，用事实开头，即用大家熟知的或具有典型代表意义的事实，引起听众的注意。这种方法首先为听众提供了具体、生动的事实，可以给听众以出人意料的感觉，使之产生兴趣，达到引人入胜的效果。

第五，从演讲者自身讲起，给听众介绍自己的特点、爱好、经历或演讲的目的。这种方法平易近人，一开始就给听众以亲近感，使听众乐于接受演讲者的观点。

第六，用描写方式开场，可采用抒情的语言、激励的语言、深沉的语言等多种描写方式引起听众的心灵共鸣。这种方法有助于创造一种适宜的演讲气氛，调动听众的情绪，使听众受到感染。

②中间阶段。演讲的中间阶段是演讲的主体和中心，在此期间可运用各种演讲技巧，围绕演讲主题，进行充分的说明和论述。在此过程中最重要的是，控制和保持演讲对听众的吸引力。要做到这一点，可从以下两方面努力：

第一，提炼内容，加强逻辑力量。演讲的内容应根据听众特点、题目特点加以提炼，使听众感到信息量大、观点新鲜而明确、思路开阔而有启发、逻辑严密而推理性强，以内容深刻而有条理来吸引听众，从而带领听众一起思索，一起得出结论。

第二，适当举例，活跃演讲的气氛。如果说内容深刻而有逻辑性是演讲的骨架，那么真实生动、并用得恰到好处的事例则是演讲中的血肉，只有两者自然融入一体，才能提高演讲的说服力和吸引力。在演讲的过程中，可以适当地列举一些典型的、能折服人的事例，也可出示实物，用来说明和论证演讲的基本观点，以增添演讲过程中生动活泼的气氛。

③结尾阶段。对演讲来说，开场和结尾也是最能令人信服地显示出演讲者演讲语言技巧的环节之一。良好的开场，能激起听众的兴趣，抓住听众的注意力。而精彩的结束语，

则能给听众留下难以忘却的记忆。

常见的结尾技巧主要体现在以下几种方法上：

第一，总结式结束语，即简洁、扼要地对自己阐述的主要观点进行概括总结。这种方法有助于听众加深对演讲内容的理解。

第二，号召式结束语，即针对演讲内容，提出振奋人心、感情激昂的呼吁、号召。这种方法有较强的鼓动性，能激发和感召听众，给听众留下深刻的印象。

第三，借用式结束语，即演讲者借用一些著名的警句或诗歌、格言等来结束演讲。这种方法是借助"权威效用"为演讲内容提供最有力的论证，可以提高演讲的感染力，给听众留下美好而强烈的印象。

第四，赞颂式结束语，即演讲者根据演讲内容及听众的特点，以对演讲听众及同类人员的赞扬和歌颂来结束演讲。这种方法可以使演讲者与听众的关系更融洽，给听众留下亲切、友好的印象。

第五，呼应式结束语，即演讲者进一步强调开场时所讲的意思，以形成首尾呼应的结束形式。这种方法使整场演讲首尾一致、浑然一体，可加深听众对演讲主题的印象。

第六，提问式结束语，即演讲者根据所讲的内容，以提出问题的形式结束演讲。这种方法可以诱导听众进一步深思，给听众留下无穷的回味，也为下一次的连续演讲留下了伏笔。

2. 增强自信心技巧

整个演讲过程中贯穿着许多语言技巧和艺术的运用，包括风度、仪表、神态、语调、语音等各方面在配合。要达到技巧、方法各方面在演讲中的最佳配合，关键的一点是演讲者要充满自信，自信心是演讲中的精神支柱。

增强自信心除了在平常要进行知识准备，提高语言艺术和技巧，加强演讲训练外，还应防止和消除演讲时出现的紧张情绪。

防止和消除紧张情绪，提高自信心的具体方法有：

第一，自我暗示法。即在演讲前，给自己鼓励，回想以往演讲所取得的成功，想象自己已经处在演讲成功的过程中，以增强自信心。

第二，呼吸松弛法。演讲前可运用多次呼吸来调节紧张心情，改变自己因紧张而呼吸不匀的状态。

第三，心情平静法。演讲前保持心情平静，以调节紧张情绪，提高自信度；或是听听音乐，读读画册，与人开开玩笑；或是闭目养神，想象一种优雅、静谧的环境；等等。临场前不要办理其他事务，不要与人争论，以避免不必要的刺激。

第四，回避目光法。演讲的过程中，为了不受听众眼光的影响，演讲者可采用虚视的方法，即目光不停留在一个固定点上，采取流动式的目光转移方法，以保持平静的心境，增强自信的程度。

当自信心总是伴随演讲者时，演讲者就会以从容的风度、潇洒的姿势、优美的语言、深刻的思想、娴熟的技艺，去驾驭演讲的过程并取得演讲的成功。

 **本 章 小 结**

公关语言是公关实务工作中不可缺少的重要部分。公关人员要做好本职工作，必须掌握公关语言的艺术和技巧。公关语言具有情意浓浓、言辞丰富、语体多样、因人而异的特征。

公关语言对于公共工作的作用主要表现为：（1）有利于信息传递的畅通。（2）有利于和谐人际关系。（3）有利于引导公众行为。

公关语言按其表达形式可分为四大类：一是有声语言，二是书面语言，三是无声语言，四是其他语言，包括类语言和时空语言等。

有声语言就是自然语言，即人们发出声音的口头语音，它可分为独白式与会话式两种具体形式。

无声语言主要是指人体语言，也称体语，它是以人的动作、表情、界域和服饰来传递信息的一种无声伴随语言。在公关活动中，无声语言是和有声语言、书面语言相辅相成的，它们共同配合，以求表达出完整、准确的信息。

体语可分为动态体语和静态体语两大类。动态体语又可分为肢体语和表情语。其中，肢体语包括首语和手势语；表情语包括目光语和微笑语。静态体语又包括姿势语、界域语和服饰语。

公关语言艺术的基本方法主要有幽默法、委婉法、模糊法和暗示法。

幽默法是运用意味深长的诙谐语言传递信息的方法。幽默法的类型一般可分三种：否定型幽默法、岔道型幽默法、双关型幽默法。

委婉法是运用迂回曲折、含蓄的语言表达本意的方法。委婉法也有三种类型：讳饰型委婉法、借用型委婉法、曲语型委婉法。

模糊法是运用不确定、不精确的语言进行交际的方法。模糊法有三种类型：伸缩型模糊法、闪避式模糊法、选择型模糊法。

暗示法是通过相关的语言、行为来指示某一事物或行为并引起公众注意的传递信息方法。暗示法也有三种类型：点化型暗示法、衬托型暗示法、图像型暗示法。

公关语言技巧的运用有许多方面，其中最常见的是关于赞扬、劝说、拒绝和道歉的技巧运用。

在公共关系活动中，演讲是一种最基本的形式。演讲是一种就某个问题向公众发表见解、主张，陈述原因和理由，以感化听众，教育听众，引导听众的特殊的说话形式。

演讲的主要特点有：演讲的对象众多、演讲的结构完整、演讲的感染力强、演讲的综合性强。演讲有许多不同类型，如宣读演讲、背诵演讲、提纲式演讲、即兴演讲。

现场演讲过程大体可以分为三个阶段，即开场、中间、结尾，三个阶段各有不同的特点和要求，分别掌握其语言艺术，有利于增强演讲效果。

常见的开场方式有：（1）以问题开场。（2）由题目说起。（3）由现场情景说起。（4）用事实开头。（5）从演讲者自身讲起。（6）用描写方式开场。

常见的结尾技巧主要体现在以下几种方法上：（1）总结式结束语。（2）号召式结束语。（3）借用式结束语，（4）赞颂式结束语。（5）呼应式结束语。（6）提问式结束语。

防止和消除紧张情绪，提高自信心的具体方法有：（1）自我暗示法。（2）呼吸松弛法。（3）心情平静法。（4）回避目光法。

关键概念

公关语言（PR Language）
有声语言（Spoken Language）
书面语言（Written Language）
无声语言（Silent Language）
演讲（Speak）

复习思考题

1. 简述公关语言的特征及表达形式。
2. 公关语言对于公关工作的作用有哪些？
3. 简述公关语言艺术的基本方法。
4. 简述公关语言技巧。
5. 简述演讲及其主要特点。
6. 演讲的类型及阶段有哪些？
7. 常见的开场方式有哪些？
8. 简述常见的结尾技巧。
9. 提高自信心的具体方法有哪些？

案例分析

丰田霸道译名引起的公关危机

一切缘起一汽丰田销售公司的两则刊登在《汽车之友》2003年第12期、由盛世长城国际广告公司制作的广告：一辆霸道汽车停在两只石狮子之前，一只石狮子抬起右爪做敬礼状，另一只石狮子向下俯首，背景为高楼大厦，配图广告语为"霸道，你不得不尊敬"；同时，"丰田陆地巡洋舰"在雪山高原上以钢索拖拉一辆绿色国产大卡车，拍摄地址在可可西里。

"读者纷纷来信来电话质询，我们已认识到问题的严重性，在此，我们诚恳地向多年来关心和支持《汽车之友》的广大读者表示衷心的歉意。"同时，《汽车之友》还表示，将停发这两则广告，由于发行原因，将于明年1月在下一期杂志上正式刊登道歉函。

12月4日，这两则广告的制作公司———盛世长城国际广告公司也公开致歉，"一些读者对陆地巡洋舰和霸道平面广告的理解与广告创意的初衷有所差异，我们对这两则广告在读者中引起的不安情绪高度重视，并深感歉意。我们广告的本意只在汽车的宣传和销售，没有任何其他的意图"。同时，还表示，"对出现问题的两则广告已停止投放。由于 12 月的杂志均已印刷完成并发布，这两则广告将在 1 月份被替换"。

全国各地的主力媒体纷纷把目光聚焦于此。12 月 3 日，丰田中国事务所公关部的电话几乎被打爆。部分媒体在京的记者聚集到丰田中国事务所所在地———北京京广中心，要求采访。对丰田公司而言，事情已经非常清楚，如果当天 7 点之前，不给予一个清楚的答复，第二天，各大媒体的头条将是"丰田拒绝对'霸道广告'做出回答"。这必将引起事端进一步扩大，形势危急。

于是，当天下午，危机公关程序启动，紧急会议在京广中心召开。会议上，丰田能够到场的主要领导丰田汽车中国事务所代表杉之原克之、一汽丰田汽车销售有限公司总经理古谷俊男、副总经理王法长、董海洋、藤原启税等全部到场。气氛异常紧张。当时在会的高层，有三种态度：第一种是部分日方代表的主张："拖"，认为这样的事情纯属媒体的炒作，最终会不了了之，而广告本身是中国人制作，根本没有什么问题，不用出面道歉，必要时由中国政府出面解决；第二种是主张道歉，但由于整个广告是一汽丰田销售公司运作，所以应由合资公司出面，而不是日本方面负责。彼时，丰田汽车中国事务所理事、总代表服部悦雄正在外地出差，他在电话里表示："一汽丰田销售公司不负责任，我们再来负责任。"

这些声音很快被第三种意见否定。"广告本身有没有问题已经不重要，重要的是民族情绪已经被激发出来，没有什么能抵挡民族情绪，政府是不可能管制民族情绪的"，"民族情绪是针对日本人，那么必须由日本人出面承担责任"。所以，"不管一汽丰田销售公司是不是承担责任，丰田都要承担责任"。

晚上 6 点半，丰田又紧急召集记者到京广中心，由一汽丰田汽车销售有限公司总经理古谷俊男正式宣读了道歉信。在丰田汽车公司的致歉信中，没有为这次事件寻找任何开脱的理由，而是对此致以诚挚的歉意。古谷俊男回答："出现这样的事情完全是我们的责任，应该由我们自己来承担。"同时，古谷俊男在座谈会上也婉转地说明两则广告的创意其实都是中国人设计的，陆地巡洋舰广告上的绿色卡车也不是真的图片，而是手绘上去的。"但我们是广告主，我们要负责任。"

无论丰田公司本身，还是发表该广告的媒体，或是创作该广告的盛世长城，都一致对外"表示诚恳的歉意"，而丰田公司则仅由一汽丰田汽车销售有限公司总经理古谷俊男对外发言，其他人如果被问及，则连连道歉，不发表其他讲话。

丰田的诚恳态度得到了公众的谅解，12 月 5 日后，整个事件戛然而止。

在这次广告风波中。网友们在广告之外，还对"霸道"的中文车名（英文为 Prado）提出质疑，认为太过张扬。为了消除中国公众对丰田公司及"霸道"越野车的不良印象，4 月 18 日，记者从一汽丰田销售有限公司获悉，在四川丰田生产的丰田 SUV "霸道"已经改名为"普拉多"。9 月份开始的一汽丰田系列广告中，全部没有"霸道"的字眼，而是用上了"普拉多"。霸道今年因出了广告风波，至今仍然心有余悸。"霸道"这两个字在汉语带有一定的贬义，但应用在越野车方面，却有着不畏艰险的意思。一汽丰田此次换名，是丰田的一种全球化战略。霸道的英文为Prado，原意为林荫大道，音译即为"普拉多"。丰田的豪华车Lexus在今年北京车展上也宣布易名，由"凌志"变为音译的"雷克萨斯"。

资料来源：百度文库，http：//wenku. baidu. com/？fr＝nav.

案例思考题

1. 结合案例，讨论公共关系语言运用的必要性和重要性。
2. 为什么说公关人员要做好本职工作，就必须掌握公关语言的艺术和技巧？

第十七章
公共关系谈判

 学习目的与要求

理解公关谈判的特点和原则。

掌握谈判的过程、公关谈判能力准备、谈判听说艺术及常用策略。

了解公关谈判的分类、形式、公关谈判一般准备、综合素质准备。

引例

11 个农夫和 1 个农夫

在美国的一个边远小镇上，由于法官和法律人员有限，因此组成了一个由 12 名农夫组成的陪审团。按照当地的法律规定，只有当这 12 名陪审团成员都同意时，某项判决才能成立，才具有法律效力。有一次，陪审团在审理一起案件时，其中 11 名陪审团成员已达成一致看法，认定被告有罪，但另一名认为应该宣告被告无罪。由于陪审团内意见不一致审判陷入了僵局。其中 11 名企图说服另一名，但是这位代表是个年纪很大、头脑很顽固的人，就是不肯改变自己的看法。从早上到下午审判不能结束，11 个农夫有些心神疲倦，但另一个还没有丝毫让步的意见。

就在 11 个农夫一筹莫展时，突然天空布满了阴云，一场大雨即将来临。此时正值秋收过后，各家各户的粮食都晒在场院里。眼看一场大雨即将来临，那 11 名代表都在为自家的粮食着急，他们都希望赶快结束这次判决，尽快回去收粮食。于是都对另一个农夫说："老兄，你就别再坚持了，眼看就要下雨了，我们的粮食在外面晒着，赶快结束判决回家收粮食吧。"可那个农夫丝毫不为之所动，坚持说："不成，我们是陪审团的成员，我们要坚持公正，这是国家赋予我们的责任，岂能轻易作出决定，在我们没有达成一致意见之前，谁也不能擅自作出判决！"这令那几个农夫更加着急，哪有心思讨论判决的事情。为了尽快结束这令人难受的讨论，11个农夫开始动摇了，考虑开始改变自己的立场。这时一声惊雷震破了11个农夫的心，他们再也忍受不住了，纷纷表示愿意改变自己的态度，转而投票赞成那一位农夫的意见，宣告被告无罪。

按理说，11个人的力量要比一个人的力量大。可是由于那1个坚持己见，更由于大雨即将来临，那11个人在不经意中为自己定了一个最后期限：下雨之前，最终被迫改变了看法，转而投向另一方。在这个故事中，并不是那1个农夫主动运用了最后的期限法，而是那11个农夫为自己设计了一个最后的期限，并掉进了自设的陷阱里。

在众多谈判中，有意识地使用最后期限法以加快谈判的进程，并最终达到自己的目的的高明的谈判者往往利用最后期限的谈判技巧，巧妙地设定一个最后期限，使谈判过程中纠缠不清、难以达成的协议在最后期限的压力下，得以尽快解决。

资料来源：百度文库，http://wenku.baidu.com/? fr=nav.

谈判是社会生活中不可缺少的活动，从广义上说，我们每天都在不知不觉中进行着谈判。到菜市场买菜，到商店买衣服，都是一种谈判。如果把谈判作为一门艺术，它不仅包括一切正式场合的谈判，而且已经引申到各种"协商"与"交涉"活动中。

一个社会组织与社会的联系十分广泛、复杂，而又十分频繁。为了协调和改善组织与内外公众的关系，争取相互合作、支持与配合，双方所进行的磋商也是一种谈判。在公关实务中，协调各种公众关系，促使社会组织在和谐、良好的公众关系中开拓、发展，必然要求公关人员掌握公关谈判的原则、方法、技巧和策略，并娴熟地运用。

第一节　公关谈判的界定

谈判是社会生活中的个人、群体和社会组织之间，为了解决他们共同关心的问题，或者为了改善他们之间的关系，通过相互磋商、洽谈来消除分歧，寻求共识和达成协议的过程。谈判不同于演讲，它是一种谈判双方之间的交往过程。谈判也不同于会谈，它强调双方的需要，双方都要通过谈判来获得利益。谈判有广义和狭义之分。广义谈判是指正式场合下的谈判和此外的一切"协商"、"交涉"、"商量"等。狭义的谈判仅指在正式场合下的谈判。实质上，谈判是一种在双方都致力于说服对方接受其要求时所运用的一种交换意见的技能，其最终目的和结果就是要达成一项对双方都有利的协议。

公关谈判指双方或数方组织或个人就某项涉及各方利益的问题，利用协商的手段，经反复调整各自的目标，在满足各方的利益下取得一致的过程。谈判在公共关系活动中具有相当重要的作用。在现代社会，一个社会组织常要处理这样一些问题：就引进技术设备同外商签订协议，在横向经济联系中与其他组织合作；处理突发事件等。处理这类问题需要当事者各方磋商、讨论，进行谈判，以达成各方均能接受的协议。在公共关系活动过程中，谈判是协调组织与其公众间的关系及行为的一种方法，是一项运用人际传播手段进行的活动。

一、公关谈判的特点和分类

1. 公关谈判的特点

①是一种利益交换的过程。如果只是单方面的"给"或单方面的"取"，不管是自愿的，还是被动的，都不能算作谈判。谈判的前提就是双方都要获得利益，即使一方作了很大的进步，但从整个格局来看，也是有所得的。

②是一种双向沟通的过程。谈判有赖于信息交流，如果谈判一方所表达的立场、观点和利益要求与对方相一致，那么双方沟通就能达到各自的目标，谈判就会成功；如果双方意见不一致，利益没有满足，谈判就比较艰巨，甚至会失败。

③是一种合作协调的过程。谈判双方要想达成协议，就必须彼此满足对方的某些需要。谈判的结果总是双方的利益都得到维护，双方都是胜利者。谈判的目标就是通过协调，达成双方认为满意的协议。

同时，公关谈判还具有内容的广泛性、目的的互惠性、程序的灵活性、协商过程的反复性和谈判对象的多样性等特点。

2. 公关谈判的分类

（1）以内容分类

从谈判涉及的内容上划分，可以分为经济谈判、政治军事谈判和思想文化谈判三大类。

经济谈判是人们为了解决经济利益的分歧，满足各自的物质需要而进行的磋商、协议和讨论。

政治军事谈判是政治组织、军事组织之间为解决政治分歧、军事冲突，获得各自政治利益而进行的磋商、协议和讨论。

思想文化谈判是人们就文化、教育、卫生、科技、体育等方面的问题进行的磋商、协议和讨论。

（2）以过程分类

从谈判的过程上划分，可以把谈判分为一次性谈判和连续性谈判两大类。

一次性谈判是谈判双方就共同关心问题的解决，只通过一次谈判就完成了的磋商、协议或讨论。一次性谈判带有个别或偶然的性质，多是个人之间进行的。

连续性谈判则是谈判双方就共同关心的问题，通过多次谈判才能完成的磋商、协议或讨论。在现实生活中，社会组织之间为了保持长期的合作关系，其谈判大多是连续性的谈判。

连续性谈判又可细分为递进式谈判和重复式谈判两种类型。递进式谈判表明谈判内容的逐渐增多或更新，谈判双方条件的增强或升级。根据这些变化，递进式谈判一般采用分级进行形式。重复式谈判表明内容和谈判双方均没有改变，而可能是由于多种原因，或是内容过多、或是内容过杂等致使谈判必须连续进行，重复式谈判往往采取同等水平谈判的多次反复形式。

（3）以主体分类

从谈判的主体划分，可将谈判分为双边谈判与多边谈判，内部谈判与外部谈判，对等谈判与不对等谈判。

双边谈判是组织之间或组织与个人之间所进行的谈判。多边谈判是多个组织之间或多个组织与个人之间所开展的磋商、协议和讨论。

内部谈判是社会组织内部各个部门之间或组织与个人之间所进行的磋商、协议和讨论。外部谈判是社会组织与外部公众或组织之间进行的磋商、协议和讨论。

对等谈判是谈判双方在条件、实力、素质等方面相等状况下的磋商、协议和讨论。不对等谈判是谈判双方在条件、实力、素质等方面出现不对等状况下的磋商、协议和讨论。

（4）以关系状况分类

从谈判双方之间的关系状况分类，可将谈判分为关系对立的谈判和关系互利的谈判。公关实务则主张处理组织与公众关系时，应以关系互利的谈判为主。

二、 公关谈判的形式和过程

1. 谈判的形式

谈判的形式一般有硬式谈判、软式谈判和原则性谈判三种。

①硬式谈判。硬式谈判是双方都持极端强硬态度和立场的谈判。这种谈判的特点就是：双方实力比较均衡，主张迥异，双方都不轻易让步，只是为了某种目的而进行周旋。因此，双方把这种谈判看成是一场意志的竞争，不易取得成果。

②软式谈判。软式谈判是双方为达成某种协议而采取妥协、让步的谈判。这种谈判的特点是：视谈判对方为朋友，通过妥协、让步来搞好与对方的关系，同意以己方片面损失来促成协议达成。这种谈判不强调胜利的目标，而只是强调达成协议，因而往往是以妥协、让步来避免僵局。

③原则性谈判。原则性谈判是一种非软非硬、亦软亦硬的谈判，是一种对人软，对问题硬，追求共同利益的谈判。这种谈判的特点是：重利益不重立场，着眼的是问题的解决。因此，这种谈判是一种以公正、平等为原则，使双方利益都得到保证和照顾的谈判，是公共关系谈判中最理想的谈判形式。

2. 谈判的过程

一般来说，比较正规的公关谈判，要经过下面六个阶段。

①导入阶段。主要是谈判双方相互介绍、认识、彼此熟悉，以创造一个有利于谈判良好氛围的阶段。这个阶段时间较短，但十分重要，一般要在轻松愉快、和谐融洽的气氛中进行。通过这阶段的接触，找到各方关注的焦点，各自都做好相应的准备。

②概说阶段。概说的目的，主要是让对方了解自己的目的、想法及希望，同时隐藏不想让对方知道的其他资料。这个阶段双方必须小心谨慎，切忌激怒对方，使对方过早设

防。因而，谈判者的言辞与态度能得到对方首肯，便是成功之举。这一阶段是谈判各方第一次正式的会谈，谈判各方应简要亮出自己的基本想法、意图和目的，以求为对方所了解。一般来说，谈判各方此时都较为谨慎，也不会出示关键的资料，只是利用这段时间摸底。

③明示阶段。主要是明确地提出自己的意见和要求。这个阶段肯定会有分歧，谈判双方应该相互谅解，既要站在自己一方的立场上据理力争，又要适当满足对方的要求，达到谈判双方互利的目的。谈判各方此时会根据前一阶段谈判各方表述的意见，尤其是双方意见存在分歧的地方，进一步明确各自的利益、立场和观点。

④交锋阶段。谈判的目的是获得最想要的东西。双方都想要获得利益或占优势，因而双方的对立便从这个阶段开始明显展开。为了达成协议，双方必须在此阶段列举大量的事实，证明自己的目的合理，并要充分准备，随时接受对方的质询，消除对方的疑虑及误解，推动谈判向前发展。谈判各方都会尽力争取自己所需的利益，自然这就会有矛盾，而矛盾的激化就会导致对立状态的出现。这时，谈判双方相互交锋，彼此争论，紧张交涉，讨价还价，各方列举事实和数据，希望对方了解并接受自己的条件。

⑤妥协阶段。妥协是谈判不可缺少的部分。经过交锋以后，谈判双方已经建立了双方承认的原则，便开始寻找妥协的途径。如果谈判一方对谈判的情况了如指掌，对可能作出的妥协范围早有准备，那么就能够把握妥协与收益的界限，达到对自己有利或满意的目的。交锋结束后，各方便会相互让步，寻求一致，达成妥协。妥协是谈判不可缺少的组成部分，交锋阶段不可能无休止。只要谈判双方有共同利益，想达成协议，他们就一定会妥协。当然，妥协是有一定范围和限度的，妥协的原则就是既不放弃自己的立场和利益，又兼顾对方的利益。

⑥协议阶段。协议是谈判的结果。经过妥协后，双方认为基本满足了各自的需要，表示同意拍板，然后签订协议。至此，谈判宣告结束。在这一阶段，谈判各方经过交锋和妥协，求同存异，基本或一定程度上达到各自的目的，于是便拍板同意，各自在协议书上签字，握手言欢。

从以上整个过程来看，最重要的是明示、交锋、妥协三个阶段，其中交锋阶段又是最关键的。因为交锋阶段的形势对自己有利，就会导致有利于己的妥协，从而签订有利于己的协议。

第二节　公关谈判的原则及准备

一、公关谈判的原则

在公共关系实践中，要使组织与公众之间的谈判获得成功，实现参与谈判各方的共同利益，必须坚持一定的原则。

1. 平等互利原则

无论谈判双方在经济、政治等实力与地位上有多么的不同，在谈判过程中都应享有平等的地位和权力，应尽各自的责任和义务。李嘉诚曾经说过："如果一单生意只有自己赚，而对方一点不赚，这样的生意绝对不能干。有钱大家赚，利润大家分享，这样才有人愿意合作。"谈判所达成的协议应建立在双方自愿的基础上，决不能以强凌弱、以大压小、强人所难。谈判既是竞争，又是合作。一场成功的谈判，每一方都是胜者。谈判双方的利益是相互依赖、相互制约的，双方都希望通过谈判实现本组织一定的目标，这既是谈判产生的诱因，也是双方期待的结果。只要一方无所收获或谈判中一方损害了另一方根本的利益，谈判就会破裂，双方都无法实现其目标。

2. 求同存异原则

谈判既然是为谋求一致而进行的协商洽谈，它本身必然存在着谈判各方利益上的"同"与"异"，这是产生谈判的前提条件。

俗话说"为欲取之必先予之"，这就要求谈判各方在总体上求大同、存小异。求大同，是指谈判各方的总体原则必须一致，摒弃末枝小节的分歧和不同意见，从而使参与谈判的各方都感到满意；存小异，就是谈判各方必须作出适当让步，使得与自己的利益要求不一致的异议也容许存在谈判的议题之中。要找到一个对双方都有利的折中的妥善的解决方案，重要的是谈判各方都应看到各方所具有的共同利益，发现对方利益要求中的合理成分，并根据对方的合理要求作出相应的让步，这样才能使对手也作出相应的让步，促使谈判有一个公正的协议产生。

3. 最低目标原则

在谈判过程中，目标决定着人们谈判行为的方向。目标可以分为大目标与小目标、长期目标与近期目标、总体目标与具体目标、最高目标与最低目标。在谈判过程中，为实现不同的目标，应分阶段、有步骤地进行。有的学者认为，遵循最低目标原则是谈判获得成功的基本前提，这是有一定道理的。谈判各方在不违背总体利益的条件下，各自做些适当的让步和妥协，这是达成协议的必要前提，如果对人过于苛求，就难以有良好的合作前景，只有先确定一个最低目标，并进而加深了解，取得对方的信任，才有可能逐步地接近最高目标。

4. 遵守法律原则

谈判双方在为实现自身目标而达成协议时，不能损害国家的利益或第三者的利益。达成的协议必须合法，并按照有关法律、法令对协议条款作出明确解释，使协议具有法律效力。这样做不仅对谈判双方具有约束力，而且只有这样做才能保证双方利益的实现。

5. 坚持有诚意、有信誉的原则

公共关系的一切活动都是围绕着塑造良好的组织形象这一目的展开的。因此，在公关谈判中，既要解决问题，又要交朋友，双方必须以友好协商的态度作为基调。这就必须坚持有诚意、有信誉的谈判原则。

所谓有诚意，就是在谈判过程中，以诚对待谈判对手，创造和谐的谈判气氛。即使谈判对方由于误解或别有用心等原因采取不友好的姿态，也应坚持真诚相待的原则。精诚所至，金石为开。只有谈判中以诚为先，才能既获得利益，又可处理好公众关系。

所谓有信誉，就是当谈判达成协议后，双方就应当有义务严格遵守协议。公关谈判中的信誉原则实际上就是公关总的要求——信誉至上原则的实际运用。坚持有信誉的原则，也就是维护组织形象和宣传组织形象。

6. 坚持实事求是、客观标准的原则

公关谈判涉及谈判双方的切身利益，又因为谈判双方总是站在各自的立场上，并只是对自身一方的状况、条件最熟悉，这样就难免在谈判中，各方都带有主观愿望。因此，在谈判中，必须坚持实事求是、客观标准的原则。

公关谈判中的实事求是原则就是要求谈判双方既要考虑自身一方提出的要求是否客观，是否符合实际，能否为对方所接受，又要客观地研究对方的要求是否真实，是否符合实际，我方能否接受。

为了落实谈判中的实事求是原则，必须在公关谈判中使用客观标准，以避免用双方的主观愿望来作为谈判标准。如果以各自的主观好恶来作为谈判标准，这种谈判是不可能取得成功的。然而客观标准的确定应注意两点：一是谈判双方根据法律规定、惯例来共同商定；二是在所谈判的各个具体问题上都应商定具体的客观标准，以及适用范围、方法等。

7. 坚持把人和问题分开的原则

在公关谈判中，参与谈判的各方都是社会组织的朋友，而谈判中要解决的问题却是广泛而复杂的。为了既解决问题，又处理好公众关系，公关谈判应坚持把人和问题分开的原则。

首先，对待谈判对象要沉着冷静、稳重和蔼。在谈判中不管遇到什么样的人，不管他是以什么样的问题、什么样的态度来进行谈判的，公关人员均应保持冷静的头脑、沉着的风度，以礼相待，做到言谈和蔼，举止稳重。这样有利于消除对方的戒备心理和对抗情绪，促使双方的相互沟通，也有利于日后的相互交流和相互沟通。

其次，对待公众所谈的问题应该实事求是地调查分析，共同协商、加以解决，以实现双方的利益。解决问题时不应该带有主观情绪，不应在问题的解决上去斤斤计较对方的态度、看法、要求等。应该解决的问题，必须如实及时解决；不应该解决的问题则不予解决，但要做好沟通、说服工作。

8. 坚持讲究策略、讲究艺术的原则

公关谈判涉及面广泛而复杂，各种条件和环境又是在经常变化的，谈判对象的心理状况也是不好掌握的。所以，要在谈判中处理好公众关系，维护组织利益，维护组织形象，就必须讲究策略，讲究艺术。

谈判中的策略是一种智慧的表现，包括先发制人，后发制人，留有余地，避免争论，不露声色，掌握时机，揭穿诡计等具体方法。谈判也是一门综合艺术，它讲究合作的艺术、理解需求的艺术、了解对方的艺术等等。只有掌握了这些策略和艺术，才能提高公关谈判的能力和水平，达到谈判的目的。

在比利时某画廊曾发生过这样一件事：一位美国商人看中了印度画商带来的三幅画，标价均为2500美元。美国商人不愿出此价钱，双方各执己见，谈判陷入僵局。

终于，那位印度画商被惹火了，怒气冲冲地跑出去，当着美国人的面把其中的一幅字画烧掉了。美国商人看到这么好的画被烧掉，十分心痛，赶忙问印度画商剩下的两幅愿意卖多少价，回答还是2500美元，美国商人思来想去，拒绝了这个报价，这位印度画商心一横，又烧掉了其中一幅画。美国人只好乞求他千万别再烧掉最后那幅画。当再次询问这位印度商人愿以多少价钱出售时，卖主说："最后这幅画只能是三幅画的总价钱。"最终，这位印度商手中的最后一幅画以 7500 美元的价格拍板成交。

在这个故事里，印度画商之所以烧掉两幅画，目的是刺激那位美国商人的购买欲望，因为他知道那三幅画都出自名家之手，烧掉了两幅，那么，物以稀为贵，不怕他不买剩下的最后一幅。聪明的印度画商施展这一招果然灵验，一笔生意得以成功。而那位美国商人是真心喜欢收藏古董字画的，所以，宁肯出高价也要买下这幅珍宝。

二、公关谈判一般准备

公关谈判是一场心理较量，也是一场集知识、智慧、口才、耐力和团队精神等诸多要素的综合考验。成功的谈判可以使组织受益匪浅，失败的谈判则可能使组织损失巨大。因此，公关人员在组织或参与谈判时，应该认真对待，精心设计、精心组织，特别要注意做好以下几项工作：

1. 信息准备

凡是与谈判主题有关的情况，都要进行客观的调查研究，掌握大量的情报资料，这是进行谈判的重要基础工作，也是关系到谈判能否成功的前提，为了使谈判者心中有数，必须做好下面的信息准备工作。

①客观评价自己的长短。这是一种"知己"的功夫。可以从不同的角度，认真地考察分析，哪些是自己的优势，哪些是自己薄弱的环节，并对优势和弱点进行客观的评价，机智地克服自己的劣势，争取谈判的主动。

②熟悉谈判对方的情况。这是一种"知彼"的功夫。要对付未来的谈判对手，就要尽可能地了解对方。一方面要了解与之谈判的公众对象，如他们的经营能力、经营方式、人员结构、产品质量、技术水平、信用程度等，以此来预测对方要实现的目标；另一方面要熟悉对方参加谈判的人员，包括个人的性格特点，如兴趣、爱好、追求等。

③掌握谈判主题的行情。不同的谈判对象，决定了不同的谈判主题，也就有了不同的行情资料需要调查分析。随时了解有关行情变化，有利于主题的决策。

④了解有关的政策、法规。谈判人员必须学习与谈判主题有关的政策、法律，并以此作为开展谈判工作的行动准则。

谈判前全面地掌握分析上述信息情报资料，谈判时就会胸有成竹，获得谈判的主动权，占领谈判的优势。

2. 组织准备

谈判通常要通过谈判小组进行。因此，谈判的组织准备，是谈判正常进行的组织保证。其内容有：成立谈判小组，选择谈判成员，确定谈判小组领导人以及搞好谈判小组成员的协调和组织好谈判小组的后援成员等。谈判小组成立后，要建立健全各项制度，进行合理分工，明确各自职责，形成一个互相协调、步调一致的整体，以保证谈判的成功。

3. 场所准备

谈判场所应设在通风、照明、取暖、隔音等条件好的地方。良好的环境可以为双方创造一个和谐的谈判气氛。在谈判场所准备工作中，谈判间的布置尤为重要。一般要根据谈判的特点和规模，合理地选择谈判桌，确定谈判人员的座位。

①谈判桌。有两种方式：一是圆形谈判桌，让双方成员围桌而坐，形成一个圆圈。这种形式交谈方便，容易沟通双方的思想；二是长形谈判桌，让双方成员面对面入座。这种形式比较正规，容易形成对立的感觉。

②座位。谈判人员的座位安排也有两种形式：一是双方成员各坐一侧；二是双方成员交叉而坐。

4. 模拟准备

这是一种新的准备方式。如同演出需要彩排一样，在进行重大谈判前，有必要进行模拟谈判。虽说模拟谈判与正式谈判有一定的距离，但它有助于暴露自己的弱点，从而可以修正谈判的计划，确保谈判的成功。

此外，谈判的准备工作还有交通准备、食宿准备、财务准备、通信准备等。

三、公关谈判人员准备

公关谈判人员准备是指培训和选择适当的谈判人员。人是谈判的主体，要求参加谈判人员不仅要"知己"，而且还要"知彼"；不仅要有较强的专业素质，而且还要有较高的谈判技巧，能够善于将自己要说服对方的观点，一点一滴地渗透到对方的头脑中去。当然，谈判是一门艺术，不可能有固定的模式，因而对谈判人员要做多方面的培训，如参加谈判"实习"，在实践中提高。

1. 公关谈判能力准备

①敏锐的洞察力和敏捷的应变能力。公关谈判需要与各种人打交道，对方的言谈举止往往反映其思想愿望和隐蔽的需求。因此，公关人员要善于察言观色，注意捕捉对方思维过程的痕迹，观察对方细微的动作，及时掌握对方的变化，弄清对方的真正意图。要随时根据谈判中的情况变化及有关信息，透过复杂多变的现象，抓住问题的本质迅速作出判断，及时调整对策。如果缺乏这种敏捷的反应力、清晰的逻辑分析和灵活的应变能力，就很难驾驭谈判，甚至会坐失良机，贻误大事。

②较强的沟通说服能力。公关谈判是一个信息交流的过程，也是一个沟通说服、试图达成共识的过程。谈判沟通是谈判双方为达成使双方均获得局部利益的一致协议，而进行信息交换与信息共享的过程。双方在向对方提供一定信息的同时，也从对方获得一定的信息；在接受对方观点的同时，也努力使自己的观点被对方所接受。公关人员必须具备较强的沟通能力，运用语言和非语言形式，恰当地传递信息，及时准确地理解和接受对方的有关信息，并充分利用有益的信息为谈判目标服务。同时，谈判沟通的目的是双方共赢。说服是谈判中最艰巨、最复杂，也是最富技巧性的工作，它常常贯穿谈判的始终。怎样说服对方，是谈判成功的关键。公关人员的说服技术尤其重要，反映了其谈判能力的强弱和水平的高低。在谈判过程中，公关人员要客观公正、有理有节地阐明立场观点，向对方晓之以理、晓之以利，并用真诚打动对方，通过有效的说服，促使双方达成共识。

③较强的社会交际能力。公关谈判是一种社会交往活动，需要和不同的人发生联系。良好的人际关系，优雅的气质，潇洒的风度，有助于树立起良好形象，有利于谈判顺利进

行。从人的自然心理看，如果互相产生好感，棘手的问题也好解决。否则，并非十分原则的问题，也会互相刁难。在谈判桌上，要举止温文尔雅，言谈诙谐幽默，不卑不亢，不拘谨，不张狂。要保持沉着冷静、潇洒自如，使谈判始终能够保持在一种轻松愉快、耐心和谐的气氛中进行。

2. 综合素质准备

公关谈判是一件非常困难的事情，难就难在谈判双方有着利益冲突和需求差异需要沟通调和。因此，在谈判中出现抵触和摩擦也就在所难免，有的谈判最后双方只得不欢而散。有的谈判历时数月、数年也毫无结果。在这种情况下，谈判双方的谈判策略、谈判技巧对谈判成功显得尤为重要。公关谈判在内容上的广泛性、目的上的互惠性、程序上的灵活性、协商过程中的反复性和谈判对象上的多样性，都注定了公关谈判的活动是复杂的。因此，要想在高手如林的谈判中进退有度、运筹帷幄，公关人员必须努力培养以下三方面的综合素质。

①重视公关谈判前的场外功夫。世界上非常通行的"哈佛谈判法"告诉人们，在公关谈判中，真正的场外功夫既不是在谈判桌上扯皮，也不是在双方的立场争执中耗时耗力，更不是请吃、观光等，而是在谈判之前就千方百计地为自己的公关谈判目标寻求"客观依据"。这种场外功夫的练就是多方面的，也是非常灵活的，但又不是无规律可循的：首先，可以从市场行情方面寻求"客观依据"；其次，也可以就谈判议题本身去寻求"客观依据"；最后，还可从谈判对手那里寻求"客观依据"。

②遵守公关谈判中的原则。公关谈判的全过程充满魅力，也隐藏着对手设置的种种"陷阱"。企业要想在激烈的市场竞争中求得属于自己的生存空间，就必须正视公关谈判，充分把握谈判过程中的每一个细节，在做到"有理、有利、有节"的基础上，还应依据公关谈判的主体、议题、方式、约束条件的不同进行具体分析。公关人员在谈判中应遵守如下原则：不打无准备之仗，不打无把握之仗；不要轻易放掉客户；不要急于向对手摊牌，或展示自己的实力；要为对手制造竞争气氛；为自己确定的公关谈判目标要有机动的幅度，留有可进退的余地；注意信息的收集、分析和保密；在谈判中，应多听、多问、少说；要与对方所希望的目标保持接触；要让对方从开始就习惯于己方的谈判目标。

③灵活运用公关谈判的语言技巧。要想取得谈判的成功，公关人员不仅要掌握与谈判相关的专业知识，而且还必须具备扎实的语言功底和良好的语言表达能力。具体地说，在公关谈判中，除了在语言上要注意文明礼貌、口齿清楚、语句通顺和流畅大方等一般要求外，还应掌握下述语言技巧：实事求是，客观准确；简明扼要，无懈可击；准备充分，首次说准；有的放矢，机智灵活；紧扣主题，少说为妙；措辞得体，不走极端；有声无声，相得益彰；迂回折中，曲径通幽；恰当解围，走出困境；结论中肯，认可合作。

第三节　公关谈判技巧

谈判是一项受多种因素影响的复杂活动，既有客观因素的影响，又有主观因素的影响。要使复杂的谈判取得成功，谈判人员必须掌握一定的谈判技巧，并加以灵活运用。公关谈判是一门综合性的艺术，包括众多内容，其中最基本的是谈判中的听说艺术和谈判的常用策略等。

听说艺术是公关传播和交往的重要艺术，也是公关谈判中的基本艺术。公关谈判中，谈判双方的磋商、协议和讨论主要是通过听和说来实现的，而谈判又直接涉及双方的共同利益和长远关系，因此，谈判中的听和说与一般传播交往中的听和说相比，又具有更特别的意义。

1. "听"的技巧

在公关谈判中，双方都一定有听对方论述的过程。听的过程就是吸取信息、仔细揣摩、认真思考、准备对策的过程。

（1）专心致志地听

谈判中的"听"，必须是积极的、主动的、专心致志的。其目的就是要从对方的论述中获取有关信息，揣测对方的动机、需要和策略，理解对方话中的含义和隐衷。

要达到这一点，听者就必须有耐心。一方面，应学会有意识地排除各种干扰，如对方论述不清的干扰、环境的干扰、信息本身不全面的干扰、听者自身身心状况的干扰等等，保证听的质量。另一方面，在听的过程不应随便打断对方的发言。当然，这也是社交礼仪原则的要求。

（2）有反应地听

谈判中的"听"不仅是吸取信息，还要认真思考，准备对策。只有经过思索的听，才能作出反应。所谓反应也就是反馈，谈判中的反应是即时的、迅速的。

这种反应有语言上的反应。如听的过程中插话："我明白"，"不太理解，请具体说明"等；也有姿态上的反应，如点头、摇头、微笑、沉思等。

谈判中听的过程的反应还可以分为评价性、解释性、支持性、探询性的反应。评价性的反应，是听对方论述时听众及时作出的评价反应，如摇头表示有异议，插话时说"这种说法有道理"，表示对说者的观点有同感。解释性反应，是听对方论述时听众对某些问题所作出的说明，如谈判中对方论述某问题产生的原因时，听众插话作一些相关的解释。支持性反应，是听对方论述时听众作出的赞成或拥护的反应。如：谈判对方论述某一建议时，听众插话表示支持。探询性反应，是听对方论述时听众对某些信息的询问。如，谈判对方论述某些观点时，听众插话："对不起，请原谅我打断一下，您刚才的话，如果我没有理解错的话，是不是这样的意思……"

从另一角度看，有反应的听也是制造气氛的一种策略，既能以支持性反应创造双方和谐的气氛，又能以探询性反应干扰对方的发言。

（3）和"看"结合在一起听

听的首要目的在于了解对方。但对于对方的了解仅仅限于"听"是不够的，往往还要和"看"结合在一起。"看"就是现场观察。通过对对方动作、姿态、表情的观察，结合"听"对方的论述，才能全面地了解对方的意图和心理状况，从而有针对性地准备对策。

和"听"结合在一起的"看"就是洞察对方的心理活动。在现实生活中，有相当一部分表情、动作能真实地反映人的心理活动。比如，对方说话时，面部轻松，眼睛有时看你一下，但又不是始终认真地注视你，这就会给你一种感觉：对方在观察你。对方面部肌肉紧张，眼睛注视你，说话结巴，这表明他可能有求于你。对方神情自若，姿态轻松，谈话紧扣主题，落落大方，表明这是一个充满自信、很有经验的谈判老手，等等。

当然，在观察对方表情、动作、活动时，也要分清哪些真实地反映了其内心心理状态，哪些只是为了干扰别人的观察而故意作出的姿态。

2."说"的技巧

要取得公关谈判成功，关键的因素是说服对方接受自己的观点、建议或条件。在谈判中，对方也都有"说"的过程。这里的"说"带有交流、磋商、论辩等色彩。

（1）注重解释

在现实生活中，人们往往有这样的经验，单纯地交流或传递某种信息，而不加以解释，往往不能对听众产生态度层次上的影响。因此，在公关谈判中，要非常注意信息的解释和说明。

注重解释地说，就是公关人员在谈判中，应将自己的提案、建议、观点、条件尽量详尽而具体地解释，并应着重指出双方一致的地方，即对双方有利的地方，以加深信息对对方态度的影响，并引导对方顺利接受其提出的建议、方案等。

（2）注重准确

谈判是双方信息交流、互相沟通的过程，说的基本要求就是力求准确无误。

为了达到这一点，谈判者应注意的有：一是语句要完整，不要随意省略句子成分，以免发生歧义。二是陈述观点要求时，应尽量避免方言或过分口语化，也是为了避免发生歧义。三是注意同音词的使用及解释。四是使用适当的停顿，使说话内容具体、准确、明白、动听。五是陈述的内容应清楚明白，避免话中有话。

（3）注重顺序

谈判中，观点、建议等提出的顺序对听者的接受程度也有很大的影响。一般地讲，在论述过程中，开始阶段和结尾部分要比中间部分的影响大些。即先论述的观点、主题比后论述的观点和主题对对方的心理影响要大些。因此，在谈判论述中，必须讲究顺序的排列。

注重说的顺序具体表现为：第一，公关谈判人员应在整个谈判的开始和结尾时花较大的力气，争取造成较好的谈判气氛和提高谈判的效率，以引起对方对自己观点更多的注意。第二，谈判开始时，应力求先讨论容易解决的问题，然后再讨论容易引起争论的问题。第三，传递信息时，应先传递符合对方利益的信息，后传递其他信息。

（4）注重求同

在谈判中，听者往往比较容易接受和自己立场、利益相近的观点，而对那些与自己立场、利益有差异的观点有着自然的隔阂。因此，论述者在说明自己观点时，应反复强调自己观点或提案中与对方的共同点、一致点。

同时，也可以引用一些使对方无倾向性的例子来解释自己的观点或提案。在必要时还应肯定对方需求中合理的部分，使对方感觉到谈判双方正走向一致。

在公关谈判中，公关人员面对的谈判者往往是一些具有不同文化素质、价值观念、道德标准和法制水准的人，因此，在谈判中必须灵活运用谈判的策略。

1. 选择地点和环境

在不同的地点、环境中谈判，对谈判双方的信心和情绪都会有一定的影响，从而也会影响到谈判的结果。

把谈判的地点设在自己一方较为有利，这叫主场谈判。主场谈判对于自己来说，环境比较熟悉，有一种安全感，也可以随时查找需要的资料，容易获得控制谈判气氛的机会。

把谈判地点设在对方叫客场谈判。客场谈判有利的地方，在于能显示自己的自信心和实力，会给对方造成一种心理压力。如果当谈判处于对我不利状况时，可以资料不全、决策权力有限等理由退出谈判。在客场谈判要警惕对方可能设置的陷阱。

选择谈判地点和环境的关键，在于研究双方的关系。如果双方关系良好，并希望今后进一步发展良好关系，此时谈判场地在主场或客场均可以。如果双方之间存在敌对情绪，自己希望维持双方关系，使谈判取得成果，这时谈判地点最好选择在中立场所，以便于谈判陷入僵局时可中途更换谈判场地，改变紧张气氛。

2. 制造有利的谈判气氛

谈判的气氛如何直接影响着谈判的结果。而谈判的气氛紧张还是和谐、冷淡还是热烈，都可以人为控制。

要使谈判获得圆满，公关谈判人员在谈判前应尽可能地制造一种和谐、轻松的气氛。制造轻松、和谐的气氛没有千篇一律的模式。谈判人员应根据具体场景、人物进行策划。一般而言，采用诙谐法、幽默法、委婉法等可以活跃语言环境，而自然、热情、大方的姿态也可给人带来轻松感觉。

一个有经验的谈判者，能透过相互寒暄时的那些应酬话去掌握谈判对象的背景材料：他的性格爱好、处世方式，谈判经验及作风等，进而找到双方的共同语言，为相互间的心理沟通做好准备，这些都对谈判成功有着积极的意义。

毛泽东就善于在寒暄中发挥出他独特的魅力：缩短与谈判对手的心理距离，并让对方自然产生一种受到尊重的快感。1949 年 4 月国共和谈期间，毛泽东接见了国民党方面的代表刘斐先生。刘斐开始非常紧张。见面后，毛泽东和刘斐寒暄起来："你是湖南人吧?"刘斐答到我是醴陵人，醴陵与毛泽东的家乡是邻县。毛泽东高兴地说："老乡见老乡，两眼泪汪汪哩。"听了这话，刘斐紧张的心情很快就放松下来，拘束感完全消失了。

3. 控制谈判进程

控制谈判进程的策略包括对谈判程序、谈判速度、节奏的控制，以及对关键时机的把握。这些环节都直接影响着谈判的结果，因此不可忽视，必须认真对待。

控制谈判程序，就是对谈判内容的控制，包括议题、项目、条款的先后次序安排。谈判中程序越多、越复杂，控制程序问题也就越重要。通过对谈判程序的控制，可以了解对方的准备状况，掌握对方的弱点。也可以首先讨论有利于我方的问题，使我方有时间确定自己的具体方案，等等。

控制谈判的速度和节奏，目的是使谈判具有较高的效率。比如，把不太关键的问题放在开始时讨论，可以促使双方让步，使谈判有一个良好的气氛。把重要的议题，放在精力充沛的时候来谈，则更有效果，把不太重要的议题保留到最后，双方对此都可以作合作的让步，使谈判结束时也能保持良好的气氛。

在谈判时把握时机也是非常重要的。当对方意图不太了解，或己方尚未做好应有的准备时，应耐心冷静地控制冲动；当己方已经胜券在握，或再延误下去对己方不利时，则应主动、迅速地出击，取得谈判的成功。

4. 规定最后期限

规定最后期限也称为最后期限法。

当谈判旷日持久地进行时，不采取果断措施，是不能取得效果的。因此，规定最后期限就成为谈判中的一项重要策略。

对于实力很强、合作者很多的谈判者来讲，规定最后期限无疑是对谈判对方下了最后通牒，迫使那些急于想成功的组织或个人在一些重大问题上作出让步。

规定最后期限的前提，一是已经确信谈判对方没有诚意将谈判进行下去，二是己方不想继续谈判。当然，为了维护谈判双方的关系，在提出最后期限时，还应解释这样做的原因，并提供令人信服的证据。

很多谈判，尤其是复杂的谈判，都是在谈判期限即将截止前达成协议的。当谈判的期限愈接近，双方的不安与焦虑便会日益增加，而这种不安与焦虑，在谈判终止的那一刻，将会达到顶点，而这正是运用谈判技巧的最佳时机。在谈判中，"截止期限"有时能产生令人惊异的效果。所以，若能巧妙地运用，则可获预期效果。

一家酒店，有个醉汉，借着酒劲，干扰顾客用餐，还居然朝饭桌摔酒瓶子，严重扰乱了酒店的秩序。正当大家一筹莫展之际，酒店老板、一个瘦弱而温和的好人，突然一步步地逼进那个家伙，命令他道："我给你两分钟时间，限你在两分钟之内离开此地。"而出乎意料的是，这家伙真的乖乖收起衣服，握着酒瓶，迈着醉步扬长而去了。惊魂未定，有人问老板："那流氓如果不肯走，你该怎么办？"老板回答："很简单，再延长期限，多给他一些时间不就好了。"

5. 采取多头谈判

为了保证社会组织本身利益的实现，在同一问题的谈判上，可以多头出击，同时谈判。在和几个组织公众同时谈判的过程中，可以摸清同一问题众多方面的信息，以及各个组织公众的态度和让步程度，这样就便于己方从中选择最佳的合作者。

6. 做到知己知彼

谈判欲达到预期的目的，关键就在于要全面地了解对方，并根据自身状况分析比较，有针对性地提出让步策略、预期目的，以及谈判策略，从而掌握谈判的主动权。这就叫知己知彼，方能百战百胜。

知己，就是全面分析组织自身的条件、实力，研究自身谈判的主要目的、最低目标、最佳方案，考察己方谈判代表的特点及活动方式、权限范围等。

知彼既包括掌握谈判中心问题的市场行情、发展变化、法律知识等相关资料，也包括了解谈判对手的实力、条件及信誉，对方代表的特点、爱好及权限，等等。

迪吧诺公司是纽约有名的面包公司，该公司的面包远近闻名，纽约很多的大酒店和餐饮消费场所与迪吧诺公司有合作业务，因此，其面包销量越来越大。与多数饭店不同的是，迪吧诺公司附近一家大型的饭店却一直没有向他们订购面包。这种局面长达四年。期间，销售经理及公司创始人，迪吧诺先生每周都去拜访这家大饭店的经理，参加他们举行的会议，甚至以客人的身份入住该饭店，想方设法同大饭店进行接触，一次又一次地同他们进行推销谈判。但无论采用任何手段，迪吧诺公司的一片苦心就是不能促成双方谈判成功。这种僵持局面令迪吧诺暗自下定决心，不达到目的决不罢休。

从此之后，迪吧诺一改过去的推销策略和谈判技巧，开始对这家饭店的经理所关心和爱好的问题进行调查。通过长时间详尽细致的调查，迪吧诺发现，饭店的经理是美国饭店协会的会员，而且由于热衷于协会的事业，还担任会长一职。这一重大发现给了迪吧诺很大帮助，当他再一次去拜会饭店经理时，就以饭店协会为话题，围绕协会的创立和发展以及有关事项和饭店经理交谈起来。果然起到了意想不到的结果，这一话题引起了饭店经理的极大兴趣，他的眼里闪着兴奋的光，和迪吧诺谈起了饭店协会的事情，还口口声声称这个协会如何给他带来无穷的乐趣，而且还邀请了迪吧诺参加这个协会。

这一次同饭店经理"谈判"时，迪吧诺丝毫不提关于面包销售方面的事，只是就饭店经理所关心和感兴趣的协会话题，取得了很多一致性的见解和意见。饭店经理甚至表示同迪吧诺有相见恨晚之感。

几天以后那家饭店的采购部门突然给迪吧诺打去电话，让他立刻把面包的样品以及价格表送到饭店去。饭店的采购组负责人在双方的谈判过程中笑着对迪吧诺说："我真猜不出您究竟使用了什么样的绝招，使我们的老板那么赏识你，并且决定与你们公司进行长期的业务合作。"听了对方的话，迪吧诺有些哭笑不得，"向他们推销了4年面包，进行了若干次推销谈判，竟连一块面包都没销售出去。如今是对他关心的事表示关注而已，却发生了180度的转变。否则，恐怕到现在为止还跟在他身后穷追不舍地推销自己的面包呢"。

7. 分而治之

所谓分而治之，就是一部分、一部分地把对方的利益分割过来。西方通常把这种策略称为"意大利香肠"，也叫"蚕食计"。

分而治之策略的运用，既可以把谈判内容分成不同的部分，各个击破；又可以把谈判内容分成不同层次，逐渐地层层推进。当然，这种策略的运用必须建立在充分了解对方的基础上，如摸清对方签约成交的急切程度，对方越急切，对己方就越有利。

这种策略在谈判时是经常使用的。谈判者掌握了这种技巧，既可以运用它使谈判达到目的，也可以识破对方的同样计谋，维护己方利益。

8. 掌握死点策略

所谓死点就是致命之处、要害之处。在谈判中，如果能够发现并利用对方的死点，那么就能掌握谈判的主动权。相反，己方的死点一旦被对方知晓，也会导致谈判桌上的被动。因此，谈判双方都必须保护自己的死点，不让对方知晓，也都希望了解对方的死点，从而争取谈判的控制权。

构成一个组织死点的因素有很多，如资金的缺乏，技术的缺少，设备的落后，产品不好推销，原材料供应紧张，谈判期限将到，等等。

9. 代理人谈判

代理人谈判是谈判中经常使用的一种策略。一是代理人一般都是经验丰富的谈判老手，善于观察对方，了解信息，发现时机，灵活应变，比一般人更适应于谈判。二是代理人不是决策人，从磋商到签约过程中，代理人留有商量的余地，可以随时同决策人研究、策划，还可进行集体咨询，集中集体的智慧来商量谈判中的对策。

因此，使用代理人谈判策略，一方面可以避免组织决策人因谈判经验不足，而出现失误；另一方面，可为谈判达到最后的最佳效果打开局面，铺平道路。

10. 施行让步策略

谈判要达成协议，必须双方作出让步。让步是合作精神的具体体现，它能保证谈判获得圆满成功。

然而，使让步做到有理、有利、有节是很不容易的。一般来讲，让步策略的运用要注意以下几点：一是不要做无谓的让步，应做有利于己方的让步；二是让步要有理，让步恰到好处，使我方较小的让步能给对方比较大的满足；三是让步要有节，在让步的幅度上要三思而行，不要掉以轻心，以避免使我方利益逐渐地流失。总之，让步应持慎重态度，既要体现合作精神，又要维护组织本身的利益。

施行让步策略时也可使用先苦后甜法。即在谈判中，先向对方提出苛刻的条件，制造一种艰苦谈判的假象，然后选择适当的时机，作出让步，使对方满足，这样往往容易取得谈判的主动。先苦后甜法一般是在自己处于优势和主动的情况下使用。但要注意，所提条件不能过于苛刻，不能超过对方的底线，否则，对方会停止谈判。

11. 模棱两可策略

所谓模棱两可，就是对事件不明确表态，不肯定，也不否定。该方法在谈判初期经常使用。一个成熟的谈判者要善于使用模糊语言，善于控制自己的情绪。不要使用"肯定是""毫无疑问""一定要"之类的语言，应该用"我认为""我假设""是否可以这样"的语言来表达自己的意思。实践证明，模棱两可的语言和态度，可以较好地表达自己的真实意图，减少失言和错误。

12. 察言观色策略

所谓察言观色，指的是注意观察对方的谈吐、举止、神情、姿态，从中捕捉到对方的思想动态，并根据其思想动态采取相应的对策。这种方法在明示阶段和交锋阶段使用得最多。

13. 抛砖引玉策略

所谓抛砖引玉，指的是设计一些特殊的问题，通过对方的回答，了解对方的意图和底线，为己方赢得更大的利益。

14. 避实就虚策略

避实就虚是为了达到某个目的，有意识地将谈判的内容引向无关紧要的问题，转移对方的注意力，在对方不察觉时，实现自己的目标。

15. 沉默忍耐策略

沉默忍耐策略一般是在我方处于被动时使用的策略。其方法是：谈判开始就保持沉默，迫使对方先发言、先表态。其目的是：给对手造成一种心理压力，使其失去冷静，在这种情况下，对手的谈判计划可能会被打乱，出现言不由衷，泄露信息的情况，为我方寻找突破口提供机会。使用沉默忍耐策略要注意，在对手采取咄咄逼人的攻势时，头脑要清醒，忍耐力要强，情绪要平稳。在对手锐气消失后，再提出自己的主张。

本章小结

公关谈判指双方或数方组织或个人就某项涉及各方利益的问题，利用协商的手段，经反复调整各自的目标，在满足各方的利益下取得一致的过程。公关谈判已成为组织与组织、组织与公众之间沟通、谅解和合作的桥梁和纽带，是协调公众关系的基本手段。

公关谈判的特点是：（1）是一种利益交换的过程。（2）是一种双向沟通的过程。（3）是一种合作协调的过程。同时，公关谈判还具有内容的广泛性、目的的互惠性、程序的灵活性、协商过程的反复性和谈判对象的多样性等特点。

公关谈判的分类有：（1）以内容分类，可以分为经济谈判、政治军事谈判和思想文化谈判三大类。（2）以过程分类，可以把谈判分为一次性谈判和连续性谈判两大类。（3）以主体分类，可将谈判分为双边谈判与多边谈判，内部谈判与外部谈判，对等谈判与不对等谈判。（4）以关系状况分类，可将谈判分为关系对立的谈判和关系互利的谈判。

谈判的形式一般有硬式谈判、软式谈判和原则性谈判三种。

谈判的过程有：导入阶段、概说阶段、明示阶段、交锋阶段、妥协阶段、协议阶段。

公关谈判的原则有：（1）平等互利原则；（2）求同存异原则；（3）最低目标原则；（4）遵守法律原则；（5）坚持有诚意、有信誉的原则；（6）坚持实事求是、客观标准的原则；（7）坚持把人和问题分开的原则；（8）坚持讲究策略、讲究艺术的原则。

公关谈判一般准备包括：（1）信息准备。（2）组织准备。（3）场所准备。（4）模拟准备。还有交通准备、食宿准备、财务准备、通信准备等。

公关谈判人员准备包括：（1）公关谈判能力准备。（2）综合素质准备。

谈判听说艺术包括：（1）"听"的技巧。（2）"说"的技巧。

谈判常用策略有：（1）选择地点和环境。（2）制造有利的谈判气氛。（3）控制谈判进程。（4）规定最后期限。（5）采取多头谈判。（6）做到知己知彼。（7）分而治之。（8）掌握死点策略。（9）代理人谈判。（10）施行让步策略。（11）模棱两可策略。（12）察言观色策略。（13）抛砖引玉策略。（14）避实就虚策略。（15）沉默忍耐策略。

关键概念

公共关系谈判（Public Relations Negotiations）

硬式谈判（Hard Bargaining）

软式谈判（Soft Negotiations）

原则性谈判（Principled Negotiation）

公关谈判策略（PR Negotiation Strategy）

复习思考题

1. 简述公关谈判及其特点。
2. 公关谈判的分类有哪些？
3. 如何理解谈判的形式？
4. 谈判的过程有哪些？
5. 公关谈判人员准备包括哪些内容？
6. 谈判"听"的技巧有哪些？
7. 如何理解"说"的技巧？
8. 简述谈判的常用策略。

案例分析

中韩丁苯橡胶出口讨价还价策略

中韩的一笔交易，能很好地说明上面提到的一些讨价还价的技能。中方某公司向韩国某公司出口丁苯橡胶已一年，第二年，中方公司根据国际市场行情将价格从前一年的成交价每吨下调了 120 美元（前一年为 1200 美元/吨）。韩方感到可以接受，建议中方到韩国签约。

中方人员一行二人到了首尔该公司总部，双方谈了不到 20 分钟，韩方说："贵方价格仍太高，请贵方看看韩国市场的价格，两天以后再谈。"

中方人员回到饭店后有一种被戏弄的感觉，很生气。但人已来到首尔，谈判必须进行，中方人员通过有关协会收集到韩国海关丁苯橡胶的进口统计，发现从哥伦比亚、比利时、南非等国进口量较大，从中国的进口量也不小，中方公司是占份额较大的一家。从价格方面来看南非最低，但高于中国产品价。哥伦比亚、比利时价均高出南非价。在韩国市场的调查中，批发和零售价均高出中方公司现报价的 30%~40%。市场价虽呈下降趋势，但中方公司的报价是目前世界市场最低的。

为什么韩国人员还这么说？中方人员分析，对手以为中方人员既然来了首尔，就肯定急于拿合同回国。可以借此机会再压中方一手。那么韩方会不会为了不急于订货而找理由呢？

中方人员分析，韩方若不急于订货，为什么邀请中方人员来首尔？再说韩方人员过去与中方人员打过交道，有过合同，且执行顺利，对中方工作很满意，这些人会突然变得不信任中方人员吗？从态度上来看不像，他们来机场迎接中方人员且晚上一起用餐，保持了良好的气氛。

从上述分析中，中方人员一致认为：韩方意在利用中方人员的出国心理再压价。根据这个分析，中方人员决定在价格条件上做文章。首先，态度应强硬（因为在来

实
务
编

之前对方已表示同意中方报价），不怕空手而归。其次，价格条件还要涨回市场水平（即1200美元/吨左右）。最后，不必用几天给韩方通知，仅一天半就将新的价格条件通知韩方。

在一天半以后的中午之前，中方人员打电话告诉韩方人员："调查已结束，得到的结论是：我方来首尔前的报价低了，应涨回到去年成交的价格，但为了老朋友的交情可以下调20美元，而不再是120美元。请贵方研究，有结果请通知我们，若我们不在饭店，则请留言。"

韩方人员接到电话一个小时后，回电话约中方人员到其公司会谈。韩方认为，中方不应把过去的价格再往上调。中方认为，这是韩方给的权力。我们按韩方要求进行了市场调查，结果应该涨价。韩方希望中方多少降些价，中方认为原报价已降到最低。经过几回合的讨论，双方同意按中方来首尔前的报价成交。这样，中方成功地使韩方放弃了压价的要求，按计划拿回合同。

资料来源：百度文库，http：//wenhu. baidu. com/？fr＝nav.

 案例思考题

1. 结合案例，讨论公关谈判应坚持的原则。
2. 联系案例，谈谈公关谈判一般准备包括哪些内容。
3. 韩方在谈判中采取了什么策略？

参考文献

[1] 弗兰克林·杰弗金斯，等．最新公共关系技巧．北京：北京大学出版社，1992.

[2] 赵应文，雷泽宽．现代公共关系学纲要．北京：中国城市经济社会出版社，1990.

[3] 黄德林，等．当代公共关系概论．南宁：广西人民出版社，1992.

[4] 赵应文，等．公共关系新论．武汉：湖北人民出版社，1996.

[5] 胡继春，等．公共关系学．武汉：武汉工业大学出版社，1999.

[6] 斯科特·卡特里普．公共关系教程．北京：华夏出版社，2001.

[7] 李元授，等．演讲与口才．武汉：华中科技大学出版社，2004.

[8] 居延安．公共关系学（第二版）．上海：复旦大学出版社，2001.

[9] 熊源伟．公共关系学．合肥：安徽人民出版社，2003.

[10] 赵宏中．公共关系学．武汉：武汉理工大学出版社，2005.

[11] 杨孝伟，赵应文．管理学．武汉：武汉大学出版社，2005.

[12] 张勋宗．公共关系理论与实务．北京：电子科技大学出版社，2006.

[13] 贾书章，赵应文．组织行为学．武汉：武汉理工大学出版社，2006.

[14] 段文杰，曲丹辉．公共关系基础与实务．北京：科学出版社，2007.

[15] 中国国际公共关系协会．最佳公共关系案例．北京：清华大学出版社，2007.

［16］张美清．现代公共关系原理与实务．北京：中国林业出版社，2007．

［17］王玫，王志敏．公共关系理论与实务．北京：中国林业出版社，2007．

［18］王维平．公共关系原理与应用．兰州：兰州大学出版社出版，2007．

［19］胡百精．公共关系学．北京：中国人民大学出版社，2008．

［20］赵应文．人力资源管理概论．北京：清华大学出版社，2009．

［21］薛可，余明阳．公共关系学．北京：科学出版社，2010．

［22］龙志鹤．公关案例选粹与评析．北京：经济管理出版社，2011．

［23］任焕琴．公共关系学实用教程．北京：北京大学出版社，2012．

［24］张岩松，等．公共关系实务．北京：清华大学出版社，2012．

参
考
文
献

后 记

公共关系是一项管理职能，也是一种专门职业、一项新兴的事业。它被人们誉为一门建树良好组织形象、协调组织内外关系、扩大组织知名度，提高组织美誉度的艺术。在现实实践活动中，公共关系具有极强的、极广泛的指导性、实用性、创造性和可操作性。当今社会，科技飞跃进步，经济迅猛发展，竞争日益激烈，交往趋于频繁，各种关系愈显频繁，交流协作更为重要。各类社会组织特别是企业更需要开展公共关系来协调各方利益，内求团结奋进，外求和谐发展。

本书着重从三个部分进行了论述：一是理论编，阐述了公共关系的含义及内容、公共关系的特征与职能、公共关系学、公共关系的演变发展、公共关系的基本要素、工作程序、机构人员、公共关系心理等基本理论。二是形象编，阐述了组织形象概述、组织形象策划、组织形象传播、组织形象的关系调节等内容。三是实务编，介绍了公共关系实务与策划、公共关系调查、公共关系广告、公共关系专题活动、公共关系文书、公共关系语言、公共关系谈判等具体方法技巧。

本书内容新颖、案例丰富、知识性强，理论性、可读性与应用性融为一体。所有章节均配有大量案例分析和复习思考题，以帮助学生掌握公共关系的基本概念和理论知识，树立正确的公关意识，掌握具体的公关方法技巧。

本书可作为高等院校管理类、经济类专业、文化素质教育课的教材，也可以作为正在从事公关职业的人员的自学参考书。

本书编撰者中，多是常年从事公共关系学教学与研究并躬身公共关系实践的大学教师。因此，本书既是集体智慧的结晶，更是理论与实践的极佳组合，从而有力地保证了其理论深度、实用性和可操作性。

本书由邵继红、李桂陵确定纲目并统稿。具体编写分工如下：1~5 章由邵继红撰写，6~10 章、16 章由李桂陵撰写，11~14 章、17 章由邓隽撰写，15 章由胡乐炜撰写。

在写作过程中，我们得到了湖北工业大学经济与管理学院、武昌工学院领导的大力支持；参考和借鉴了大量国内外公共关系方面的优秀成果，在此对有关领导、专家、学者表示由衷的感谢。

武汉大学出版社的领导和编辑为本书的出版付出了极大的努力，在此一并致谢！

由于编者理论水平有限，书中不足之处在所难免，真诚恭候各位读者、专家及各界人士的指正。

编　者

2015 年 10 月

后

记

后记

2015 年 10 月